国 网 绿 链
STATE GRID GREEN SUPPLY CHAIN

国网

U0457359

供应链
标准化与数智化管理

国家电网有限公司　组编

中国电力出版社
CHINA ELECTRIC POWER PRESS

内 容 提 要

本书分为标准化和数智化两部分。标准化部分是对供应链标准化理论知识和国家电网有限公司供应链标准化管理典型实践的系统性提炼，阐释了供应链标准化发展的背景与趋势、供应链标准化前沿探索与创新实践、国家电网有限公司供应链标准化体系等内容。数智化部分主要介绍了供应链数智化相关的前沿理论知识、行业领先实践和国家电网有限公司供应链数智化建设历程与数智化管理体系。

本书面向各行业供应链管理人员，既有理论又有实践、既有现状又有未来，给读者全面展示了供应链标准化和数智化全貌。

图书在版编目（CIP）数据

供应链标准化与数智化管理 / 国家电网有限公司组编. -- 北京 ： 中国电力出版社, 2024. 12. -- (国网绿色现代数智供应链知识体系丛书). -- ISBN 978-7-5198-9047-6

Ⅰ. F426.61-65

中国国家版本馆 CIP 数据核字第 2024QH0520 号

出版发行：中国电力出版社
地　　址：北京市东城区北京站西街 19 号（邮政编码 100005）
网　　址：http://www.cepp.sgcc.com.cn
责任编辑：王蔓莉　张冉昕（010-63412364）
责任校对：黄　蓓　郝军燕
装帧设计：张俊霞
责任印制：石　雷

印　　刷：三河市万龙印装有限公司
版　　次：2024 年 12 月第一版
印　　次：2024 年 12 月北京第一次印刷
开　　本：787 毫米×1092 毫米　16 开本
印　　张：25.5
字　　数：438 千字
定　　价：160.00 元

版 权 专 有　侵 权 必 究

本书如有印装质量问题，我社营销中心负责退换

丛 书 编 委 会

主　任　季明彬

副主任　卓洪树　任伟理　王增志　宋　岱

委　员　孙　浩　宋天民　易建山

丛 书 专 家 组

组　长　何黎明

副组长　蔡　进

成　员　王书成　胡凌云　汪希斌　张志军　赵　辉

　　　　常朝晖　董健慧　季楷明　朱长征　刘雪飞

　　　　刘伟华　朱翔华

特邀审稿专家

　　　　何明珂　刘晓红　胡江云　王喜富　高红岩

　　　　苏菊宁　孔继利

丛书编写组

主　编　卓洪树

副主编　孙　浩　　宋天民　　易建山

成　员　杨砚砚　　陈　广　　张　柯　　熊汉武　　龙　磊

　　　　赵海纲　　王培龙　　胡　东　　赵　斌　　杨志栋

　　　　孟　贤　　黄　裙　　储海东　　谭　骞　　陈少兵

　　　　刘俊杰　　樊　炜　　陈石通　　周亦夫　　张新雨

　　　　丁　昊　　朱迦迪　　刘明巍　　李　屹　　尹　超

　　　　何　明　　吴　强　　李海弘　　张　兵　　王光旸

　　　　陈秀娟　　王　健　　孙启兵　　张　瑞　　孙　扬

　　　　孙　萌　　于　胜　　戎袁杰　　张元新　　胡永焕

　　　　厉　苗　　吴　臻　　纪　航　　刘　昕　　丁亚斐

　　　　贾成杰　　许沛丰　　王宇曦　　王延海　　侯立元

　　　　牛艳召　　曾思成　　党　冬　　黄　柱　　宋述贵

　　　　张　斌　　何　灵　　汪　琨　　满思达　　张　昊

　　　　郝佳齐　　姜旭航　　王　玮　　仇爱军　　郭　振

　　　　周晓炳　　孔宗泽　　赵红阳　　王　聪　　王银洁

　　　　李明哲　　杨　凯　　邹慧安　　孙宏志　　李洪琳

　　　　骆星智　　李俊颖　　赵　钰　　时薇薇

本 册 编 写 组

组　　长　易建山

副 组 长　樊　娟

成　　员　陈　广　　孟　贤　　杨　凯　　王宇曦　　高　翔

　　　　　刘明巍　　于　胜　　吴　强　　李海弘　　尹　超

　　　　　杨慧颖　　王一杰　　许　航　　戚　磊　　刘　昕

　　　　　宋志伟　　邵旭威　　陈　曦　　时薇薇　　邹慧安

　　　　　贺绍鹏　　方茂欢　　毛烨华　　孙伟毅　　梁俊媛

　　　　　吕　栋　　丁　一　　尹　明　　许　斌　　金　卓

　　　　　王炳星　　周嘉骏　　周晓炯　　袁　月　　张　川

　　　　　陈媛君　　王子木　　丁　靖　　陈　萌　　田　璐

特邀专家　刘伟华　　朱翔华　　毛萱萱　　杨登霞

　　随着全球一体化的程度越来越高，市场竞争不断加剧，供应链管理已成为经济和社会活动中的一个重要组成部分。供应链管理发展到今天，早已突破企业之间、产业之间的边界，成为国家竞争力的重要体现，也是国家之间合作与博弈的热点焦点。以习近平同志为核心的党中央高度重视供应链建设工作，作出了提升供应链现代化水平和自主可控能力、提高供应链稳定性和国际竞争力等系列决策部署，为中央企业供应链发展指明了方向。党的二十届三中全会再次强调"健全提升产业链供应链韧性和安全水平制度""打造自主可控的产业链供应链""健全绿色低碳发展机制""推动产业链供应链国际合作"。国务院国资委对中央企业在建设世界一流企业中加强供应链管理提出明确要求。国家电网有限公司全面贯彻党中央、国务院指示精神，聚焦供应链数智转型、绿色低碳、协同发展，创新打造国网绿色现代数智供应链管理体系，支撑经济和社会高质量发展。

　　作为关系国民经济命脉和国家能源安全的特大型国有重点骨干企业，国家电网有限公司始终坚持以习近平新时代中国特色社会主义思想为指导，坚持问题导向、目标导向和系统观念，推动公司和电网高质量发展，保障电力供应、促进能源转型、支撑和服务中国式现代化建设。在改革和发展过程中，国家电网有限公司紧紧围绕党中央、国务院关于推动产业链供应链优化升级重大决策部署，持续推动供应链创新发展，特别是从 2022 年起，创新构建具有"协同化、智慧化、精益化、绿色化、国际化"特征的国网绿色现代数智供应链管理体系（简称"国网绿链"），以平台为着力点、采购为切入点、整合为突破点，实施"绿链八大行动"，形成"标准引领、需求驱动、数智运营、平台服务"的绿色数智发展新业态，提效率、增效益、促效能，有效提高了采购和供应链资源保障能力、风险防控能力、价值创造能力和行业引领能力，确保产业链供应链安全稳定。

　　国网绿链聚焦供应链数智转型，用链式思维创新生产组织服务方式，以实物 ID

为纽带，实现"一码贯通，双流驱动"，建设供应链公共服务平台，建立供应链基础大数据库、高端智库，打造能源电力产业链供应链统一"数据底座"，有效打通创新链、资金链、人才链、价值链，推动全链业务实现跨专业、跨企业、跨行业数字化交互和智能化协同，促进形成新质生产力，服务能源电力产业链供应链高质量发展。国网绿链聚焦供应链绿色低碳，将绿色、低碳、环保的理念和技术融入供应链全过程、各环节，构建绿色低碳标准、评价、认证体系，印发央企首个《绿色采购指南》，深入实施绿色采购，推动能源电力领域技术创新、装备升级、节能减排和环保循环，助力形成绿色产业集群，构建供应链"全绿""深绿"生态，服务能耗"双控"向碳排放"双控"转变。国网绿链聚焦供应链协同发展，充分发挥国家电网有限公司作为能源电力产业链"链长"和供应链"链主"的超大规模市场"采购引领"作用，大力营造公开、公平、公正和诚实信用的招投标环境，倡导行业向绿色低碳、数智制造转型升级，推动产业链供应链高质量发展，助力构建协同共赢的供应链生态，促进全国统一大市场建设，推动新发展格局落地。

在供应链变革与重构的新格局中，供应链体系的价值逐步得到体现。国家电网有限公司在构建国网绿链的过程中，不断总结实践经验和创新成效，提炼超大型企业供应链发展的方法论，形成了国网绿链的理论及知识体系。本套丛书是国网绿链知识体系的精髓，既涵盖全社会供应链先进管理体系、流程、方法和技术，又突出了国网绿链的创新特色成效。希望以丛书的出版为契机，搭建共享交流平台，为大型国有企业探索现代供应链实践提供借鉴。诚挚欢迎关心关注供应链发展的社会各界人士提出宝贵意见。国家电网有限公司将持续深化绿色现代数智供应链管理体系建设，加快建设具有中国特色国际领先的能源互联网企业，为以中国式现代化全面推进强国建设、民族复兴伟业作出更大贡献！

国家电网有限公司副总经理

　　当今世界正经历百年未有之大变局，国际金融市场动荡、经济全球化遭遇逆流、部分国家保护主义和单边主义盛行等不利局面正冲击现有经济秩序，全球产业链供应链面临着快速重构的风险。大国之间对供应链主导权的争夺进入白热化阶段，区域化阵营化竞争手段正逐步取代以往市场化竞争，产业链供应链韧性与安全成为供应链布局的重要考虑因素，数智化、绿色化成为供应链转型的国际共识。

　　习近平总书记高度重视产业链供应链发展建设工作，在党的十九大报告中首提现代供应链，将其作为深化供给侧结构性改革、发展现代化经济体系的重要组成部分。党的二十大报告中明确提出"着力提升产业链供应链韧性和安全水平"，是以习近平同志为核心的党中央从全局和战略的高度作出的重大决策部署。《中华人民共和国国民经济和社会发展第十四个五年规划和 2035 年远景目标纲要》也提出了"分行业做好供应链战略设计和精准施策，形成具有更强创新力、更高附加值、更安全可靠的产业链供应链"。2023 年国务院国资委印发的《关于中央企业在建设世界一流企业中加强供应链管理的指导意见》中进一步明确了供应链管理的重要性。二十届三中全会公报中进一步强调了要"健全提升产业链供应链韧性和安全水平制度，健全促进实体经济和数字经济深度融合制度"。

　　在此基础上，全社会供应链思维明显提升，各企业大胆创新、积极探索，有利地推动了企业供应链国际化、绿色化、智能化水平持续提升，形成了一批先进实践经验。一批供应链领先企业迅速成长，围绕全球采购、生产、分销、物流等全面布局，在充分利用国际国内两个市场、两种资源等方面，起到了积极示范引领作用。随着习近平总书记生态文明思想的贯彻落实，碳达峰、碳中和目标设立，建立健全绿色低碳循环发展的经济体系，已逐步由愿景走向现实。构建绿色供应链，需要国有企业主动承担绿色转型领头责任，引导企业做好业务发展与社会责任的有机平衡，将绿色可持续发展嵌入供应商选择、生产、物流、再生资源回收利用等全流程各环节。加快发展新质生产力，推动企业数字化转型提速，促进数字技术与实体经济融合，对企业供应链管理提出了新的要求。

作为关系国计民生的特大型国有骨干企业和全国供应链创新与应用示范企业，国家电网有限公司深入贯彻落实党中央、国务院关于推动产业链供应链发展相关重大决策要求，充分发挥知识资源对供应链创新发展支撑服务作用，构建绿色现代数智供应链管理知识体系，有效吸收了当前国际、国内主流知识体系精华，在总结自身成功的供应链管理实践案例基础上，结合中国能源行业产业链供应链发展特色，编写出这套兼具国际视野与中国特色、专业知识与企业实践相结合的知识体系丛书。该套丛书依托其特色优势，不仅能激励和引领国内企业持续创新供应链管理理念和方法、全面提升供应链管理现代化水平、助推我国现代供应链高质量发展，亦可作为培训教材培养一批具有先进供应链管理经验的高级专业人才，为指导提升我国供应链从业者业务能力水平作出贡献。

实现世界一流企业的发展目标任重道远。在此，我向大家推荐《国网绿色现代数智供应链知识体系丛书》，希望该系列丛书能够给各行业企业尤其是能源企业供应链从业者提供借鉴和帮助，进一步引导我国各行业企业供应链管理水平不断提升，促进我国产业链供应链高质量发展。

中国物流与采购联合会会长

随着经济全球化和网络化的发展，新供应链理念已经成为促进全球领先企业及其上下游企业实现资源优化配置、提升运营效率、提高核心竞争能力、适应全球市场发展要求的重要途径和手段。当前，我国正在深化供给侧结构性改革，经济已由高速增长转向高质量发展。受逆全球化、贸易保护等多重因素影响，全球供应链加速调整和重构，不稳定性和不确定性显著增加，供应链保障已经成为国家战略安全的重要组成。中央企业在国家产业链供应链体系建设中具有不可替代的地位，也承担着义不容辞的责任。

国家电网有限公司作为关系国民经济命脉和国家能源安全的特大型国有重点骨干企业，始终坚持以习近平新时代中国特色社会主义思想为指导，牢牢把握能源保障和安全这个须臾不可忽视的"国之大者"，全面贯彻落实国家战略部署要求，主动顺应信息技术发展潮流，围绕"绿色、数字、智能"现代化发展方向，打造具有行业领先地位和示范作用的绿色现代数智供应链管理体系，为推动国家电网有限公司高质量发展，支撑和服务中国式现代化提供了优质高效的供应链服务保障。

国网绿色现代数智供应链管理体系不仅提升了企业自身的供应链管理水平，在推动行业内乃至社会的供应链发展方面也有重要意义。

一是发挥"排头兵"的示范作用，为超大型企业供应链管理创新提供借鉴。对于国有企业来说，传统的供应链管理已经无法适应市场的需求，标准化、集约化、专业化、数字化、智能化是供应链转型的大方向。国网绿链坚持管理创新和科技创新双轮驱动，推动了供应链绿色化、数字化、智能化、现代化转型，在有效提升自身供应链运营水平的同时，为能源电力产业链供应链资源整合、提质增效、转型发展贡献了巨大力量，这些改革和创新经验为国内外企业的供应链创新发展提供了"国网方案"。

二是推动电工装备行业发展，带动产业链供应链价值提升。国家电网有限公司是全球最大的公用事业企业，处于产业链供应链的核心枢纽和链主地位。国网绿链充分发挥了超大规模采购的市场驱动力，用需求引领跨行业、跨平台、跨企业的专业化整合，不仅助力了全国统一大市场建设，还带动了全供应链绿色低碳、数智转型，营造和谐共赢的供应链生态圈，推动能源电力装备制造业乃至供应链上下游企业提档升级。

三是有效提升稳链固链能力，助推国家战略落地。国家电网有限公司作为全球电力领域的领跑者，利用国网绿链这个"火车头"，一方面引领了能源电力供应链产业链创新与变革，提升了供应链产业链韧性和安全稳定水平；另一方面带动了中国能源电力行业走向国际市场，加快我国的供应链标准和模式"走出去"，确保全球供应链的开放、稳定、安全，积极建设全球能源互联网，推动"一带一路"沿线经济带发展，助力构建人类命运共同体。

中国供应链发展要找到属于自己的道路，依靠的正是各行各业供应链从业者不断地探索和创新，众多的"先行者"为推动中国供应链事业发展，形成具有中国特色的供应链管理理论作出了重要贡献，而国家电网有限公司正是其中的"领头雁"。

《国网绿色现代数智供应链知识体系丛书》全面研究世界一流供应链发展方向和国家电网有限公司供应链应用经验，系统阐述了绿色现代数智供应链发展理论支撑、管理体系框架、战略要素构成、业务运营实践方面的创新思路及成效，相信来自各界的读者，无论是企业管理者，还是政策制定者，都能够从这套丛书中收获新的思路和启发。希望国家电网有限公司进一步以世界一流目标为指引，以央企的时代情怀，在供应链创新与应用中，进一步发挥"大国重器与压舱石"作用，在推动国家经济高质量发展中勇当标杆、率先垂范，为中国经济高质量发展作出更深层次的思考和更大的贡献。

中国人民大学商学院教授

国网绿色现代数智供应链知识体系丛书
供应链标准化与数智化管理

国家电网有限公司坚决贯彻党中央、国务院战略部署，落实国资委《关于中央企业在建设世界一流企业中加强供应链管理的指导意见》，创新构建绿色现代数智供应链，持续推动物资管理水平提升。在此基础上，结合内外部环境需求，总结绿色现代数智供应链建设经验，构建了国家电网有限公司绿链知识体系，这是加强绿色现代数智供应链管理体系建设的一项重要举措，也是能源电力行业的首创。

《国网绿色现代数智供应链知识体系丛书》是深化国家电网有限公司绿链知识体系建设、打造供应链专业化人才队伍的重要抓手。丛书紧跟供应链专业化发展新趋势，将国际、国内前沿供应链管理理论与国家电网有限公司供应链管理创新实践相结合，以"理念先进、内容全面、专业实用、创新发展"为原则，既具备普适性，又体现创新性，既涵盖国际通用的供应链六大基础要素，又延伸覆盖规划设计、施工安装、运行维护等要素，形成具有国家电网有限公司特色的供应链九大要素。丛书采用一总册九分册形式，其中总册为《绿色现代数智供应链》，九分册分别为《供应链需求与计划管理》《供应链采购管理》《供应链物流管理》《供应链合同管理》《供应链质量监督管理》《供应链供应商关系管理》《供应链精益运营》《供应链风险管理》《供应链标准化与数智化管理》。

丛书既面向国家电网有限公司内部，为公司供应链从业人员夯实基础、拓展视野、提升水平、指导实际操作提供指引，又面向产业链供应链链上企业，为相关供应商、服务商、物流商理解绿色现代数智供应链理念和管理要求建立有效途径，促进供应链上中下游利益相关方深化协作，带动链上企业共同发展。同时可供各行业供应链管理人员学习和交流参考，促进共同提升全社会供应链管理水平，推动国家加快构建现代供应链管理体系。

本书是丛书的《供应链标准化与数智化管理》分册，分为标准化和数智化两部分。标准化部分以国内外供应链标准化发展史为基础，全面总结国家电网有限公司供应链标准化建设经验，从供应链标准化发展的背景与趋势、供应链标准化前沿探索与创新实践、国家电网有限公司供应链标准化体系、国家电网有限公司供应链标准化建设经验等方面展开论述。数智化部分总结供应链数智化发展过程中产生的方法突破与理念突破，并以"大云物移智链"新技术在电力行业的深入应用为切入点，以供应链数智化概念、数字化基础能力为基础，从国家电网有限公司供应链数智化发展历程和现状、供应链数智化未来发展趋势和展望等方面展开论述。

在章节分布上，本书系统地梳理了供应链标准化发展的背景与趋势、前沿探索与创新实践、国家电网有限公司供应链标准化体系和典型做法、供应链数智化认知、国家电网有限公司供应链数智化发展基础、国家电网有限公司供应链数智化发展现状，并对供应链标准化与数智化进行了未来展望。

本书在编写过程中，得到多位同行及内外部专家的指导和支持，在此表示诚挚的感谢。限于编者水平，书中不足之处在所难免，恳请各位专家、读者提出宝贵意见。

编　者
2024 年 11 月

国网绿色现代数智供应链知识体系丛书

供应链标准化与数智化管理

Contents
目　录

序一
序二
序三
前言

第一部分　标　准　化

第二部分　数　智　化

第一部分

标准化

第一章 供应链标准化发展的背景与趋势

当前全球供应链稳定性面临严峻挑战，供应链标准化的重要性愈发突出。本章首先主要从标准化的历史沿革、基本概念和作用出发，介绍了国内外标准化发展的主要历程，尤其是我国标准化事业在党的坚强领导下取得的显著成就，以及国家围绕积极实施标准化战略开展的重要部署，并简要介绍了新中国历史上第一份以党中央、国务院名义发布的标准化纲领性文件的内容，特别是涉及供应链标准化的部分举措。其次，立足全球供应链呈现出多元化、区域化、数字化、绿色化、服务化五大发展趋势，明晰了国际和国内供应链标准体系建设的情况和特点，对典型供应链标准及相关标准组织进行了介绍。最后，本章还梳理了国家有关政策文件关于供应链标准化的部署和要求，分析了我国供应链标准化发展的趋势。

第一节 标准化发展概述

国家主席习近平在致第 39 届国际标准化组织大会的贺信中指出："标准是人类文明进步的成果。从中国古代的'车同轨、书同文'，到现代工业规模化生产，都是标准化的生动实践。"本节首先结合标准化发展的简史介绍了其促进产业发展、引领科技创新、支撑国际贸易方面的作用，引出了标准和标准化的基本概念。其次，从国际国内两个层面介绍了近代标准化发展，尤其是我国标准化事业在改革创新、制度建设、体系构建、实施效能、国际合作等方面的伟大成就。最后，聚焦我国标准化战略提出和发展过程，介绍了党中央、国务院印发的《国家标准化发展纲要》为我国标准化发展描绘的宏伟蓝图，以及对供应链发展提出的要求。

一、标准化的内涵与作用

（一）标准化活动的历史

伴随着人类社会的发展，标准化的发展从远古时代的古老标准化思想萌芽阶段，经历了手工业生产基础的古代标准化阶段，再到工业化时期的近代标准化阶段，发展到了今天区域合作不断深入、各国经济往来频繁的全球标准化阶段。

标准化的产生起源于人类早期的生产和生活实践，经过共同摸索、磋商和模仿，通过货币、计量器具、生产工具等的标准化，降低生产费用和交易成本（包括信息搜寻成本、达成和执行契约的成本）。标准是人类文明进步的成果，标准化活动的历史可以追溯到几千年前，贯穿于人类社会发展的全过程。古代标准化是指有人类文明记载以来到工业革命发生前的标准化活动，工具和技术的标准化是这一阶段的主要内容。比如，我国春秋战国时代，齐国人编著的《考工记》记录了 30 个工种的生产技术规范，就是一部手工业标准的汇编。李诚编著的《营造法式》，规范了各种建筑施工设计、用料、结构、比例等方面要求，在保障建筑质量安全上起到了重要作用。在古埃及、古罗马等时期，也出现了一些具有标准化特征的活动。比如，古埃及将人的胳臂作为一个基本长度单位，即为"肘尺"，应用于金字塔建造中。

随着专业化生产和社会分工的发展，如手工业发展以至工业革命，市场规模扩大，交易日益复杂化，信息不完全或不对称加剧，交易不确定性增加，交易成本大幅度上升。在这一进程中，标准化一方面通过广泛共享与应用人类科学技术成果和实践经验降低生产费用，另一方面通过合作促进协调一致大幅度地降低交易成本。大机器工业生产方式和社会化大分工的迅猛发展促使标准化发展成为有明确目标和有系统组织的社会性活动。

进入 21 世纪，全球信息技术的迅速发展拓宽了标准制定的领域、加大了各国标准之间的联系、缩短了标准制定的时间；由于经济全球化的快速发展，各国贸易交往日益频繁，国际贸易的扩大、跨国公司的发展、地区经济的一体化使得各国更加积极地与其他国家合作，促进了各国共同采用区域标准和国际标准，在一定程度上提高了贸易自由化和便利化水平。由此，标准化进入了具有系统性、国际性及科技性的发展新阶段。

结合上述历史进程具体来说，标准化主要有以下三方面作用：

（1）标准化能够促进产业转型升级、提质增效。政府可以采取宏观调控措施，将标准与产业政策进行有效结合，进行产业结构调整，以实现经济增长方式的根本转变。同时，可以在市场机制的作用下，通过技术、质量、环境、安全、能耗等方面技术标准的制定和实施，强化符合标准的产品的市场竞争力，提高企业不执行标准的生产成本和管理成本，限制和淘汰能耗高、污染重、安全条件差、技术水平低、生产方式和生产工艺落后的企业。

（2）标准化能够促进科技成果转化、培育发展新产业、新业态、新模式。标准是科学研究和技术进步的成果，是实践经验的总结。一项技术标准的"制定—实施—修订"的过程，就是科学技术和经验的"创新—推广普及—再创新"的过程。在市场经济体制下，每一个新标准的确立，都意味着潜在市场机会的出现和竞争格局的重新调整。因此，标准研制不仅牵动着单个企业的命运，更可以带动整个产业乃至相关产业的发展，进而表现为群体突破的态势，使整个产业的技术水平提升到一个更高的层次上。

（3）标准化能促进国际贸易、技术交流。标准作为协调一致的产物，是合同的技术基础，促进贸易的发展。在市场经济中，消费信息的不对称往往使市场难以有序、有效地运行。生产者和消费者都希望用一个统一的尺度来表述产品质量和其他特性的信息，从而减少对产品的信任度信息的不对称性。通过标准成为合同契约的一部分功能来协调市场主客体行为，既可防范道德风险、欺诈行为，又可使市场有序、有效运行。标准是国际贸易进行仲裁的依据。为解决买卖双方的技术纠纷所进行的仲裁和争端磋商，一般应以标准为交货和验收的依据，按买卖双方协商同意的标准进行检验。

国家电网有限公司（简称国家电网公司）作为关系国家能源安全和国民经济命脉的特大型国有重点骨干企业，践行"为美好生活充电、为美丽中国赋能"的使命，加快构建体系结构优化、布局科学合理、全链覆盖的新型技术标准体系，奋力支撑能源绿色低碳转型和经济社会高质量发展。国家电网公司在央企中率先开展技术标准战略研究并持续实施，逐步形成了以公司技术标准发展纲要为战略统领，以创新基地建设、标准化科研、国际标准化等行动方案为实施路径，以科研标准互动、团体标准培优、人才梯队建设、标准数字化发展等指导意见为方法指引，以技术标准管理、实施监督评价管理、试验验证管理、专业工作组管理等核心制度为基础保障，具有国家电网公司特色的技术标准管理体系。国家电网公司深入开展标准体系理论方法研究，不断健全以公司技术标准体系为核心、各专业标准体系协调配套的技术标准体系架构；紧密围绕新型电力系统建设需求，推进重点领域技术标准专项规划研究，形成共性先立、急用先行、梯次接续的技术标准布局。为适应电网数字化发展要求，国家电网公司加快推动标准数字化转型，全面启动标准数字化试点，形成以数字标准馆建设为核心、专业应用为着力点的标准数字化发展格局，积极推动科研与技术标准互动发展。科技创新提升技术标准水平，技术标准促进科技成果转化应用。多措并举提升标准制定质量和实施效能。国家电网公司聚焦主要业务领域，大力推动技术标准差异条款协调统一，严把新增标准质量"入口关"，促进各层级、各领域标准协调配套；不断深化技术标准实施监督评价，加快实现实施监督评价对公司各层级、各单位、各专业的全面覆盖，更好地发挥技术标准对各专业活动的支撑作用。

（二）标准化的定义

国际标准化机构——国际标准化组织（International Organization for Standardization，ISO）和国际电工委员会（International Electrotechnical Commission，IEC）、主要国家的国家标准化机构经过长期讨论，在早期标准化专家的研究基础上，对标准化的定义达成初步共识。ISO/IEC 在共同发布的 ISO/IEC GUIDE 2：2004 中给出了标准化的如下定义：

为了在一定范围内获得最佳秩序，对现实问题或潜在问题确立共同使用和重复使用的条款的活动。

注 1：上述活动主要包括编制、发布和实施标准的过程。

注 2：标准化的主要作用在于为了其预期目的改进产品、过程或服务的适用性，防止贸易壁垒，并促进技术合作。

我国在 GB/T 20000.1—2014《标准化工作指南 第 1 部分：标准化和相关活动的通用术语》中，结合对标准化原理与方法的研究，对 ISO/IEC GUIDE 2：2004 中所界定的"标准化"定义做了进一步修正：

为了在既定范围内获得最佳秩序，促进共同效益，对现实问题或潜在问题确立共同使用和重复使用的条款以及编制、发布和应用文件的活动。

注 1：标准化活动确立的条款，可形成标准化文件，包括标准和其他标准化文件。

注 2：标准化的主要效益在于为了产品、过程或服务的预期目的改进他们的适用性，促进贸易、交流及技术合作。

二、国内外标准化发展历程

（一）全球标准化发展历程

全球标准化工作（包括国际标准化❶工作、区域标准化❷工作和国家标准化❸工作）的发展经过了工业化时期近代标准化的起步、二战后标准化的迅猛发展、新世纪标准向国际化快速迈进三个阶段。

近代工业标准化开始于 18 世纪末，首先在英国出现的纺织工业革命标志着工业化时代的开始。随着各种行业分工的发展，机器大工业化进程的深入，各种学术团体、行业协会等组织纷纷成立。1865 年，为顺利实现国际电报通信，法国、德国、俄国等 20 个国家在巴黎发起成立了"国际电报联盟"，在 1932 年 70 多个国家的代表决议将其改名为"国际电信联盟（International Telecommunication Union，ITU）"，1947 年联合国同意 ITU 成为其专门机构，总部设在日内瓦。1906 年，在伦敦会议上通过了国际电工委员会章程，正式成立了国际电工委员会（IEC）。

这一阶段的突出特征是标准化活动源于企业生产需求。为了降低成本、提高效率、获得最佳效益，企业逐步探索利用标准化的理念、原理和方法，推动实现规模化生产。比如，18 世纪末，美国的伊莱·惠特尼运用标准化基本原理，提升了步枪零部件的互换性，实现了批量生产，被誉为"美国标准化之父"。1902 年，英国纽瓦尔公司制定了极限与配合标准，满足了零部件互换性需要，这是世界上最早的公差标准，后来成为英国国家标准。美国福特公司于 1914 年开始简化汽车生产工序，创造了标准化生产流水线，大幅提高了生产效率，降低了生产成本，形成了著名的"福特生产方式"。

企业间标准化需求催生行业标准化。随着工业革命的深度发展，尤其是科技的不断进步，技术的专业性和产品的复杂性日益增强，企业分工日趋细化，在某些领域诞生了行业标准组织，使得不同企业能够联合制定标准，实现企业间生产衔接、产品配套，社会分工合作更加顺畅。比如，为解决采购商与供应商在工业材料购销中的意见和分歧，1902 年成立了美国试验材料协会，也就是现在的美国测试与试验协会（American Society for Testing and Materials，ASTM），制定了材料性能、测试方法等方

---

❶ 国际标准化是指在国际范围内，由众多国家和组织共同参与的标准化活动，旨在协调各国各地区的标准化活动，研究、制定并推广采用国际标准，并就标准化有关问题进行交流和研讨，以促进全球经济、技术、贸易的发展，保障人类安全、健康和社会的可持续发展。

❷ 区域标准化是指同处一个地区的国家共同开展的标准化活动。

❸ 国家标准化是指一个国家建立全国性的标准化机构、制定国家标准并在全国范围内开展标准化活动。

面标准，有效规范了行业发展。如 19 世纪 80 年代，为解决工具和机械零件制造设计中的统一性和安全性问题，哈特福德蒸汽锅炉检测公司的工程师们和相关方成立了美国机械工程师学会（American Society for Mechanical Engineers，ASME），到目前在能源、交通、工程建设、空间探索等领域制定了 600 多项标准，被全球 100 多个国家广泛采用，为工程标准化和相关学科发展发挥了重要作用。

跨行业标准化需求促进国家标准化发展。行业领域的标准化活动兴起后，产业界逐步意识到，标准化是一项需要在国家层面进行统一协调的活动，而实现这一目标的最好方式就是成立国家标准机构，协调整个国家的标准制定和应用，并统一发布国家标准。从 1901 年开始，英国、荷兰、菲律宾、德国、美国、瑞士、法国、瑞典、比利时、奥地利、日本等国家相继成立了国家标准机构，其中大部分是由具有一定影响力的行业标准化组织演变而来。比如，1917 年 5 月，通用机械制造标准委员会成立，并于同年 12 月改组为德国工业标准委员会（Deutsche Industrie-Norm，DIN），随着其活动范围的扩大，该机构于 1926 年 11 月改名为德国标准委员会（Deutscher Normenausschuss，DNA），到 1975 年 5 月更名为德国标准化协会（Deutsches Institute füs Normung e. V., DIN），并同时被德国政府确立为国家标准机构。发展中国家开展标准化工作普遍较晚，除少数欧美地区国家（如波兰、匈牙利、阿根廷等）外，绝大多数是在第二次世界大战后才成立国家标准化机构。

第二次世界大战期间，由于军需品的互换性很差、规格不统一，因而标准化得到高度重视。二战期间，美国声学协会制定了军用标准制定程序，制定了一批军工新标准，促进了军事工业的发展。1946 年英国、中国、美国、法国、苏联等 25 个国家的国家标准化机构在伦敦发起成立了国际标准化组织（ISO）。1961 年，欧洲标准化委员会（Comité Européen de Normalisation，CEN）在法国巴黎成立，其宗旨是促进成员国之间的标准化协作。CEN 作为最具权威的区域标准化组织，在国际标准化活动中占有非常重要的地位。1976 年，欧洲电工标准化委员会（European Committee for Electrotechnical Standardization，CENELEC）在比利时布鲁塞尔成立。

随着世界经济、科技和国际贸易的快速发展，各行各业纷纷建立组织、制定标准，世界标准化活动日益活跃，国际标准的重要作用与巨大影响也日益显现。在国际标准化发展进程中，在众多制定标准的国际组织中，ISO、IEC 和 ITU 是当今最主要、最有影响的三个机构，肩负着推动世界标准化的使命。区域标准化是国际标准化的必要补充，它推动了国际标准化的进程。国家标准化是国际标准化的基础，国家标准化机构的运作与国际标准化息息相关。

（二）我国标准化发展历程

我国的标准化工作是新中国成立以后随着国民经济的发展而逐步建立和发展起来的。我国标准化模式的演变大致经历了以下历程。

1. 第一阶段（新中国成立后至 1978 年）：建立统一领导、分级管理的模式

我国的标准化管理始于 1956 年，在国家科学技术委员会设立标准局。1957 年提出结合我国具体情况，以学习苏联国家标准为基础，建立为建设我国完整社会主义工业体系而服务的国家标准制度，把标准分为国家标准、部标准、地方标准和工厂标准；按行业成立了国家标准审核委员会。各政府部门按产品种类指定科研和设计单位或先进企业负责起草和修订标准，开展标准的科研和数据资料的积累以及标准化方法研究。

1962 年国务院发布《工农业产品和工程建设技术标准管理办法》，以行政法规对标准化工作方针、政策、任务及管理体制予以明确规定，实行统一领导、分级管理。1972 年成立国家标准计量局。1978 年 5 月我国成立国家标准总局，为国务院直属局，由国家经济委员会代管。

2. 第二阶段（1979 年至 2012 年）：逐步走向法制化、国际化的道路

1979 年 7 月 31 日国务院批准发布《中华人民共和国标准化管理条例》，规定了我国标准由国家标准、行业标准和企业标准组成。

1982 年国家标准总局改为国家标准局。1988 年 12 月，全国人民代表大会常务委员会第五次会议通过了《中华人民共和国标准化法》，使标准化工作纳入了我国的法制轨道。1990 年国务院颁布了《中华人民共和国标准化实施条例》。

2001 年中国加入世界贸易组织（World Trade Organization，WTO）后，政府机构改革，国家质量技术监督局和国家出入境检验检疫局合并成立国家质量监督检验检疫总局，同时组建副部级事业单位国家标准化管理委员会，作为国务院授权履行行政管理职能的标准化主管机构，统一管理、监督和综合协调全国的标准化工作。

为了规范管理我国标准化工作，在此期间国家标准化管理委员会发布了一系列管理文件，包括《全国专业标准化技术委员会管理办法》《关于加强强制性标准管理的若干规定》《采用快速程序制修订应急国家标准的规定》等。

3. 第三阶段（2012 年至今）：标准化事业发展迎来全面提升期

党的十八大以来，我国标准化发展取得显著成就。

（1）标准化地位更加突出。标准化工作被纳入党和国家的重点工作，摆到了更加

突出的位置。党的十八届二中全会提出将技术标准体系建设作为基础性制度建设的重要内容。十八届三中全会进一步强调，政府要加强发展战略、规划、政策、标准等制定和实施。进入新时期，党的十九大明确指出"瞄准国际标准提高水平"。党的十九届四中全会提出，推动规则、规制、管理、标准等制度型开放。十九届五中全会审议通过的"十四五"规划和 2035 年远景目标建议，明确要求加强标准、计量、专利等体系和能力建设。2021 年，中共中央、国务院印发《国家标准化发展纲要》，将标准化工作上升到新的高度。

（2）标准化改革不断深化。2015 年，中央深改办将标准化工作改革纳入重点工作，国务院出台《深化标准化工作改革方案》，通过实施三个阶段行动计划和任务分工，取得了显著成效。国务院批准建立标准化协调推进部际联席会议制度，由国务院分管领导担任召集人，标准化工作整体性、系统性得到大幅提升。强制性标准由国家、行业、地方三级整合到国家一级，强制性标准由 13290 项整合精简到 2133 项，实现"瘦身健体"。完成 113702 项推荐性标准和计划项目集中复审，废止 1000 多项国家标准、15000 多项行业标准、5000 多项地方标准，推荐性标准体系持续优化完善。团体标准实现从无到有，企业标准实现从备案管理到自我声明公开，相关管理制度和工作平台逐步建立，有效满足了市场和创新需求，市场主体标准化活力充分释放。适应新时代新要求，2017 年，第十二届全国人大常委会审议通过新修订的《中华人民共和国标准化法》，将改革实践取得的成果以法律的形式予以固化，大大推进了标准化工作的法治化进程。

（3）新型标准体系初步构建。我国新型标准体系由五个层级、两种来源的标准构成，分别为国家标准、行业标准、地方标准、团体标准和企业标准。其中，国家标准、行业标准、地方标准由政府颁布，团体标准和企业标准根据市场需要，由相关市场主体自主制定，并依法向社会公开。这些标准中只有国家标准有强制性标准、其他均为推荐性标准。截至 2021 年 11 月底，我国已发布国家标准 4 万余项（其中强制性国家标准 2126 项），行业标准 7.6 万余项，地方标准 5.5 万余项。通过信息平台公开的团体标准总数超过 3 万项，企业标准超过 180 万项。

（4）标准化技术力量不断增强。专业标准化技术组织是在特定专业领域内，从事标准起草、编制和推广的标准化技术组织。我国全国专业标准化技术组织由专业标准化技术委员会（Technical Committee，TC）、分技术委员会（Sub Technical Committee，SC）和标准化工作组（Standardization Working Group，SWG）构成。这些技术组织由委员组成，委员具有广泛性和代表性，可以来自生产者、经营者、使用者、消费者、公共利益方等相关方。截至 2021 年底，全国专业标准化技术组织共 1327 个，包括 545 个 TC，767 个 SC 和 15 个 SWG，注册委员专家已超过 5.4 万名，其中两院院士 153 人。

（三）我国标准化发展成就

党的十八大以来，党中央、国务院把标准化工作摆在经济社会发展全局来统筹推进，纳入国家基础性制度建设范畴，上升到国家战略层面，成为促进经济社会健全发展和推进国家治理体系、治理能力现代化的重要手段。各地区、各部门紧密协作、开拓创新、主动作为，标准化的基础性、引领性、战略性作用愈发凸显。

1. 改革创新，重要突破

以 2015 年 3 月国务院印发实施《深化标准化工作改革方案》为标志，标准化工作改革已深入我国经济社会诸多领域。改革打破了政府单一供给标准的格局，推动建立政府主导制定的标准与市场自主制定的标准协同发展、协调配套的新型标准体系，"一个标准、一个市场、一条底线"初步实现。改革以来，共完成 1.2 万项强制性标准整合精简评估；开展 10 余万项推荐性标准集中复审，有序推动推荐性标准向公益类标准过渡。《团体标准管理规定（试行）》印发实施，引导和规范团体标准有序发展。团体标准试点范围逐步扩大，在全国团体标准信息平台注册制定标准的社会团体和公布的团体标准不断增长。企业标准公开数量保持高速增长。国家标准委探索建立企业标准"领跑者"制度，引导支持中介机构发布两批企业标准排行榜，在浙江、山东等地组织开展企业标准"领跑者"试点，成效初显。

2. 协同推进，重大进展

2015 年 6 月，国务院批准建立标准化协调推进部际联席会议制度。截至目前，多次召开全体会议，审议通过了《强制性标准整合精简工作方案》《推进国家标准公开工作实施方案》等一批重要文件。京津冀建立标准化议事协调机制，长三角、泛珠三角、沿海 12 省市标准化合作机制不断完善，建立新丝路标准化战略联盟和城市标准化创新联盟。此外，国家标准委、中央军委装备发展部实施"军民标准通用化工程"，遴选出 100 余项军民通用国家标准制定项目和 41 个研究项目。国家标准信息向军队开放共享，吸收 275 名军方技术专家参加全国专业标准化技术委员会。推进无人机标准体系建设，加强无人驾驶航空器系统系列标准制定，推进中国航天标准体系建设，开展全色遥感卫星数据、陆地观测卫星数据等领域标准研制。

3. 新法施行，管理加强

2017 年 11 月 4 日，习近平主席签署第 78 号主席令，正式公布新修订的《中华人民共和国标准化法》，这是我国标准化事业发展中的大事，对促进标准化改革创新发展具有里程碑意义。《推荐性国家标准立项评估办法（试行）》《国家标准外文版管理办法》《全国专业标准化技术委员会管理办法》等一系列规章、规范性文件的施行，使推荐性国家标准立项周期缩短 50%，国家标准审批周期缩短 40%，强化了标准化技术委员会考核评价和奖惩退出机制，技术委员会管理日益规范，标准制修订进一步公开透明。在前期工作的基础上，国家标准委全面推行技术委员会投票电子化，深化编审合一模式，并对国家标准项目全部开展评估，完成了对全部技术委员会考核评估。国家标准全文公开系统已公开强制性国家标准 2037 项，有关部门也分别公开环境保护、工程建设、食品安全等领域国家标准，科技研发、标准研制与产业发展进一步协同，智能电网、绿色生态等领域创新基地相继筹建，科技成果转化为技术标准试点启动。

4. 服务发展，成效显著

国务院办公厅先后印发《国家标准化体系建设发展规划（2016—2020 年）》《关于加强节能标准化工作的意见》《关于建立统一的绿色产品标准、认证、标识体系的意见》，有力促进了国家重大战略的实施；国务院常务会议通过《装备制造业标准化和质量提升规划》《消费品标准和质量提升规划（2016—2020 年）》，有效支撑了制造强国建设。党的十八大以来，实施百项能效标准推进工程，发布终端产品能效、单位产品能耗限额等 230 项国家标准，节能国家标准总数达到 350 项。持续推进化解产能过剩标准支撑工程，批准发布了钢铁、建材等领域产品质量标准，为产业转型升级提供强有力技术支撑。发布实施第五阶段、第六阶段车用汽柴油国家标准，商品煤质量相关标准，有效提升了能源产品供给质量。建立健全养老、社区、家政、旅游、社保、物流等领域标准体系。推动食品安全标准化工作，推进高标准农田建设，开展了消费品安全"筑篱"行动，一大批重要的国家标准产生了极大的社会影响。推动装备制造业标准化和质量提升开展的大飞机、海上钻井平台、特高压输变电、中国标准动车组等重大研究项目，以及"华龙一号"国家重大工程标准化示范，国家电网标准体系化实施示范，两化融合标准化组织和标准体系建设等重大项目相继启动、结出累累果实。

5. 社会治理，提升效能

标准化已成为国家治理体系和治理能力现代化的重要手段。中共中央办公厅、国务院办公厅印发《关于建立健全基本公共服务标准体系的指导意见》，以标准化促进基本公共服务均等化、普惠化、便捷化。发改委等部门印发《生活性服务业标准化发展"十三五"规划》，推动生活性服务提质增效。中组部等部门推进干部网络教育和干部人事档案管理标准化工作，支撑干部管理网络化和信息化建设。中央网信办等部门规划"十三五"信息化标准工作，推动核心信息技术、数据资源、电子政务等领域标准制定。中央综治办发布实施《公共安全视频图像信息共享应用标准体系（2017版）》和《城乡社区网格化服务管理规范》，服务"平安中国"建设。国务院审改办等部门发布《行政许可标准化指引》，开展行政许可标准化测评。国务院办公厅政府信息与政务公开办推进100个基层政务公开标准化规范化试点，支撑"放管服"改革。国务院扶贫办等部门推进光伏、茶叶等10类产业扶贫标准化工作，建设28个农业产业扶贫标准化示范项目，助力精准扶贫。养老、家政，公安执法、保险、医疗健康、基本公共文化、全民健身、全域旅游，以及快递业绿色包装等服务保障和改善民生的标准化工作有声有色。

6. 国际影响，大幅提升

"中国标准"服务外交外贸大局，国际影响力大幅提升。我国圆满承办第39届国际标准化组织（ISO）大会，大会发布了《北京宣言》，提供了中国方案，贡献了中国智慧，标准促进世界互联互通已成共识。服务国家重大主场外交，"加强标准化合作"写入"G20贸易部长声明"。我国积极履行作为国际标准组织成员义务，参与国际标准化工作力度不断加大，取得突破性进展。我国专家张晓刚（2015—2017任职）、赵厚麟（2015—2022任职）、舒印彪（2020—2022任职）相继担任ISO、ITU和IEC领导人。截至2023年5月，我国专家担任ISO、IEC技术机构主席、副主席90个，承担技术机构秘书处89个，注册专家超过1.2万名，提出并制定ISO、IEC国际标准1364项，比十八大前增加近10倍。我国积极开展标准化国际交流与合作，已与63个国家和区域标准化机构、国际标准组织签署了107份标准化合作文件。我国企业、科研院所、高等院校等单位或个人大量参与了国际性专业标准组织，在相关组织中发挥了重要作用。同时，中国标准海外应用不断扩展，已发布中国标准外文版1623项。推进"一带一路"建设工作领导小组办公室相继发布实施《标准联通"一带一路"行动计划（2015—2017）》《标准联通共建"一带一路"行动计划（2018—2020年）》，标准有力地促进了我国与"一带一路"国家的互联互通。发布航空航天、钢铁、工程机械、家用电器等领域国家标准外文版，与英国、法国发布标准互认清单。近百项中国标准

在相关国家得到推广应用或开展示范。

三、我国标准化战略发展历程与部署

（一）我国标准化战略发展历程

1. 我国标准化战略的提出

自我国加入世界贸易组织以后，科技部就提出了积极实施技术标准战略，推动我国向贸易强国发展，增强我国国际竞争力。因此，自"十五"时期起，科技部就在"国家重大科技专项""国家科技支撑计划"等重大项目开展了"重要技术标准研究""关键技术标准推进工程"等研究，直接支撑了我国标准化战略制定实施、新型标准体系的形成，以及重要领域技术标准攻关与研制。同时，在国家标准化管理委员会的推动下，分别于 2006 年、2011 年、2015 年推动发布了标准化五年规划。这些规划从最初的由国家标准委发布，到 2015 年由国务院办公厅印发，显示了标准化工作在国家发展中越发重要的地位。而随着对标准化作用和特征的不断认识，党的十八大以来，我国标准化事业发展迎来全面提升期。十八届二中全会明确将技术标准体系建设作为基础性制度建设的重要内容。十八届三中全会强调，政府要加强发展战略、规划、政策、标准等制定和实施。2015 年，中央深改办将标准化工作改革纳入重点工作，国务院出台《深化标准化工作改革方案》，提出了构建新型标准体系的总目标和建立标准化统筹协调机制等六大改革措施。

2. 我国标准化战略的需求和基础

进入新时期，我国经济已由高速增长阶段转向高质量发展阶段，推动形成全面开放的新格局，加强国家创新体系建设对标准化工作提出了更高要求，党的十九大明确指出"瞄准国际标准提高水平"。第十二届全国人大常委会审议通过新修订的《中华人民共和国标准化法》，2018 年正式实施，确立了新型标准体系，形成政府颁布标准与市场自主制定标准协同发展、协调配套的机制。党的十九届四中全会提出，推动规则、规制、管理、标准等制度型开放。为落实中央决策部署，在联席会议统筹领导下，我国大力推动了强制性标准整合精简、推荐性标准优化完善、团体标准培育发展、企业标准放开搞活等改革，实施"标准化＋"行动，推进工业、农业、服务业和社会事业标准体系建设，积极参与国际标准化活动，我国标准化水平全面提升。

3. 我国标准化战略纲领性文件发布

习近平总书记高度重视实施标准化战略，多次作出重要指示批示。早在 2006 年 7

月，总书记在主政浙江时就指出，加强标准化工作，实施标准化战略，是一项重要和紧迫的任务，对经济社会发展具有长远的意义。2016 年 9 月，在致第 39 届国际标准化组织（ISO）大会贺信中向世界庄严宣告，中国将积极实施标准化战略，以标准助力创新发展、协调发展、绿色发展、开放发展、共享发展。2021 年 10 月 10 日，新华社授权发布中共中央、国务院印发的《国家标准化发展纲要》（以下简称《纲要》）。《纲要》是第一份以党中央名义颁布的标准化纲领性文件，描绘了新时期标准化发展的宏伟蓝图，在我国标准化发展史上具有重要里程碑意义。发布实施《纲要》，开启了我国标准化事业发展新征程，有利于牢牢把握我国标准化发展正确方向，强化我国标准化事业传承与创新。

（二）我国标准化战略部署

步入新发展阶段，我国标准化形势和任务产生了重要变化，既有难得机遇，也面临严峻挑战。特别是面对第四次工业革命和产业变革，我国标准化工作还存在诸多短板和不足，比如标准供给还不够及时有效，标准实施应用还不充分，标准国际化水平还不够高等。《纲要》的颁布，实现了我国标准化事业发展从改革、修法到实施纲领性文件的"三级跳"，有利于强化标准化工作的传承与创新，为"十四五"乃至更长时期标准化事业的发展开好局、起好步，推动我国标准化事业发展步入全新的历史时期，开启了全领域、全过程、全社会积极投入标准化建设的新征程。

过去，标准作为扩大生产、促进创新、便利贸易的技术手段，已广泛应用于社会实践。随着经济社会的不断发展，特别是科学技术的进步和社会分工的演化，对标准提出了新的需求、新的任务，标准的功能和作用在不断发展变化。特别是随着国家治理体系与治理能力现代化重大历史任务的提出，标准作为一种技术规则，是实现治理制度化、规范化、程序化的重要手段和有效方法，得到社会各界的广泛认同。《纲要》鲜明提出，标准化在推进国家治理体系和治理能力现代化中发挥着基础性、引领性作用。这充分表明标准化地位和作用已上升到全新的高度，事关国家治理体系和治理能力现代化，事关经济社会发展全局。《纲要》这一重要论断，标定了我国标准化工作的新方位。

改革是标准化发展的根本动力。当前，经过各方共同努力，在新型标准体系的确立、强制性标准整合精简、推荐性标准优化完善和团体标准培育发展等方面，标准化改革已初见成效。站在新的历史节点，面临新的形势，履行新的使命，迫切需要深化标准化改革。《纲要》历史性地提出要实现标准化工作的"四个转变"，即实现标准供给由政府主导向政府与市场并重转变，标准运用由产业与贸易为主向经济社会全域转变，标准化工作由国内驱动向国内国际相互促进转变，标准化发展由数量规模型向质量效益型转变。这"四个转变"，明确了标准供给侧改革的主攻方向，确立了标准化全域发展的理念，提出了统筹国际国内标准化工作的思路，树立了标准化发展的导向，描绘了未来一个时期标准化改革的"路线图"。

标准是全球治理体系和经贸合作的重要技术规则，标准联通是政策、设施、贸易、资金和民心相通的前提和基础，当今世界正面临百年未有之大变局，全球治理体系与治理规则正在深刻调整，这其中标准的作用愈发突出，国际社会越来越关注和重视。美国、德国、法国、日本、韩国等发达国家，以及 ISO、IEC、ITU 等国际标准组织普遍制定实施标准化战略规划，以应对新一轮科技革命和产业变革，强化标准化在促进科技创新、产业升级、贸易往来等方面的技术支撑作用。制定实施《纲要》，是我国标准化工作与国际进一步接轨的重要举措，明确了标准国际化发展的方向和措施，为形成更大范围、更宽领域、更深层次的标准化对外开放新格局提供了指针。

因此，《纲要》以习近平新时代中国特色社会主义思想为指导，深入贯彻党中央、国务院对标准化工作的决策部署，坚持以人民为中心的发展思想，立足新发展阶段，贯彻新发展理念，构建新发展格局，注重处理好政府与市场、继承与创新、国内与国际之间的关系，不断优化标准化治理结构，增强标准化治理效能，提升标准国际化水平，构建推动高质量发展的标准体系，实现以高标准助力高技术创新、促进高水平开放、引领高质量发展，为全面建成社会主义现代化强国、实现中华民族伟大复兴的中国梦提供有力支撑。

《纲要》分为三个板块。第一板块明确了标准和标准化的定位，确立了我国标准化事业发展的指导思想和分阶段目标。第二板块围绕服务经济社会高质量发展、促进标准化事业发展，部署了推动标准化与科技创新互动发展、提升产业标准化水平、完善绿色发展标准化保障、加快城乡建设和社会建设标准化进程、以标准化提升对外开放水平、推动标准化改革创新和夯实标准化发展基础 7 个方面的重点任务。第三板块提出了加强《纲要》实施组织领导、完善配套政策等要求。

《纲要》着眼于支撑国家"十四五"发展目标和 2035 年远景目标，把握全面建设社会主义现代化国家的总体要求，提出了标准化发展的近期目标和远景目标。

到 2025 年，《纲要》提出实现四个转变，围绕实现四个转变，《纲要》明确了全域标准化深度发展、标准化水平大幅提升、标准化开放程度显著增强、标准化发展基础更加牢固等具体目标，并提出了 4 个量化指标，分别是共性关键技术和应用类科技计划项目形成标准研究成果的比率达到 50%以上，国家标准平均制定周期缩短至 18 个月以内，国际标准转化率达到 85%以上，建成 50 个以上国家技术标准创新基地。到 2035 年，《纲要》提出三方面远景目标，即：结构优化、先进合理、国际兼容的标准体系更加健全，具有中国特色的标准化管理体制更加完善，市场驱动、政府引导、企业为主、社会参与、开放融合的标准化工作格局全面形成。

这些目标的提出遵循了标准化活动的基本规律，既考虑了我国标准化工作现实基础和国家发展重大需求，也兼顾了国际标准化发展环境和趋势，有一定难度和挑战，但经过努力是能够实现的。

围绕重点任务落实，《纲要》设置了 7 个工程和 5 项行动。7 个工程包括高端装备制造标准化强基工程、新产业标准化领航工程、标准化助力重点产业稳链工程、碳达峰碳中和标准化提升工程、公共安全标准化筑底工程、基本公共服务标准体系建设工程、标准国际化跃升工程。5 项行动包括新型基础设施标准化专项行动、乡村振兴标准化行动、城市标准化行动、社会治理标准化行动、养老和家政服务标准化专项行动。围绕这些工程和行动，通过政府推动、社会参与，形成科学系统的标准化解决方案，有力支撑重要产业和重点领域高质量发展，提升人民群众获得感、幸福感、安全感。

当前，世纪疫情和百年变局交织叠加，全球产业链供应链面临严峻挑战，保持我国产业链供应链安全稳定，是构建新发展格局的战略要求。《纲要》提出"实施标准化助力重点产业稳链工程"，就是要促进产业链上下游标准有效衔接，增强产业链供应链稳定性和产业综合竞争力，对于引导产业上下游"建链、补链、延链、强链"，打好产业基础高级化、产业链供应链现代化攻坚战具有重要意义。但现阶段，标准化在提升我国产业链供应链水平方面作用发挥还不充分，具体表现在重点标准供给不足、上下游标准协调不够等方面。实施标准化助力重点产业稳链工程，首先要加强产业链供应链标准布局，建立和完善重点产业链供应链标准图谱，针对产业链供应链存在的标准断点和堵点，加快制修订相应标准，提升产业链供应链标准供给水平。同时，还要发挥龙头企业的引领作用，强化跨行业、跨领域产业链标准化协调，鼓励龙头企业带动上下游配套中小企业共同开展标准研制，推动上下游标准有效衔接。此外，在稳定产业链供应链基础上，还要加大创新力度，在产业链供应链的主要行业和关键环节制定和实施一批先进技术标准，改变我国产业链长而不强的现状，提升全球分工位置，占据全球价值链的高端。

第二节 供应链标准化发展现状

供应链是全球经济和贸易交流的核心，标准化在其中起着重要作用。本节首先介绍供应链的基本概念，对全球供应链当前的发展态势和未来的主要趋势进行了梳理，标准化将在全球供应链多元化、区域化、数字化、绿色化、服务化等发展趋势中发挥基础性、引领性作用。再从国际组织、国家和地区两个层面介绍了国外供应链标准化发展的情况。最后，介绍了我国供应链的发展情况，并从国内供应链标准化技术组织和供应链标准体系建设两个方面介绍了我国供应链标准化发展的现状。

一、全球供应链标准化发展现状

（一）供应链概念及全球发展介绍

1. 供应链概念

供应链最初的概念来源于美国管理学家波特在其代表作《竞争优势》中基于"经济链"的"价值链"概念，强调企业与其战略相关的各个环节都是价值活动的整体。1998 年，美国物流协会把物流定义为供应链活动的一部分，物流的概念开始向供应链转移。现代供应链概念又称为全球网络供应链或全球化供应链。全球化的供应链的功能是把世界范围内的各种生产资料，生产流通环节，消费和售后环节以及市场主体整合为一个系统。相对于一般意义上的供应链，它包括了更大的地理范围，更大的时间和市场跨度。全球化供应链体系中，各个环节分散在全球各地，获取生产资料，生产产品，运输货物和销售，互通信息都是在全球范围内同时进行的。可以说，供应链是指围绕核心企业，从配套零件开始，制成中间产品以及最终产品，最后由销售网络把产品送到消费者手中的，将供应商、制造商、分销商直到最终用户连成一个整体的功能网链结构。

Christopher（2016）提出，21 世纪的竞争不是企业之间的竞争，而是供应链之间的竞争。随着全球经济一体化和信息技术的发展，欧美日等发达国家已经建立了现代化的供应链体系和管理平台，并把全球供应链竞争作为国家宏观战略，以争夺全球供应链的主导地位。2014 年，我国国家领导人首次在提出构建中国全球供应链，供应链已成为国家战略，实施并不断优化供应链战略已经成为中国经济发展的必然选择。二十年来，可以看到美国在全球价值链中参与度下降。在中国加入世贸组织之前，美国在全球制造业市场的份额比中国高出近 3%。但如今此消彼长，中国占有 30.43%的制造业份额，而美国则下降到 15.5%。并且美国国外增加值（FVA）（进口外国产品后加工再出口的增加值）和出口的国内增加值（DVX）（作为中间产品出口后由外国组装形成最终产品后再出口的增加值）均在下降，表明美国在全球价值链中的参与度降低。同时，欧洲工业正在衰落。根据世界银行数据，欧盟制造业增加值（以美元计）占全球制造业增加值的占比在 2004 年达到 25.35%的峰值后开始逐渐下降，这一数据在 2021 年降到 15.7%。尤其是近年来，全球供应链收到疫情及地缘政治等新影响的冲击，其发展态势呈现多项特征。

2. 当前全球供应链发展态势

随着世界不稳定不确定性深入，全球供应链发展呈现出新的特点。

（1）全球供应链区域化将愈发显著。随着俄乌冲突和西方对俄罗斯前所未有的高强度制裁，俄罗斯被排除在西方经济和政治秩序之外，俄罗斯将越来越依赖中国和发展中国家。同样，美国等国对我国的技术封锁将更加严密。西方跨国公司不得不重组其全球供应链。

（2）对关键材料、设备和商品的争夺愈演愈烈。疫情期间，全球半导体"缺货"更是让各国都意识到了半导体制造的重要性，俄乌冲突进一步强化了半导体的供应危机。美国通过的"芯片与科学法案"提出将向芯片研发与制造投资 520 亿美元。2022 年 2 月 8 日，欧盟委员会公布了酝酿已久的《芯片法案》，旨在提高欧盟对供应链中断的抵御能力，使欧洲成为半导体的长期工业领导者，到 2030 年将其全球制造业从 9%提高到 20%。

（3）供应链管理更加倾向于多元化和安全性。为确保安全性，冗余成为供应链管理的重要考虑。中美贸易战、新冠疫情、就已经让"弹性"成为供应链管理的首要考虑。2022 年 2 月，俄乌冲突及相关制裁发生后，麦肯锡对世界头部供应链经理的调查显示，截至 2022 年 3 月，80%的受访者实施了双重采购，高于几个月前的 55%。除了增加供应链冗余，近岸化也是降低供应链风险的一种方法，因而近岸外包也成为许多国际供应商的选择，越来越多的供应商在靠近市场的地方组织生产。对于西欧来说，这意味着将采购转移到东欧和北非。在亚洲，这意味着将供应链重点放在越南、马来西亚和泰国。在美洲，根据美国人口普查局的国际贸易数据，2021 年，加拿大和墨西哥超越中国，成为美国最大的贸易伙伴。

（4）能源作为供应链的血液将出现重大结构性改变。2020 年，俄罗斯约占欧盟天然气进口的 41%、石油进口的 37%和硬煤进口的 19%。俄乌冲突后，在欧洲，地缘政治和能源安全问题已成为政治议程的首要议题。2022 年 5 月 18 日，欧盟公布了名为"RepowerEU"的能源计划，涉及未来五年内高达 2100 亿欧元的资金规模，包括增加可再生能源和液化天然气进口，降低能源需求，从而达到减少对俄罗斯能源依赖、加快转向绿色能源的目的。2022 年 5 月 30 日，欧盟就对俄实施石油禁运达成共识，"将立即覆盖三分之二欧盟从俄罗斯进口的石油"，并称至 2022 年底，欧盟从俄罗斯进口的石油将削减约 90%。

3. 全球供应链发展主要趋势

通过梳理当前全球供应链发展的现状，结合新一轮科技革命和联合国可持续发展目标的深入，全球供应链发展将呈现出以下方面的特点。

（1）数字化转型：随着信息技术的发展，越来越多的企业开始将供应链数字化，采用物联网、云计算和人工智能等技术，实现供应链全流程的数字化管理，提高生产效率和供应链质量，缩短交货期和降低成本。

（2）跨国一体化：随着全球化的深入发展，越来越多的企业开始在全球范围内开展跨国供应链业务，实现资源整合、优势互补、风险分散的目标。同时，由于各国市场的不同需求和法规标准的差异，企业需要根据不同市场的要求，灵活调整供应链策略，实现定制化服务。

（3）绿色供应链：环境保护已成为全球经济和社会发展的重要议题，越来越多的企业开始关注供应链对环境的影响。为了实现可持续发展目标，企业需要在供应链管理中引入环保因素，通过减少废弃物和污染物的产生，降低碳排放等措施，实现绿色供应链的建设。

（4）多元化采购：由于国际经济形势和市场需求的不断变化，越来越多的企业开始实施多元化采购策略，即通过各种方式和渠道采购原材料和零部件，以确保采购成本的稳定和供应链的稳定性。同时，多元化采购也可以帮助企业降低风险，为企业的战略目标提供更多的选择。

（5）供应链服务：指为供应链提供相关的服务，是优化和管理供应链流程的重要手段，包括供应商、订单、物流、质量、金融等方面，以满足供应链发展需求，使得供应链流程得到高效地管理，提升生产效率，降低物流成本，提高可见性，从而最终增强企业的竞争力。

因此，展望未来，全球供应链将呈现出多元化、区域化、数字化、绿色化、服务化五大发展趋势。首先，多元化意味着供应链管理目标更加兼顾安全、敏捷，从而使供应链布局和来源呈现分散化趋势。其次，如疫情由于运费高涨的冲击或促使企业就近调整布局，缩短全球供应链链条的物理长度，使得供应链区域化趋势增强，且这一趋势并未停止。此外，数字化技术正在重塑供应链形态，供应链 4.0 将被提上日程。最后，俄乌冲突倒逼能源转型，或加速供应链脱碳进程，推动绿色化转型。

从追求效率到兼顾安全的供应链多元化管理目标。考虑供应链断链的可能和交付的不确定性，企业的供应链管理目标或将从聚焦成本、效率到兼顾安全、敏捷。这意味着供应链管理需要牺牲部分成本、效率，用一定的冗余度和分散度换取供应链的稳健性和韧性。受疫情和地缘因素的影响，供应链集中导致的"断链"更为明显，因此我们预计企业未来或考虑分散布局供应链，同时增加重要产品的备选供应商，以避免供应链集中产生的风险。由于供应链回岸（Reshoring）空间有限，即将供应链迁回本地较为困难，企业更多是通过调整安全库存、增加备选供应商（通常为离现有供应链或销售地较近的区域）以实现供应链风险分散。

企业就近调整布局，形成区域化供应链。从安全角度，供应链物理距离过长容易带来额外风险，例如新冠疫情期间全球供应链扰动带来的牛鞭效应；从成本角度，在国际贸易成本变化影响下，就近布局、缩短运距将成为节约供应链成本的考量因素之一。

（二）国际供应链标准化情况

供应链标准化，结合标准化的定义，一般可以认为是指开展供应链标准制定、组织供应链标准实施以及进行相关监督管理的活动。在国际国外也都受到了广泛重视，从多个层面都开展了供应链国际标准化的工作。

1. 国际组织方面

国际组织对供应链标准化的重视越来越高，为了实现全球供应链的协同作业和有效管控，各种组织和机构纷纷开始进行标准化工作，虽然总体上仍还较为零星。主要有专业类国际组织和国际标准组织两大类。

（1）专业性国际组织。

诸多专业性国际组织在供应链标准化方面都做了大量工作。

国际贸易中心（International Trade Center，ITC）：ITC 制定了 ISO 28000 安全管理体系标准，旨在帮助企业管理供应链的安全问题。该标准包括一系列与供应链安全有关的要求，如货运安全、安全和安保措施的管理等。

联合国全球契约（UN Global Compat，UNGC）：UNGC 发布了《全球契约供应链可持续性指导原则》，旨在推动企业采用可持续发展的供应链策略。该指导原则包括改善供应链透明度、减少环境和社会风险、加强供应商能力建设等方面的内容。

国际劳工组织（International Labour Organization，ILO）：ILO 发布了《ILO 供应链节约和可持续性指南》，旨在帮助企业实现供应链的环境和社会可持续性。该指南包括资源节约、减少排放、推动供应商可持续发展等方面的内容。

国际物品编码协会（European Article Numbering Association International，EAN）和美国统一代码委员会（Uniform Code Council，UCC）经过近 30 年的努力而建立的标准化物流标识体系即 EAN.UCC 系统，是全球贸易和供应链管理的共同语言，包括对贸易项目、物流单元、资产、服务等的标识系统，是开放系统中应用自动识别技术的标准化的解决方案。

GS1 系统起源于美国，由美国统一代码委员会于 1973 年创建，UCC 创造性地采用 12 位的数字标识代码（Universal Product Code，UPC）。1974 年，标识代码和条码首次在开放的贸易中得以应用。继 UPC 系统成功之后，欧洲物品编码协会，即早期的国际物品编码协会（EAN International，2005 年更名为 GS1），于 1977 年成立并开发了与之兼容的系统并在北美以外的地区使用。EAN 系统设计意在兼容 UCC 系统，主要用 13 位数字编码。随着条码与数据结构的确定，GS1 系统得以快速发展。

EAN.UCC 体系里共有 29 项物流标准，可以分为商品代码和物流流程代码两大类物流标准，代表性的标准如 EAN.UCC 系统 128 条码、运输方式代码等。

总之，国际组织对供应链标准化的推广和实施非常重视，这些标准可以帮助企业提高供应链管理水平，提高质量和效率，同时也可以遵守相关法规和标准，推动产业的可持续发展。

（2）国际标准组织方面。

涉及供应链标准的国际标准组织主要以国际标准化组织（ISO）为代表。国际标准化组织（ISO）一直在制定与供应链管理相关的标准，以帮助企业实现供应链的协同作业、管控和优化。ISO 制定的供应链管理标准可以帮助企业实现供应链的协同作业、管控和优化，提高质量和效率，同时也可以遵守相关法规和标准，推动供应链的可持续发展。目前国际上供应链标准化的现状总体来看相关的标准还比较少。国际标准化组织目前已制定和供应链直接相关的技术组织有 ISO/IEC/JTC1/SC 31，其制定的标准总共只有五项，自动识别与数据获取技术有一些专门针对供应链方面的标准。其他技术组织如 ISO/TC 8、ISO/TC 34、ISO/TC 122、ISO/TC 204、ISO/TC 207、ISO/TC 249、ISO/TC 292/WG 8、ISO/TC 315 等都仅制定了很少的几项与供应链相关的标准。这些标准可以帮助企业优化供应链管理，提高质量和效率，并遵守相关法规和标准。我国积极参与 ISO 相关物流标准的制定。ISO 18186：2011《集装箱－RFID 货运标签系统》国际标准是我国在物流、物联网领域首个发起、起草和主导的国际标准，并通过采标制定发布为国家标准 GB/T 23678—2009。同时，我国还在主导制定 ISO/WD 31511《Requirements for contactless delivery services in cold chain logistics》（ISO/WD 31511《冷链物流中无接触配送服务的要求》）国际标准。该标准适用于冷藏配送服务供应商从配送中心，将产品通过无接触式交付到接收方的过程。通过此项国际标准的建立，可以为全球冷链物流用户、商品及工作人员在冷链商品的接收、配送与交付中提供更加安全的环境，为电子商务的迅速发展和生鲜电商市场的快速发展提供技术支持。

同时，也值得注意的是有关国际标准组织和区域标准组织都在制定相关标准。如 2023 年 4 月，数字化供应链国际标准 ITU-T Y.4910 Maturity Model of Digital Supply Chain for Smart Sustainable Cities（《数字化供应链成熟度模型》）在国际电信联盟（ITU）正式发布。该标准由工业和信息化部信息技术发展司指导研制，是向国际社会共享我国供应链数字化转型实践成果、贡献数字化供应链"中国方案"的重要突破，对于提升我国数字化转型领域标准国际影响力具有重要意义。该标准基于我国数字化供应链国家标准《数字化供应链 成熟度模型》（20221957－T－339）研制，给出了涵盖供应链体系设计（D1）、供应链平台赋能（D2）、供应链业务运营（D3）、供应链效能效益（D4）四个维度以及基础起步级（L1）、单元优化级（L2）、集成互联级（L3）、全链贯通级（L4）、生态智能级（L5）五个等级的数字化供应链成熟度模型，可帮助各级政府、有关行业组织等摸清供应链数字化水平，锁定供应链薄弱环节，逐级打造数字化供应链体系，服务实体经济高质量发展。

2. 有关国家和地区方面

从中国标准在线服务网"https://www.spc.org.cn/"用"供应链"一词去查询到的国际国外标准情况来看，目前国际上专门针对供应链的标准还是比较少，只有一项采用 ISO/IEC 国际标准的加拿大国家标准 CAN/CSA－ISO/IEC 15459－4－07。大部分的标准还是针对物流或供应链上相关环节而制定的。

（1）美国。

美国国家标准协会（American National Standards Institute，ANSI）积极推进物流

的运输、供应链、配送、仓储、EDI 和进出口等方面的标准化工作。在参加国际标准化活动方面，美国积极加入 ISO/TC 104 技术委员会，在国内设立了相应的分委会。同时，美国还加入了 ISO/TC 122、ISO/TC 154 管理，参加了 ISO/TC 204 技术委员会，由美国智能运输系统协会为其提供技术咨询，负责召集所有制定智能运输系统相关标准的机构成员共同制定美国国内的 ITC 标准。美国统一代码委员会为给供应商和零售商提供一种标准化的库存单元数据。

美国测试与材料协会（ASTM）理事会批准成立一个新的技术委员会：供应链数字信息。新委员会（F49）将制定与跨供应链共享和使用数字信息相关的建议框架、标准、最佳实践和指南，委员会的首要任务将是创建一个具备互操作性的架构，可以在供应链各利益相关方之间进行数据可信和适当共享，以提高行业透明度。其工作范围是提升知识，促进研究，制定标准和规范，定义和术语，制定与供应链中数字信息的共享和使用有关的推荐做法和指南。该委员会还将与 ASTM 其他对此行业感兴趣的技术委员会进行协调，确保标准的技术中立，并确保标准制定过程遵循 WTO 的国际标准原则。

（2）欧盟。

欧洲标准化委员会（CEN）目前设立了 CEN/TC 320 技术委员会，负责运输、物流和服务的标准化工作，CEN/TC 278 技术委员会负责道路交通和运输的信息化。该组织分成 14 个工作组进行与 ISO/TC 204 技术委员会内容大致相同的标准制定工作。这些技术委员会共同推动了物流标准化进程。同时 2023 年 3 月，欧洲标准化委员会（CEN）和欧洲电工标准化委员会（CENELEC）称，标准支持更具弹性的关键原材料供应链以及促进清洁技术的创新。

还例如锂、钴和铜等矿产关键原材料广泛应用于净零工业、数字工业、航空航天和国防部门，它们对于确保欧盟战略优先事项的长期成功至关重要。为了确保这些关键原材料的供应链安全，欧盟委员会提出了《关键原材料法案》（Critical Raw Materials Act），以减轻现有风险，增加关键原材料的供应链并使其多样化。CEN－CENELEC 表示其已在关键原材料领域开展多年标准化工作，发布了诸如 EN 45558：2019 等多项关键原材料相关标准。未来将关键原材料的勘探、提取、精炼和回收作为标准化优先事项。

（3）德国。

德国逆向物流协会（Reverse Logistics Association，RLA）是与逆向物流相关的最佳实践的权威机构。逆向物流协会是成员驱动的全球退货和反向行业贸易协会。逆向物流协会提供信息、研究、解决方案，并为制造商、零售公司和第三方提供商提供网络介绍。协会的目标是在全球范围内教育逆向物流专业人员并普及知识。德国逆向物流协会发布了 G030《全球供应链联盟物流单元》、G082《化学品安全运输信息》、G07B《化学品装卸搬运与储存》、I1B4 《数字化：存储控制器》、S039 《理想的存储温度范围》、M024 《用户账号验证（用于 RFID）》。

二、我国供应链标准化发展现状

（一）我国供应链发展情况

中国拥有世界上最完整的供应链条。我国已成为全世界唯一拥有联合国产业分类中所列全部工业门类 41 个工业大类、207 个工业中类、666 个工业小类的国家。在联合国产业分类中工业门类最齐全，拥有世界上最完整的供应链条。在创新方面，我国研发投入占 GDP 的比重增长较快，2012 年为 1.97%，2022 年为 2.55%。

中国已成为全球价值链的中心。中国 2001 年加入世贸组织后在融入全球供应链方面崛起。在新冠疫情暴发之前，中国已经是全球价值链的中心，全球 19% 的制造业出口来自中国。从 2014 年以来，出口国内增加值率为全球最高，这意味着中国已经加强了垂直一体化管理，更多的供应链位于中国内部，对外国投入的依赖程度降低，同时也有越来越多的企业成为第三国中间产品的供应商。经过多年发展，我国的供应链发展具有以下显著特点。

1. 构建物流运输网络的基础

在物流基础设施建设方面，我国已经成功建立了以公路、铁路、水路、航空等多种交通方式为支撑的综合性物流运输网络，覆盖全国各地，使得货物流通更加快捷和高效。同时，随着数字技术的迅速发展，物流信息化水平不断提升，物流行业出现了大量新兴企业，促进了市场的竞争和创新。

2. 实现产业链和供应链的统一管理和协同作业

我国的制造业发展迅速，将采购、生产和配送环节打通，实现产业链和供应链的统一管理和协同作业，并逐步实现智能化、自动化，推动着中国供应链的快速发展。例如，在汽车制造领域，中国企业已经开始采用物联网、云计算和大数据等技术来加强供应链的信息化建设，实现资源和能源的有效配置，同时也降低了科技成本，提升了企业的竞争力。

3. 积极推进跨境贸易

中国通过积极推进多边和双边自贸协定的签署和实施，打造全球供应链中心和国际物流枢纽，促进跨境贸易和全球价值链的深度融合，同时吸引了一大批优秀的外资企业进入中国市场。例如，自 2013 年起，中国先后签署了 13 个自由贸易协定，这些协定的签署对于中国企业进军海外市场提供了有力的支持和保障。

4. 倡导绿色供应链

中国政府鼓励和推动企业倡导可持续发展和绿色供应链，促进资源和能源的节约和环境的保护。例如，为减少污染，金钟水镇劳动力派遣公司在保障生产的同时，高度重视废弃品的回收和再利用，实现了绿色循环发展。同时，中国政府也加大了对环保产品和绿色供应链的政策扶持力度，促进企业的绿色化转型。

总之，中国的供应链管理水平不断提高，已经成为全球重要的供应链中心之一。我国在构建物流运输网络、实现产业链和供应链的统一管理和协同作业、积极推进跨境贸易、倡导绿色供应链等方面都取得了显著成绩，为中国企业和全球经济的发展做出了重要贡献。

（二）我国供应链标准体系建设情况

当前，供应链管理已经成为企业和全球经济发展的重要驱动力，而我国在这方面的发展也备受瞩目。随着国内外市场需求的不断扩大，我国国内供应链标准化体系建设逐步完善，以提升整个供应链管理水平和服务质量，同时推进国内企业在全球市场的竞争力。

1. 供应链标准化技术组织建设

我国的供应链管理标准化体系建设始于 20 世纪 80 年代末期，经过多年的发展，逐步形成了完整的标准体系，涵盖了从原材料采购到产品交付的全流程管理。我国还设立了国际供应链管理标准化技术委员会、中国物流与采购联合会等组织来负责我国供应链标准的制定和推广工作，在标准制定方面采取"国外成熟标准借鉴，结合国情制定本土标准"的方法，逐步制定适用于中国国情的供应链管理标准。总体来说，国内供应链标准化的研究机构集中在中国标准化研究院和相关行业的技术组织，主要开展与供应链有关的通用基础综合标准以及供应链行业应用标准的研究制定与管理。从 SAT/TC 6、SAC/TC 12、SAC/TC 159、SAC/TC 260、SAC/TC 267、SAC/TC 337、SAC/TC 477 主要是关于行业中的供应链标准化方面，从集装箱、海洋船、自动化集成、信息安全、物流信息管理、中药以及绿色制造，这些行业领域和供应链标准化密切相关。

2. 我国供应链标准化发展状况

（1）供应链标准体系建设。

供应链标准体系的建设一直是我国在推进供应链管理水平提升方面的重要举措之一，目前已经取得了许多成果：

标准体系逐步完善。随着我国供应链管理标准体系的不断完善，从单一标准向综合标准转变，不仅涵盖了各个领域的管理标准，还可以与国际标准衔接，方便企业国际合作和贸易。

标准在企业中得到广泛应用。越来越多的企业开始引入国内外的供应链管理标准体系，在企业管理中实现全流程管理，从而提高企业在市场中的竞争力。

标准化促进了供应链资源优化配置。通过标准化体系的建设，可有效整合供应链上下游资源，优化供应链资源配置，降低管理成本，提高供应链服务水平。

标准化提高了企业社会履责意识。供应链标准体系的建设促使企业增强企业社会责任意识，关注环境保护、劳工福利等社会公益事业，不断提升企业形象和市场竞争力。

截至 2023 年 7 月，从中国标准在线服务网 https://www.spc.org.cn/用"供应链"一词去查询到的我国相关供应链标准的统计情况见表 1—1。现行供应链相关标准共计 217 个，其中国家级标准 32 个、行业标准 22 个、地方标准 27 个、团体标准 136 个。

表 1—1 　　　　　　　　　　　我国供应链标准情况

标准类型	数量
国家标准	32
行业标准	22
地方标准	27
团体标准	136
合计	217

（2）相关组织供应链标准化发展状况。

我国部分行业也在积极建设相关供应链标准化技术组织，开展标准制定。如中国物流与采购联合会的采购与供应链管理专业委员会，其职能就包括积极参与我国供应链领域相关法规、规范和标准的制修订工作，并协助采购委组织开展相关领域法规、规范和标准的宣传贯彻，不断推动本领域标准研制，组织编制了多项团体标准，主要见表 1—2，助力了供应链领域市场自主制定标准的发展。

表 1-2　　　　　　　　　　　　　中物联供应链标准情况

序号	标准编号	标准名称	发布时间
1	T/CFLP 0058—2023	企业采购供应链数字化成熟度模型	2023－07－18
2	T/CFLP 0051—2022	供应链金融服务企业分类与评估指标	2023－07－17
3	T/CFLP 0053—2022	基于区块链技术的食品追溯平台服务规范	2023－07－17
4	T/CFLP 0035—2022	生鲜食品无接触配送服务规范	2022－08－30
5	T/CFLP 0020—2019	供应链服务企业分类与评估指标	2019－12－26

　　中国物流采购联合会还制定了大量物流领域相关的标准，截至 2022 年 6 月，已颁布的现行物流国家标准、行业标准目录共计 1201 项，按其内容分为基础性标准、公共类标准、专业类标准和标准化指导性文件四大部分，其中公共类标准包括术语、导则、图形符合与标志；公共类标准包括综合类标准、物流设施设备标准、物流技术、作业与管理标准、物流信息标准；专业类标准包括农副产品、食品冷链物流标准、其他农副产品、食品物流标准、汽车物流标准、医疗物流标准、家电物流标准、煤炭物流标准、粮油物流标准、电子商务物流与快递标准、出版物物流标准、烟草物流标准、进口物流标准、化工和危险货物物流标准、酒类物流标准、钢铁类物流标准、应急物流标准、棉花物流标准、其他物流标准；标准化工作指导性标准。其标准体系如图 1-1 所示。

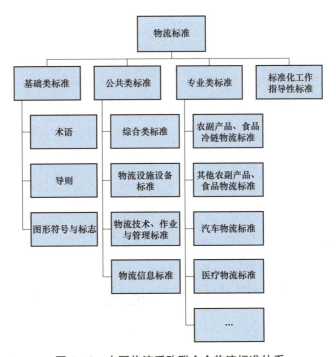

图 1-1　中国物流采购联合会物流标准体系

再如，2023 年 1 月北京国际经贸标准化促进会（IETS）推动成立农产品供应链标准化技术委员会（IETS/TC1），由 47 名委员组成，涵盖科研院所、地方行业协会、全国各地蔬菜、果品、水产等大型农产品批发市场、零售市场、信息化企业、水产品养殖、农产品基地、冷链物流企业、标准化服务企业等各方代表。该标准化技术委员会致力推进农产品供应链标准化体系建设，促进农产品流通产业高质量发展，构建农产品贸易新格局。2023 年 3 月，全国信息技术标准化技术委员会智慧供应链标准工作组成立。工作组主要负责制定和完善智慧供应链标准体系，组织开展智慧供应链相关技术和标准研究，申报国家、行业标准，承担国家、行业标准制修订计划任务，宣传、推广标准实施，该技术委员会的成立将助力我国供应链智慧化转型。

我国能源行业供应链标准化技术组织也蓬勃发展。2019 年 8 月，中国电力企业联合会正式成立了电力物资供应链管理标准化技术委员会，吸收了国家电网、南方电网、五大发电集团及高等院校等各方面单位参与，承担电力行业物资供应链管理标准体系研究，组织开展电力行业物资供应链管理标准化相关工作，包括电力行业物料需求预测、计划、集中采购、物资合同管理以及电力物资的仓储、配送、交付验收、售后服务等各环节全供应链管理标准的制修订，将有力促进电力行业物资供应链创新与应用，提高电力企业现代物流与智慧供应链管理水平。

2023 年 2 月，经全国物品编码标准化技术委员会批复同意，"电力设备编码与标识工作组（SAC/TC287/WG3）"正式成立，秘书处设在国家电网公司。该工作组是公司供应链领域成立的首个国标委工作组。这是国家电网公司深入学习贯彻党的二十大精神，加快绿色现代数智供应链（简称"国网绿链"）建设的重要举措。"国网绿链"定位为标准"领跑者"。国家电网公司通过建设"国网绿链"，以构建供应链统一标准为基础点，加快推动企业标准向行业标准、国家标准、国际标准升级；通过需求侧的绿色采购标准带动供给侧实现绿色制造、绿色节能，使用绿色材料；用供应链互联互通的物料编码和数据字典规范来支撑大数据融合、治理、共享；建立涵盖电网设备全寿命周期各环节、全品类的质量监督管理标准体系。

第三节 我国供应链标准化的政策导向和趋势

供应链相关政策对本领域标准化发展起着至关重要的作用。本节首先介绍了近年来国务院及有关部门围绕供应链标准化发展开展的部署。其次，介绍了供应链标准绿色化、数字化相关实践，这是我国供应链标准化发展最主要的两大趋势。最后，从积极参与国际供应链标准竞争、继续加强标准化对关键供应链强链补链的支撑、以供应链标准化推动区域经济整合、乘能源转型之风大力拓展相关标准研制四个方面提出了进一步推动我国供应链标准化发展的策略。

一、供应链标准化政策基础

近年来，国家对供应链标准化的重视程度愈发提升，出台了一系列促进我国供应链标准化发展的政策举措，对新时期我国供应链标准化发展指明了方向，将供应链数字化、绿色化作为标准支撑的重要方向，并谋划了具体路径。早在 2017 年 10 月，国务院办公厅印发《关于积极推进供应链创新与应用的指导意见》中，提出积极倡导绿色供应链。要求推行产品全寿命周期绿色管理，在汽车、电器电子、通信、大型成套装备及机械等行业开展绿色供应链管理示范。强化供应链的绿色监管，探索建立统一的绿色产品标准、认证、标识体系，鼓励采购绿色产品和服务，积极扶植绿色产业，推动形成绿色制造供应链体系。2021 年 10 月，工业和信息化部《"十四五"信息化和工业化深度融合发展规划》明确提出，实施"产业链供应链数字化升级行动"重点工程，制定和推广供应链数字化管理标准，面向航空、电子、汽车等重点行业开展贯标试点，以标准引领企业提升供应链数字化管理能力。《关于积极推进供应链创新与应用的指导意见》还对供应链标准化进行明确部署，提出推进供应链标准体系建设。要求加快制定供应链产品信息、数据采集、指标口径、交换接口、数据交易等关键共性标准，加强行业间数据信息标准的兼容，促进供应链数据高效传输和交互。推动企业提高供应链管理流程标准化水平，推进供应链服务标准化，提高供应链系统集成和资源整合能力。积极参与全球供应链标准制定，推进供应链标准国际化进程。2017 年 8 月，商务部办公厅、财政部办公厅关于开展供应链体系建设工作的通知，更将标准化作为重要抓手，指出供应链体系建设要按照"市场主导、政策引导、聚焦链条、协同推进"原则，重点围绕物流标准化、供应链平台、重要产品追溯，打基础、促协同、推融合，并附上了 20 项重点实施的国家标准目录。2022 年 5 月，商务部、工信部等 8 部门关于印发《全国供应链创新与应用示范创建工作规范》的通知中也对标准化进行强调，要求供应链示范城市要提升规则标准等"软联通"水平，更好融入全球产业链供应链，示范企业要加强供应链标准化建设，加快形成统一互认标准规范体系。可以说，我国关于供应链领域和标准化领域的政策，都对供应链标准化在新时期发展策略和方向进行了明确，必将有力促进我国供应链标准化的发展。

二、我国供应链标准化发展趋势

（一）供应链标准绿色化

绿色供应链，是指在采购生产及流转销售过程中，融入环境保护和资源节约的理念，形成供应端、物流端、消费端和数据端的闭环体系，打造绿色循环和可持续发展模式。在当前和今后的长期发展过程中，绿色供应链是中国现代化经济体系、物流体系建设，引领经济转向高质量发展的重要举措。标准在促进供应链绿色化方面将发挥重要作用。

现行的 23 项国家标准中有 5 项与"绿色"相关。2017 年，我国首项绿色供应链管理国家标准 GB/T 33635—2017《绿色制造 制造企业绿色供应链管理 导则》发布。至此，产品寿命周期的资源节约、环境友好和健康安全的理念贯穿于制造企业的供应链管理全过程。

2020 年 11 月，4 项与"绿色供应链"执行相关的国家级标准共同发布，2021 年 3 月正式实施。该批标准涉及信息化管理平台规范、评价规范、采购控制、物料清单要求四个方面。2021 年 4 月 30 日，国家市场监督管理总局标准技术司对绿色供应链系列标准进行解读，指出绿色供应链标准的基本框架和关系结构。

在绿色供应链标准化技术组织上，我国目前已成立能源、节能、绿色制造等与绿色供应链相关的标准化技术机构，在各自领域发挥标准化协调推进作用。在专业从事绿色供应链标准化工作方面，目前有 2022 年 4 月成立的全国电工电子产品与系统的环境标准化技术委员会（SAC/TC 297）绿色供应链国家标准工作组，负责电工电子产品与系统绿色供应链管理方面的标准。科研机构、行业协会、服务机构、金融机构等也在发挥重要作用。

在标准体系研究上，目前，标准化技术机构、研究机构、高校、企业等均开展了绿色供应链相关标准化研究和实践工作。全国绿色制造技术标准化技术委员会（SAC/TC 337）开展绿色供应链标准体系的研究工作，从基础通用、绿色采购、实施过程、保障及服务四方面构建绿色供应链标准体系框架。

对中国绿色供应链标准化的未来展望。未来，中国绿色供应链标准化的建设将是一个长期而艰巨的任务。以下是我国绿色供应链标准化的未来展望：

（1）建立统一的绿色供应链标准。制定一整套完整的绿色供应链标准，从供应链各个环节进行全方位的绿色评估，实现经济、社会、环境等多方面的可持续发展目标。

（2）全面推广绿色供应链建设。政府和企业应共同努力，加强对于绿色供应链的推广力度，引导更多的企业加入绿色供应链建设中，共同推进中国供应链绿色化进程。

（3）加强标准化管理和监管。政府部门应制定相应法规，规范绿色供应链建设和日常监管工作，确保企业真正落实绿色发展理念，加快中国绿色供应链建设的全面推进。

总之，中国绿色供应链标准化的不断发展，将为中国经济的绿色化发展注入新的动力，也将为企业提供更多的发展机遇。中国绿色供应链标准化将不断得到完善和提高。

（二）供应链标准数字化

数字化作为供应链发展趋势的一个重要方面，目前在标准研制上取得了积极进展。

从国家标准层面，为构建面向数字化转型的供应链管理新模式，提升企业供应链数字化管理能力，国家市场监督管理总局和国家标准化管理委员会在 2022 年 10 月 14 日联合发布了国家标准文件 GB/T 23050—2022《信息化和工业化融合管理体系 供应链数字化管理指南》，已于 2023 年 5 月 1 日正式实施。此项标准围绕供应链战略策划、角色分工、业务运作、数据开发、技术应用等维度提出了供应链数字化管理的主要视图，提供了供应链体系设计、业务管理、协同运营、生态构建、风险预测与处置、绩效监测与优化的指导建议，给出了供应链数字化管理平台的功能架构和组成要素，为企业应用新一代信息技术开展供应链计划、执行、控制和优化提供了一套总体性、综合性指南。

从地方标准层面，如贵州自获批成为首个国家技术标准创新基地（贵州大数据）以来，大力推动标准赋能产业发展，以贯标推广作为重点抓手之一推动实施"万企融合"大行动，已面向全省 16000 余家企业围绕三产大数据融合水平评估、数据管理能力成熟度等方面开展贯标推广。首个数字化供应链领域地方标准《数字化供应链业务管理指南》正式获批发布。该地方标准的实施，将进一步健全贵州省大数据融合领域标准体系，为贵州在矿产、轻工、新材料、航天航空等重点产业领域开展数字化供应链管理提供科学引导。

从团体标准层面，中国物流与采购联合会发布了《企业采购供应链数字化成熟度模型》团体标准，将从 7 月 15 日起实施。该标准的推出，为企业衡量自身采购供应链数字化水平提供一把统一的"尺子"，填补了我国企业采购供应链数字化成熟度"无法评价、无尺可量"的空白。据介绍，《企业采购供应链数字化成熟度模型》团体标准，提出了采购供应链数字化成熟度模型的架构、指标及成熟度等级标准，可用于指导企业对其采购供应链数字化水平进行全面评价，明确企业的采购数字化程度和发展阶段。

第二章　供应链标准化前沿探索与创新实践

　　随着我国经济的快速发展，供应链也得到了迅猛发展。未来，供应链的发展趋势将会更加明显。首先，供应链将更加绿色化。随着环保意识的不断提高，供应链企业将更加注重环保，推广绿色供应链。其次，供应链将更加智能化。随着物联网、大数据、人工智能等技术的不断发展，供应链将更加依赖智能化和自动化的技术手段。再次，行业发展将更加聚焦供应链服务深度。随着服务个性化的提升，供应链服务的精细化已经成为企业供应链发展的重要趋势，并将推动整个供应链市场的转型发展。《国务院办公厅关于积极推进供应链创新与应用的指导意见》（国办发〔2017〕84号）提出，推进供应链标准体系建设，支持关键共性标准、供应链服务标准化等建设。

　　综合全球产业链供应链发展趋势，以及我国供应链标准化工作重点，本章节选择绿色低碳供应链标准化、数智供应链标准化、供应链服务标准化等方面阐述供应链标准化前沿探索与创新实践。

第一节　绿色低碳供应链标准化探索与实践

　　打造绿色低碳供应链，发挥核心企业的主体作用，可以推动上下游企业改进环境绩效，进而减少产品全寿命周期的环境影响。我国绿色低碳供应链相关实践起步较晚，大部分企业对此还较为陌生。因此，制定并发布绿色低碳供应链相关标准，为企业提供必要的模式参考，可以引导更多的企业参与绿色低碳供应链工作。我国天津市在绿色供应链管理实践方面进行了先行先试，出台了首个地方绿色供应链标准，随后相关地方和国家有关供应链的标准相继出台。随着国家、行业、地方、团体和企业等层面绿色供应链标准建设工作稳步推进，标准体系雏形已经基本形成。本节在分析国际标准化组织和欧盟绿色供应链标准化方面的做法，以及我国绿色供应链标准化发展的基础上，提出了绿色供应链标准化的发展重点。

一、绿色低碳供应链标准的内涵与意义

（一）绿色低碳供应链标准相关概念

绿色低碳供应链是指将绿色、低碳和保护的理念贯穿于企业从产品设计到原材料采购、生产、运输、储存、销售、使用和报废处理的全过程，使企业的经济活动与环境保护相协调的上下游供应关系。绿色低碳供应链标准是为顺应科技发展和国家重大战略需求，积极引进先进的技术工艺和管理方法等，建立以低碳、绿色、环境友好为导向的采购、生产、营销、物流及回收体系，落实生产者责任延伸制度而制定的标准。

（二）绿色低碳供应链标准化的意义

改革开放以来，我国经济实现跨越式发展，成为全球第二大经济体，在不断创造物质财富的同时，也带来了大量的资源消耗和污染排放；严峻的资源环境形势也在倒逼发展方式的转型，探索形成以绿色发展为导向的新路径。"必须牢固树立和践行绿水青山就是金山银山的理念，站在人与自然和谐共生的高度谋划发展。"党的十八大以来，习近平总书记站在中华民族永续发展的高度作出一系列重要论述，为新时代生态文明建设提供了根本遵循和行动指南。未来我国将长期围绕"双碳"目标和生态发展战略实施绿色制造、节能减排等转型发展，更加侧重从产业链和产品全寿命周期角度，加快构建和完善绿色发展体系。打造绿色低碳供应链，既有助于降低产业链风险，顺应绿色发展大势，又可以推动产业链协同、共赢与高质量发展，构建高质量现代化经济体系。现阶段，我国绿色低碳供应链的研究和实践还处于起步阶段，但在绿色发展大势和宏观政策背景的加持下，发展非常迅速。

绿色低碳供应链标准是绿色低碳供应链建设的重中之重，能够推动在传统供应链管理中融入寿命周期、生产者责任延伸等理念。推动绿色低碳供应链标准化的意义：①标准化有助于绿色低碳供应链管理有效落地，相关标准的制定与实施，能引导和规范企业更好地践行绿色低碳供应链管理，构建资源节约、环境友好的绿色低碳供应链体系，强化绿色生产；②标准化有助于激发企业绿色发展的主动性，相关标准的制定与实施，可以通过绿色采购、绿色供应商、绿色信息公开等政策引导，将材料、工艺、产品不绿色、不环保的企业将逐渐被排除在整个供应链之外，有助于实现产品全周期的绿色环保，推动企业主动追求绿色发展，形成绿色发展从政府主导转向市场主导；

③标准化有助于全产业链绿色化升级，相关标准的制定与实施，会推动核心企业承担责任，实施绿色低碳供应链管理，从产业链的顶端带动上游供应商和下游回收利用等相关主体，实现绿色协同发展，共同打造绿色产业链。

二、绿色低碳供应链标准化政策及发展

国家高度重视绿色低碳供应链管理工作，积极营造制度环境，为全球供应链的绿色转型贡献中国力量。国内在积极转化国际标准的同时，也在绿色低碳供应链构建、绿色采购、绿色营销、绿色物流及仓储、回收及综合利用等方面的制定并发布了相关标准。

（一）绿色低碳供应链标准化政策

国务院、有关行政主管部门以及企业层面都高度重视绿色低碳供应链标准化工作，出台了相关政策文件，为推动绿色低碳供应链标准化的发展提供了明确的目标导向。

1. 国家层面有关政策

2014 年，第二十二次亚太经合组织（Asia-Pacific Economic Cooperation，APEC）领导人非正式会议发布《北京宣言》，提出建立 APEC 绿色供应链合作网络战略，支持天津、上海、东莞等城市相继开展实践探索，加快了我国实施绿色供应链管理的步伐。

2016 年 3 月，《国民经济和社会发展第十三个五年规划纲要》作为全国性经济社会五年规划，专门提出"加快构建绿色供应链产业体系"，进一步将社会各界对绿色低碳供应链管理的重视程度推上了新高度。

2017 年 10 月，《国务院办公厅关于积极推进供应链创新与应用的指导意见》指出，要积极倡导绿色供应链，加强绿色物流新技术和设备的研究与应用，贯彻执行运输、装卸、仓储等环节的绿色标准。

2021 年，国务院发布《关于加快建立健全绿色低碳循环发展经济体系的指导意见》指出，要完善绿色标准、绿色认证体系和统计监测制度；开展绿色标准体系顶层设计和系统规划，形成全面系统的绿色标准体系。

可见，我国把绿色低碳供应链发展纳入了国民经济发展规划，又在重要城市探索绿色低碳供应链实践，并且推动绿色标准体系制定，倡导在供应链的重要环节实施绿色标准。

2. 部委层面有关政策

2014 年 12 月，商务部、原环境保护部、工业和信息化部联合印发《企业绿色采购指南（试行）》提出，企业应不断完善采购标准和制度，综合考虑产品设计、采购、生产、包装、物流、销售、服务、回收和再利用等多个环节的节能环保因素，打造绿色供应链。

工业和信息化部发布《工业绿色发展规划（2016—2020 年）》，指出要建立绿色供应链，以绿色供应链标准和生产者责任延伸制度为支撑，构建绿色供应链，建立绿色原料及产品可追溯信息系统。工业和信息化部还于 2016 年起组织开展年度绿色制造名单推荐工作，持续完善绿色制造体系，遴选绿色工厂、绿色设计产品、绿色工业园区、绿色供应链管理企业，充分发挥标杆带动作用，推进工业绿色发展，助力工业领域碳达峰碳中和。国家电网公司于 2022 年进入了工信部 2022 年度绿色供应链管理企业名单。

2016 年，工业和信息化部、国家标准化管理委员会联合印发《绿色制造标准体系建设指南》，将标准化理论与绿色制造目标相结合，提出了绿色制造标准体系框架，将绿色制造标准体系分为综合基础、绿色产品、绿色工厂、绿色企业、绿色园区、绿色供应链和绿色评价与服务七个子体系，为成套成体系地推进绿色制造标准化奠定了基础。

2021 年，工业和信息化部印发《"十四五"工业绿色发展规划》，强调健全绿色低碳标准体系，完善绿色评价和公共服务体系，强化绿色服务保障，构建完整贯通的绿色供应链，全面提升绿色发展基础能力。

国家标准化管理委员会、工业和信息化部和商务部于 2023 年 5 月的《加强消费品标准化建设行动方案》指出，要强化绿色低碳标准研制，积极推进绿色供应链标准制定，不断完善消费品绿色制造标准体系。

可见，相关部委落实国家层面的有关要求，既有相关政策的出台，推动供应链全链条的绿色实施，配套实施了绿色制造、供应链创新示范等项目，并在绿色制造领域提出了具体的标准体系，为推动绿色低碳供应链标准化发展奠定了基础和指明了发展方向。

3. 企业层面有关政策

国家电网公司于 2022 年 9 月发布了《绿色现代数智供应链发展行动方案》，加快推进"绿链八大行动"，绿色低碳供应链转型升级取得显著成效。制定了供应链绿色低碳可持续发展专项工作方案，从产品、链上企业维度构建绿色低碳标准、评价、认证 3 个体系，与 103 家外部绿色产品认证机构紧密合作，健全供应链 9 个业务环节应用驱动机制，打造供应链绿色低碳运营管理专区，共建产业链供应链绿色低碳生态；制定绿色采购指南，统一绿色企业、绿色产品和服务清单目录，优先采购绿色低碳物资，推进高效能变压器、环保气体环网柜等节能环保物料的采购；打造绿色仓储，编制"零碳"仓库行业评价标准与技术导则，建成 8 个"零碳"仓库；推进废旧物资绿色处置，建设 12 个废旧物资绿色拆解再利用中心；推进绿色物流发展，探索发展绿色服务，打造行业级供应链"一平台两库"（公共服务平台，基础大数据库、高端智库），延伸连接链上企业、机构和政府平台，拓展碳排放核算、碳跟踪、碳评价、碳认证、碳金融等增值服务，带动上下游企业绿色低碳转型。

国家电网公司积极构建新型电力系统，发挥超大规模采购市场牵引作用，建立健全绿色采购管理体系，推进绿色制造、绿色设计、绿色采购、绿色施工、绿色物流、绿色包装、绿色回收等供应链全过程全环节绿色低碳，助推能源电力产业链供应链绿色发展。

（二）绿色低碳供应链标准化发展

国际和国内都在绿色供应链方面开展了相关标准制定，建立了绿色低碳供应链的标准体系，开展了一系列标准化实践。

1. 国际有关绿色低碳供应链标准化的实践

国际上绿色供应链标准化的发展主要体现在以下方面。第一，推动环境管理标准化。如在绿色工厂领域，国际标准化组织发布了 ISO 14001：2015《环境管理体系要求及使用指南》、ISO 50001：2011《能源管理体系 要求》及 ISO 14064：2004 温室气体排放系列标准等；在回收及综合利用领域，生产者责任组织（Producer Responsibility Organization，PRO）建立了共用的产品回收体系的生产者责任延伸实现方式等。欧盟对供应商采取《环境管理审核规则》（EMAS），提出了环境管理体系要求及认证制度，进一步保证了供应链上下能够稳定符合绿色要求。还有一些跨国公司发起"环境友好采购"，对供应商产品和服务提出环境友好的要求。第二，制定"限制使用有害物质清单"等标准。欧盟提出了相关技术法规，如《废弃电子电气设备指令》（WEEE）、《电子电气设备中限制使用某些有害物质指令》（RoHS）等；并发布与之配套的"协调标准"，明确规定了产品环境要求和检验方法。欧盟在推动绿色供应链标准化上制定的一系列指导政策和配套文件，成为全球范围内绿色供应链标准化发展最有效的地区。

2. 我国有关绿色低碳供应链的标准

为了支撑绿色低碳供应链管理相关政策、规划的落地实施，进一步发挥标准的规范和引领作用，有关绿色供应链管理的国家标准、行业标准、地方标准、团体标准等陆续出台，涵盖基础通用、绿色采购、绿色生产、绿色流通、绿色回收等多方面。经过多年发展，我国绿色供应链标准体系不断完善，具体架构如图 2-1 所示。

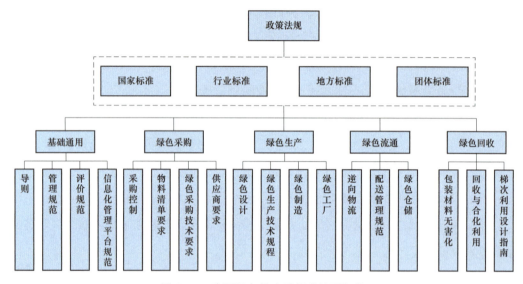

图 2-1 我国绿色供应链标准体系架构

（1）国家标准。

国家标准主要集中在建立综合通用的标准化体系，并在重点环节制定相应标准。2017 年，中国国家标准化管理委员会正式发布了国家标准 GB/T 33635—2017《绿色制造 制造企业绿色供应链管理导则》，这是我国在国家层面首次制定并发布绿色供应链相关标准。该标准在借鉴国际先进经验的基础上，立足我国实际，提出了制造企业开展绿色供应链管理工作的基本模式，在绿色供应链标准化工作中具有里程碑式的意义。

在绿色供应链管理导则的原则和框架下，GB/T 39256—2020《绿色制造 制造企业绿色供应链管理信息化管理平台规范》、GB/T 39257—2020《绿色制造 制造企业绿色供应链管理评价规范》、GB/T 39258—2020《绿色制造 制造企业绿色供应链管理采购控制》、GB/T 39259—2020《绿色制造 制造企业绿色供应链管理物料清单要求》等标准陆续制定，明确了制造企业产品设计、材料选用、生产、采购、回收利用、废弃物无害化处置等全寿命周期过程及供应链上下游供应商、物流商、回收利用等企业有关产品/物料的绿色性管理要求。有关绿色供应链国家标准的情况见表 2-1。可以看出，我国绿色供应链的国家标准主要是集中在制造业领域。

表 2-1　　　　　　　　　　　绿色供应链国家标准

时间	标准	主要内容
1	GB/T 33635—2017《绿色制造　制造企业绿色供应链管理导则》	对制造企业绿色供应链管理的目的、范围、总体要求以及产品寿命周期绿色供应链的策划、实施与控制要求进行规范
2	GB/T 39256—2020《绿色制造　制造企业绿色供应链管理信息化管理平台规范》	制定企业绿色供应链信息化管理平台的总体架构、功能及运行等要求
3	GB/T 39257—2020《绿色制造　制造企业绿色供应链管理评价规范》	建立绿色供应链管理评价指标体系，明确计算方法及评价流程
4	GB/T 39258—2020《绿色制造　制造企业绿色供应链管理采购控制》	制定制造企业绿色供应链管理采购控制的目的范围、总体要求和具体控制要求
5	GB/T 39259—2020《绿色制造　制造企业绿色供应链管理物料清单要求》	制定制造企业有关产品和物料绿色属性管理要求
6	GB/T 41505—2022《电子信息制造企业绿色供应链管理规范》	适用于电子信息制造企业及相关方对绿色供应链的管理与评价，覆盖电子整机、元器件和材料等供应链上下游企业

（2）行业标准。

随着绿色供应链在各行业领域的发展，相关行业标准也在不断增加，涉及通信制造、汽车、石油化工、风力发电装备制造、家用电器、纺织等多个行业。其中家用电器行业的绿色供应链标准最为完整，涵盖了采购、物流与仓储、销售与售后服务、回收与综合利用的全流程。我国有关绿色供应链行业标准的情况见表 2-2。可见，目前尚无针对电力行业的绿色供应链管理相关行业标准，亟须建立电力行业绿色供应链各方面协同发展的机制，形成统一的绿色供应链行业标准，规范电力行业绿色供应链发展。

表 2-2　　　　　　　　　　　绿色供应链行业标准

行业	标准
纺织	FZ/T 07005—2020《纺织行业绿色供应链管理企业评价指标体系》
轻工	QB/T 5501.1—2020《家用电器绿色供应链管理　第 1 部分：通则》
	QB/T 5501.2—2020《家用电器绿色供应链管理　第 2 部分：采购》
	QB/T 5501.3—2020《家用电器绿色供应链管理　第 3 部分：物流与仓储》
	QB/T 5501.4—2020《家用电器绿色供应链管理　第 4 部分：销售与售后服务》
	QB/T 5501.5—2020《家用电器绿色供应链管理　第 5 部分：回收与综合利用》
能源	NB/T 10655—2021《风力发电装备制造业绿色供应链管理评价规范》
化工	HG/T 5905—2021《石油和化工行业绿色供应链管理　导则》
	HG/T 6062—2022《轮胎制造绿色供应链管理　要求》

续表

行业	标准
汽车	QC/T 1159—2022《汽车行业绿色供应链管理评价规范》
通信	YD/T 4048—2022《通信制造业绿色供应链管理评价细则》
认证认可	RB/T 087—2022《绿色供应链管理体系　术语和基础》
	RB/T 088—2022《绿色供应链管理体系　审核指南》
	RB/T 089—2022《绿色供应链管理体系　要求及使用指南》
	RB/T 090—2022《绿色供应链管理体系　绩效评价通则》

（3）地方标准。

在 APEC《北京宣言》指导下，我国各地开始重视绿色供应链标准化工作。以天津为例，天津在绿色供应链标准化方面进行了先行先试，出台了全国首个地方绿色供应链标准。2015 年 12 月，天津市发展改革委、市工业和信息化委等八部门联合发布《天津市绿色供应链管理暂行办法》，全面启动绿色供应链建设工作。为配合该工作实施，又相继推出 DB 12/T 632—2016《绿色供应链管理体系——要求》、DB 12/T 662—2016《绿色供应链管理体系——实施指南》、DB 12/T 669—2016《绿色供应链标准化工作指南》等地方标准，对于企业开展绿色采购，以及在绿色建筑、绿色住宅、绿色钢铁等行业打造绿色供应链提供了必要的模式参考。接着，深圳、山东、上海等地也发布了绿色供应链企业管理评价相关的地方标准。我国有关绿色供应链地方标准的情况见表 2-3。

表 2-3　　　　　　　　　　　绿色供应链地方标准

省/市/区	标准	内容
天津	DB 12/T 632—2016《绿色供应链管理体系要求》	规定了绿色供应链管理体系要求的术语和定义、组织所处的环境、领导作用、策划、支持、运行、绩效评价和持续改进
	DB 12/T 662—2016《绿色供应链管理体系实施指南》	
	DB 12/T 669—2016《绿色供应链标准化工作指南》	
深圳	DB 4403/T 10—2019《绿色供应链企业评价》	规定了绿色供应链企业评价指标体系的设计原则、具体指标要求以及评价方法
山东	DB 37/T 3840—2019《绿色供应链管理评价规范　铅蓄电池工业》	规定了铅蓄电池制造企业绿色供应链管理评价规范的术语和定义、总则、评价方法和流程、评价要求和评价结果
	DB 37/T 3839—2019《绿色供应链管理评价规范　汽车工业》	规定了汽车制造企业绿色供应链评价规范的术语和定义、总则、评价方法和流程、评价要求和评价结果
	DB 37/T 3838—2019《绿色供应链管理评价规范　电力变压器工业》	规定了电力变压器制造企业绿色供应链管理评价规范的术语和定义、总则、评价方法和流程、评价要求和评价结果
上海	DB 31/T 1304—2021《纺织产品绿色供应链管理与评价导则》	纺织品碳标签和纺织品生物聚酯纤维成分标识标准化等

（4）团体标准。

随着我国团体标准的发展，社会团体也开始重视绿色供应链团体标准化工作，并制定了相关的团体标准。我国绿色供应链团体标准的情况见表2-4。

表2-4　　　　　　　　　　　　　　绿色供应链团体标准

社会团体	标准
中国循环经济协会	T/CACE 077—2023《发电企业绿色供应链管理规范》
湖南省金融学会	T/HNSFB 1—2023《轨道交通装备制造企业绿色供应链金融服务规范》
中国国际经济技术合作促进会	T/CIET 073—2023《电线电缆绿色供应链评价管理规范》
中国电器工业协会	T/CEEIA 632—2022《风电装备制造业　绿色供应链管理规范》
	T/CEEIA 631—2022《风电装备制造业　绿色供应链建设指南》
中国信息协会	T/CIIA 032.3—2022《风电企业绿色供应链信息管理平台　第3部分：系统和数据安全要求》
	T/CIIA 032.2—2022《风电企业绿色供应链信息管理平台　第2部分：能源数据采集要求》
	T/CIIA 032.1—2022《风电企业绿色供应链信息管理平台　第1部分：总体要求》
深圳市检验检测认证协会	T/SZTIC 001—2022《绿色供应链评价标准》
佛山市高新技术应用研究会	T/FSYY 0060—2021《废电池综合利用行业绿色供应链管理导则》
湖州市电梯行业协会	T/HZDT 005—2021《电梯制造企业绿色供应链管理要求》
中国电子节能技术协会	T/DZJN 65—2021《绿色供应链管理评价规范动力锂离子电池行业》
宁德市标准化协会	T/NDAS 44—2021《绿色供应链管理体系　组织评级指南》
中国电子节能技术协会	T/DZJN 54—2021《动力锂离子电池行业绿色供应链管理　绿色回收》
中国物资再生协会	T/CRRA 0808—2021《工程机械再制造企业绿色供应链管理　绿色生产》
中国光伏行业协会	T/CPIA 0027—2020《光伏企业绿色供应链管理规范》
广东省节能减排标准化促进会	T/GDES 55—2021《陶瓷企业绿色供应链管理评价技术规范》
中国电子节能技术协会	T/DZJN 26—2021《动力锂离子电池行业绿色供应链管理》
	T/DZJN 25—2021《动力锂离子电池行业绿色供应链管理》
中国机械通用零部件工业协会	T/TCMCA 0007—2020《绿色采购　绿色供应链评价导则》
	T/TCMCA 0009—2020《制造企业　绿色供应链管理规范》
	T/TCMCA 0008—2020《制造企业　绿色供应链构建指南》
中国科技产业化促进会	T/CSPSTC 59—2020《盾构机制造企业绿色供应链　运行规范》
	T/CSPSTC 58—2020《盾构机制造企业绿色供应链　基本要求》
中国纺织工业联合会	T/CNTAC 76—2021《绿色供应链管理评价规范　羊绒企业》
中国石油和化学工业联合会	T/CPCIF 0074—2020《纺织染整助剂企业绿色供应链管理　指南》
中国电子工业标准化技术协会	T/CESA 1098—2020《电子信息制造业绿色供应链管理规范》
	T/CESA 1079—2020《绿色供应链管理评价规范　平板电视机制造业》
中国产学研合作促进会	T/CAB 2021—2019《铅酸蓄电池企业绿色供应链　管理评价要求》
	T/CAB 2010—2018《家电产品绿色供应链管理　基础数据收集》

社会团体	标准
广东省循环经济和资源综合利用协会	T/GDACERCU 0004—2020《导管架海洋平台制造企业绿色供应链管理　指南》
中国机械制造工艺协会	T/CAMMT 8—2018《家电企业 绿色供应链管理　信息管理要求》
	T/CAMMT 7—2018《家电企业 绿色供应链管理　物料清单要求》
广东省电子信息行业协会	T/GDEIIA 1—2019《平板电视制造企业绿色供应链管理　技术规范》
广东省绿色供应链协会	T/GDGSCA 001—2019《绿色供应链管理评价导则——绿色供应链指数》
中国标准化协会	T/CAS 311.5—2018《电器电子产品绿色供应链管理　第5部分：回收和综合利用》
	T/CAS 311.4—2018《电器电子产品绿色供应链管理　第4部分：销售与售后服务》
	T/CAS 311.3—2018《电器电子产品绿色供应链管理　第3部分：物流与仓储》
	T/CAS 311.2—2018《电器电子产品绿色供应链管理　第2部分：采购》
	T/CAS 311.1—2018《电器电子产品绿色供应链管理　第1部分：通则》

（5）企业标准。

此外，一些龙头企业也自发性编制了绿色供应链相关标准。从企业标准信息公共服务平台上查询到的与绿色供应链相关的企业标准如表2-5所示。

表 2-5　　　　　　　　　　绿色供应链企业标准

企业名称	标准
玺睿认证检测（广东）公司	Q/XRRZ 001—2023《绿色供应链评价体系》
北京品保认证公司	Q/QACC 001—2022《绿色供应链评价体系》
广东中嘉认证公司	Q/ZJRZ 001—2021《绿色供应链评价体系》
炬能检测（中山）公司	Q/ZSJN 001—2020《绿色供应链评价体系》
中认合纵认证（深圳）公司	Q/ZRHZ 002—2020《绿色供应链评价体系》
广东新达检测认证服务公司	Q/DST 001—2020《绿色供应链评价体系》
广东中认联合认证公司	Q/GDZR 003—2019《绿色供应链评价体系》
安徽神剑新材料公司	Q/AHSJ GL 01—2023《绿色制造　聚酯树脂生产绿色供应链管理》
亿寰认证中心	Q/YH 101—2022《绿色供应链评价技术规范》
青岛伊利达西一机械公司	Q/370215YLDXY001—2022《绿色供应链技术规范》
青岛合盛通纺织公司	Q/370215HST005—2022《绿色供应链技术规范》
方源国际认证（广东）公司	Q/FY003—2020《绿色供应链管理体系》
广东万里马公司	Q/WLM 322—2020《制鞋企业绿色供应链管理规范》
华起检测认证公司	Q/HQ 003—2020《绿色供应链等级评价体系》
东莞市达标公司	Q/DB 322—2020《制鞋企业绿色供应链管理规范》
东莞市宏国皮革公司	Q/HG 02—2020《制鞋企业绿色供应链管理规范》

企业名称	标准
东莞市迪宝鞋业公司	Q/DB 322—2020《制鞋企业绿色供应链管理规范》
广东新虎威实业公司	Q/XHW 322—2020《制鞋企业绿色供应链管理规范》
山东中质认证公司	Q/370103 SQCC 001—2020《绿色供应链管理评价体系》
河南超威电源公司	Q/410882 HNCW 001—2020《绿色供应链管理技术规范》
中环联合（北京）认证中心	Q/CECGSCMS002—2020《绿色供应链　供应商评价指南》
信九州国际信用评级公司	Q/510100XJZ9868—2021《绿色供应链管理体系组织评级标准》
中澜认证公司	Q/ZLCC 001—2021《绿色供应链管理体系评价要求》
山东中梓富检认证公司	Q/ZZFJ 001—2020《绿色供应链管理体系　要求及评价规范》
中环联合（北京）认证中心	Q/CECGSCMS001—2020《绿色供应链管理体系　组织评级指南》
广州赛宝认证中心服务公司	Q/440118003000CEPREI001—2020《绿色供应链管理体系　电子行业绩效评价指南》
中环联合（北京）认证中心	Q/CECGSCMS004—2020《绿色供应链管理体系　家具　绩效评价指南》
中环联合（北京）认证中心	Q/CECGSCMS005—2020《绿色供应链管理体系　机械　绩效评价指南》
中环联合（北京）认证中心	Q/CECGSCMS003—2020《绿色供应链管理体系　印刷　绩效评价指南》

三、绿色低碳供应链标准化发展重点

结合国内外绿色低碳供应链标准化发展进程，绿色低碳供应链标准化的重点在于：一是要紧跟全球发展大势，主动融入国际国内绿色低碳供应链标准体系，实现供应链全寿命周期绿色化。二是要调动产业链条的各节点，建立供应链各方面协同发展的机制，制定统一的绿色低碳供应链管理标准，实现绿色低碳供应链管理的标准化。三是要发挥供应链核心企业的"链长"作用，引领示范，提升绿色低碳供应链标准的应用范围和效益。具体可以从以下路径着手。

（一）统一规范，提高绿色低碳供应链标准水平

目前，多数绿色低碳供应链仅停留在"浅绿"层面，核心企业对上游的管理多是环保合规，而对于节能、减碳、资源再利用率等方面的管理有所缺失。在碳达峰碳中和目标确立后，绿色行为的概念范围得到拓展，一切有助于能源资源消耗最低化、生态环境影响最小化、可再生率最大化的行为都应被视为绿色行为。所以，绿色低碳供应链管理实践中，除关注环境合规之外，还需要去关注节能、节水、减碳、扩绿、高耐用性、高回收率等其他方面的绿色问题，推动整个供应链从环保合规的"浅绿"向着环境绩效持续提升的"深绿"迈进。

从我国已有的供应链标准可以看出，国家标准主要集中在制造业领域，对于通用性的绿色低碳供应链标准还比较欠缺。行业层面在家电领域已经有了涵盖采购、仓储、物流、销售和回收等环节的绿色供应链标准，可以为其他行业绿色供应链标准的发展提供参考。地方标准主要集中在绿色供应链管理和评价方面。团体标准和企业标准则更进一步响应了绿色供应链标准化的创新需求，在绿色供应链平台系统和数据安全方面开展了标准制定。未来，国家应进一步完善绿色供应链基础通用方面的国家和行业标准的制定；发挥社会团体、企业的创新作用，鼓励社会团体和企业制定优于国家和行业的标准绿色供应链团体标准，龙头企业更应该发挥引领带动作用，特别是面向"双碳"的"深绿"需求，要结合自身实际制定减碳路线，在碳足迹测算与披露、碳交易、碳捕捉、零碳园区等方面形成企业标准或团体标准，提升供应链的绿色韧性。同时，为进一步跟国际接轨，可以提高绿色供应链标准国际化水平为目标，可以通过积极参与国际标准化组织、国际电工委员会和国际电信联盟等组织绿色制造领域的标准化工作，增加在国际标准制定过程中的话语权，将先进技术和先进理念融入企业运营中，降低应对国际贸易中绿色壁垒的风险。

（二）主动发力，完善绿色低碳供应链管理标准体系

传统的供应链管理是核心企业提出环境友好等绿色要求来影响带动整个链条的企业，其他企业主要是配合核心企业，共同来提升供应链的绿色水平；但现实是核心企业往往只能对与其有直接业务联系的企业产生影响，难以实现绿色低碳供应链管理的全覆盖。发达国家及国内一些龙头企业，对于绿色供应链的管理已经从单个企业转向产品全寿命周期，实现了对供应链上各级供应商绿色管理的全覆盖，管理对象从"核心"拓宽到"全覆盖"。未来，在标准体系的布局上，应该从绿色低碳供应链全程一体化需要出发，做好供应链战略设计，落实绿色需求预测和减碳目标测定标准化、绿色评定标准化、绿色采购技术标准化、绿色供应商管理标准化，建立绿色低碳供应链标准化工作的协调机制，推动产业链供应链上下游共同推进供应链协同创新，建立健全标准化体系。并且该标准体系应符合供应链的前沿发展趋势，反映重点领域的标准化需求，例如：供应链的绿色数字技术融合、绿色数字产业新生态等，借助大数据、云计算、人工智能（Artificial Intelligence，AI）、物联网（Internet of Things，IoT）等信息技术，实现高效的数字化解决方案，建立绿色低碳供应链需求预测模型，打造供应链绿色认证和采购策略综合模型，加速供应链上下游企业绿色低碳转型等。

（三）评价示范，提升绿色低碳供应链标准的应用效益

组织供应链相关企业开展宣传培训，推广绿色供应链优秀实践案例，倡导供应链上下游企业运用标准主动公开碳排放和碳减排信息。加强对外合作，内部组织或依托行业协会等第三方机构，开展供应链上下游及下属企业绿色发展对标贯标达标活动，提高行业绿色发展效能。推进绿色低碳供应链管理评价标准，从供应链上的高耗能、高污染环节入手，加强绿色采购管理，协同绿色供应商带动上游企业改进生产工艺、优化资源能源使用，实现低碳转型，不断减少供应链碳足迹。

第二节　数智供应链标准化探索与实践

加快推进数智供应链标准化工作，有助于发挥新一代信息技术对增强供应链韧性和敏捷性的支撑作用，提高标准化工作对数智供应链创新发展的引领作用。2017 年10 月，国务院办公厅印发《关于积极推进供应链创新与应用的指导意见》，提出打造大数据支撑、网络化共享、智能化协作的智慧供应链体系。"十四五"规划中也提出，要提升产业链供应链现代化水平。为了促进数智供应链标准化发展，我国出台了系列政策，组建了标准化工作组，开展了相关标准制定，推动了我国供应链高效、数智化发展。本节在分析国内外数智供应链标准化发展的基础上，提出了数智供应链标准化的发展重点。

一、数智供应链标准的内涵与意义

（一）数智供应链标准相关概念

数智供应链的前身是"智慧供应链"。该定义最早是由复旦大学博士后罗钢在2009 年上海市信息化与工业化融合会议上提出的，指的是结合物联网技术，现代供应链管理理论、方法和技术，在企业中以及企业间构建的，能够实现供应链的智能化、网络化和自动化的技术与管理综合集成系统。随着数据价值的发掘，以及大数据工具的发展，供应链数据也逐渐被重视。因此提出了运用大数据、人工智能、云计算等新技术，深度挖掘数据价值，实现智能化分析与管理，提升应用数据的水平和效率，帮助企业优化现有业务的供应链，即数智供应链。数智供应链与传统供应链的区别见表 2－6。

表 2－6   数智供应链与传统供应链的区别

类型	传统供应链	数智供应链
数智化程度	整体水平不高，数据采集、传输、存储、处理、分析、应用的能力弱，供应链各环节数据壁垒严重	依托大数据、人工智能、云计算、物联网、人工智能、5G、区块链、机器人等数字科技赋能供应链，有效解决数据不能开放和共享等问题，对客户需求全过程精准分析和有效管理，并快速主动响应市场变化
协同程度	协同程度不高，数据开放和共享难，供应链各环节相对独立，跨层级、跨企业、跨部门、跨系统的资源整合能力弱	数据开放共享，商流、物流、信息流、资金流实现"四流合一"；注重各环节之间的顺畅对接、密切协作和主动配合，从而实现多方互惠互利
运作模式	以推式供应链为主，被动接受市场需求，对市场信息反应不够及时；由于先生产后销售，库存周转率较高，容易产生滞销	以拉式供应链为主，主动响应用户需求，及时应对市场变化；先有订单后生产，库存周转期天数大幅缩短

通过前述对数智供应链的分析可知，数智供应链标准就是在数字化、智能化的背景下，对供应链的各个环节进行规范化、标准化而制定的文件，涵盖供应链设计、采购、生产、仓储、物流、销售等环节。

（二）推进数智供应链标准化的意义

数智供应链标准化是促进供应链管理现代化和企业转型升级的关键，是实现供应链高效、智能和可持续发展的基础。一方面，数智供应链标准可以提高供应链管理的效率和质量，降低成本和风险，提升企业竞争力。通过标准化流程和操作规范，可以减少供应链中的浪费和误差，提高物流配送的准确性和及时性，缩短产品上市时间，提高客户满意度。另一方面，数智供应链标准可以促进企业间的合作与协同。通过共享信息和资源，实现供应链中各个环节的协同，提高供应链的整体效能和竞争力。标准化的流程和操作规范还可以降低供应链中的交流成本和沟通障碍，促进企业间的良好合作关系。

（三）数智供应链标准化面临的挑战

随着供应链和数智化技术的发展，数智供应链标准化也面临着一系列挑战，主要表现在：

（1）伴随着新一代智能技术与制造业深度融合，供应链从链条式逐渐向网状结构变化，开启了实时、智能和互联互通的数智化供应链管理时代。纵观国内外供应链数智化管理，主要通过物联网、大数据、人工智能等信息技术的应用，实现订单信息、设备信息、物流信息和销售信息等互联可视及数据共享，打造线上线下相结合的精准、高效低风险的采购价值交互平台，将企业内外部的信息化系统与平台对接，实现供应链管理的业财税一体化，以最大限度地提升企业绩效降低经营风险。这需要进一步开展数智供应链的信息化、系统化方面的标准工作。

（2）随着制造业数智化转型步伐加快，供应链管理呈现新趋势。伴随着新一代信息技术、人工智能等技术蓬勃发展并与供应链渗透融合，供应链全面数字化转型，供应链管理呈现出新的特点。一是数智化的供应链管理手段广泛应用。将 ERP、NPD、APS、OMS、WMS 等系统与 SRM 系统对接，运用大数据、物联网、机器人流程自动化等技术，实现从产品设计、生产计划、物料采购、质量管理、库存管理到财务管理的供应链管理全流程贯通与数据共享，使企业供应链管理更便捷、更高效。二是供应链网络化生态系统构建日趋完善。数智化供应链管理模式逐渐发展成为集智能采购、智能仓储、智能制造、数字营销、智慧 B2C 物流、供应链风险预测与防控以及数字化客户关系管理等于一体的集成生态系统，构建供应链数字化革新商业模式，缩短供应商与消费者的时空距离，降低供应链供需不确定性风险。这需要进一步将创新技术融入数智供应链标准中。

（3）供应链数智化发展并面临新的问题。例如：市场环境复杂性加剧，客户个性化需求变异性高难以精准预测，导致供应链可视化管理难度增加；供应链节点企业间缺乏有效的信任机制，难以实现全程协同管理，不同环节之间信息渠道不畅，数据孤岛和信息壁垒现象屡见不鲜等。这需要在供应链管理、协同、数据共享等方面开展标准化工作。

二、数智供应链标准化政策及发展

（一）数智供应链标准化政策

近年来，国务院办公厅、国家发改委、工信部、交通运输部等部门连续发布多项供应链相关政策，推动传统供应链向数智化方向发展，促进数智供应链标准化工作的开展。

《中华人民共和国国民经济和社会发展第十四个五年规划和 2035 年远景目标纲要》提出，"提升产业链供应链现代化水平，形成具有更强创新力、更高附加值、更安全可靠的产业链供应链"。供应链的数字化、智能化是互联网、大数据、人工智能、区块链等新一代信息技术与供应链深度融合的过程，也是加快产业链供应链向中高端延伸的关键路径。供应链数智化需采取高效协同与动态管理的方式，利用机器学习和人工智能等先进信息技术，使生产、制造、物流、服务等关键工序和环节实现快速响应，提升上下游整体配合运作效率。2017年10月，国务院办公厅发布《关于积极推进供应链创新与应用的指导意见》，提出以供应链与互联网、物联网深度融合为路径，以信息化、标准化、信用体系建设和人才培养为支撑，打造智慧供应链体系。

2020年4月，商务部、工信部等联合发布《商务部等8部门关于进一步做好供应链创新与应用试点工作的通知》提出，加快推进供应链数字化和智能化发展，要加强数据标准统一和资源线上对接，推广应用在线采购、车货匹配、云仓储等新业态、新模式、新场景，促进企业数字化转型。

2021年3月，国家发展改革委等部门发布《关于加快推动制造服务业高质量发展的意见》，提出了制造业智能转型行动，指出要制定重点行业领域数字化转型路线图。抓紧研制供应链数字化亟须标准，修订完善国家智能制造标准体系。

2022年4月，国务院《关于加快建设全国统一大市场的意见》，提出推动第三方物流产业科技和商业模式创新，培育一批有全球影响力的数字化平台企业和供应链企业，促进全社会物流降本。

2022年5月，财政部办公厅、商务部办公厅发布《关于支持加快农产品供应链体系建设 进一步促进冷链物流发展的通知》，提出聚焦补齐冷链设施短板，提高冷链物流质量效率，建立健全畅通高效、贯通城乡、安全规范的农产品现代流通体系。

2023年6月，工业和信息化部在新闻发布中，提出计划发布新版智能网联汽车标准体系指南，推进功能安全、网络安全、操作系统等标准的制修订。

（二）数智供应链标准化发展

面对供应链和数智技术的发展，国际和国内都在积极探索和推动数智供应链标准化工作。

1. 数智供应链国际标准化发展

由前述分析可知，数智供应链的特征是大数据、人工智能、云计算等新技术与供应链的深度结合，本质上是供应链数字化、智能化的体现。在有些行业或领域中也会用"数字供应链""智能供应链""智慧供应链"等专业术语指代供应链与新兴技术的结合。通过用以上专业术语去检索国际标准组织有关数智供应链标准化发展的情况，可以发现，国内外机构在供应链管理领域研制了一系列标准，然而面向数智化的供应链标准还是比较欠缺。

（1）国际标准组织。

自 2007 年开始，国际标准组织陆续发布了与供应链相关的国际标准。尤其是 ISO 28000 系列国际标准，包括 ISO 28000：2022《安全与韧性　安全管理体系　要求》、ISO 28001：2007《供应链安全管理体系　实施供应链安全、评估和计划的最佳实践要求和指南》、ISO 28002：2011《供应链安全管理体系　供应链恢复能力的开发　要求及使用指南》、ISO 28003：2007《供应链安全管理体系　供应链安全管理体系认证机构要求》、ISO 28004－1：2007《供应链安全管理体系　ISO 28000 实施指南　第 1 部分：一般原则》、ISO 28004－3：2014《供应链安全管理体系　ISO 28000 实施指南　第 3 部分：中小业务采用 ISO 28000 的附加特定指南（海港除外）》、ISO 28004－4：2014《供应链安全管理体系　ISO 28000 实施指南　第 4 部分：若以符合 ISO 28001 为管理目标实施 ISO 28000 的附加特定指南》、ISO 28005－1：2013《供应链安全管理系统电子口岸通关（EPC）第 1 部分：消息结构》等。

此后，国际标准组织陆续提出了涉及供应链应用和数据管理的多项国际标准，包括 ISO 17363：2013《RFID 的供应链应用　运输单元》、ISO/TR 17370：2013《供应链管理数据载体应用指南》等；并在一些具体的领域，例如船舶与海洋、运输、中药等开展了相关标准的制定，包括 ISO 29404：2015《船和海洋技术　海上风能　供应链信息流》、ISO 18495－1：2016《智能运输系统　商业货运　销供应链中的汽车可见性　第 1 部分：架构和数据定义》、ISO 20333：2017《传统中药　供应链管理中中药编码规则》、ISO 23664：2021《稀土供应链从矿山到分离产品的可追溯性》等。

此外，国际标准组织还联合国际电工委员会一起制定了有关标准，包括 ISO/IEC 17360：2023《自动识别和数据捕获技术　RFID 的供应链应用　产品标签、产品包装、运输单元、可回收运输单元和可回收包装物品》、ISO/IEC 27036－3：2023《网络安全供应商关系　第 3 部分：硬件、软件和服务供应链安全指南》等。

（2）国际电信联盟。

国际电信联盟发布了有关供应链的国际标准，例如：ITU－T Y.4910（03/2023）面向可持续智慧城市的数字供应链成熟度模型，ITU－T L.1060（07/2021）信息和通信技术制造业绿色供应链管理一般原则等。

尤其是 ITU－T Y.4910 国际标准，是由我国主导研制，是向国际社会共享我国供应链数字化转型实践成果、贡献数字化供应链"中国方案"的重要突破，对于提升我国数字化转型领域标准国际影响力具有重要意义。该标准基于我国数字化供应链国家标准 20221957－T－339《数字化供应链 成熟度模型》研制，给出了涵盖供应链体系设计（D1）、供应链平台赋能（D2）、供应链业务运营（D3）、供应链效能效益（D4）四个维度以及基础起步级（L1）、单元优化级（L2）、集成互联级（L3）、全链贯通级（L4）、生态智能级（L5）五个等级的数字化供应链成熟度模型，可帮助各级政府、有关行业组织等摸清供应链数字化水平，锁定供应链薄弱环节，逐级打造数字化供应链体系，服务实体经济高质量发展。

2. 我国数智供应链标准发展

（1）标准体系建设情况。

工信部、国标委印发《国家智能制造标准体系建设指南（2021 版）》。新增了 BC 智慧供应链标准体系，主要包括供应链建设、供应链管理、供应链评估等 3 个部分，如图 2－2 所示；并提出了智能制造智慧供应链相关标准，如表 2－7 所示。主要规定供应链上下游企业合作过程中的数据、流程、评估等技术及管理要求，指导供应链管理系统及平台的设计与开发，确保供应链横向集成和高效协同。供应链建设标准，主要包括供应链上下游的数据共享、系统建设及部署、企业内外部资源的整合与优化等标准；供应链管理标准，主要包括供应商分类分级、绩效评价等供应商管理标准，以及供应链上下游设计、生产、物流、销售、服务等业务协同管理标准；供应链评估标准，主要包括供应链风险识别与评估、风险预警与防范控制等风险评估标准，供应链性能指标体系、测试与评估方法等性能评估标准。

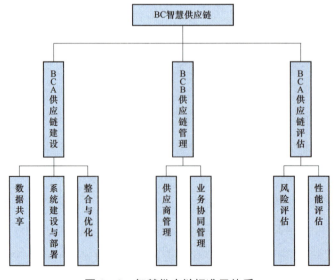

图 2－2 智慧供应链标准子体系

表 2-7　　　　　　　　　智能制造　智慧供应链相关标准

1	智能制造　智慧供应链　数据分类与格式要求
2	智能制造　智慧供应链　协议解析要求
3	智能制造　智慧供应链　供应商分类代码
4	智能制造　智慧供应链　供应商管理规范
5	智能制造　智慧供应链　业务协同通用要求
6	智能制造　智慧供应链　识别与评估要求
7	智能制造　智慧供应链　风险预警与防范控制实施指南
8	智能制造　智慧供应链　评价指标体系待立项
9	智能制造　智慧供应链　测试与评估规范待立

（2）标准化技术组织建设。

2022 年 10 月，经全国信息技术标准化技术委员会批准成立了智慧供应链标准工作组（TC28/WG32）。工作组设置平台标准化专题研究组、业务标准化专题研究组、评估标准化专题研究组以及新技术融合专题研究组等四个专题研究组，主要负责制定和完善智慧供应链标准体系，开展智慧供应链相关技术和标准的研究，申报国家、行业标准，承担国家、行业标准制修订计划任务，宣传、推广标准实施工作。截至目前，工作组已预研形成《智慧供应链　参考模型》《智慧供应链　通用要求》《智慧供应链　供应商画像通用要求》《智慧供应链　风险管理指南》《智慧供应链计划大脑通用要求》等多项国家标准草案，并在积极推进标准立项。

（3）中国高效消费者响应（ECR）委员会推进物品编码工作。

中国高效消费者响应委员会自成立以来，持续在快速消费品领域，向国内企业引进世界最新的供应链管理运作理念，推广供应链管理新技术与发展经验；协调、制定相关标准并促进其应用。另外，中国物品编码中心作为中国高效消费者响应委员会的发起者，是中国高效消费者响应委员会秘书处所在单位，也在积极推动供应链标准化发展。中心在中国推广全球通用的统一编码标准体系，也就是商品条码、箱码、物流单元三级标识体系，改变我国产品数据交换的信息孤岛的现状，提升了我国零售业商品流通速度。

（4）我国相关标准制定情况。

1）国家标准。

我国发布的与供应链数字化相关的标准有：GB/T 43060—2023《供应链电子商务业务协同技术要求》、GB/T 23050—2022《信息化和工业化融合管理体系　供应链数字化管理指南》、GB/Z 19257—2003《供应链数据传输与交换》、GB/T 34594—2017《射频识别在供应链中的应用 集装箱》、GB/T 39256—2020《绿色制造 制造企业绿色供应链管理 信息化管理平台规范》等。

2）行业标准。

工业和信息化部发布了 SJ/T 11657—2016《基于射频识别的物流供应链事务应用数据模型》、商务部发布了 SB/T 10668—2012《零售商与供应商供应链平台功能规范》等行业标准。

3）地方标准。

贵州省发布了 DB 52/T 1652—2022《数字化供应链业务管理指南》、安徽省发布了 DB 34/T 4070—2021《智慧药品供应链建设指南》、甘肃省发布了 DB 62/T 4295—2021《GS1 标识在供应链中的应用指南》。

4）团体标准。

中国物流与采购联合会发布了 T/CFLP 0058—2023《企业采购供应链数字化成熟度模型》，中国国际经济技术合作促进会发布了 T/CIET 153—2023《智慧供应链评价通则》，中国中小商业企业协会发布了 T/CASME 1171—2023《餐饮供应链智能管理系统》，全国城市工业品贸易中心联合会发布了 T/QGCML 2452—2023《物流供应链仓储配送一体化集成系统》、T/QGCML 2398—2023《基于数字化的工业供应链数据管理规范》，中国电子商会发布了 T/CECC 023—2023《基于区块链的能源电力行业供应链协同平台建设规范》，广东省应对技术贸易壁垒协会发布了 T/CAGDE 229—2023《ESG 企业供应链信息披露规范》，中国信息产业商会发布了 T/CIITA 601—2022《数字技术 数据 医疗器械供应链管理系统基本数据结构》，重庆市首席信息官（CIO）协会发布了 T/CQCIO 001—2023《软件供应链安全技术检测规范》，浙江省国际数字贸易协会发布了 T/ZADT 0009—2023《数字贸易 基于区块链的供应链金融平台安全通用技术要求》，中国产学研合作促进会发布了 T/CAB 0256—2023《基于区块链的供应链数据存证规范》、T/CAB 0255—2023《供应链系统数据接口规范》，广东省物流行业协会发布了 T/GDLIA 10—2023《监狱企业智慧物流供应链技术规范》，上海市计算机行业协会发布了 T/SCTA 015—2022《面向中小企业的智慧供应链平台技术规范 系统架构》等团体标准。

5）重要标准。

供应链数字化转型是企业保持可持续竞争优势的共同选择，是供应链发展的必然趋势。为了引导企业开展供应链数字化转型，国家市场监督管理总局（国家标准化管理委员会）发布了 GB/T 23050—2022《信息化和工业化融合管理体系 供应链数字化管理指南》。该标准于 2023 年 5 月 1 日起正式生效。该标准提出了供应链数字化管理的导向和原则，给出了面向数字化转型的供应链典型模式和供应链数字化管理的主要视图，提供了面向数字化转型的供应链战略策划与设计、主要业务管理活动、风险管控和绩效改进等的通用方法，给出了供应链生态体系的建设指南，主要规定了以下内容：

（a）供应链数字化管理导向和原则。提出了供应链数字化管理导向和原则，包括：数据驱动、业务连续、供需平衡、开放生态。

（b）供应链的典型模式。提出了从驱动方式和链主分类两个维度对典型模式进行分类。从驱动方式维度出发，可分为拉动式供应链、推动式供应链推拉结合式供应链和供应链网络等；从链主分类维度出发，可分为供应商链主模式、制造商链主模式、分销商链主模式、物流企业链主模式等。

（c）供应链数字化管理的主要视图。提出了企业宜从绩效视图、角色视图、业务视图、数据视图、技术视图等不同视图出发，科学分析、系统设计、高效管理面向数字化转型的供应链系统。

（d）供应链战略与设计。提出了企业宜利用数字化手段开展供应链战略的制定、执行、监控和优化，供应链涉及应包括与供应链战略开展涵盖供应链成员伙伴、供应链网络结构、供应链运行原则、供应链数字化转型等方面内容，选择适宜的供应链模式，运用新一代信息技术科学预测市场需求，构建形成透明可视、精准调配、高效协同、智能响应的数字化供应链，提升供应链稳定性和竞争力。

（e）供应链数字化管理的主要活动。提出了供应链数字化管理的主要活动包括供应链寻源与布局、供应链计划、供应链执行与供应链协同等方面。

（f）供应链风险管理。提出了企业宜应用数字化手段开展供应链风险感知预警、评估诊断、防控处置，以及信用体系建设和信息安全管控等工作。

（g）供应链绩效改进。提出了企业宜建立数字化供应链绩效指标体系，对供应链运行过程所涉及的绩效指标进行全面监测、精细评估和精准考核，并持续优化供应链绩效。

（h）供应链生态系统。提出了供应链上下游合作伙伴企业宜依托工业互联网平台推动资源共享、数据贯通、业务协同和模式创新，构建数据驱动、价值共创的供应链生态系统。

6）小结。

国内外在供应链管理领域研制了一系列标准，然而面向数智化供应链的标准整体处于缺失状态。国际标准方面，国际标准组织自 2013 年至今陆续提出了供应链相关的标准，主要涉及供应链应用和数据管理领域。国家标准方面，有关于供应链数据管理与传输方面的标准；还在一些具体领域，例如电子商务、集装箱供应链中有信息化技术的应用，但国家层面尚无专门针对数智供应链的国家标准。行业标准方面，也只是信息化技术在某些领域供应链中的应用。值得注意的是，在我国地方标准和团体标准中已经有了专门针对数字供应链管理、智慧供应链评价等方面的标准。

三、数智供应链标准化发展重点

为加快数智供应链标准体系建设，需进一步明确供应链标准化重点及方向，围绕数智供应链重点环节、新兴技术创新、行业领域发展等方面，从标准化角度推动智慧供应链升级，提升行业数智化水平。数智供应链标准的制定是系统性工程，供应链管理人员不仅要使用各种技术和工具，还要改造实际的工作流程，推动基础技术实施和集成运作。

（一）推进数智供应链标准体系建设

数智供应链标准是对数智供应链各个环节进行规范化和标准化的一套准则和方法体系，主要包括供应链设计、采购、生产、仓储、物流、销售等环节的标准化流程和操作规范。由前述分析可知，数智供应链标准还很欠缺，即便有一些标准的制定，也是局限在一些应用和数据管理领域，或是信息化技术在某些领域的应用等。还缺乏对数智供应链标准体系的整体架构设计。应加快数智供应链标准体系建设，着力于数智供应链重点环节，通过标准化流程和操作规范推动供应链数智化升级，减少供应链中的浪费和误差，提高客户满意度。主要针对供应链采购、生产、仓储、物流等业务活动数智化的方法和过程进行标准化，例如：①数智采购的标准化。推动物资采购和采购系统的标准化建设，涉及物资分类、物料主数据、采购标识等关键数据，以及采购管理、供应商管理、采购风险控制等模块；②智能工厂的标准化。围绕智能工厂建设，基于历史订单、原材料库存、生产线产能、生产约束条件等，赋予企业生产计划，推进生产流程的标准化；③智慧仓储的标准化。针对仓储服务商的仓库选址、库区规划、劳务资源管理等，基于订单的分仓、拆单、物流分配等进行标准化；④数智物流的标准化。数智物流标准体系建设，涉及物流服务的标准化、物流设备的标准化、物流信息的标准化等。

（二）推动智能化数字化技术与标准化融合发展

在信息化、数字化、智能化背景下，新兴技术快速发展及智能化装备的广泛应用，驱动着数智供应链加速发展，标准化工作也要适应该发展趋势。智能化数字化相关技术主要包括：①人工智能，数智供应链的打造，依靠人工智能技术才能数智的计算、思考和决策，也要有精准的场景和海量的数据。②云计算，依靠云计算的支持，提升对复杂信息的处理与分析能力。在企业供应链管理的标准化建设中融入云服务，为企业管理的标准化转型注入新的动力。③大数据，通过大数据驱动的数智供应链要实现感知和预测用户需求、习惯、兴趣，所需数据必须实时、精准且全量地获取，对库存、订单量及产品配送状况进行实时掌控，指导产业链上游的选品、制造、定价、库存以及下游的销售、促销、仓储、物流和配送。④物联网，管理者可查看相关实体的库存、采购、销售等实时状态，可远程监控车队的状态和位置，可通过监测温度或湿度等参数来跟踪货物的状况。

围绕人工智能、云计算、大数据、物联网等新兴技术及无人机、机器人、自动分拣等智能化装备的发展，聚焦供应链关键活动融合的技术框架、应用场景、实施指南等方向，持续增加融合标准供给，建设高水平的行业融合标准体系，加快推动智能化、数字化领域的数智供应链标准化发展。以制造业数字化转型升级、工业互联网平台选型等一批业界急需的重要技术标准制定为主要目标，积极推进业界形成相关共识。此外，进一步推动标准数字化，运用数字技术为标准全寿命周期管理赋能，发展数智供应链的大数据与产业融合标准，推动数智供应链标准服务及应用向数字化转型。

（三）开展数智供应链新兴领域的标准化探索

新兴技术促进了供应链系统及业务运营变革，推动数智供应链朝着柔性化、敏捷化、可视化、高效协同等方向发展。具体表现在：①柔性供应链，是能够对客户个性化需求做出反应能力的供应链，其核心是打破传统的批量化流水线式生产，构建网络化生产方式应对市场需求。当前服装、鞋包、钢铁、电子、原材料等行业都在构建柔性供应链。②敏捷供应链，是围绕核心企业，控制资金流、物流、信息流，整合供应商、分销商、制造商、零售商和消费者，建立统一的、无缝化程度高的功能网络链条，打造动态战略联盟。③大数据供应链，借助先进的技术手段与管理工具对商品、信息、资金流动过程中产生的数据进行及时有效的处理和分析，能够促进企业之间的合作与配合。④物联网供应链，主要体现在物流领域，物流企业使用物联网技术实现对物品的实时追踪监控和管理，极大提高物流服务效率和质量。未来要围绕柔性供应链、敏捷供应链、大数据供应链等新兴领域的发展，推进数智供应链标准化建设，制定并发布新兴领域的系列标准，打造形成细分领域标准群。

第三节　供应链服务标准化探索与实践

供应链服务作为一种新型商业服务模式，涉及商流、物流、信息流和资金等方面的优化整合。推进供应链服务标准化是顺应生产要素全球化配置、满足供应链服务行业发展的需求，有利于提高产业链供应链现代化水平，提升行业领域的国际竞争力。当前，我国供应链服务行业快速发展，集聚了一批优势供应链服务企业，为产业链上下游企业提供服务平台、物流管理、信息服务等标准化服务，取得显著成效。我国也鼓励供应链服务企业提供专业化、一体化生产性服务，制定了供应链管理服务平台、供应链服务企业，以及特高压等行业领域的供应链服务标准建设，供应链服务标准化工作稳步推进。

一、供应链服务标准的内涵与外延

（一）供应链服务标准相关概念

供应链服务是一家组织承接另一家组织服务业务外包，并对其供应链的商流、物流、信息流和资金流进行整合和优化，从而形成一种创新型的一体化商业服务。而且，供应链服务还正在从建立商流、物流、资金流和信息流四流合一的一体化服务平台，逐渐向供应链绩效优化、生态圈互利共赢模式的网络化延伸拓展。

供应链服务涉及供应链管理服务、全渠道供应链服务等概念。供应链管理服务在行业分类中属于"商业服务业"，是指基于现代信息技术对供应链中的物流、商流、信息流和资金流进行设计、规划、控制和优化，将单一、分散的订单管理、采购执行、报关退税、物流管理、资金融通、数据管理、贸易商务、结算等进行一体化整合的服务。具体到供应链，链主对链上其他成员是"管理"，供应商对客户是"服务"。对于全渠道供应链服务，GB/T 35121—2017《全程供应链管理服务平台参考功能框架》国家标准中将全程供应链定义为通过对信息流、物流、资金流的控制，从采购原材料开始，制成中间产品以及最终产品，最后由销售网络把产品送到消费者手中，将供应商、制造商、分销商、零售商直到最终用户连成一个整体的功能网链结构。

可见，供应链服务标准即是对开展供应链服务中涉及的全过程、相关要素等进行方面进行规定，并开展服务管理和服务水平评价的而制定的文件。从具体标准来看，包括供应链服务基础标准、供应链管理、第三方供应链服务质量标准等。

（二）供应链服务企业分类

供应链服务企业分类众多，在相关标准中有明确界定。T/CFLP 0020—2019《供应链服务企业分类与评估指标》中提出，根据企业在生产环节、流通商贸环节，以及利用互联网等现代技术构建的网络服务平台为客户提供供应链服务，对供应链服务企业进行分类，分别为"生产制造型供应链服务企业、商贸流通型供应链服务企业、网络平台型供应链服务企业"。DB 4403/T 28—2019《供应链企业分类与评估》地方标准中，将供应链企业分类为供应链管理服务企业、供应链协同制造企业、供应链协同商贸企业等。

从供应链服务的内容——信息流、物流、资金流来看，供应链服务企业也可以分为三类：①信息流领域涉及的技术服务商、信息服务商、咨询机构。技术服务商主要有用友、SAP、IBM 等大型 ERP 系统提供商；信息服务商主要有华为、美云智数、阿里巴巴等产业头部企业；咨询机构主要有普华永道、德勤等。②物流领域涉及的综合物流服务商、跨境物流服务商。综合物流服务商主要有顺丰速运、京东物流等；跨境物流服务商主要有 DHL、4PX 等。③资金流领域涉及的综合支付与跨境服务商。综合支付服务商主要有快钱、支付宝、扫呗、平安普惠等；跨境支付服务商主要有财付通、pingpong 等。

（三）推进供应链服务标准化的意义

生产要素全球优化配置催生出服务外包、合同制造、模块化生产等新的生产方式和服务模式，供应链服务也得到了快速发展。推进供应链服务标准化工作意义在于：①有利于打造现代化产业体系。建设现代化产业体系需要以产业链供应链为支撑。通过开展供应链服务标准化，可以围绕工业、消费业等领域的供应链服务，分门别类梳理共性基础标准，也可以梳理个性标准，推动供应链服务领域整合要素资源，以供应链服务推动产业链做强做大。②有利于推动供应链服务行业的发展。在供应链服务企业大力推进应用创新、提升服务能力的同时，通过标准化将其创新做法固化下来并加以推广，带动更多供应链服务的发展。③有利于提升供应链服务水平。制定供应链服务评价标准，相关标准作为评价供应链服务行业运营管理水平的依据，通过行业对标、树立典型和示范引领，提升供应链服务企业运营质量和管理水平，进一步规范供应链服务企业的行为，提升服务质量，完善供应链标准建设，推动全国供应链服务整体水平的发展。④有利于提升国际竞争力。产业链供应链是大国经济循环通畅的关键，供应链服务是连接国内与国际、生产与消费的重要纽带。供应链服务企业通过可以通过在国际采购、商品国际分销、进出口通关、国际结算等领域开展标准化工作，促进国际与国内两个市场的有机衔接。

二、供应链服务发展及标准化建设

（一）我国供应链服务行业集聚

我国供应链服务行业，头部企业效应明显，建发、象屿、国贸、物产中大四家规模最大，营收超过 5000 亿元，是超大规模的供应链服务企业。其中，深圳是中国供应链服务理念的发祥地、供应链服务企业的集聚地、供应链创新的摇篮，也是首批全国供应链创新与应用示范城市之一。得益于珠三角密集产业集群，以及自身活跃的市场环境、发达的外贸体系、毗邻香港的地理优势等，一大批供应链服务企业扎根深圳，形成了强大的产业集群，在推动对外贸易、构建全球供应链、应用供应链新技术等方面取得积极成效。深圳拥有全国 80% 以上供应链管理服务企业的总部，以及数量众多、类型丰富的供应链实体企业。目前，深圳市物流企业超 8 万家，其中第三方物流企业超 15000 家；供应链企业超 4000 家，数量占全国 80% 以上。目前，拥有东方嘉盛、富森供应链管理、朗华供应链、信利康、飞力达物流、综合信兴物流、中国外运华南深汕区域营运中心、前海粤十等众多企业。

近年来，深圳从专项政策、项目扶持、产品推广等多方面协同发力，推动供应链产业链不断强化，营商环境持续优化。深圳还专门出台政策鼓励供应链企业提升智能化水平，为产业链上下游企业提供质量管理、追溯服务、金融服务、研发设计、采购分销等拓展服务。针对供应链企业智能化升级改造，按不超过项目投入的 20% 给予资助，最高资助 500 万元；针对供应链企业经营性贷款贴息，按不超过 30% 给予贴息，最高资助 300 万元。2021 年 7 月，全国供应链创新与应用 10 个示范城市和 94 家示范企业公布：深圳市顺利入围首批示范城市，且有 5 家深圳企业成为首批示范企业。2022 年，深圳再次新增华为技术、中兴通讯、优合集团、九米信息、中电投资 5 家企业入围示范企业。深圳在现代物流供应链服务业走在全国前列，93% 的深圳物流与供应链企业在实际运营中加快物流信息化、自动化、智能化发展，以节省企业物流成本，提高企业运输效率，提升企业核心竞争力。

（二）我国供应链服务标准实践

1. 国家层面

国家鼓励供应链服务企业提供专业化、一体化生产性服务，形成高效协同、弹性安全、绿色可持续的智慧供应链网络。2021年，商务部发布了《关于加强"十四五"时期商务领域标准化建设的指导意见》。意见指出，要形成以基础通用类、管理类和服务类为主体的政府与市场共同发挥作用的标准供给方式；完善供应链相关标准，推动供应链技术、服务、模式等方面的协同创新，提高跨行业、全环节的供应链协调效率；重点推进供应链风险评估、供应链数字化、供应链管理服务等领域标准研制，提高产业链供应链现代化水平。

随着对供应链服务重视的提高，中国供应链企业正在逐渐走向全球化、精益化、协同化、服务化，这对企业提升供应链服务水平和政府提高对供应链服务管理的水平都提出了更高的要求。为深入贯彻党的十九届五中全会和中央财经委员会第八次会议精神，充分发挥标准化对商务工作的技术支撑作用，引领商贸流通高质量发展，2021年4月15日，商务部会同国家市场监督管理总局联合印发开展了国家级服务业标准化试点（商贸流通专项），旨在推动各地区、行业、各类市场主体在标准制定、实施、应用方面开拓创新，推出一批标准，树立一批标杆、总结提炼一批可复制推广的成功经验。例如，上海盒马网络公司通过对物流、仓储、陈列、交易、出餐、履约、售后等岗位实施标准化管理，打造线上线下服务新场景，构建以国家标准为基础、团体标准和企业标准相配套的零售服务标准化体系，涵盖管理、技术、操作等900余项标准，初步形成了"移动互联网＋零售餐饮一体化"的标准化零售新模式，促进消费提质扩容。再如，青岛市围绕跨境电商、分布式海外仓、国际供应链等重点领域，以提高产品质量和服务水平为目标，制定商贸流通标准化发展规划和标准化工作管理办法，以点带面构建以国家标准和行业标准为主体、地方标准为补充的内外贸一体化标准体系，积极搭建国际标准化交流合作平台，打造统一的要素和资源市场，推动商品和服务市场高水平统一。

2. 地方层面

不少省市都把供应链高质量发展作为重要抓手。如浙江省出台了《浙江省现代供应链发展"十四五"规划》，提出培育3个交易额万亿级、10个交易额千亿级的产业供应链体系；广州出台《广州市"十四五"供应链体系建设规划》，开启了广州产业链供应链发展的新阶段；《厦门市加快推进供应链创新与应用提升核心竞争力行动方案》提出要培育一批具有国际影响力、资源配置能力强的供应链龙头企业。深圳成立了深圳市物流与供应链管理协会、深圳市跨境电商供应链服务协会等多个相关行业协会及组织。其中深圳市物流与供应链管理协会发布了《深圳市加快推进供应链创新与发展三年行动计划（2023—2025 年）》，提出推动供应链服务高质量发展，做大做强供应链服务企业，推动供应链服务跨界融合；先后推动编制了《供应链服务术语》《供应链服务质量要求》《供应链服务企业分类与评估》《供应链服务企业信用管理评价》《大宗商品供应链金融服务风险管理规范》等地方标准。其中 SZDB/Z 296—2018《供应链服务质量要求》选取业务水平、服务素质、客户评价三个层面的 15 个关键指标构建供应链服务质量指标体系。一方面，规定供应链服务基本内容。该标准规定供应链方案设计服务、商务订单管理、虚拟生产、资金服务、物流管理、分包管理、信息管理、风险控制及应急管理等基本内容。另一方面，规定了供应链服务质量评价指标体系。该标准依据供应链企业基本服务内容，从业务水平、服务素质、客户评价等三个维度提出了衡量供应链服务业务水平、能力和质量的评价指标，并给出每个评价指标内涵和说明。

3. 重要标准

一些重要的供应链服务标准相继制定发布。国家层面的有 GB/T 35121—2017《全程供应链管理服务平台参考功能框架》。该国家标准规定了全程供应链管理的范围和需求，全程供应链服务的内容及服务流程，全程供应链服务平台功能模型，全程供应链管理服务平台的建设原则；范围主要包括全程供应链管理服务平台的业务模式、业务需求、核心服务流程、参考功能架构以及核心功能等框架；该标准适用于全程供应链管理服务平台的设计、开发、实施及管理。

地方层面的有深圳市发布的 DB 4403/T 276—2022《大宗商品供应链金融服务风险管理规范》，广东省发布的 DB 44/T 2019—2017《供应链业务协同服务系统　电子商务业务规范》，江苏省发布的 DB 32/T 2689—2014《供应链金融服务规范　采购》等地方标准。

社会团体层面的有中国中小商业企业协会发布的 T/CASME 1050—2023《电器产品供应链服务规范》，上海都市型工业协会发布的 T/SHDSGY 044—2023《农牧物流供应链服务规范》，全国城市工业品贸易中心联合会发布的 T/QGCML 557—2022

《电梯生产企业供应链服务管理技术要求》，中国物流与采购联合会发布的 T/CFLP 0020—2019《供应链服务企业分类与评估指标》，深圳市物流与供应链管理协会发布的 T/SCLOG 003—2017《供应链服务企业信用管理评价指标》，深圳市物流与供应链管理协会发布的 T/SCLOG 002—2017《供应链服务质量要求》和 T/SCLOG 001—2017《供应链服务术语》等团体标准。其中，中国物流与采购联合会制定的 T/CFLP 0020—2019《供应链服务企业分类与评估指标》团体标准，将供应链服务企业分为生产制造型供应链服务企业，包括为工业、农业生产供应链服务的企业，为同一家生产制造企业的产品设计、生产管理、原材料采购、产品销售提供物流、资金流和信息流中两类及以上的供应链服务的企业，直接为生产制造企业提供供应链服务的收入占企业总营业收入的比例不低于 60% 的企业；商贸流通型供应链服务企业，包括为商贸流通企业提供供应链服务的企业，为同一家商贸流通企业的采购、销售、结算提供包含商流在内的两类及以上的供应链服务的企业，直接为商贸流通企业提供供应链服务的收入占企业总营业收入的比例不低于 60% 的企业；网络平台型供应链服务企业，包括依托互联网等现代技术构建网络服务平台为客户提供供应链服务的企业，为客户在互联网平台上提供包括采购、销售、信息、结算等三类及以上的平台服务的企业，提供网络平台服务收入占总营业收入比例不低于 90% 的企业。

三、供应链服务标准化发展重点

供应链服务标准涉及范围较广，涉及采购、物流、信息、资金等众多环节，其中供应链服务平台、供应链物流标准、供应链信息服务等是政策支持的重点方向。为推进供应链服务标准体系建设，首次需要对服务流程、信息环节等进行系统梳理，包括优化迭代供应链服务流程，推动供应链平台从企业级向行业级跃升，以采购需求导向为切入点，促进链上企业和业务的专业化协同整合，打造现代供应链新型生产组织服务模式；通过数据驱动，打破供应链上下游之间的信息孤岛，实现产业链、供应链、创新链、资金链、人才链与价值链融合。而后围绕服务平台、物流服务、信息服务等重点领域推进供应链服务标准体系建设。

（一）建立供应链服务平台标准

供应链服务平台聚集大量原料供应商、生产商、经销商、物流服务商、金融机构等贸易主体，通过集成化服务深度嵌入产业链条，实现研发、设计、采购、生产、市场营销及物流配送等各环节的优化和协同。服务标准集合采购/分销执行、虚拟生产、物流、进出口代理、信息支持、融资等集成服务特点，从流程协同、资源整合、订单管理、作业流程规范等多个角度设计质量评价指标，为企业规范服务流程运作、开展内部质量评估提供指导。供应链服务平台体系基于供应链中心，围绕原材料供应链、制造企业、分销商、零售商、消费者等各类主体构建，主要涉及供应链平台企业、运维服务企业、物流企业、供应链信息服务企业、供应链咨询服务企业等。坚持客户需求导向，通过协同共享、效率优先，串联设计、采购、生产、销售及服务，加强物流、金融、专业服务的保障与支撑，促进供应链数字化、智能化、绿色化发展。全程供应链服务管理平台是建立在现代信息技术基础上的，能够为供应链企业提供供应链全流程服务；平台的设计需考虑不同的商业模式、业务模式的影响，根据具体的供应链业务需求，对供应链服务平台的核心功能和服务进行规划；相关标准将规范供应链管理服务平台业务模式及功能架构，为全程供应链管理服务平台的设计、开发及实施提供参考。

（二）完善供应链物流服务标准

为了整合供应链上下游之间资源及提高供应链物流处理效率，需要对供应链上的物流业务进行重组，实现供应链业务的整合与协同，提供物流一体化服务。具体如下：①完善仓储监管服务。提供从实时数据、异常预警到全链管控、货物保真，再到货权清晰、一键登记，最终到价格跟踪、极速处置等全方位一站式的解决方案。实时反映出入库操作，库存数量透明，对异常出库发送预警；监管区内货物移动时进行智能追踪，并自动拍摄存储，不漏掉任何动态；结合海关、发票、上下游贸易、运输数据，验证货权归属，一键办理中登网质押登记手续；跟踪并预警价格波动，整合分销渠道，并且实现快速处置。②优化物流运输服务。由商品交易平台、数字化交付模块及嵌入式的仓储运输系统联通构建，完美地实现了商品贸易由运单匹配、单费匹配，到仓储管理、配送执行的全程跟踪。从第三方海量车货信息、货物的实时监控、车货智能匹配、货源精准推送四个维度，利用人工智能算法，实现运力、流程及线路自我优化调节。

（三）构建供应链信息服务标准

围绕供应链信息服务需求，推进研发设计、技术转移、创业孵化、科技咨询、知识产权等方面的标准体系建设。具体如下：①研发设计服务标准。统筹制定工业设计公共技术平台、评价，服务中心技术要求，设计服务管理，科技资源数据分析，科技平台用户元数据等标准。②技术转移服务标准。统筹制定技术成果的熟化分析与评价、技术交易服务平台、技术交易机构、技术交易市场管理等标准。③创业孵化服务标准。统筹制定科技孵化器、创新项目孵化、创新创业网络平台、科技园区服务及管理等标准。④科技咨询服务标准。统筹制定科技咨询服务的运营管理、质量评价，科技咨询服务企业及从业人员管理等标准。⑤知识产权标准。在知识产权等相关领域构建完善符合我国经济社会发展需求的标准体系，统筹制定知识产权创造、运用、保护、管理、服务等标准。检验检测认证服务标准。统筹制定检验检测实验室技术和安全、无损检测方法、无损检测仪器、重要关键设备安全监测评估、检验检测服务平台等标准。

第三章 国家电网公司供应链标准化体系

国家电网公司物资供应链致力于为公司发展和电网建设提供坚强物资保障，持续推进能源电力行业供应链管理转型发展。标准化在供应链管理中发挥着基础性、引领性作用，完备而有效的标准化体系是持续推进供应链管理质效提升的前提和必要条件。

国家电网公司系统性规划贯穿全链的统一供应链标准化体系架构，包括管理制度体系、技术标准体系、管理对标指标体系三大体系。管理制度体系采用国家电网公司统一的通用制度管理模式，规定供应链内部管理的机构与职责、内容与流程、监督与考核。技术标准体系贯彻落实国家标准化发展纲要，定位供应链标准"领跑者"，提供供应链产业链内外部技术支撑，助力能源电力行业高技术创新，高水平开放，高质量发展。管理对标指标体系对供应链运营、供应链产业链发展开展量化评价，为管理制度、技术标准的持续优化提供精准指引。三大体系构成了闭环管理、循环提升的供应链标准化体系架构。本章主要介绍了统一供应链标准化体系架构概述及三大体系的体系构建、体系构成和体系管理。

第一节 国家电网公司供应链标准化概述

随着电力体制改革的不断深入和高质量发展诉求的日益增强，推动供应链标准化建设，增强供应链管理能力，已然成为电力企业做强、做优、做大的重要命题。国家电网公司在供应链管理实践中，积极引用标准化管理理念，逐渐形成了具有国家电网公司特色的供应链标准化管理方法。本节主要从国家电网公司供应链标准管理内容及意义、供应链标准化发展历程两个方面展开论述，介绍了国家电网公司供应链标准化概貌和脉络历程，阐述了其在公司发展中发挥的重要意义，并通过概述引出国家电网公司供应链三大标准化体系。

一、国家电网公司供应链标准化管理内容及意义

（一）国家电网公司供应链标准化管理内容

通常，企业标准化（Enterprise Standardization，ES）❶是指"为实现企业的经营方针和战略目标，并为企业的长远发展打好基础，由企业独立自主地制定标准、实施并改进标准，并灵活运用各种标准化形式的一系列活动过程"。企业供应链标准化是指企业在供应链运营、管理范围内为获得最佳秩序、促进共同效益，针对实际或潜在的供应链问题制定规则和应用规则的活动。

在企业管理中，制度是实现目标的重要保证，国家电网公司通过对供应链各专业领域制定一系列管理制度，确保标准化各项工作有章可循。为确保管理制度顺利落地，强化对全链业务的具体指导，国家电网公司对采购、抽检、仓储等具体业务制定具体技术标准，不断推动供应链技术水平协同提升。为实现对供应链标准化建设水平的量化评价，国家电网公司着力构建管理对标指标体系，精准指引供应链绿色数智转型升级，促进供应链健康可持续发展。综上，国家电网公司供应链标准化管理具体包括管理制度、技术标准、管理对标指标三个方面的内容。

国家电网公司结合电力基础设施建设、新型电力系统建设、能源电力转型发展需求，系统开展供应链标准化建设，形成覆盖全链业务环节三级规范的 17 项管理制度体系；覆盖国标、行标、团标、企标的四个层级技术标准体系；涵盖省公司对标指标、业绩对标指标和运营评价对标指标三个部分的管理对标指标体系。

（二）国家电网公司供应链标准化的意义

国家电网公司作为国资委下属特大型国有电力企业，承担着企业运营和社会责任双重任务。在持续提升公司核心竞争力的同时，需要推动供应链上下游企业各环节、产品全寿命周期的有效衔接、高效运转。因此，有效的供应链标准化管理能够发挥集中规模采购制度优势和超大市场效力，推动供应链资源要素优化组合，提升供应链系统性、整体性、协同性、安全性、稳定性，全面服务公司和链上企业高质量发展，为电力系统建设提供坚强保障，为加快建设全国统一大市场注入强大动力，为实现"双碳"目标奠定坚实基础。

---

❶ 李春田《企业标准化战略三部曲》。

国家电网公司供应链标准化有助于新型电力系统建设。新型电力系统建设需要跨行业跨领域合作，在技术创新、市场交易、运行管理、应急保障等层面协调难度突出。国家电网公司建设供应链标准体系促进供应链上下游资源的全面共享与合理配置，围绕能源电力产业链供应链的核心技术、核心装备，加快跨领域融通创新攻关，推进关键核心技术成果高质量应用；筑牢电网稳定运行的物质基础，支撑新型电力系统建设，助力电网向能源互联网转型升级。

国家电网公司供应链标准化有利于助推全国统一大市场构建。企业标准战略制定应全面对接国家重大方针政策，从满足国家发展需求、产业升级需要、人民美好生活期望的战略高度进行总体布局。加快建设全国统一大市场是进一步完善社会主义市场经济体制的内在要求和题中应有之义。国家电网公司建设供应链标准体系，能够破除歧视性、隐蔽性的区域壁垒与市场壁垒，制定统一的供应链管理标准、技术标准等，促使供应链全寿命周期各环节顺畅衔接，促进产业链供应链高效贯通与整合，有力推动全国统一大市场建设发展，为加快构建以国内大循环为主体、国内国际双循环相互促进的新发展格局提供有力支撑。

国家电网公司供应链标准化有助于推动国家"双碳"目标达成。碳达峰碳中和目标下，能源格局深刻调整，电力系统"双高"❶"双峰"❷特征凸显，对电网安全稳定运行、电力保供带来巨大挑战。国家电网公司建设供应链标准体系，将遵循"能源转型、绿色发展"理念，完善供应链绿色发展标准化保障机制，推动相关领域技术标准快速、有效、高质、全域供给，充分发挥超大规模采购需求市场效应，推动能源电力领域技术创新、装备升级、节能减排和环保循环，有力促进全产业链供应链绿色低碳转型，推动经济社会可持续发展。

二、国家电网公司供应链标准化发展历程

（一）管理制度体系发展历程

1. 管理制度诞生和发展

国家电网公司供应链管理制度最早可追溯至 2005 年，国家电网公司按照中央企业提升集团管控能力的总体部署，探索建立两级招投标管理体系，建立了一系列招标办法和制度，打造总部和网省两级集中招投标平台，有效解决了采购权限多级分散、

---

❶ 高比例可再生能源，高比例电力电子装备。

❷ 电网夏、冬季负荷高峰。

风险点多面广、无法有效管控的问题。

经过四年实践，物资采购、供应商管理、监造等环节几经调整和完善，既积淀了有益的物资管理经验，也为更深入的物资管理改革留下了空间。2009 年，国家电网公司为适应"两个转变"❶发展需求，开始全面推动物资集约化管理改革，制定了《国家电网公司物资管理办法》，同时为进一步加强物资集约化管理，编制并发布了《国家电网公司物资计划管理办法》《国家电网公司监造管理办法》《国家电网公司供货商关系管理办法》《国家电网公司物资配送仓储管理办法》《国家电网公司废旧物资处置管理办法》和《国家电网公司应急物资管理办法》，逐渐建立起了规范的物资管理制度体系。

2. 统一的管理制度体系形成

自 2013 年 7 月起，按照全职责、全业务、全流程"三全覆盖"的原则，国家电网公司深入推进制度标准体系建设，分五批对管理制度进行了编制和修订，至 2014 年底，已基本建成公司统一的通用制度体系，并建立了制定、执行、检查、改进的全寿命闭环管理工作机制，持续开展管理制度优化工作。

在国家电网公司的供应链管理通用制度体系❷中，一级规范是公司物资管理的纲领性和指导性文件，将公司使命分解为各专业任务，内容一般覆盖本专业领域所有业务及相关职责；二级规范将专业领域工作职责与目标分解为业务模块；三级规范将业务模块工作进行进一步的分段管理；四级规范对应每个业务模块或分段管理下每个环节的操作事项，并覆盖岗位职责。

（二）技术标准体系发展历程

1. 技术标准的诞生和发展

2009 年，随着公司主业的 27 家省电力公司企业资源管理系统（Enterprise Resource Planning，ERP）逐步上线，以 ERP 为基础的各项物资管理工作逐步展开。然而，各省电力公司 ERP 及其他业务应用中的主数据由各单位分别制定、独立管理，造成全网主数据标准不一致，数据在相互独立的业务系统或数据库中不统一，无法满足物资实现集约化管理需求，适应"两个转变"的发展需要。为了解决这些问题，国家电网公司开始研究制定统一全公司系统的主数据分类体系和编码原则。2009 年 11 月，国

---

❶ 通过实施集团化运作、集约化发展、精细化管理、标准化建设，实现国家电网公司发展方式的转变；通过建设以特高压电网为骨干网架、各级电网协调发展的现代化国家电网，实现电网发展方式的转变。

❷ 国家电网公司规章制度体系框架包括通则（一级规范）、管理办法（二级规范）、操作规则（三级规范）、细则（四级规范），目前供应链管理制度体系结合实际业务需求，未设置三级规范。

家电网公司成功上线并推广应用了主数据管理平台（Master Data Management，MDM），构建了统一的物资主数据管理体系，开始了技术标准体系建设的前期探索。

为进一步规范物资采购流程，满足公司集中采购工作的需要，2009 年至 2010 年，国家电网公司在遵循有关国家、行业标准的基础上，组织完成了 3500 万字的采购标准编制工作，并于 2011 年底在公司系统全面推广应用。这些标准涉及一次设备、二次设备、智能变电站二次设备、装置性材料等大类，涵盖了各电压等级的设备、材料以及非电网类零购辅助物资，对采购方面的技术和服务准则进行了统一。此后，为适应新的需求和发展，国家电网公司对采购标准进行了两次换版，形成企业标准 870 项，涉及的物资范围更加广泛。

2. 统一的技术标准体系形成

2021 年 10 月，中共中央、国务院印发了《国家标准化发展纲要》，明确提出"加快构建推动高质量发展的标准体系，助力高技术创新，促进高水平开放，引领高质量发展"。为充分发挥在能源电力产业链供应链的战略响应力和生态主导力，国家电网公司开始系统性规划全链业务环节、产品服务的统一标准体系架构，利用丰富的业务及应用场景形成的标准建设成果，为供应链技术标准体系建设提供坚实的基础。2022 年 6 月，基本建成了涵盖计划、供应、质量、采购等供应链全流程业务的统一技术标准体系，并持续开展滚动修编，有力地支撑了公司新型电力系统建设，深入推进具有中国特色国际领先的能源互联网企业战略的实施。

（三）管理对标指标体系发展历程

1. 管理对标指标体系的诞生和发展

对标管理是一项体系化、持续性的企业提升工作，合理的对标指标是帮助企业有效进行对标工作的基础。为充分发挥对标管理抓手作用、载体作用和激励作用，国家电网公司自 2005 年开始，引进对标管理理念，在公司内部开展同业对标工作，启动并逐步推进对标指标体系建立、优化，并于 2010 年更新发布《国家电网公司同业对标工作管理办法》。至 2012 年，已构建出"业绩评价＋管理评价"二维对标指标体系，突出战略导向，更好地反映各单位经营发展的实际成果、管理执行力和努力程度。

随着公司经营业务范围的扩展、管理颗粒度的提升，2013—2018 年期间，国家电网公司将原有的二维对标指标体系，升级为"基础评价＋业绩评价＋管理评价"三维对标指标体系，并在评价过程中引入"与自身比"，即采用"与标杆比"和"与自身比"两个维度来开展对标评价，实施对标的全面开展。

为创建世界一流企业，契合国家产业转型升级和高质量发展目标，国家电网公司自 2019 年以来，将对标管理由国内拓展至国外，对标法国电力（Electricite De France，EDF）、美国电科院（Electric Power Research Institute，EFRI）等世界一流示范企业，综合确定 28 个对标指标、8 大战略工程和 35 项战略举措，形成了"3＋1"全面对标体系，扎实推进企业管理。

2. 统一的管理对标指标体系形成

2020 年，国资委发布《关于开展对标世界一流企业价值创造行动的通知》，明确对标管理对于国有企业提升核心竞争力和增强核心功能的重要作用。国家电网公司为实现建设世界一流企业的发展目标，按照"强化统筹、完善机制、突出重点、简化务实"的原则，落实国资委"一利五率"考核要求和公司重点工作，紧扣构建供应链绿色生态理念，聚焦供应链管理质效提升，立足供应链绿色数智发展要求，充分融合国内外通用评价模型，综合考虑电网供应链业务特点、行业通用性，科学设计供应链运营评价指标体系架构。最终，综合确定 43 个对标指标，其中包含 10 个省公司对标指标、6 个业绩对标指标、27 个运营评价指标，形成了科学系统的供应链管理对标指标体系，实现了对供应链运营水平、绿色低碳、社会责任担当及产业发展带动能力等方面的量化评价。

第二节 国家电网公司供应链管理制度体系

加快完善中国特色现代企业制度是激发国有企业活力的重要保障，通过不断推进企业治理体系和治理能力现代化，实现公司各环节制度化、规范化、程序化。国家电网公司聚焦供应链"效率、效益、效能"提升，构建涵盖供应链全部业务领域的绿色现代数智管理制度体系，清晰界定责权界面，防范化解运营风险，切实提升管理效能，提升公司供应链发展保障能力。本节将详细阐述国家电网公司供应链管理制度体系的构建、架构和管理三个方面的内容，引导读者深入、全面地了解国家电网公司供应链管理制度体系。

一、供应链管理制度体系的构建

（一）供应链管理制度体系构建意义

习近平总书记指出："坚持党对国有企业的领导是重大政治原则，必须一以贯之；

建立现代企业制度是国有企业改革的方向，也必须一以贯之。"国家电网公司始终坚持"两个一以贯之"，结合自身经营发展实际，科学谋划和推动现代企业制度体系建设，提升企业运转的制度化、规范化水平。供应链发展水平代表一个企业的资源配置能力、协同能力和服务支撑能力，是世界一流企业的重要特征，而国家电网公司处于能源电力产业链供应链核心企业地位，为充分发挥公司产业链"链长"和供应链"链主"作用，构建国家电网公司供应链管理制度体系对完善国家电网公司现代企业制度体系具有重要意义。

国家电网公司供应链管理制度体系强化了电网物资管理，提高了产业链供应链全业务流程的工作效率和质量，保障电网安全稳定运行。贯通规划、设计、采购、制造、物流、建设、运行、财务等各环节，形成紧密集成、融合运作的链式组织方式，实现供应链整体优化协同发力；规范了各项业务有序开展，确保管理要求刚性执行，保证供应链全流程管理操作规范、运营高效；将管理制度全面固化嵌入平台业务流程，对业务逻辑强校验，对过程程序强管控，对采购全流程关键节点在线智慧监督，实现供应链全过程公开、公正、公平。

（二）供应链管理制度体系构建原则

国家电网公司供应链管理制度体系的构建坚持"贯通性、全面性、协调性、动态性、简约性、执行性"原则，为供应链协同便捷、规范操作、有序运行、健康运营提供制度保障。

（1）贯通性原则。坚持国家电网公司总部统领原则，以公司章程、议事规则等顶层制度为纲领，以《国家电网公司规章制度管理办法》为依据，融入公司规章制度体系框架，确保通用制度自上而下层层贯通和高效执行，强化整体管控，满足公司供应链建设、发展和运营管理需求。

（2）全面性原则。供应链管理制度体系构建要横向到边、纵向到底，覆盖供应链管理全链条九大专业，涵盖标准化、数字化、供应链文化等支撑保障措施，实现全业务协同贯通、全寿命周期管控、全场景智能应用，做到全职责、全业务、全流程的"三全"覆盖。

（3）协调性原则。供应链管理制度体系的构建要适应供应链发展要求，与供应链职责、流程、标准、考核相配合，确保供应链上下游企业、上下级单位、供应链与其他专业、供应链各专业、各级各类规章制度不重复、不交叉、不矛盾，实现供应链协同发力整体优化。

（4）动态性原则。在供应链管理制度目录框架基础上，充分考虑供应链各专业业务发展、业务归并和治理结构，进行常态化、实用化制度差异性分析，不断将管理规范和工作规范转化融入管理制度，开展通用制度年度滚动修订，丰富管理制度内容体系。

（5）简约性原则。供应链管理制度体系建设要坚持"适"字当头，聚焦链上企业及业务的协同整合，根除庞杂冗余和差异化大、通用性弱的弊端，建立科学简约的供应链管理制度体系，形成紧密集成、融合运作的链式组织方式，真实反映和契合供应链管理的内在规律。

（6）执行性原则。供应链管理制度体系建设要遵循电网供应链业务发展和市场经济客观规律，坚持实际、实用、实效，与内控管理衔接，切实为供应链运营、管理、考核、奖惩提供依据。深化推进制度流程化、流程信息化，提升制度科学性、有效性和可操作性。

（三）供应链管理制度体系构建方法

1. 分层管理

国家电网公司按照制度规范的内容与效力，将制度体系分为顶层制度和通用制度，其中顶层制度是指完成公司使命所要完成的工作，包括公司章程、议事规则等；通用制度指位于顶层制度之下，规范、指导着各级员工在实现公司目标与战略过程中开展各项业务所需要遵循的规章制度与操作规范。

2. 分级管理

国家电网公司供应链管理制度体系建设以公司顶层制度为纲领，对实现公司使命所需要完成的供应链管理工作进行分级，按照制度对应的内容和表现形式划分为四个级别，即一级规范、二级规范、三级规范、四级规范。

一级规范将公司使命分解到供应链管理专业，内容覆盖整个供应链管理流程，表达供应链管理领域的职能定位、功能定位以及应实现的战略目标，表现形式一般为通则。

二级规范将供应链管理工作与职责分解为业务模块，表达供应链管理领域各业务模块的基本规则和工作要求，表现形式为管理办法。

三级规范将供应链管理各业务模块工作进行分段管理，表达业务模块每个工作阶段所对应的基本操作规则与工作要求，通过 PDCA 的有效循环，实现对每个业务模块的闭环管理。

四级规范对应供应链管理每个业务模块下每个环节的操作事项，覆盖到岗位职责，表达流程中每个环节的具体操作规定与工作细则，表现形式为细则。

3. 全面梳理

根据国家电网公司规章制度体系框架，按照通则、管理办法、操作规则、细则四级，围绕采购计划、采购活动、物资合同、质量监督、仓储配送、应急物资、废旧物资、供应链运营、供应商关系九大专业，以及与之配套的供应链标准化、数字化及数据、供应链文化建设、档案管理等支撑保障措施和监督、考核机制，根据实际业务需求，设计相应的制度目录，实现全职责、全业务、全流程的"三全"覆盖。

4. 动态管理

在现行供应链管理制度体系的基础上，全面把握供应链制度体系现状与需求，落实国资委供应链建设要求，遵循绿色现代数智供应链顶层设计，结合供应链各专业业务活动和治理结构，精简归并制度，滚动开展修编，提升制度科学性、有效性和可操作性。

二、供应链管理制度体系架构

（一）供应链管理制度体系架构设计

2013 年，国家电网公司开始对制度体系进行顶层设计，由总部统一制定制度标准（通用制度），各分部、各省（自治区、直辖市）电力公司、各直属单位遵照执行。国家电网公司基于供应链管理制度体系构建原则、按照相应的构建流程，经过持续地动态维护，全面建成统一规范、一贯到底、操作性强的供应链管理通用制度体系。现行的供应链管理通用制度体系包含三级规范、共计 20 项制度，其中一级规范 1 项、二级规范 11 项、三级规范 0 项、四级规范 8 项，体系架构如图 3-1 所示。

（二）供应链管理制度体系架构内容

1. 一级规范

一级规范即《国家电网有限公司供应链管理通则》，该制度是公司供应链管理的纲领性和指导性文件，包括采购计划、采购活动、物资合同、质量监督、仓储配送、应急物资、废旧物资、供应链运营、供应商关系，以及与之配套的供应链标准化、数字化及数据、供应链文化建设、档案管理等支撑保障措施和监督、考核机制，目的是有效推进新时代国家电网公司供应链管理战略体系建设，规范供应链管理工作。

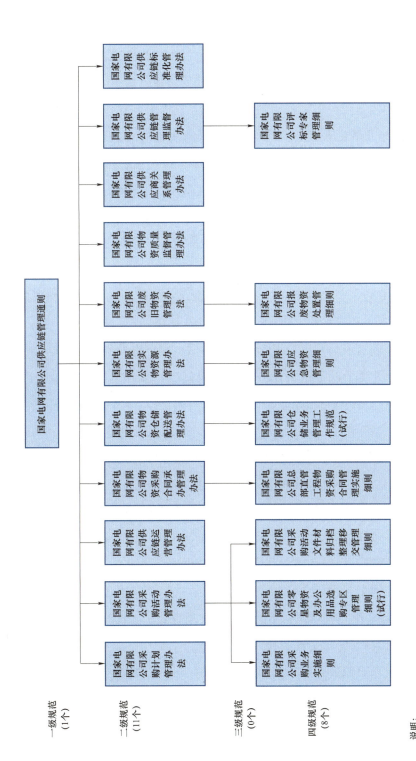

图 3-1　国家电网公司供应链管理通用制度体系架构

说明：
1. 本体系按照业务流程分为一级、二级、三级、四级规范，其中一级规范涵盖本专业领域所有业务，一级规范对应一级流程，二级规范对应二级流程，三级规范对应标一级流程，四级规范对应三级流程。
2. 本体系实行滚动修编。

一级规范（1个）

国家电网有限公司供应链管理通则

二级规范（11个）

| 国家电网有限公司采购计划管理办法 | 国家电网有限公司采购活动管理办法 | 国家电网有限公司供应链运营管理办法 | 国家电网有限公司物资采购合同管理办法 | 国家电网有限公司物资仓储配送管理办法 | 国家电网有限公司实物资源管理办法 | 国家电网有限公司废旧物资管理办法 | 国家电网有限公司物资质量监督管理办法 | 国家电网有限公司供应商关系管理办法 | 国家电网有限公司供应链管理监督办法 | 国家电网有限公司供应链标准化管理办法 |

三级规范（0个）

四级规范（8个）

| 国家电网有限公司采购业务实施细则 | 国家电网有限公司零星物资采购及办公用品选购专区管理细则（试行） | 国家电网有限公司采购活动文件材料归档整理移交管理细则 | 国家电网有限公司总部直管工程物资采购合同管理实施细则 | 国家电网有限公司仓储业务管理工作规范（试行） | 国家电网有限公司应急物资管理细则 | 国家电网有限公司报废物资处置管理细则 | | 国家电网有限公司评标专家管理细则 |

73

2．二级规范

二级规范主要包括采购计划管理、采购活动管理、供应链运营管理、物资采购合同承办管理、实物资源管理、废旧物资管理、物资质量监督管理、供应商关系管理、供应链管理监督、供应链标准化管理等内容，具体的规范如下：

（1）《国家电网有限公司采购计划管理办法》结合公司供应链管理的战略目标、发展规划等，规定了物资和服务的采购范围、采购实施模式、采购方式、采购组织形式、采购批次，以及开展需求计划、采购计划、紧急和应急采购计划管理等相关要求，明确了相关统计分析、考核检查等内容。目的是充分发挥采购计划的引领作用，规范公司采购计划管理工作，确保采购活动依法合规、高效运作。

（2）《国家电网有限公司采购活动管理办法》规定了采购方式与组织实施模式、采购程序、禁止行为与责任追究等对采购活动进行计划、组织、协调与控制的管理工作等内容。目的是规范公司采购活动，营造"公开、公正、公平"、阳光透明的市场交易环境，引领央企智能采购方向，持续优化营商环境。

（3）《国家电网有限公司供应链运营管理办法》围绕提升供应链管理价值创造能力的总体目标，明确了以全链条内外部数据为基础，以供应链运营调控指挥中心（Enterprise Supply Chain Operation Center，ESC）为支撑，协同各专业开展全量数据资产管理、全景规划建设、全链运营分析评价、全程监控预警协调、全域资源统筹调配等相关要求。目的进一步加强和规范公司供应链运营管理工作，发挥运营价值创造作用，赋能供应链体系安全稳定运行和绿色数智转型升级。

（4）《国家电网有限公司物资采购合同承办管理办法》规定了物资合同签订、履行、变更、解除、索赔、结算、归档及信息数据等内容。目的是进一步规范和加强公司物资采购合同管理，提高合同承办效率和物资供应保障能力。

（5）《国家电网公司物资仓储配送管理办法》规定了实体仓库管理、库存物资管理、仓库作业管理、配送管理、仓储配送安全管理等要求。目的是加强公司物资仓储配送管理工作，提高仓储配送资源利用效率效益。

（6）《国家电网有限公司实物资源管理办法》规定了物资库入库出库管理、专业仓入仓出仓管理、库仓物资管理及利用、项目现场实物管理、供应商库存信息管理、实物资源信息管理等内容。目的是加强公司实物资源管理，深化绿色现代数智供应链应用，实现实物资源的科学调配和高效利用。

（7）《国家电网有限公司废旧物资管理办法》规定了计划管理、技术鉴定、拆除回收、报废审批、移交保管、竞价处置、资金回收、实物交接，以及再利用物资入库保管、利库调配、账务处理等全过程管理要求。目的是规范废旧物资各环节工作，提高管理效率效益，防范企业经营风险。

（8）《国家电网有限公司物资质量监督管理办法》规定了公司系统集中采购的电网物资在采购、生产制造和到货阶段以及办公用品和非电网零星、电网零星等物资到货阶段进行质量管控的专业管理要求。目的是推动国家电网公司高质量发展，围绕设备全寿命周期质量监督闭环管理理念，加强采购环节物资质量监督管理。

（9）《国家电网有限公司供应商关系管理办法》规定了供应商注册管理、供应商资质能力信息核实、供应商评价、供应商不良行为处理、供应商服务、供应链引领与供应商激励等内容。目的是规范公司供应商关系管理，构建和谐共赢供需关系，打造世界一流绿色现代数智供应链，支撑公司和电网高质量发展，引领电工装备制造行业转型升级，服务质量强国发展战略。

（10）《国家电网有限公司供应链管理监督办法》规定了对公司供应链业务及参与主体的合规性进行督导、检查和纠正，对供应链风险进行识别、预警和处置等内容。目的是进一步加强公司供应链管理监督工作，保障供应链管理依法合规、供应链运营健康有序。

（11）《国家电网有限公司供应链标准化管理办法》规定了供应链标准体系及规划、供应链标准制修订管理、供应链标准实施与应用、采购标准实施与应用、物料主数据标准实施与应用等内容。目的是规范公司供应链标准化管理，建立健全公司统一的供应链标准化体系，推动供应链标准引领。

3. 三级规范

本体系不涉及三级规范。

4. 四级规范

四级规范是对二级通用制度的补充和细化，使通用制度更具可操作性，主要包括采购业务实施、零星物资及办公用品选购专区管理、采购活动文件材料归档整理移交管理、总部直管工程物资采购合同承办实施、应急物资管理、评标专家管理等内容。

（1）《国家电网有限公司采购业务实施细则》对以不同采购方式、组织形式和实施模式开展的采购业务明确了采购实施的具体要求，规定了采购准备、采购文件审查与发布、评标（审）准备、评标（审）、采购结果确认、采购结果应用、远程异地评标、授权采购、招标代理机构等内容。目的是进一步规范公司采购活动，细化公司采购管理办法的管理和操作要求。

（2）《国家电网有限公司零星物资及办公用品选购专区管理细则（试行）》规定了框架采购、商品上下架、选购及收货、结算支付、质量监督、专区运营管理、监督检查等方面的具体要求。目的是规范公司零星物资及办公用品选购管理，明确管理责任，健全工作机制。

（3）《国家电网有限公司采购活动文件材料归档整理移交管理细则》规定了采购活动文件材料归档整理移交的范围目录、整理归档、移交保管、鉴定销毁、保密管理等方面的具体要求。目的是进一步规范公司采购活动文件材料收集、整理、归档、移交、保管、销毁等工作，确保所载内容真实、准确、完整，与采购活动实际相符合，具有有效追溯凭证作用。

（4）《国家电网有限公司总部直管工程物资采购合同承办实施细则》适用于国家电网公司特高压部直接负责管理的特高压交、直流输变电以及跨区联网等工程，规定了合同签订、履行、变更、解除、索赔、结算等内容。目的是规范和加强公司总部直管工程物资采购合同管理工作，提高合同承办工作效率和物资供应保障能力。

（5）《国家电网公司仓储业务管理工作规范（试行）》规定了仓库网络规划、仓库注册、设施设备、消防安全、仓储信息、物资入库、出库、盘点、存储、报废等具体要求，目的是公司仓储管理工作，规范仓库运行维护和仓储作业管理，提高公司仓储管理水平。

（6）《国家电网有限公司应急物资管理细则》规定了应急物资的资源保障、程序保障、支持保障、重特大灾害应急物资保障等方面内容。目的是加强公司应急物资管理工作，全面提升应急物资保障能力。

（7）《国家电网有限公司报废物资处置管理细则》规定了废旧物资计划管理、竞价准备、竞价实施、资金回收与合同履行、回收商管理、系统应用管理、风险管理、档案和信息管理等具体要求。目的是为加强公司报废物资处置管理，规范处置程序，提高处置效率，防范处置风险。

（8）《国家电网有限公司评标专家管理细则》规定了评标专家入库管理、动态管理、抽取与通知、聘期和证书、教育培训和调研问卷、日常评价与评价结果应用、保密管理、监督管理等内容。目的是进一步规范公司评标专家管理工作，保证评标活动的公平、公正。

三、供应链制度体系管理

（一）供应链制度管理工作体系

供应链管理制度体系是国家电网公司通用管理制度的重要组成部分。按照统一的制度体系框架，总部物资管理部协同相关归口管理部门，在业务单位或组织的支撑下，组成上下联动的协同工作机制，依据专业发展方向和业务实际需求，构建起覆盖全供应链的管理制度体系。国家电网公司供应链管理制度工作体系如图 3-2 所示。

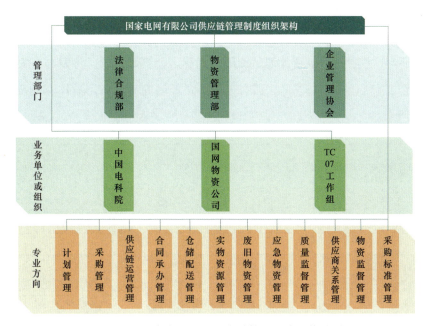

图 3-2　国家电网公司供应链管理制度工作体系

法律合规部是规章制度管理工作的归口部门，负责组织公司规章制度建设并开展全过程管理，主要包括组织制定公司规章制度体系框架、制定规章制度编码规则并实施、制定和实施公司规章制度建设年度计划、审查公司规章制度草案的合法性和规范性等。

物资管理部是供应链制度管理工作的承办部门，负责拟订和实施本部门职责范围内的规章制度专业体系框架和年度建设计划、职责范围内规章制度的调研起草、征求意见、送交会签审议、公示、报批、清理以及评估本部门职责范围内规章制度建设情况，并做好本部门规章制度建设和全过程维护等工作。

企业管理协会负责统一行文发布公司通用制度；各省（自治区、直辖市）电力公司企协分会负责发布本单位补充规章制度。

业务单位或组织主要包括中国电科院、国网物资公司和物资管理技术标准专业工作组（TC07 工作组）。业务单位负责法律工作的部门在本单位履行相应规章制度管理职责，业务单位的职能部门在本单位规章制度管理职责范围内履行相应职责。物资管理技术标准专业工作组主要负责物资供应链领域采购、供应、质量监督、合规监督、运营等方面的技术标准管理。

（二）供应链制度体系管理流程

供应链制度体系覆盖供应链全业务流程，实行一元化管理。供应链制度体系的制（修）订严格执行《国家电网有限公司规章制度管理办法》要求，由总部物资管理部牵头组织开展，主要包括年度计划、调研与起草、会签与审议、签发与公布、宣贯与培训、执行与清理、检查与评估、监督考核与责任追究等环节，具体流程及工作要点如图 3-3 所示。

图 3-3 供应链制度体系管理流程及工作要点图

（三）供应链制度体系管理机制

供应链制度管理坚持"编制—执行—检查—改进"闭环管控，建立制度体系动态优化机制，滚动修订完善供应链管理通用制度，精简优化制度体系框架，提高制度的科学性、适用性和可操作性。

1. 规范编审机制

供应链制度体系的管理需要规范制度编制流程，最终形成共同使用的对长期重复性工作进行规范的文件。以供应链业务管理框架为前提，明确业务范围、管控策略、权限分配、业务事项关联关系、协同问题解决、业务流程清单、规范性文件清单等内容。通过规范引用文件、编制原则、管理要点、业务流程及流程说明等，形成系统的供应链制度规范体系。经过制度立项、计划、起草、征求意见、会签、审核、批准、颁布等各环节，规范化开展制度编制工作。

2. 平台固化机制

将采购、物流、质控、运营等专业的规章制度要求按照业务流程拆分业务场景，固化在供应链平台中，最大限度固化工作流程与关键环节，实现业务工作标准化、流程化，促进管理的业务链、价值链和信息链高度融合，推动供应链业务全流程上平台在线操作，优化监控平台的智能管控功能，拓展全业务全流程风险在线管控，实现"流程统一、操作公开、过程受控、全程在案、永久追溯"。通过业务电子化、数字化、智能化转型，扎紧织密制度笼子，确保管理要求刚性执行。

3. 监督检查机制

建立健全规章制度执行和监督机制，切实做到有章必依、执章必严、违章必究，更加客观的衡量制度执行的过程，满足风险管理及内控要求。通过定期组织开展物资供应链管理活动规范性的自查自纠，检查国家法律法规、物资供应链管理规章制度的贯彻执行情况，发现管理短板，及时纠正偏差，重点问题重点整治，杜绝典型共性问题和习惯性违章行为。对内开展协同监督，充分利用内外部审计、巡视等监督成果，深入分析制度短板，修订完善物资供应链管理规章制度，建立制度修订、学习宣贯、监督执行的常态化约束机制，从源头上规范管理，强化监督管控。

4. 优化修编机制

紧密围绕供应链运营业务需求，以绿色现代数智供应链建设运营基本架构为依据，持续改进，动态优化。落实国资委绿色低碳供应链建设等要求，将绿色、低碳、节能、环保等理念全面融入供应链制度，编制绿色采购、绿色物流等工作指南，构建绿色现代数智供应链制度体系。新业务快速发展和部分业务归并调整同时推进，年度滚动修订通用制度，积极适应供应链运行模式的优化调整，实现业务架构设计、管理运行策略的不断创新。

第三节　国家电网公司供应链技术标准体系

深化供应链技术标准体系建设，能够提高供应链整体效率，强化链上资源要素灵活配置，推动链上企业融合发展，推动供应链转型升级。依托超大规模采购市场优势，国家电网公司在近年来供应链运营过程中，立足行业现状和需求，开展标准体系的调查研究。通过梳理业务环节，协同相关行业，逐步形成包含需求计划、采购标准、智能采购等 13 个子体系在内的技术标准体系，充分发挥供应链链主生态引领作用，推动供应链标准化管理，打破市场壁垒、区域壁垒，促进形成互利共赢、更广泛的供应链网络体系，构建全国统一大市场，服务构建新发展格局。本节主要从供应链技术标准体系构建方法、技术标准体系、技术标准体系管理三个方面展开论述，介绍供应链技术标准体系的构建原则、构建方法，基于以上方法建立的技术标准体系架构，以及技术标准的管理工作体系和动态修编流程，并阐述了技术标准体系在供应链管理中的重要意义。

一、供应链技术标准体系构建方法

（一）供应链技术标准体系构建目的

国家电网公司提出"建设具有中国特色国际领先的能源互联网企业"的战略目标，定位能源电力行业级采购需求引领型。为实现全网资源再整合、再优化、再配置，形成更高效、更柔性、更敏捷的生产经营组织方式，全面打造大数据支撑、网络化共享、智能化协作的供应链体系，国家电网公司亟须构建具有电网特色的供应链技术标准体系。

供应链技术标准体系是将供应链各领域和各环节的标准，按照其内在联系组合形成的科学有机整体。包括现行标准和即将制定的标准。供应链技术标准体系是公司制定中长期技术标准规划以及在生产、经营、管理中实施技术标准的主要依据，是促进各单位规范采用国内外先进标准的重要措施。

供应链技术标准体系能够指导公司对生产全要素、业务全流程、服务全周期进行有效管控，优化对供应链中信息流、物资流、资金流的控制，防范运营风险。促进供应链各方之间的协作和沟通，通过需求侧的标准化带动全链条、引导供给侧协同发展。打造先进供应链集群，引导公司科技成果转化为生产力，持续推动关键软件、设备及原材料组部件的标准化、国产化。充分发挥链主生态引领作用，带动标准、技术、装备、服务走出国门，助力"一带一路"建设。

供应链技术标准体系对供应链服务管理质效和现代数智化水平提出了更高的要求，能够增强产业链供应链稳定性和综合竞争力，发挥关键技术标准在产业协同、技术协作中的纽带和驱动作用，带动产业链上下游企业协同发展，激发企业参与绿色现代供应链管理的主动性，推动供应链绿色低碳发展，提升产业链供应链现代数智化水平，实现产业链供应链全面绿色化、数智化升级，有效支撑国家电网公司新型电力系统建设，助力国家"双碳"目标实现。

（二）供应链技术标准体系构建原则

1. 目标性原则

目标性是构建标准体系的根本前提。在构建供应链技术标准体系时，首要任务是明确体系建立的目标，进而根据目标进行深入研究并制定规范，以实现预设目标。供应链技术标准体系的构建应紧密围绕特定标准化目标展开。

2. 整体性原则

整体性是构建标准体系的基本遵循。供应链技术标准体系构建围绕着标准化目标展开，体现在标准体系的整体性，即横向的标准分类全面，纵向的上层指导标准和下层支撑标准齐全，标准体系完整配套。另外，标准不是零散无序地集合在一起，而是依据系统原则构成有一定结构和层次的有机整体，力求实现体系的简化、协调、统一。此外，供应链技术标准体系的层次要清晰，避免不必要的庞杂和混乱，避免分类遗漏类别、标准间未形成配套关系等问题，实现整体的简化、协调和效率最高。

3. 层次性原则

供应链技术标准体系的层次应以系统理论为依据进行规划，充分考虑供应链各领域和各环节标准的内在联系并统筹安排。此外，为便于理解、减少复杂性，标准体系的层次不宜太多。每一项标准在标准体系中应有相应的层次，同一项标准不应同时列入两个或两个以上的子体系中。通常，可以从一定范围的若干同类标准中，提取通用技术要求形成通用标准，并置于上层；基础标准宜置于较高层次，这样可以促进标准体系的协调、统一。

4. 动态性原则

动态性是标准体系构建的必然要求。标准体系是在一定经济、技术、社会条件下形成的，作为一个开放的系统，必然受到国家管理体制和方针政策的影响，受到经济发展、技术发展水平的影响，是一个动态的系统。因此，供应链技术标准体系应随着社会、生产、技术的发展不断调整和更新，保持供应链技术标准体系的开放性和可扩充性，注重框架设计，为新标准项目的研制预留空间，结合供应链理论与实践的发展，对供应链标准体系不断修改完善。

（三）供应链技术标准体系构建方法

通常，在建立某范围的标准体系时，先确定这个范围内的标准体系结构，然后将标准按其内在联系进行归类，再将现行标准和预计制定标准组合为一个统一的有机整体。标准体系的一般构建方法通常包括：确定标准化方针目标、调查研究、搭建供应链技术标准体系架构、编制标准体系表和动态维护更新五个步骤。

1. 确定标准化方针目标

在构建标准体系之前，应首先了解下列内容，以便于指导和统筹协调相关部门的标准体系构建工作：

（1）了解标准化所支撑的业务战略。国家电网公司推动构建统一的供应链技术标准体系，推进供应链各项业务标准化，旨在充分发挥公司在能源电力产业链供应链的战略响应力和生态主导力，推动跨行业、跨平台、跨企业协同整合，全面支撑服务公司和链上企业高质量发展，实现"建设具有中国特色国际领先的能源互联网企业"的战略目标。

（2）明确标准体系建设的愿景、近期拟达到的目标。国家电网公司瞄准供应链标准"领跑者"目标，发挥公司产业主导优势，利用公司丰富的业务及应用场景形成标准化建设成果，系统规划贯穿全链业务环节、产品服务的统一标准体系架构，促进产业链供应链生态圈协同融通和高质量发展。

（3）确定实现标准化目标的方针或策略、指导思想、基本原则。国家电网公司积极融入供应链科技研究、生产制造、建设服务和数字支撑方面新发展要求，发挥生产运行标准对专业技术标准、专业技术标准对采购技术标准、采购技术标准对制造技术标准的引领带动传导作用，推动供给侧标准对需求侧标准的全面响应落地。

（4）确定标准体系的范围和边界。国家电网公司从全供应链视角出发，全面构建包括需求计划、采购标准、智能采购、供应商管理、抽检监造、仓储管理、包装运输、合同履约、废旧处置等在内的全流程供应链技术标准体系。开展新技术产业标准编制和先行技术标准完善提升，加快电力装备能效提升、功能安全等标准制修订，健全主要原材料、关键组部件、规划设计、监造运行等管理生产服务技术标准，促进供应链技术标准整体协同提升。

2. 调查研究

开展标准体系的调查研究，通常包括以下四个方面。

（1）国内外标准体系建设情况。目前，美、日、德、法、英等发达国家已经建立了适应市场经济发展的国家标准体系并达到完善，各国的标准化管理体制虽各不相同，但都体现了标准制定以市场为主导的自愿性原则；国内尚未建立较为成熟完备的能源电力供应链技术标准体系。

（2）现有的标准化基础，包括已制定的标准和已开展的相关标准化研究项目和工作项目。国家电网公司积极参与国家、行业、团体的供应链标准制修订工作，制定适用于企业自身的供应链技术标准。目前，正在开展绿色供应链、关键设备组部件采购等标准研究工作。

（3）标准体系建设存在的问题。我国能源电力供应链标准化建设起步较晚，环节较多，现行标准较为分散，没有形成整体完备的标准体系。

（4）对标准体系的建设需求。国家电网公司供应链技术标准体系是指导公司标准化工作的重要文件，是实现技术标准工作科学管理的重要基础，为适应公司、电网转型发展，满足重大工程建设、电网运营和技术改造的需要，有必要构建完善供应链技术标准体系。

3. 搭建供应链技术标准体系架构

根据标准体系建设的方针、目标以及具体的标准化需求，借鉴国内外现有的标准体系的结构框架，从标准的类型、专业领域、级别、功能、业务的寿命周期等若干不同标准化对象的角度，对标准体系进行分析，从而确定标准体系的结构关系。

（1）以供应链环节分类为基础进行标准分类。科学合理搭建国家电网公司供应链业务分类框架是标准分类的基础，需要充分考虑供应链各环节的业务内容及相互关系。国家电网公司供应链全部业务分为13个分支。

（2）以适用范围为依据进行标准层次划分。按照标准的适用范围，可分为国家标准、行业标准、地方标准、团体标准和企业标准五个层次。

（3）按照标准分类分层，设计供应链标准体系架构。按照标准类别和层级，国家电网公司坚持需求导向，紧密对接国家能源转型、标准化发展和公司战略发展整体需求，紧扣能源互联网、新型电力系统技术标准工作主线，加强产业化、市场化、国际化协同，利用公司丰富的业务及应用场景形成的标准建设成果，系统性规划贯穿全链业务环节、产品服务的统一标准体系架构。优化标准制定流程，健全标准检验评价、迭代改进机制，形成了闭环管理、循环提升、体系结构优化、布局科学合理的供应链技术标准体系。

4. 编制标准体系表

编制标准体系表通常包括确定标准体系结构图、编制标准明细表和编写标准体系表编制说明三部分内容。

（1）确定标准体系结构图。

根据不同维度标准的分析结果，选择恰当的维度作为标准体系框架的主要维度，编制标准体系结构图，编写标准体系结构的各级子体系、标准体系模块的内容说明。标准体系的结构关系一般包括上下层之间的层次关系，或按一定的逻辑顺序排列起来的序列关系，也可由以上几种结构相结合的组合关系。

层次结构表示我国标准体系的标准层次和标准适用范围的关系。根据标准发布机构的权威性，分为国家标准、行业标准、地方标准、团体标准等，代表着不同标准层次；根据标准适用的领域和范围，分为全国通用、行业通用、专业通用、单项标准。

序列结构指围绕着产品、服务、过程的寿命周期各阶段的具体技术要求编制出的标准体系结构图，寿命周期各阶段包括概念阶段、开发阶段、生产阶段、使用阶段、支持阶段、退役阶段等。

国家电网公司供应链标准体系兼顾层次结构和序列结构，从层次结构上看，涵盖囊括国家标准、行业标准、地方标准、团体标准等多级标准；从序列结构上看，包含需求计划、招标采购、质量监督、合同履约、仓储配送、废旧处置、供应商管理等多个方面。

（2）编制标准明细表。

收集整理拟采用的国家标准、行业标准等外部标准和本领域已有的内部标准，提出近期和将来规划制定的标准列表，编制标准明细表。标准明细表的表头描述的是标准（或子体系）的不同属性。常见的标准明细表的表头，可以包含序号、标准体系编号、子体系名称、标准名称、引用标准编号、归口部门、缓急程度、宜定级别、标准状态等。国家电网公司收集整理现行国家、行业、团体、企业供应链标准，结合供应链技术标准体系建设规划，编制标准明细表。每一个标准都包含在技术标准体系表中的序号、标准号、中文名称、发布日期、实施日期等信息。

（3）编写标准体系表编制说明。

标准体系表编制说明的内容一般包括：标准体系建设的背景；标准体系的建设目

标、构建依据及实施原则；国内外相关标准化情况综述；各级子体系划分原则和依据；各级子体系的说明，包括主要内容、适用范围等；与其他体系交叉情况和处理意见；需要其他体系协调配套的意见；结合统计表，分析现有标准与国外的差距和薄弱环节，明确今后的主攻方向；标准制修订规划建议。

5. 动态维护更新

标准体系是一个动态的系统，在使用过程中应不断优化完善，并随着业务需求、技术发展的不断变化进行维护更新。为不断适应公司供应链业务发展和技术标准工作新要求，公司对供应链技术标准体系的结构和内容做动态维护更新，持续健全公司供应链技术标准体系。

二、供应链技术标准体系构成

（一）供应链技术标准体系框架

基于标准体系构建的原理，结合前述对电力行业物资供应链的分析，国家电网公司构建了供应链标准体系，涵盖公司全部供应链业务领域，具体包括基础综合、供应链运营、需求计划、采购标准、智能采购、供应商关系、抽检监造、仓储技术、包装运输、合同履约、废旧处置、合规监督以及其他，覆盖国家标准、行业标准、团体标准、企业标准，囊括 1498 项标准。供应链标准体系架构图见图 3-4。

（二）供应链技术标准体系架构内容

根据国家电网公司供应链管理流程，13 个供应链标准子体系紧密贯通、相辅相成。

1. 基础综合

基础综合子体系是供应链技术标准体系的基础，贯穿于计划提报、招标采购、合同管理、合同履约、质量检测、到货验收等供应链全流程环节，是实现物资流、资金流、信息流的前提，是实现电网主要设备通用互换、非电网物资规范统一的重要支撑。

基础综合子体系包括物资主数据、分级分类两类标准，物资主数据贯穿于计划提报、招标采购、合同管理、到货验收、资金支付等环节，主要包括物资分类、物料主数据及采购标识等标准，是集成物资管理、财务管理、项目管理，实现物资流、资金流、信息流三流合一的基础。物资分类包括物资大、中、小类三个层级，通过若干个特征项对应的若干个特征值，有效组合形成物料主数据，并赋予采购标识。

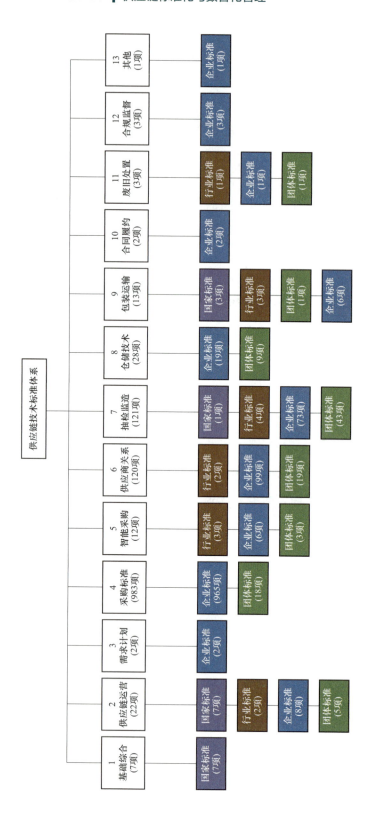

图 3-4 供应链技术标准体系架构图

2. 供应链运营

供应链运营指使企业在生产运营过程中，实现资金流、信息流和物流的协调，通过合理的库存平衡，达到采购、入库与支付的流程自动化，实现销售、出库与收入实现流程的一体化，降低企业的运营成本，实现企业价值的最大化。国家电网公司以相关跨专业信息系统为基础，依托数据中台，建设国网绿链云网供应链公共服务平台，开展运营分析决策、资源优化配置、风险监控预警、数据资产应用、应急调配指挥等工作。

供应链运营子体系包括电力企业绿色供应链管理、供应链发展水平指数评价、供应链数据标准等。

3. 需求计划

需求计划指使用预测和经验来预估整条供应链中各个节点对各种产品/服务的需求。国家电网公司为精准预测基建、技改、营销、信息化、固定资产零购、电源项目等所需对外购置的物资和服务需求，采用一系列智能管理举措：应用差异化需求预测模型开展年度需求规模预测；应用大数据技术构建批次智能安排模型，科学安排采购批次；建立需求计划储备库，开展需求计划智能编报；应用人工智能技术，开展需求计划智能审批及远程异地审查。

需求计划子体系包括需求预测、需求计划模型应用规范、需求计划全过程模型应用评价、采购价格预测等技术标准，是电力行业供应链标准体系的源头，是引领物资质量提升及择优确定供应商的基础，是决定整个供应链运营效率和效益的关键环节。

4. 采购标准

采购标准是对产品性能和服务质量要求的统一规定，适用于技术成熟、标准化程度较高的设备、材料等物资。以公司企标形式公开发布，必要时以正式出版物发行。物资采购标准子体系是为规范招标采购技术要求，在满足有关国家、行业和企业技术标准的基础上，结合国家电网公司物资、基建、运检、营销、调控、通信等专业管理要求，对不同物资分别制定的用于采购的技术规范标准体系。

物资采购标准子体系由物资采购标准、采购规范范本、采购规范格式三部分构成，是物资采购、合同履约、产品验收和质量监督等工作的技术基础和支撑，也是供应商提供产品和技术服务的基本依据。物资采购标准的编制依据为现行国家标准、行业标准，并参考国家电网公司企业标准、通用设计（典型设计）、通用设备、反事故措施和差异化选型要求等标准化成果；采购规范范本是对产品性能和服务质量的一般性要求，适用于特高压、新型电力系统等公司推广使用的新技术、新设备、新材料以及服务类采购；采购规范格式可由项目单位按照规范格式规定的章节编排和内容填写要求编写技术规范书，适用于"既无物资采购标准，又无采购技术范本"的型号规格接口不统一、规约不开放、采购频次低的物资类别。

5. 智能采购

智能采购是指国家电网公司系统各单位为满足采购需求，依据法律法规和公司规定，运用智能手段，按照规定的程序组织实施采购。在采购目录编制、采购计划预测、采购计划申报、采购计划及招标文件审查、投标、评标、授标等环节开展业务创新，以物资采购标准结构化、计划储备库为基础，通过采购计划和招标文件智能审查、评标现场管理及智能化应用、专家资源整体配置及抽取方案的智能校验、评标关键参数自动比对及在线自动授标，实现采购业务评审智能自动化、采购过程合规化、专家资源统筹化；通过供应商评价在评标过程的自动关联应用，实现优选供应商，确保采购产品和服务的质量。

智能采购子体系包括全流程电子化、采购交易数据规范、远程异地评标、采购机器人等，着力于推进业务数字化、信息网络化、评审智能化等技术标准。

6. 供应商关系

供应商关系是指围绕国家电网公司采购业务相关领域对电力行业物资供应商进行评价、确定供应商和管理供应商等工作，有利于营造规范有序的市场环境及降低电网物资供应风险和成本。

供应商关系子体系主要包括供应商资质能力核实、供应商绩效评价、供应商不良行为处理、供应商分类分级管理、供应商服务等技术标准。国家电网公司建立供应商评价指标体系，对供应商生产规模、技术水平、产品质量、供货进度、营销业绩、价格水平、合同执行、服务保障、运行绩效等多维度进行综合评价。通过实现信息共享，为智能招标提供信息支持。

7. 抽检监造

抽检监造是选好、选优设备和建设中国特色、国际领先的能源互联网的物资基础，是实现质量强网、推动发展质量转型的关键。物资抽检覆盖全部合同供应商和物资类别，国家电网公司依据采购合同、监造服务合同等，对设备生产制造过程关键点开展监造。

抽检监造子体系包括品类抽检规范、检测能力、抽检策略、品类监造规范、电工装备物联等技术标准。

8. 仓储技术

仓储管理是指对公司实体仓库、储备物资、仓库作业的管理，包括仓储规划建设（仓储网络、仓储信息化、仓储标准化）、库存物资管理（入库、出库、退库、保管保养、稽核盘点、报废等）、安全管理等工作。

仓储技术子体系包括电力仓储技术、储配一体化设计、仓储标识、仓储机器人等技术标准，是供应链的核心环节，对于提高供应链运作效率、降低运作成本具有重要的作用。

9. 包装运输

包装运输是针对电网建设、公司生产经营及绿色低碳转型要求，以安全运输和节能减排为出发点，对电力物资包装和运输配送的一系列管理活动，包括配送数智化运营、配送绿色化发展、配送差异性管理等工作。

包装运输子体系包括大件运输、物流服务平台、绿色包装等标准，通过借助物联网、移动互联网、单据电子化等技术手段，降低运输成本，提升配送效率，全面提升物资供应服务水平。

10. 合同履约

合同履约指包括组织制定供应计划，实施物资供应与进度管控，开展物资催交催运、配送仓储、移交验收、现场服务、日常协调等工作。

合同履约子体系包括采购合同应用、智能结算终端、结算机器人等技术标准，致力于实现全链条网络化管控，打破供应商与需求部门的信息壁垒，提升物资履约风险管控水平与物资供应服务水平。

11. 废旧处置

废旧物资管理是指包括计划管理、技术鉴定、拆除回收、报废审批、移交保管、竞价处置、资金回收，以及再利用物资入库保管、利库调拨、资金结算等全过程管理。

废旧处置子体系包括废旧变压器拆解处置、资源循环利用产品评价等技术标准，通过构建绿色废旧处置平台，确保相关业务在同一平台信息共享，实现废旧物资管理全过程监督，提高规范化、精益化管理水平。

12. 合规监督

国家电网公司依据现行的法律法规、行业标准等，对全供应链业务及参与主体开展业务监督工作，防范管理风险。通过专业监督、现场监督、专项监督、日常监督、接受公众监督等方式进行监督。

合规监督子体系包括评标基地建设、专家入库标准、供应链风险分级分类、供应链风险智防技术等标准，为建设坚强智能电网提供质量保障。

13. 其他

为进一步保障供应链各环节顺利贯通，需其他标准子体系予以系统辅助，主要包括供应链管理师、电子化归档等技术标准。供应链管理师是指运用供应链管理的方法、工具和技术，从事产品设计、采购、生产、销售、服务等全过程的协同，以控制整个供应链系统的成本并提高准确性、安全性和客户服务水平的人员。建立供应链管理师评价标准，是供应链技术标准体系建设的重要环节。对规范供应链从业人员的专业管理，促进专业技能的科学评价，为高素质人才和专业技术人才的职业发展开辟渠道。

三、供应链技术标准管理

（一）供应链技术标准管理工作体系

国家电网公司供应链技术标准管理工作体系是指由国网物资部、国网科技部、国网物资有限公司、各省市公司等相关业务单位或组织组成的协同工作机制。其中，国网物资部统筹管理供应链标准化工作；国网科技部归口管理公司技术标准；国网物资有限公司负责开展公司供应链标准化管理的具体实施工作；各省市公司负责配合国网物资有限公司具体开展标准的立项申报、制修订及实施与应用。

为保障技术标准管理工作开展，国家电网公司成立技术标准专业工作组，作为公司各专业领域技术标准工作的专家队伍。物资技术标准专业工作组在国家电网科技部归口管理以及国家电网物资部等相关部门的指导下开展供应链专业领域的技术标准相关工作，负责编制供应链专业领域的技术标准体系规划；维护公司技术标准体系中供应链分支体系；审查供应链专业领域的公司技术标准修订项目建议，指导和监督标准编写组工作；组织标准初稿审查和专题研讨，并提出供应链专业领域修订建议。具体组织架构见图3-5。

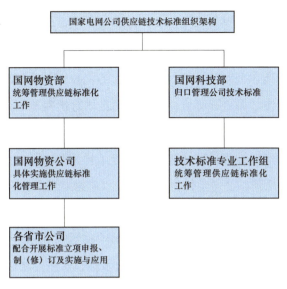

图 3-5　供应链技术标准工作组织架构图

（二）供应链技术标准制修订流程

国家电网公司的技术标准由国网物资部提出，按照项目征集、立项、起草、征求意见、审查、批准、发布、复审的流程开展。其中，国家电网公司供应链技术标准制修订工作流程如下，国网物资部确定年度制修订重点并开展征集报送国网科技部，各省市公司立项、起草后，由国网物资部或技术标准专业工作组发布征求意见并组织审查，形成报批文件后上报国网科技部审查，会签、审定后组织复审通过后统一发布。国家电网公司企业技术标准（制）修订工作流程及工作要点见图 3-6。

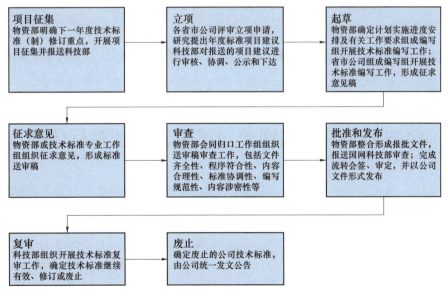

图 3-6　公司供应链技术标准（制）修订工作流程及工作要点

（三）供应链技术标准实施监督评价管理

国家电网公司供应链技术标准实施监督评价工作是指通过采取有效措施方法，推动适用供应链技术标准在公司各层级、各专业、各岗位有效实施应用，对供应链标准实施进行监督，对实施结果进行评价并反馈，对技术标准实施管理和标准质量进行持续改进提升的活动。

国家电网公司供应链技术标准实施监督评价工作按照"统一组织、专业负责、分级实施、持续提升"原则。公司定位供应链标准"领跑者"，以实施统一的技术标准体系为主线，以技术标准与专业管理融合为导向，以各专业管理部门、各单位为实施主体，采取"自上至下"和"自下至上"相结合的方式组织实施，推进标准向团体标准、行业标准、国家标准和国际标准升级转化。供应链技术标准实施监督评价工作具体包括：

（1）贯彻落实国家和行业标准化有关规定，在公司系统内全面开展供应链技术标准实施监督评价工作，促进公司供应链标准化工作有机融入国家和行业标准化发展总体布局。

（2）不断加强供应链技术标准执行意见反馈管理，确保标准实施在各管理层级之间纵向贯通、同级各专业之间横向协同。畅通与各级标准化技术组织的联系渠道，持续提升技术标准质量，确保公司技术标准全寿命周期管理体系的高效运行。

（3）建立健全与公司各业务管理工作深度融合的技术标准实施监督评价体制机制，通过标准全寿命周期数字化，实现对标准本身以及标准化方法的高效监督，全面推动技术标准精准落地，持续强化技术标准实施成效。

（4）以技术标准为载体，有效推动供应链创新成果的普及和推广应用，促进建立科研与技术标准互动支撑工作机制，助力打造支撑公司战略实施、能源互联网企业建设和新型电力系统构建的标准化生态圈，更好服务公司和电网高质量发展。

第四节　国家电网公司供应链管理对标体系

近年来，国有企业规模实力不断增强，为建设世界一流企业打下坚实基础，伴随着经济的高速增长，社会能源消耗显著增加，过度排放温室气体导致全球性气候变化异常，生态环境受到破坏，如何实现经济发展和环境保护之间的协调成为保证社会可持续发展绕不开的难题。国家电网公司供应链管理对标体系践行国资委提出《关于开展对标世界一流企业价值创造行动的通知》要求，在增价值创造能力和质量效益的基础上，结合绿色现代数智供应链建设契机，进一步挖掘绿色低碳对国家电网公司经营质量和效益的价值创造潜力，坚持高质量发展硬道理，深入研究当前环境形势及业务发展趋势，梳理分析电网物资供应链各领域和各环节，以中央企业采购管理对标评估为引领，构建适用不同场景的行业级、公司级、专业级国家电网公司绿色现代数智对标指标体系（简称对标指标体系），强化供应链管理水平，加快"世界一流，国际领先"企业建设，提升价值创造能力，全面引领供应链生态圈上下游协同发展，为管理制度体系与技术标准体系落地应用提供有力保障。本节将详细阐述对标指标体系构建、对标指标体系架构和对标指标体系管理三个方面内容，使读者全面了解国家电网公司供应链管理对标体系整体情况。

一、对标指标体系构建

（一）对标指标体系构建目标

国资委发布《关于开展对标世界一流企业价值创造行动的通知》，明确价值创造是国有企业实现高质量发展的重要内容，是企业提升全球竞争力的本质要求。开展对标世界一流企业价值创造行动的目标是推进国有企业完善价值创造体系，实现诊断科学、执行有力、评价有效、保障到位；全员、全过程、全方位、全要素的价值创造活力动力不断增强，目标方向更加精准，能力水平显著提升，理念文化深入人心，部分国有重点企业价值创造能力达到世界一流水平，为经济社会发展作出的贡献更大。

国家电网公司作为关系国家能源安全和国民经济命脉的特大型国有骨干企业，紧密围绕世界一流企业建设目标，坚持高质量发展硬道理，以深化提质增效为着力点，持续提升经营管理效能，坚持指标对标为先导、管理对标为核心，完善对标机制，推动形成"对照一流、自我加压、自找短板、自我改进"的对标文化，全力支撑国家电网公司战略落地。

国家电网公司对标指标体系的构建，以国家和公司重大战略为引领，以对供应链全面评价为出发点，围绕供应链管理资源保障能力、风险防控能力、价值创造能力、行业引领能力和效率、效益、效能提升以及国家电网公司一流供应链管理工作要求，建立健全对标指标体系的制定、实施、评估、调整和闭环的标准化流程，打造国际领先、行业引领、国网特色的对标指标体系，实现对国家电网公司供应链的管理水平、绿色低碳水平和数字化转型水平等方面的量化评价，为国家电网公司供应链绿色数智转型升级提供精准指引，推进产业链供应链上下游企业协同构建绿色现代数智供应链。

（二）对标指标体系构建原则

国家电网公司对标指标体系的建立是基于国家和公司战略目标，立足供应链绿色数智发展要求，充分融合国内外先进理论和体系，并综合考虑电网物资供应链管理的业务个性化和行业共性化特点，按照"全面覆盖、科学实际、系统灵活、层次清晰、操作便捷"的总体原则进行设计，形成科学统一、按需组合、动态调整的对标指标体系。

1. 全面覆盖

对标指标体系的建设中，全面覆盖原则的贯彻至关重要。国家电网公司对标指标体系的建设，既要充分体现国家电网公司绿色现代数智供应链行动和重点任务要求，又要全面覆盖供应链管理各业务环节，确保所选取的指标能够真实、准确、有效地反映出被评价企业的实际情况，为国家电网公司管理层全面掌握公司供应链管理运营状况和制定工作要求提供决策依据。

2. 科学实际

国家电网公司对标指标体系的建设在遵从科学依据，符合理论规律的基础上，还与国家电网公司供应链管理业务客观实际充分结合，全面梳理供应链管理现有业绩评价指标体系，通过研讨评估、统一标准，优化重构，应用共享的工作的实施，形成科学统一、按需组合、动态调整的评价指标库。

3. 系统灵活

供应链管理的各个重要节点之间是相互影响、相互依存的关系，只有实现它们的协同和优化，才能确保整个供应链的价值和效益最大化。所以在进行国家电网公司对标指标体系构建的过程中，始终贯彻从整个供应链管理的战略角度出发，遵循系统灵活原则。充分考虑对标指标体系在实际业务场景中的灵活应用和动态运。

4. 层次清晰

国家电网公司对标指标体系构建过程中涉及的指标数量庞大，并覆盖多层次，如果不加整理提炼，容易造成对标指标体系中的指标库数量冗余、评价过程混乱、评价结果时效性差等问题。所以，必须深度研究国内外供应链管理先进体系和理论和行业中领先的供应链评价模型，并结合系统分解法、层次分析法等统计学工具，对国家电网公司对标指标体系体系构建过程中识别的各项指标及其要素进行结构化处理，为后续可取得良好的评价结果和数字化运营夯实基础。

5. 操作便捷

国家电网公司对标指标体系体系在建设过程中，高度关注指标的可操作性、简洁性、准确性和敏感性，紧密贴合国家电网公司供应链建设要求，充分考虑指标数据在取数、计算、展示和分析全流程的可得性和可用性，以确保所设计的国家电网公司对标指标体系体系在实际业务中的可行性。

（三）对标指标体系构建方法

国家电网公司对标指标体系的构建方法，包括收集梳理国际典型供应链管理指标、研究分析国内供应链对标指标、交流提炼专家建议三部分内容。

1. 收集梳理国际典型供应链管理指标

在对标指标体系构建过程中，主要收集梳理的国际典型供应链管理指标包括供应链运营参考模型（Supply Chain Operations Reference Model，SCOR）、供应链管理（Supply Chain Management，SCM）绩效指标、Gartner（高德纳）供应链标杆管理指标体系。

SCOR 模型最初由国际供应链理事会（SCC，在美国成立的国际组织）创立于 20 世纪 90 年代，旨在帮助企业管理者更好的理解、结构化和评估供应链的绩效，至今已迭代了 12 个版本，是目前世界范围内最流行和最通用的供应链运营参考模型之一，用于衡量供应链绩效水平，其指标体系，如图 3−7 所示，涉及供应链的五大基本维度，用来评价供应链各种基本性能表现，包括供应链可靠性、供应链响应性、供应链灵活性、供应链成本消耗以及供应链资产利用效率。

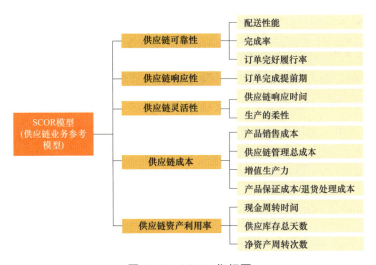

图 3−7　SCOR 指标图

在 2022 年由供应链管理协会（Association for Supply Chain Management，ASCM）发布的供应链运营参考数字标准模型（Supply Chain Operations Reference Digital Standard，SCOR-DS），被誉为 SCOR 模型自创立以来最重要的一次革新，旨在为供

应网络管理梳理新标准，帮助企业和非营利组织更新和适应实践。新版的 SCOR – DS 指标在原有 SCOR 模型的基础上，如图 3 – 8 所示，增加了三个维度，分别是利润、社会和环境。SCOR – DS 在可靠、效率、效益、韧性、资产利用五个基本维度之上，增加了对利润、社会和环境的评价。

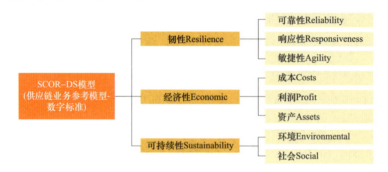

图 3 – 8　SCOR-DS 指标图

SCM 供应链 KPI[1]（供应链管理：供应链关键绩效指标）是国际咨询公司 SCMDOJO 基于对 SCOR 模型的研究，发布了供应链关键绩效指标体系（SCM 供应链 KPI），系统性给出了在供应链管理中的核心评价维度以及关键绩效评价指标。如图 3 – 9 所示，主要从基本供应链管理、库存管理、物流管理三个方面开展评价。其中基本供应链管理主要延续了 SCOR 模型中关于可靠性和响应效率的考量维度，如完美订单、交货提前等。重点设计了库存管理和物流管理方面的考量指标，如过剩库存、仓储成本、货运运输效率等。

SCM 采购 KPI（供应链管理：采购关键绩效指标），如图 3 – 10 所示，同样来自国际供应链管理咨询公司 SCMDOJO 发布的采购管理关键绩效评价指标体系（SCM 采购 KPI），从成本、质量、时间、支出管理维度对企业采购管理的整体绩效水平进行度量评价。其中成本维度、时间维度、支出维度基本与 SCOR 模型的可靠、效率、成本维度相吻合，主要区别在质量维度突出强调供应商产品质量管控。

Gartner（高德纳）供应链标杆管理指标体系，是国际供应链管理咨询公司 Gartner（高德纳）在其供应链标杆管理理念中发布的评价指标体系。主要针对制造业企业，用于评估企业供应链端到端的管理健康度、管理能力、与同行之间的差异等。如图 3 – 11 所示，其评价指标体系主体分为评估层、诊断层、运营层三个维度，具体指标设置上与 SCOR 模型基本重合，包括完美订单比例、订单交货周期、交付质量、工厂利用率等。但增加了对于新品研发以及在制品的管理指标，缺少库存周转以及和供

---

❶ KPI，即 Key Performance Indicators，关键绩效指标。

应链韧性、环保、社会责任方面的评价指标。

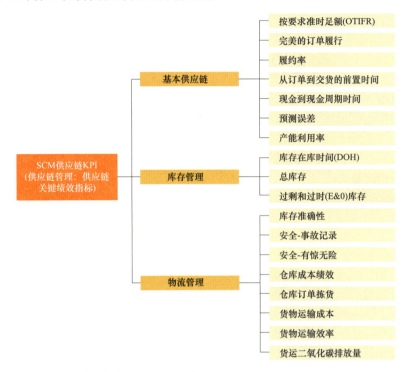

图 3-9　供应链管理：供应链关键绩效指标图

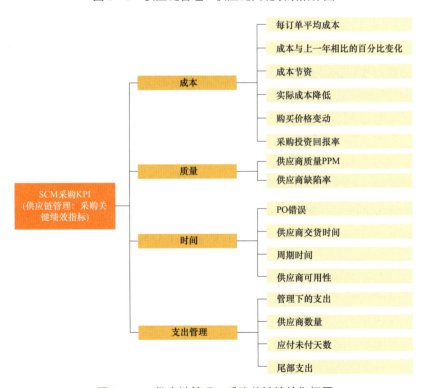

图 3-10　供应链管理：采购关键绩效指标图

图 3-11 供应链管理：采购关键绩效指标图

2. 研究分析国内供应链对标指标

在对标指标体系构建过程中，主要研究分析国内供应链对标指标包括国资委中央企业采购管理对标、全国供应链创新与应用示范评价指标体系、企业 ESG[1]评价、中物联 SCOP 模型（供应链运营与规划框架）等。

国资委中央企业采购管理对标，来源是国务院国资委印发《关于开展中央企业采购管理对标评估工作的通知》，要求各中央企业以开展采购管理对标评估为契机，持续提升采购管理公开化、阳光化和法治化水平。该评估指标体系如图 3-12 所示，涵盖采购管理组织与体制、采购管理流程与运营、供应商管理、信息化与大数据应用 4 个维度。

全国供应链创新与应用示范评价指标体系，来源是商务部等 8 单位发布了《全国供应链创新与应用示范城市评价指标体系》，为提升产业链供应链现代化水平，维护产业链供应链安全稳定，遴选在产业链供应链发展方面具有创新引领、协同高效、绿

---

❶ ESG，即 Environmental, Social and Governance，环境、社会、公司治理。

色低碳、弹性韧性优势的示范性企业。该指标体系，如图 3－13 所示，在组织保障、台账管理、绩效目标、示范带动 4 个方面设立综合评价指标，共包含 17 项指标。

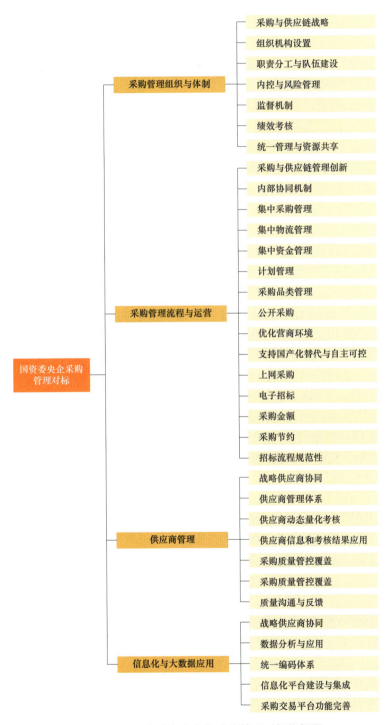

图 3－12　国资委中央企业采购管理对标指标图

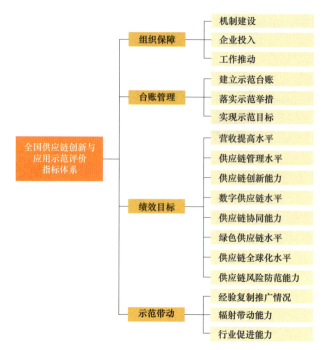

图 3-13　全国供应链创新与应用示范评价指标体系图

企业 ESG 评价来源于国资委发布的央企控股上市公司 ESG 专项报告参考指标体系，其是衡量企业和组织可持续发展绩效的评价体系，可作为企业长期价值的评判依据之一。由于其通用、量化、全面、系统等特征，成为国际上被不同行业普遍认可和接受的评价方法，也是投资机构考察投资标的重要策略。该指标体系，从环境（见图 3-14）、社会（见图 3-15）和治理（见图 3-16）三个方面构建了 14 个一级指标、45 个二级指标、132 个三级指标。

中物联 SCOP 模型（供应链运营与规划框架），如图 3-17 所示，是中物联提出的"供应链运营与规划框架"，即 SCOP 模型。该框架由 3 个层面构成，即战略层、运作层和基础层。在 SCOP 模型中，供应链管理活动可分为 8 个主要管理领域，包括供应链规划、计划管理、采购管理、生产管理、交付管理、物流管理、内外部利益相关者协同、环境/社会/公司治理。

3. 交流提炼专家建议

在通过理论文献分析得到初步的对标指标体系用对标指标库后，从高校和行业内部选择对于当前评价指标的理论和实践有深刻认识与体会的专家，对国家电网公司供应链评价指标进行交流，通过与专家深入的探讨、分析、总结，从专家的意见与看法中获得启发，结合当前已有的评价指标体系，总结提炼出新核心指标。对对标指标体系用对标指标库进行修正和完善。

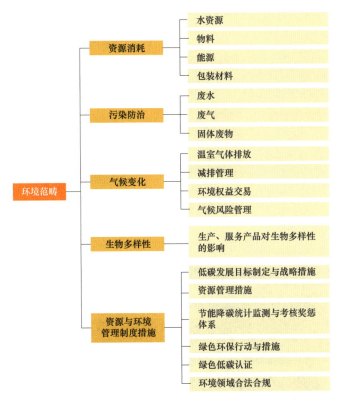

图 3-14　ESG 环境范畴评价指标图

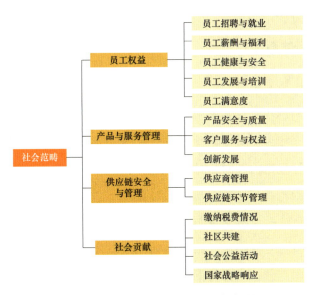

图 3-15　ESG 社会范畴评价指标图

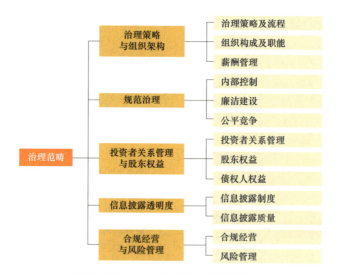

图 3-16 ESG 治理范畴评价指标图

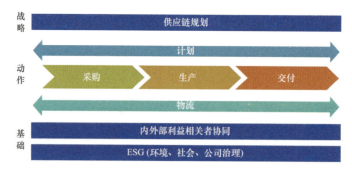

图 3-17 供应链运营与规划框架 SCOP

二、对标指标体系设计

（一）对标指标体系框架

国家电网公司对标指标体系框架，如图 3-18 所示，包括行业级对标、企业级对标和专业级对标三个维度。其中，行业级对标指标包括中央企业采购管理对标指标 4 项；企业级对标指标包括内部同业对标指标 5 项和业绩指标 6 项；专业级对标指标包括供应链运营评价对标指标 6 项。

（二）中央企业对标指标主要内容

中央企业采购管理对标指标，如表 3-1 所示，包括 4 项内容，分别是管理组织与体制、管理流程与运营、生态与可持续发展和数字化与新技术应用。

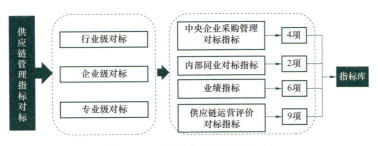

图 3-18　供应链管理指标对标

表 3-1　　　　　　　　　　中央企业对标指标主要内容

指标名称	具体指标内容
中央企业采购管理对标指标	管理组织与体制
	管理流程与运营
	生态与可持续发展
	数字化与新技术应用

（三）内部同业对标指标主要内容

国家电网公司省公司内部同业对标指标，如表 3-2 所示，包括具体指标内容，分别是电力保供、优质服务、科技创新、绿色发展和经营利益。

表 3-2　　　　　　　　　　中央企业对标指标主要内容

指标名称	具体指标内容
国家电网公司省公司内部同业对标指标	电力保供
	优质服务
	科技创新
	绿色发展
	经营利益

（四）关键业绩对标指标主要内容

国家电网公司关键业绩对标指标，如表 3-3 所示，包括全面计划管理指数、电网物资标准化率、采购质效管理指数、物资供应保障指数、物资质量监督指数和供应链数智化运营指数等 6 项指标。

表 3-3 中央企业对标指标主要内容

指标名称	具体指标内容
国家电网公司省公司 关键业绩对标指标	全面计划管理指数
	电网物资标准化率
	采购质效管理指数
	物资供应保障指数
	物资质量监督指数
	供应链数智化运营指数

（五）运营评价对标指标主要内容

国家电网公司运营评价对标指标，如图 3-19 所示，是基于国家电网公司供应链计划、采购、合同、履约、仓储、质量、供应商、应急、废旧业务环节的基础指标，构建形成了"九维三级"运营评价指标体系，包括 9 个一级指标、25 个二级指标及 76 个三级指标。

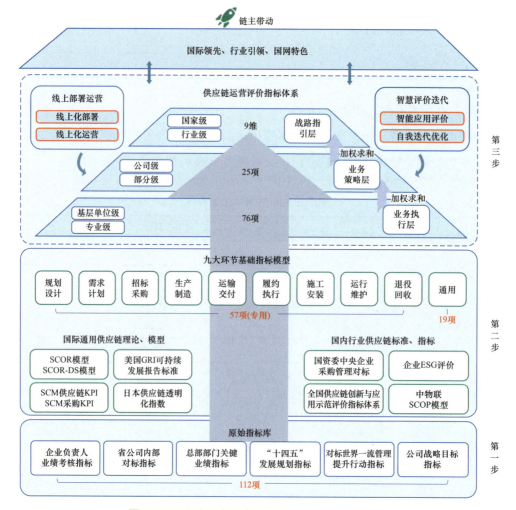

图 3-19 绿色现代数智供应链运营评价指标体系

（1）"九维"，如图 3-19 所示。是指供应链业务规模指数、供应链阳光合规指数、供应链韧性指数、供应链绿色低碳指数、供应链社会责任指数、供应链数智转型指数、供应链效率指数、供应链效益指数、供应链效能指数九个一级战略指标。

供应链业务规模指数：综合考虑国资委央企采购对标中公司采购基础指标，用于评价公司供应链的采购规模和供应规模。

供应链阳光合规指数：综合考虑了 SCOR 模型中社会维度，欧盟、美国供应链标准，以及日本供应链透明化及反腐败相关理念，结合国家电网公司"阳光采购引领"目标要求，设置了供应链阳光合规指数，主要用于评价供应链在阳光透明招标采购、业务合规方面的水平。

供应链韧性指数：综合考虑了 SCOR 模型、SCM 供应链管理绩效指标，结合国家电网公司"全寿命周期采购引领"，设置了供应链韧性指数，用于评价供应的准确、可靠和质量保障，以及应对风险的调整能力。主要从计划和采购准确性、物资可靠供应、全寿命周期质量保障、供应商多元化和需求计划调整的灵活性进行考量。

供应链绿色低碳指数：综合考虑了 SCOR 模型、企业 ESG 评价指标中环境相关评价维度，结合国家电网公司绿色采购引领的目标要求，设置了供应链绿色低碳指数，主要从企业和产品两个维度对绿色采购水平进行评价，同时考虑对供应链中的其他环节的绿色水平进行评价。

供应链社会责任指数：综合考虑了 SCOR 模型、企业 ESG 评价体系中社会维度指标，结合国家电网公司科技创新采购引领目标要求，设置了供应链社会责任指数，主要用于评价在优化营商环境、科技创新等推动供应链可持续发展的能力。

供应链数智转型指数：综合考虑国资委央企采购对标、全国供应链创新与应用示范评价指标中数字化相关指标，结合国家电网公司供应链数字采购引领目标，设置了供应链数智转型指数，主要用于评价供应链数字化智能化建设运营水平，主要从数据质量与贯通、业务线上化水平和数智产品的应用水平进行考量。

供应链效率指数：综合考虑了 SCOR 模型、SCM 供应链管理绩效指标中响应性指标，结合国家电网公司提升供应链"三效"工作要求，设置了供应链效率指数，主要用于评价供应链的快速响应能力和效率。

供应链效益指数：综合考虑了 SCOR 模型、SCM 供应链管理绩效指标中供应链成本、利润等指标，结合国家电网公司提升供应链"三效"工作要求，设置了供应链效益指数，主要用于评价供应链成本和效益的经济情况。

（2）"三级"如表 3-4 所示，指的是指标体系，分为一级指标，二级指标，三级指标这 3 个层级。

1）一级指标 9 项，即 9 个战略层面指标，用于衡量国家电网公司整体目标达成情况，辅助决策人员开展战略分析调整。包括国家电网公司供应链业务发展指数、阳光合规指数、供应链韧性指数、供应链绿色低碳指数、供应链数智转型指数、供应链效率指数、供应链效益指数、供应链效能指数以及供应链社会责任指数。

2）二级指标 25 项，即 25 个业务策略层面指标，为一级指标的实现路径和业务层面的具体分解，用于更快定位一级指标的问题，支撑管理人员优化管理策略。包括采购供应规模指数、供应商规模指数、阳光透明指数、合规指数、计划采购准确指数、供应过程保障指数、全寿命周期质量指数、供应商多元指数、灵敏性指数、产品绿色低碳指数、企业绿色低碳指数、供应链绿色低碳指数、数据基础建设指数、业务线上化指数、数智成果应用指数、物资响应指数、应急响应指数、供应链成本指数、供应链收益指数、设施高效利用指数和物资高效利用指数、优化营商指数、资金释放指数、科技创新指数、人才培养指数。

3）三级指标 76 项，即 76 业务执行层面指标，指导一线人员开展具体工作。

表 3-4　　　　国家电网绿色现代数智供应链运营评价指标清单

一级指标	二级指标	三级指标
业务发展指数	采购供应规模指数	年度采购金额
		合同签约金额
	供应商规模指数	物资供应金额
		中标供应商数量
阳光合规指数	阳光透明指数	上网采购率
		公开采购率
		集中采购率
		电子招标率
	合规指数	ESC 问题闭环整改率
		业务合规率
		评价供应商率
		抽检质量问题不良行为处理闭环率
		不良行为处理规范率

续表

一级指标	二级指标	三级指标
韧性指数	计划采购准确指数	需求计划准确率
		采购成交准确率
		采购估算金额准确率
	供应过程保障指数	物资供应保障率
		物资采购优质率
	全寿命周期质量指数	出厂试验一次通过率
		监造覆盖率
		抽检合格率
		抽检定额完成率
		中标供应商信用指数
		供应商产品质量合格率
		标准物料设计应用率
		供货设备安装质量合格率
		服务商调试评价合格率
		产品质量故障停运率
		一码双流贯通率
	供应商多元指数	物资国产化供应率
		重点物资平均供应商集中度
		物资供应商集中度
		服务商集中度
	灵敏性指数	紧急物资需求响应率
绿色低碳指数	产品绿色低碳指数	低碳产品采购占比
		绿色产品采购占比
	企业绿色低碳指数	低碳供应商中标占比
		绿色供应商中标占比
	供应链绿色低碳指数	废弃物资无害化处置率
数智转型指数	业务线上化指数	平台业务数据更新率
		平台数据同比增长率
		内部用户活跃率
		外部用户活跃率
	数据基础建设指数	数据采集完成率（业务标准表上线完成率）
		数据传输完整
		数据质量达标率
		链上企业数据贯通率

续表

一级指标	二级指标	三级指标
数智转型指数	数智价值创造指数	分析模型应用率
		数据产品应用率
效率指数	物资响应指数	计划采购及时率
		合同签约及时率
		供应商服务保障及时率
		图纸交付及时率
	应急响应指数	应急物资调拨及时率
效益指数	供应链成本指数	采购节资率
		供应链成本效益
	供应链收益指数	废旧物资溢价率
效能指数	设施利用指数	仓库资产利用率
		检测资产利用率
	物资利用指数	库存周转率
		库存盘活利用率
		供应商寄存物资周转率
		废旧竞价处置成功率
社会责任指数	优化营商指数	中小微企业中标占比
		中高竞争力企业中标占比
	资金释放指数	长期未履行合同清理率
		投标保证金退还及时率
		预付款支付及时率
		到货款支付及时率（合同结算及时率）
		投运款支付及时率
		质保款支付及时率
	科技创新指数	公司发布的供应链管理相关标准数量
		公司发表供应链管理相关核心期刊或 SCI、EI 收录论文数量
		公司发布供应链管理相关的专利数量
	人才培养指数	人才当量密度
		员工培训率

（3）九大环节基础指标，如表 3-5 所示。九大环节即国家电网公司供应链管理涉及的规划设计、需求计划、招标采购、生产制造、运输交付、履约执行、施工安装、运行维护、退役回收业务环节。包括 76 项基础指标，各业务环节通用指标 19 项，规划设计业务环节指标 2 项、需求计划业务环节指标 5 项、招标采购业务环节指标 23

项、生产制造业务环节指标 6 项、运输交付业务环节指标 2 项、履约执行业务环节指标 12 项、施工安装业务环节指标 2 项、运行维护业务环节指标 2 项、退役回收业务环节指标 3 项。

表 3-5　　　　　　　　　　　供应链业务环节基础指标模型

一级指标	二级指标	指标来源
规划设计	标准物料设计应用率	原始指标库
	图纸交付及时率	原始指标库
需求计划	需求计划准确率	原始指标库
	采购成交准确率	原始指标库
	采购估算金额准确率	原始指标库
	紧急物资需求响应率	新增设计
	计划采购及时率	原始指标库
招标采购	年度采购金额	新增设计
	上网采购率	新增设计
	公开采购率	新增设计
	集中采购率	新增设计
	电子招标率	新增设计
	物资采购优质率	原始指标库
	物资国产化供应率	新增设计
	重点物资平均供应商集中度	新增设计
	物资供应商集中度	新增设计
	服务商集中度	新增设计
	低碳产品采购占比	新增设计
	绿色产品采购占比	原始指标库
	采购节资率	原始指标库
	投标保证金退还及时率	原始指标库
	中标供应商数量	新增设计
	评价供应商率	新增设计
	抽检质量问题不良行为处理闭环率	原始指标库
	不良行为处理规范率	原始指标库
	中标供应商信用指数	新增设计
	低碳供应商中标占比	新增设计
	绿色供应商中标占比	新增设计
	中小微企业中标占比	新增设计
	中高竞争力企业中标占比	新增设计

续表

一级指标	二级指标	指标来源
生产制造	出厂试验一次通过率	原始指标库
	监造覆盖率	原始指标库
	抽检合格率	原始指标库
	抽检定额完成率	原始指标库
	供应商产品质量合格率	原始指标库
	检测资产利用率	原始指标库
产品交付	物资供应保障率	原始指标库
	应急物资调拨及时率	原始指标库
履约执行	合同签约金额	新增设计
	合同签约及时率	新增设计
	仓库资产利用率	原始指标库
	库存周转率	新增设计
	库存盘活利用率	原始指标库
	供应商寄存物资周转率	原始指标库
	物资供应金额	新增设计
	长期未履行合同清理率	原始指标库
	预付款支付及时率	新增设计
	到货款支付及时率（合同结算及时率）	原始指标库
	投运款支付及时率	新增设计
	质保款支付及时率	新增设计
施工安装	供货设备安装质量合格率	原始指标库
	服务商调试评价合格率	原始指标库
运行维护	产品质量故障停运率	原始指标库
	供应商服务保障及时率	原始指标库
退役回收	废弃物资无害化处置率	原始指标库
	废旧物资溢价率	原始指标库
	废旧竞价处置成功率	新增设计
通用	一码双流贯通率	新增设计
	数据采集完成率（业务标准表上线完成率）	新增设计
	数据传输完整率	原始指标库
	数据质量达标率	原始指标库
	链上企业数据贯通率	新增设计
	平台业务数据更新率	原始指标库
	平台数据同比增长率	原始指标库

续表

一级指标	二级指标	指标来源
通用	内部用户活跃率	原始指标库
	外部用户活跃率	原始指标库
	分析模型应用率	原始指标库
	数据产品应用率	新增设计
	供应链成本效益	原始指标库
	ESC 问题闭环整改率	原始指标库
	业务合规率	原始指标库
	公司发布的供应链管理相关标准数量	新增设计
	公司发表供应链管理相关核心期刊或 SCI、EI 收录论文数量	新增设计
	公司发布供应链管理相关专利数量	新增设计
	人才当量密度	新增设计
	员工培训率	新增设计

（4）原始指标库范围覆盖国家电网公司企业负责人业绩考核指标、省公司对标指标、总部部门关键业绩指标、"十四五"发展规划指标、对标世界一流管理提升行动关键指标、公司战略指标，包括 112 项指标，相关指标在国家电网公司供应链九大环节的分布情况和是否遴选为基础指标模型情况如表 3-6 所示。

表 3-6　　　　　　　　　　　原始指标库（示例）

序号	指标名称	计算公式	规划设计	需求计划	招标采购	生产制造	产品交付	履约执行	施工安装	运行维护	退役回收	是否遴选为基础指标模型
					九大业务环节							
1	标准物料设计应用率	标准物料设计应用率＝∑电网标准物资采购金额/∑电网物资采购金额×100%，达到 95% 及以上时，取值为 100%，低于 95%时，按计算值加 5%。电网物资指电网工程物资，包括一次设备、二次设备、智能变电站二次设备、装置性材料。优选物料应用率、标准物料应用率、固化 ID 应用率统计范围为总部、省公司物资批次、协议库存招标采购			✓							是

续表

| 序号 | 指标名称 | 计算公式 | 九大业务环节 | | | | | | | | | 是否遴选为基础指标模型 |
			规划设计	需求计划	招标采购	生产制造	产品交付	履约执行	施工安装	运行维护	退役回收	
2	抽检质量问题不良行为处理闭环率	抽检质量问题不良行为处理闭环率＝抽检发现质量问题已处理的不良行为条目数/抽检发现质量问题应处理的不良行为条目数×100%。评价供应商统计范围包括省公司招标采购的电网主要物资和服务，按年度从ECP❶取数，覆盖率达到95%及以上，按100%计算				√						是
3	采购绩效指数	采购绩效指数＝（A类供应商中标金额＋B类供应商中标金额）/一级采购金额。注：①计算值在95%及以上时按100%计，计算值小于95%时按计算值加阈值5%计；②统计范围为总部输变电项目设备材料以及总部直管工程设备材料			√							否

三、对标指标体系管理

（一）对标指标体系管理流程

对标管理，是指从各个方面与标杆企业进行比较、分析和判断，企业以行业内或行业外的一流企业为标杆，通过学习别人的先进经验来改进自己的不足，从而不断追求卓越绩效，赶超标杆企业的良性循环过程。人们把对标管理作为一种调查比较的方法，利用对标寻找与其他企业的差距。对标管理在实施上大致可分为如下四个阶段：

（1）定期梳理现状。定期梳理企业管理标准和业务流程现状。通过现状分析，明确企业的关键成功因素，描绘企业的战略地图，然后分析在这些方面企业的问题是什么，并对问题进行具体分解，以便于进行诸如成本、时间、质量、关键任务等关键因素的分析，从而确定这些领域的对标指标。

（2）更新对标指标。依据顶层框架维度评价要求，基于全域指标库，以"在线取数、全面覆盖、带动引领"为原则，更新对标指标体系，经相关专业审核后投入应用。在线取数要求指标因子为结构性数据，支撑指标自动计算、量化分析、客观评价、分

---

❶ ECP，即 E-Commercial Platform，电子商务平台。

层展示。全面覆盖要求指标体系对内覆盖全链业务专业，对外辐射链上企业。带动引领要求指标体系具备一定前瞻性、创新性、先进性。

（3）调整指标评价权重。紧扣国家部署、公司战略、专业管理等方面发展纲领，围绕供应链高质量发展目标和实际业务需要，结合往年各类供应链专业对标指标考核评价情况，开展指标权重配置优化调整，对重点评价维度给予适当权重倾斜考量。

（4）实施评价与提高。通过制定有效的实践准则、设定详细具体的改进目标和时间期限来实施计划。为避免实施的盲目性，要制定检查、检测程序，不断审视、监测、回顾循环过程，及时更新目标，提高实施成效。

（二）对标指标体系评价分析

应用卓越绩效结果评价方法，从水平、趋势、对比、整合四个方面开展指标评价分析，具体情况如下所述：

（1）水平评价。测算物资对标指标体系运行值，持续跟踪指标运行值与目标期望值之间的偏差，引导各专业改进提升，推动供应链在更高水平运行。

（2）趋势评价。开展指标数据同比与环比分析，反映供应链业务运行特征及变化趋势，揭示供应链管理运营规律，促进供应链管理可持续发展。

（3）对比评价。开展内部考评，对内部各单位开展横向对比测评，激发竞争活力；对标外部标杆，选取国内外领先企业作为学习标杆，通过应用相近的评价指标项，开展全方位对标评价。

（4）整合分析。整合水平、趋势、对比评价结果，评估结果指标支撑战略目标的权重，分析与过程、顾客和市场等相关指标的一致性，统筹制定供应链管理提升策略及改进项目组合清单，支撑供应链整体管理绩效目标的实现。

（三）对标指标体系闭环管控机制

对标指标体系闭环管控机制依据供应链管理对标体系的建设目标，聚焦供应链管理关键问题，追根溯源，对供应链的各个环节进行优化，提升整体的运作效率，具体情况如下所述：

（1）建立分析图谱，厘清指标影响因子。系统性梳理供应链业务运行机理，从业务环节、责任主体出发，全面分析影响评价指标水平的关键影响因子，提炼形成采购及时率、合同签订及时率等150余个影响因子指标集，基本建成评价指标的归因分析图谱，如表3-7所示。本文以"款项支付相关指标"为例进行说明。

表 3-7　　　　　　　　影响因子指标集（节选款项支付相关指标）

业务指标	影响因子指标	
预付款支付及时率	预付款付款申请及时率	资金预算审批下达及时率
		涉法供应商比例
		供应商信息变更发生率
	预付款款项支付及时率	未缴纳违约金的供应商比例
		涉法供应商比例
到货款支付及时率	到货款付款申请及时率	资金预算审批下达及时率
		涉法供应商比例
		供应商信息变更发生率
		履约保函办理及时率
		履约保函过期比例
		发票与合同金额存在冗差物资金额占比
		未缴纳违约金的供应商比例
		预付款超付金额占比
		同一采购订单物资分批到货发生率
	到货款款项支付及时率	未缴纳违约金的供应商比例
		涉法供应商比例
投运款支付及时率	投运款支付申请及时率	涉法供应商比例
		供应商信息变更发生率
		预付款超付金额占比
		到货款超付金额占比
		合同数量变更发生率
		同一采购订单物资分批到货发生率
	投运款款项支付及时率	未缴纳违约金的供应商比例
		涉法供应商比例
质保款支付及时率	质保款支付申请及时率	涉法供应商比例
		供应商信息变更发生率
		预付款超付金额占比
		到货款超付金额占比
		投运款超付金额占比
		合同数量变更发生率
		同一采购订单物资分批到货发生率
	质保款款项支付及时率	未缴纳违约金的供应商比例
		涉法供应商比例

（2）追溯异常根源，剖析问题产生症结。应用影响因子分析图谱，对评价指标数据临近或触发管理规定下限的异常业务进行溯源分析，快速定位业务异常症结及责任主体；统计分析异常发生频次，查找问题高发环节，精准定位管理薄弱环节。

（3）设计优化方案，促进绩效改进提升。日常运营工作中，按照阈值控制策略，实时监控影响因子指标情况，对超出阈值范围的异动情况，及时预警相应责任单位纠偏消缺。根据绩效评价和影响因子分析结果，定位供应链运营的薄弱环节、薄弱主体，制定差异化业务优化改进策略和提升方案，催生新的业务模式，推动供应链运营绩效持续迭代提升。

（四）对标指标体系运行成效

1. 提高了供应链管理水平

对标指标体系体系的构建促进了国家电网公司供应链管理水平的有效提升。国家电网公司将需要实现的供应链管理目标，通过指标分解的方式，层层分解到各部门、各业务单元和各岗位，使不同层级的管理者和员工都明确自己履行供应链业务管理的详细内容和应该达到的目标，推进了国家电网公司供应链精细化管理，提高了国家电网公司的供应链管理水平。通过对标指标体系的构建，国家电网公司在实际工作中开展与行业内供应链管理领先的国际标杆企业的对标，及时发现管理短板并加以改进，持续推进供应链管理根植基层，进一步提升了全面供应链管理的质量和效果。

2. 促进了"世界一流　国际领先"企业建设

国家电网公司依托对标指标体系建立评价与改进机制，持续进行研究成果的完善、实践经验的积累、发展决策的优化，发挥了国家电网公司在供应链管理工作领域引领表率的作用。对标指标体系加强了各部门业务工作与公司、地方发展规划及目标的衔接，推动供应链上下游企业、产品全寿命周期绿色低碳发展，服务产业链供应链高质量发展，为国家电网公司实现世界一流、国际领先奠定了坚实的基础。同时，构建对标指标体系为外部企业提供了供应链管理工作经验，发挥了国家电网公司在行业内的引领示范作用。国家电网公司连续 8 年位列央企采购管理对标评估能源电力组第一，总分位居 100 家央企首位。

3. 提升了综合价值创造能力

对标指标体系的构建，使国家电网公司能清楚地分析出当下工作实际与外部期望之间的差距，进而重新审视原有工作流程，明确工作改进方向，更好地服务供应链上下游企业。对标指标体系体系促进国家电网公司建立新的工作方式、运营方式、管理方式和沟通方式，保证了国家电网公司运营透明度的要求，能够有效地监测、评估和持续改进国家电网公司的履责绩效，使国家电网公司和电网发展更科学、更和谐、更绿色、更可持续。

第四章　国家电网公司供应链标准化典型做法

国家电网公司落实党中央国务院关于质量强国建设、提升产业链供应链现代化水平、构建全国统一大市场等系列战略部署，立足供应链"绿色、数智、行业"发展方向，围绕"选好选优、质量强网、增强供应链韧性"等核心要求，运用严密的制度、统一的标准、创新的机制、公正的评价等管理理念，将标准化成果与信息化平台相结合，嵌入供应链各环节，实现物资采购规范透明、质量保障全面可持续、物资供应数智高效、全链运营数智低碳。

本章从采购生态、质量保障、供应体系、绿色低碳、数智运营五方面介绍了标准化在供应链全业务流程中的创新实践案例及其成效。

第一节　高效规范的采购标准体系助力全国统一大市场建设

国家电网公司采购标准体系建设坚持"质量优先、价格合理、绿色低碳、诚信共赢"采购理念，以招标采购的规范化、数字化、绿色化发展为着力点，强化物资采购标准建设，规范需求计划管理，加强采购过程标准化管控，持续打造公开公平、竞争有序的招标采购平台，发挥公司超大规模采购市场需求优势和集中采购体制机制优势，营造高效透明公平的采购生态，助力全国统一大市场的快速建设。本节主要阐述了物资主数据、采购标准体系、需求计划管理、采购过程管控四个方面的标准化典型做法和实践成果。

一、统一物资主数据助力数字化转型

国家电网公司将主数据建设作为公司一项长期工作，坚持企业级建设。通过持续

更新优化物资主数据，提升物资主数据平台服务水平，形成公司权威、标准、统一的物资主数据源头，强化运营支撑，赋能跨专业业务融合，促进数据要素流动，释放数据价值，助力公司数字化转型。

（一）物资主数据发展历程

2009 年以前，公司各网省公司主数据标准和管理平台不统一，导致集中采购业务开展困难，数据获取和统计分析难度很大。2009 年国家电网公司明确"统一主数据管理是提高企业核心竞争力的有效手段之一"，通过建立统一主数据平台，统一物料主数据管理，实现物料信息统一共享，支撑业务高效运行和业务数据准确统计。

随着物资管理深入推进和集中采购范围扩大，物资主数据库日趋完善。从 2009 年覆盖 16 个大类、127 个中类、686 个小类到 2024 年初覆盖 51 个大类、385 个中类、8656 个小类、186676 条主数据，已涵盖了输变电、水电工程等专业领域，覆盖总部、省公司集采范围内的一二次设备、装置性材料、信息通信设备及软件、辅助类物资、配网设备材料等物资采购需求以及非生产性物资和施工、监理及零星服务采购需求。

（二）物资主数据管理内容

技术标准层面，DL/T 700—2017《电力物资分类与编码导则》规定了电力物资分类及生成物资编码的方法；Q/GDW 1936—2013《国家电网公司物料主数据分类与编码规范》规定了输变电、水电工程等专业领域的一二次设备、装置性材料等物资以及施工、监理及零星服务采购需求涉的物料主数据分类、编码规则。

管理制度层面，《国家电网有限公司供应链标准化管理办法》是公司对供应链标准化管理的重要规范，对物资主数据标准的实施与应用进行了详细规定。物资主数据包括物资分类、物料主数据、采购标识。物资分类是根据物资信息化管理要求，从不同角度、不同层次，对物资进行区分、归类、命名、描述，建立的物资分类结构体系和物资信息化代码体系。物资分类体系按照大类、中类、小类进行分类，每个小类下辖若干特征项，每个特征项下对应若干特征值。物料主数据是根据物资分类体系，按照相关规则，赋予物资的信息化代码，包含了物资编码、物料描述、计量单位、采购标识和分类特征等信息。采购标识是指对物料进行分类的标识，一个物料可赋予多类标识。按照采购标准、通用设备等公司标准化成果，电网物资采购标识分为标准物料、非标物料和未标物料。

制度落地层面，《国家电网有限公司物资标准化工作手册》是公司供应链标准化管理办法的落地指南，进一步明确了各环节业务流程及工作要求，2019 年首次应用，2020 年、2021 年、2024 年根据实际业务变化进行了修编，其中物资主数据篇包括物资主数据管理体系及成果、物料优化及协议库存"物料组"管理。

（三）物资主数据平台管控

国家电网公司 2009 年建成主数据管理平台（MDM）V1.0，2022 年为提升业务融合深度、标准流程规范、平台服务能力、需求响应速度，根据"十四五"数字化规划及公司数字化转型需要，从流程、功能、界面三个方面进行优化，开展 MDM 平台 V3.0 建设，对员工主数据、供应商主数据、物资分类主数据、物资物料主数据等 11 类企业级核心主数据全量纳管，统一提供服务。

MDM 平台实现物资主数据的查询、申请、审批、分发、冻结及下载的线上统一管理和数据记录溯源，提升物资主数据业务管理效率。MDM 平台将物资主数据同步下发至 ERP 系统、国网绿链云网、办公用品及非电网零星物资选购专区等系统，进行数据交互和共享，保障物资主数据在整个业务系统的实时同步。

为了提高物资主数据在 ERP、国网绿链云网等系统的应用效率，国家电网公司正在探索开展提报计划、物资领料等环节主数据推送工作，应用人工智能技术对物资主数据物料描述、特征项等信息进行梳理，根据用户查找习惯、输入内容等信息，理解其查找意图，进行主数据信息匹配，实现主数据自动推送。

（四）电网标准物料动态分析与分级优化

为提升设备采购质量，进一步优化设备选型，突出选好选优设备，国家电网公司以"数据化、标准化、通用化"为原则，采用"大数据分析为主＋专业分析为辅"的工作方式，通过深度挖掘历史采购数据，构建多维度大数据分析模型，实时分析并动态展示物料主数据变化、物料占比差异、物料通用性等情况，科学支撑物料主数据优化工作。通过专业分析压减可替代性物料、保留通用标准物料、保留特殊环境使用物料，形成总部、省公司两级"优选、可选、限选"三类标准物料清单。

2022 年，电网标准物料动态调整模式调整为"设备主人"主导，即由"物资部主导，专业部门配合"调整为"物资部牵头组织，专业部门主导"，优化电网标准物料清单滚动修编流程。由物资部发起物料优化工作，开展大数据分析，为专业分析提供数据参考；专业部门根据历史采购数据和专业发展趋势，提出清单调整建议；物资部牵头组织集中评审，形成发文版清单，经各专业部门会签后下发全网应用。

2023 年沿用 2022 年电网标准物料动态调整原则，落实专业部门"三通一标"❶等最新标准化成果和新技术发展的要求，新增技术已趋于成熟的新产品物料，调减不满

---

❶ "三通一标"指通用设计、通用设备、通用造价、标准工艺。

足电网发展趋势的物料；将专业部门推荐优先使用的技术成熟、符合电网发展趋势、应用范围广的物料纳入优选清单，推动电网高质量发展。2023 年电网标准物料清单共计 3869 条，其中优选物料 2329 条，占电网标准物料清单的 60.20%。2018 年以来，优选物料应用率纳入企业负责人考核指标，引导物资需求单位在设备选型时选用优选物料，优选物料应用率由 78% 提升至 88%。

二、采购标准体系助力发挥超大规模市场优势

采购标准是依据国家标准、行业标准、公司企业标准以及通用设计、通用设备、反事故措施等标准化建设成果，对技术成熟、标准化程度较高的设备、材料等统一制定的规定产品性能和服务质量要求的规范性文件。通过及时转化新技术、新产品的应用标准，与公司技术标准融合并进，有力支撑公司战略实施和新型电力系统建设，促进产业链供应链上下游企业标准化升级，推进电工电气装备通用互换并迈向中高端。

（一）采购标准发展历程及体系构建

2010 年 9 月，国家电网公司结合集中规模招标成果、通用设备标准化成果以及各网省公司标准化工作成果，初步建成了涵盖 10kV 到 1000kV 各电压等级电网工程、13 大类设备材料与工程服务的采购标准体系。

2015 年，国家电网公司再次对物资采购标准进行梳理和修订，将其提升为企业标准并正式发布。2018—2019 年对电网物资采购标准进行全面修订，发布了《国家电网有限公司设备类物资采购标准（2018 版）》《国家电网有限公司材料类物资采购标准（2019 版）》等采购标准，共计 870 项。2023—2024 年结合新产品技术成熟度、采购成熟度等情况，对设备类、材料类采购标准进行全面修订，并开展服务类、特高压设备采购标准编制工作，实现新标准新要求有效落地，推动标准源头规范管理。

截至 2023 年底，采购标准体系包括 1113 项标准，涵盖团体、企业标准两个层级，其中团体标准 18 项，企业标准 1095 项。将采购标准体系按专业划分，主要包含主配网、特高压、服务类、组部件四个方向。其中，主配网采购标准分支包含主配网设备类、材料类企业标准，规划 922 项企业标准（设备类 860 项，材料类 62 项）；特高压采购标准分支，规划 128 项企业标准（直流设备 49 项，交流设备 55 项，交直流材料 24 项）；服务类采购标准分支，规划 45 项企业标准（施工类 10 项，设计类 10 项，监理类 25 项）；原材料组部件技术要求分支，规划 18 项团体标准，均为电工装备组部件类标准。采购标准体系架构如图 4-1 所示。

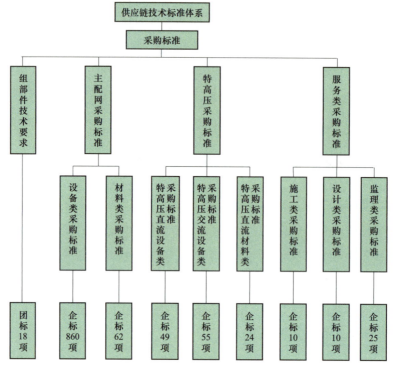

图 4-1　采购标准体系架构图

（二）采购标准制修订管理

《国家电网有限公司供应链标准化管理办法》对采购标准的实施与应用进行了详细的阐述。物资采购标准制（修）订管理包含标准制定、修订、勘误。

按照"设备主人责任制"原则，由总部物资部联合相关专业部门共同开展采购标准制定工作，编制工作方案，确定编制单位，下达编制任务。按照《国家电网公司技术标准管理办法》要求，开展标准起草、征求意见、送审和报批等工作。为持续跟踪采购标准实施情况，每三年针对采购标准的适用范围、技术水平、技术指标、各项规定及要求、规范性引用文件有效性、相关标准的交叉重复性等方面开展复审，每四年开展一次统一修订工作。

为满足新技术成果在物资领域及时落地，跟踪技术标准动态和新技术推广目录，从纳入推广目录情况、技术标准制定情况、技术成熟度、产品推广性、市场成熟度五个方面制定采购标准转化判定条件，明确采购标准转化流程，常态化开展采购标准转化。

采购标准开展定期日常维护，国网物资公司受理采购标准在日常应用过程中遇到的问题，并每年定期组织开展采购标准差异性条款梳理。对于涉及标准条款修订的问题，组织 TC07 组等 3 个及以上专家开展评审，形成修订意见，并经国网物资部及相关专业部门确认后，以勘误表的形式在国网绿链云网发布；对于涉及标准文字表述、印刷错误的问题，经国网物资部确认后，直接以勘误表的形式在国网绿链云网发布。结构化的采购标准模板根据勘误表同步进行更新。

（三）采购标准结构化应用

采购标准在国网绿链云网公开发布，并以结构化模板的形式应用于技术规范书编制与审查、招投标和合同签订等各业务环节，确保需求计划、技术规范、合同内容以及到货设备的一致性。

在技术招标文件编制过程中，物资采购标准通用部分不可修改，专用部分由项目单位根据规划和设计条件进行参数选填或提出参数差异；经招标管理部门审查后形成技术招标文件。在采购标准结构化模板中，不得以附件的形式另行挂接技术招标文件；暂无结构化模板的，要严格按照采购标准编制非结构化技术招标文件；暂无采购标准的，参考相近采购标准或范本编制技术招标文件。

国家电网公司物资集中招标采购的技术规范书经历了纸质版技术规范书、全量结构化技术规范书、"三表两图"简化技术规范书、固化 ID 技术规范书四个发展阶段，由线下操作转变为系统管控，由编制为主转变为选用为主，确保了采购标准的刚性执行。

当前应用的技术规范书固化 ID 管理，是按照"规范技术要求、适度技术冗余、确定参数组合、统一编制使用"的原则，依据现行标准化成果，确定特定物料技术参数值的主要组合方式，编制规定产品性能和服务质量要求的规范性文件，国网绿链云网对规范性文件进行编号。在计划提报环节，由项目单位根据工程实际选择适用的规范性文件和对应编号，减少了重复编制技术规范性文件的工作量，实现了技术规范的一次编写、多次选用，大幅提高了招标采购的规范性和高效性。

为服务重点地区特殊物资采购需求，在全面提升采购质量的前提下，聚焦设备核心参数和关键组部件配置，针对性提高技术参数、制造工艺和检验指标要求，制定优质设备技术要求，实现设备分级分类采购，为重要区段、重要变电站、重要敏感区域、中心城区以及特殊环境需求的电力保障提供有力支撑。

（四）采购标准平台管控

国家电网公司依托国网绿链云网对采购标准进行结构化部署和数字化应用。通过采购标准模板管理，将采购标准文本转化为可供计算机识别、应用、由信息系统严格控制的结构化数据形式，通过全量参数项模板，将每一项参数的使用对象、答案类型、允许范围、参数选项等字段进行设置，项目单位可在模板中填写非固化类参数数值，形成结构化技术规范书。

技术规范书编制方式灵活,具备引用已有技术规范书、模板编制、范本编制和自行编制等多种编制方式,编制完成技术规范书,生成与物料编码对应的技术规范书 ID。物资采购标准、技术规范书均在国网绿链云网发布,物资管理人员、供应商等均可在国网绿链云网首页快捷查询下载使用。

为了提高编制质量和效率,国家电网公司正在探索开展技术规范书智能编制,应用人工智能技术,为有采购标准的技术规范书推荐参数修订值;为没有采购标准的技术规范书推荐可参照的技术规范书,辅助需求单位开展编制工作。

（五）技术参数主数据融合贯通

在采购标准的平台管控过程中,由于供应链内部各专业未在参数编码等维度实现数字化统一,与公司其他专业数据平台在参数级的交互缺乏标准桥梁,因此在实际应用中存在数据壁垒。为解决这一问题,国家电网公司以采购标准为基础,结合国标、行标、企标等其他标准化成果,统一供应链各环节技术参数名称、维度、单位等属性,按照简单性、层级性、单一性、一贯性的原则,编制形成技术参数主数据,实现各参数以唯一编码的形式贯通供应链全流程。对内规范标准化、招标、核实、抽检、监造等业务的技术参数,实现参数"统一管理";对外作为数据接口标准,实现与其他专业系统数据交互,实现参数"数据一个源"。

国家电网公司已确定技术参数主数据的组成、编码原则及建设体系,截至 2024 年 6 月,构建了 7918 条参数主数据、177 本技术规范书模板,建立了 44 类核实数据字典编码与参数主数据编码的关联关系,明确了招标业务评审应用规则,并完成线下招标要求值、供应商应答值、核实试验支撑值三者贯通验证。

通过建立统一的技术参数主数据体系,实现各参数以唯一编码的形式贯通供应链全流程,促进资源共享、数据融通、供需对接、价值创造,形成供应链"＋参数主数据"新模式,实现采购评审质效、物资供应质量、用户服务效果、业务规范水平的全面提升。

三、需求计划规范管理提升集中采购规模效应

规范高效的需求计划管理是公司生产经营活动正常开展的重要前提。国家电网公司持续深化需求计划标准化建设,通过深化全网采购需求管控,应用物资清册模板,优化匹配采购目录,科学设置采购批次,实现了需求计划的规范、精准、高效管控,为充分发挥集中采购的规模效应提供了有力技术支撑和标准引领。

（一）标准化成果助力专业需求全网贯通

为充分发挥计划源头引领作用，落实全面计划管理要求，国家电网公司以"五E一中心"❶物资管理体系为支撑，从项目规划与物资管理角度综合考量，主动对接前端项目需求，深挖数据要素潜能，打造跨专业、跨区域、跨层级、跨系统的全网采购需求统一管理平台（简称"平台"），助力需求计划各参与主体的提质增效和精益化管控。

平台建设基于主数据、采购标准等标准化成果，以企业资源管理系统（ERP）、供应链运营调控指挥中心（ESC）等为基础载体，将计划业务"测、编、报、审、分析"全链贯通作为重点，促进跨专业业务融合与跨领域资源共享，深入挖掘全过程数据和信息价值，实现供应链管理的计划源头智慧管控。平台功能如图4-2所示。

1. 精准超前预测

对接发展项目中台，实时接收全网综合计划项目储备和下达信息。根据项目性质预设标准物料库，优化基于项目投资、工程建设的需求精准预测模型，以综合计划为源头对项目需求进行精准预测，以精准预测推动精准采购。

2. 统一编报方法

应用项目储备库、物资需求模板等信息，构建需求计划储备库，实现采购计划一键编报，编报效率提升70%。运用大数据分析等技术，自动推荐采购批次，主动提醒计划申报，助力项目管理部门确定最佳采购时机，采购计划由"被动接收"向"主动提醒"转变，提升采购时效。

3. 规范审查模式

线上部署137个采购目录，提炼结构化审查要点及审查规则52项，自动筛查采购计划的批次范围、数量、概算单价、交货期等关键信息，实现采购计划及招标文件智能审查及线上管理。从审核效率、审核质量和审核数据管理等多维度提升计划审核及时性、准确性和规范性。

4. 完善企业标准

围绕全网采购需求统一管理平台的深化应用，国家电网公司制订实施了一系列企业标准。例如，《全网采购需求预测工作导则》对项目预测开展的准备条件、流程规则、数据来源，以及配网项目电力物资特性分析、模型逻辑、数据获取、数据清洗、预测计算做出规范性要求。

---

❶ "五E一中心"：电子商务平台（E-Commercial Platform，ECP）、企业资源管理系统（Enterprise Resource Planning，ERP）、电工装备智慧物联平台（Electrical Equipment Intelligent IoT Platform，EIP）、电力物流服务平台（Electrical Logistics Platform，ELP）、掌上应用"e物资"和供应链运营调控指挥中心（Enterprise Supply Chain Center，ESC）。

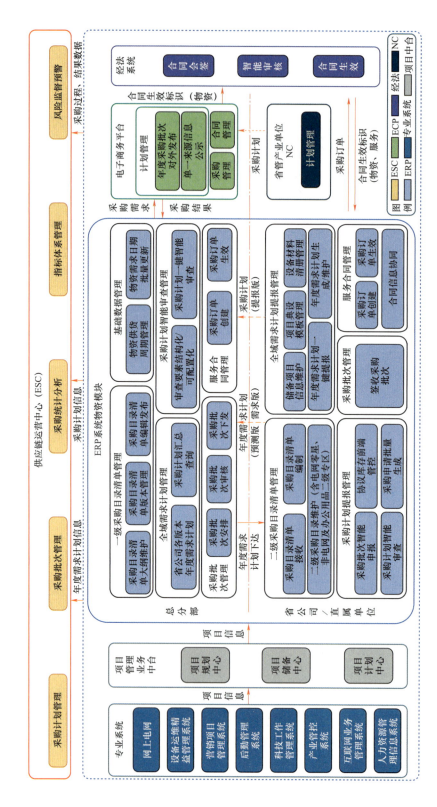

图 4 - 2　全网采购需求统一管理平台功能架构

5. 设置评价指标

通过在绿链提质增效指标体系中设置计划报送准确率指标，全面强化计划数据的精准管控。指标具体包括需求计划预测准确率、专业论证规范率和数据上报准确率三个子指标，从需求计划、单一来源采购规范性和概算金额准确性等维度进行客观分析评价，充分发挥指标的导向作用，将需求计划管理责任落实到人。

（二）物资清册确保需求预测精准规范

为超前准确掌握正常生产经营所需的物资和服务情况，国家电网公司按年度开展需求计划预测工作。通过编制和应用设备材料清册模板库，实现对年度需求精准预测，为采购工作开展提供有力决策依据。

1. 编制标准清册模板

国家电网公司依据"三通一标"、基建"四统一"❶等专业标准化成果涉及的 321 类典型设计，以及十八项反事故措施要求，倡导优先选用通用设计、通用设备，围绕物资采购标准要求，结合物料主数据和历史采购数据，针对不同项目类型、项目规模，编制形成 715 个基建类清册模板、287 个非基建类清册模板，构建起标准统一、精准预测、高效编制、规范提报的年度需求计划预测管理体系。

2. 主动响应项目需求

主动对接项目中台，以综合计划为源头，基于项目储备的物资需求进行智能编制。前端项目下达后，可立即通过清册模板预测出物资需求，经过智能校验后形成年度计划和采购需求。预测手段由传统人工经验向基于综合计划储备项目预测转变，显著提升全年采购需求预测的科学性，提升前端引领作用。

3. 智能生成采购计划

依照标准物资清册模板自动形成可研版项目物资清册，项目初步设计完成后，设计人员根据设计方案完善年度需求计划，形成实际采购计划，根据平台内预制的采购目录和采购批次安排，结合项目里程碑计划、物资采购供应周期，智能推荐采购批次并开启采购计划提报等后续流程。

4. 修订完善企业标准

为规范物资清册内容格式、优化流程场景应用、形成统一技术标准，国家电网公司制订了《全网采购需求清册模板应用规范》，从编制原则、模板分类、应用场景和

---

❶ "四统一"指统一规划、统一设计、统一建设、统一运维。

方法等维度，对网省公司、直属单位全网采购需求清册模板应用提出了明确要求。

5. 设置应用评价指标

将设备材料清册模板的应用情况纳入绿链提质增效指标，通过设置电网物资标准化率指标，对各分部、各网省公司、各直属单位的物料和固化 ID 应用情况进行分析评价，指标具体包含优选物料使用率、标准物料使用率和固化 ID 应用率三个子指标，并分别设置合理阈值，全面提升标准化成果应用水平。

（三）目录批次管理发挥市场集聚效应

采购目录是企业发展和电网建设所需的物资和服务采购的纲要。采购批次是为了提高效率效益而制定的采购时间节点安排。通过标准化手段，优化采购目录内容，科学制定采购批次，为充分发挥采购的市场集聚效益奠定坚实基础。

1. 优化采购目录管理

采购目录以主数据为基础，按物资大、中、小类进行编制，主要包括采购范围、采购实施模式、采购方式以及采购组织形式等内容，通过采购目录清单进行统一管理。原则上根据项目性质，结合专业分类，涵盖安全生产、电网发展、营销、优质服务、科技进步和信息化建设等方面所需的物资和服务。

近年来，国家电网公司持续深化两级采购目录的标准化研究，以历史数据为基础，以问题和目标为导向，从"采购目录范围、采购层级、采购方式、采购组织形式"四个维度，开展合规性、效率效益水平"定量定性"分析，构建采购目录优化自动判别模型，实现物资需求与采购目录自动匹配，助力采购统一规范管理。

围绕"双碳"目标和绿色现代数智供应链建设需求，国家电网公司以新能源、微电网、分布式能源系统等领域的能效提升为导向，结合电网物料绿色属性信息研究成果，依据绿色产品评价标准，探索建立"绿色双碳"采购目录，尝试将具有绿色采购属性、符合绿色产品评价标准的小类纳入《国家电网有限公司"绿色双碳"采购目录清单》，为推动供应链绿色低碳发展奠定坚实基础。

2. 科学采购批次设置

国家电网公司对采购时间相近、具有同质性、能形成规模的采购计划进行汇总、归并，从而形成采购批次。采购批次的安排以"提高效率效益、便于组织实施、保障有序供应"为原则，批次内所有采购计划按照统一时间节点同步组织实施，以达到提高采购效率、效益的目的。

综合考量两级采购批次安排编制影响因素，以实际物资需求规模和紧迫性为依据，国家电网公司统一制定了采购批次的编制逻辑和规则，运用大数据技术整合批次管理要求、历史采购批次安排、节假日、物资供应周期等信息，建立采购批次智能安排模型，实现采购批次安排从"按固定时间平均分布"到"按需求精准制定"的转变。

3. 深化目录批次应用

为推动采购目录和采购批次深化实施应用，国家电网公司以高质量发展为目的和绿色现代数智供应链建设要求，编制印发《国家电网有限公司采购计划管理办法》，明确采购目录和采购批次的管理原则、应用方式和考核分析等，充分发挥计划引领作用，全方位提升采购源端管控能力。

国家电网公司将两级采购目录范围内所有物资服务和年度两级集中采购批次安排纳入全网采购需求统一管控平台，对需求计划申报实施智能审查校验，实现对采购目录、采购层级、采购策略和采购批次等的刚性智能管控。采购目录应用和采购批次相关数据在供应链运营调控指挥中心（ESC）进行自动统计分析，有力助推需求计划管理质效提升，为实现采购规模效益最大化提供了保障。

四、采购过程标准管控营造公平竞争生态环境

招标采购管理是建立和规范市场竞争秩序的重要手段。国家电网公司聚焦阳光数智采购，依托国网绿链云网开展数据结构化、流程规范化、评审客观化管理，创新实施"数据融合贯通、部署精准高效、应用灵活多元"的采购全流程应用，维护统一完整、诚信共赢的产业链供应链生态。

（一）平台标准化推动全链统一透明

1. 供应链全链贯通统一

建设全国统一大市场的根本要求之一是"充分开放"，充分开放就是要充分调动产业链供应链全链资源，增强国内国际两个市场联动，进而形成国内国际双循环相互促进的"联动效应"。国家电网公司发挥公司电子化交易的平台优势，构建责权利对等统一的招投标管理机制，强化采购全过程标准化作业，将国家战略、公司要求和发展导向融入采购策略，建立完备的采购策略库，在全网范围内统一采购标的对投标人的资质业绩条件设置，打破地方保护、区域壁垒和技术壁垒，维护统一、完整、和谐的产业链供应链生态，促进形成良性健康市场竞争环境，为加快构建新发展格局提供坚强的基础支撑。

国家电网公司常态化落实国网绿链云网对接中国招标投标公共服务平台工作，按

行业标准公开、推送招标投标交易信息，实现数据交换；充分发挥公司统一部署的国网绿链云网的专业性、连续性、系统性、安全性、稳定性优势，解决电网专业化招标采购复杂的技术要求和个性化需求，支撑招标采购优质高效规范开展，保障企业投资效益。

2. 业务环节协同兼容

国家电网公司按照"四统一"原则，建设国网绿链云网对采购需求计划、招标采购、合同签约、供应商管理、仓储配送、质量监督、废旧回收、招标采购监察等实施全流程平台管理、在线作业，极大地提高了招标采购的开放度、竞争性和管控力。推动招投标领域数字证书（Certification Authority，CA）在能源电力行业央企间的跨企业、跨平台互认兼容，积极参与并加快融入市场主体 CA 身份识别全国互认工作，构建"云采购、云签约、云监造、云物流、云结算"的"五云"新业态，向供应链用户提供"一网通办"。国网绿链云网总体架构如图 4－3 所示。

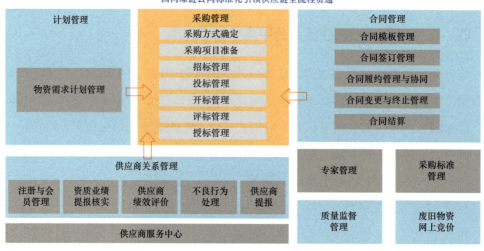

图 4－3　国网绿链云网总体架构

2019 年 7 月，国网绿链云网 2.0 版本已全面上线。国网绿链云网 2.0 以电子招标投标为核心，前端和需求计划管理无缝连接，实现招标采购和项目规划设计、项目过程管理等业务自动协同；后端和合同管理、质量监督等其他业务紧密关联，严格管控招标结果，闭环控制招标过程。合同管理涵盖总部和省公司两级签约的物资类合同，依托信息化手段提高合同管理的质量和效率，结合 ERP 强化合同签订到履约结算全过程管控，实现流程统一、过程受控、全程在案。在重点物资生产制造过程中实现设备监造和物资抽检的信息数据化和流程规范化，引导供应商增强质量意识，保证产品质量。按照"集中管控、两级应用"的回收商管理体系，在各业务环节实现总部统一管理，总部和省公司两级应用，提高管控力度，加强管控成效。利用分布式架构设计，使采购、供应商、合同等核心业务相对独立化，易于业务扩展，提升业务弹性和支撑度，同时降低业务调整对不同应用的相互影响。持续推进绿链云网迭代升级，完成绿链云网整体规划顶层设计优化，完善"九中心一商城"、一体化移动应用等方案，上线标准中心，质控中心检测管理、检测作业和网关采集，供应链知识模块等功能。

3. 采购全流程自动公平

目前国家电网公司总部、27 家省公司、37 家直属单位的采购计划申报、招标文件发布、评标专家抽取、开标、评标、授标、中标公示、结果应用等业务，均在一级部署的国网绿链云网统一开展，流程规范、纵向贯通。发标阶段由各需求项目按照主数据规则和技术规范编写物料需求计划，通过 ERP 平台上报，通过平台传输接口进行数据跨平台集成，建立国网绿链云网项目的分包结构，系统自动生成投标文件，发布招标公告，通知投标人完成网上下载招标文件，实现投标人"零延迟"免费访问招标文件。投标阶段由投标人按照统一模板，规范完成投标文件制作，通过专用的离线招投标工具完成上传，以在线加密的方式上传至国网绿链云网。开标阶段充分发挥网络共享优势，在投标截止时间前，通过国网绿链云网在线自动解密投标报价和投标文件，在线解密上传投标报价。评标阶段评标工作自动分配给评标专家，电子辅助评标专家系统自动完成投标文件的比较和客观定量评价，辅助完成评估结果，自动生成评标报告。定标阶段国网绿链云网根据评标专家的评标结果自动完成在线数据采集和整合，根据系统的固化评标规则自动生成推荐的中标人名单，并在互联网上发布中标公告。

（二）评审标准化推动全程精准公平

1. 规范采购策略

国家电网公司根据《国家电网有限公司采购活动管理办法》有关规定，印发总部采购策略手册和各网省公司采购策略指导手册，明确"八加八"采购原则，建立采购策略优化和审议机制，确保采购策略科学合理。依法合规、公开采购、统一采购管理、应采尽采、"三效"最优、综合评审、绿色数智、上平台进基地等八项基本原则，有效防范采购违规风险，确保公司采购服务质效最优，带动链上企业绿色低碳发展。坚持资质业绩、评审权重、技术评审、商务评审、价格评审、标包划分、授标原则、合同文本八方面通用原则，充分考虑潜在投标人群体、建设规模、履约能力、服务便利等因素，科学划分标包、设置评审细则、授标规则及合理中标限额，促进市场主体公平竞争。手册对一二级采购目录涵盖的变电设备、输电材料、零星物资等物资类需求及输变电工程、安监专业、设备专业等 11 类服务采购项目进行详细阐述，常态化跟进国家政策、公司发展、工程建设、市场环境变化等内外部因素，动态梳理调整采购策略，提升采购质效。

2. 规范评审过程

研发并推广使用精益化评审工具，基于供应商资质能力核实结构化信息，将绩效评价、不良行为、信用信息等数据应用到评标环节，制定客观量化的评审要素，缩小评标尺度，由系统智能评审辅助打分，规范评审流程，优化评标效率。工具建设秉持标准规范、切合业务、高效兼容的原则，采用统一领导、统一管理、统一规划、统一设计、统一标准、统一建设的六统一建设方法，保障流程的规范性和数据的可溯性，实现法规严格执行和规则灵活配置的有机统一。

建设智慧化管理封闭式评标基地，所有采购评审均在内部"1+27"个评标基地及 219 个地市公司授权采购评审场所"上平台"线上操作，通过视频远程监督评标现场，电子围栏限定工作区域，物联手环感知活动轨迹，确保专家行为实时可视，评标过程全程在线。编制企标 Q/GDW 12465—2024《封闭式评标基地智慧化管理建设规范》，明确评标基地智慧化建设与管理总体规划，严格落实评标基地智能化视频监控管理平台建设要求，规范评标现场智慧化管理、现场监督管理、综合数据分析、智能物联设备等智慧管理系统建设内容。

3. 规范专家管理

《国家电网有限公司评标专家管理细则》是评标专家管理的规范性文件，明确评标专家及评标专家库管理遵循"统一平台、分级应用、资源共享、动态管理"的原则。

强化评标专家库建设，统一专业目录结构、入库资格标准、考核评价规则，确保专家推荐、审核、抽取、通知、评价、考核的规范性；强化评标专家共享共用，建立常态化远程异地评标资源协调机制，健全一体化合作机制，加大各网省公司之间专家资源的共享力度，提升评标保障能力；强化评标专家抽取管理，应用国网绿链云网随机抽取，专家明文信息以随机代码加密，严控专家信息泄密风险；严控评标专家出席次数，杜绝"常委"评标专家情形，降低专家被"围猎"风险；强化评标过程专家履责管理，严格落实评标专家"背靠背"独立评审要求，严格履行评委会集体审议、决策审批重要事项工作程序，确保"三公"原则全面落实。

（三）数字标准化推动全域融通共享

1. 采购数据共享

根据国家电网公司绿色现代数智供应链发展和新型电力系统建设要求，遵循《关于进一步规范电子招标投标系统建设运营的通知》和《国家电网有限公司采购业务实施细则》规定，国家电网公司不断强化标准化对数据联动的支撑作用，释放供应链数据要素潜能，推动招标采购业务向数智化转型。

国家电网公司招标采购业务依托以国网绿链云网为核心的数智化采购及供应链管理平台，已全面实现电子化、结构化管理，依据企标《采购交易数据规范》，规范电力绿色现代数智供应链招投标过程数据、结果数据的统计、审核、分析、应用及评价等，对内与其他专业信息系统集成对接，对外方便投标人快捷应用平台信息交互，有效推动供应链各环节高效运转。构建各品类结构化采购策略全量要素库，贯通已核实供应商信息和历史采购数据，自动推荐资格条件、评审规则等采购策略，融合各品类供应商群体、采购额度、需求单位分布等信息，自动推荐标包划分策略；构建标准化、结构化、数字化的供应商资质业绩库，助力供应商实现投标文件一键生成、智能提报；各品类、各采购方式的招标采购文件、投标应答文件结构化，根据评审需求关联资格预审结果、信用信息、绩效评价、不良行为等内外部标准化数据库，数据自动比对提示投标人不满足事项和预警围标串标情况，自动计算客观量化商务技术分和价格分，辅助专家评审。

2. 采购合规监督共建

国家电网公司构建数字化"风险知识库""风险指标库"，依托风险监控预警平台，实现在线数字监督和信息永久追溯，采购合规监督由"人防"向"智防""技防"转变，由事后被动处理向事前主动感知转变，强化采购管理合规监督。风险知识库整合供应链各环节的数字化作业风险，形成风险案例和风险清单，线上数字化管理实现全网监督人员在线共建共享，做到"全网风险一本账"；风险指标库对具备在线监控条件的风险点开展监控建模，形成智能化、模块化监控指标。风险监控预警平台针对风险指标库中"激活"指标开展在线监督。风险知识库、风险指标库持续迭代更新，对评标合规性等关键点开展实时监督，在线预警并督办纠偏业务不达标、不合规等情况，强化业务风险的闭环管控。

3. 采购对标共赢

国家电网公司依托 ESC 平台，应用大数据分析技术，通过全业务数据中心自动抓取国网绿链云网、ERP 系统采购业务基础数据，增强数据比对准确性，充分挖掘海量采购数据潜在价值，开展采购效率、效益、效能分析，推动采购策略智能辅助决策。借助完善的量化指标体系和科学的算法模型，将采购管理设置的同业对标"采购质效管理指数"以图形、表格等多种形式展示，对采购批次、品类、时间、质量、供应商等进行多维穿透分析和"线上化"管控，让数据通过各种可视化视觉形式主动说话，反映和评价业务执行情况，为招标采购精益化管理提供强有力的数据支撑，辅助管理者不断优化采购策略，提升采购管理水平。

第二节　标准化全面服务电工装备制造高质量发展

国家电网公司深入贯彻"质量强国""质量强网"战略，牢固树立"质量第一"意识，突出质量标准引领，强化质量监督把关，为物资质量管理注入标准化理念，运用数字化手段，将标准化管理延伸到质量控制最源头、最前线，建立全面统一的供应链质量保障机制，形成了统一有效的标准化制度和管理流程。协同供应商落实生产企业主体责任，营造良性健康市场竞争环境，促进电工装备行业实现跨越式发展，有力支撑坚强电网建设。本节将详细阐述供应链上下游标准互联互通、标准化服务设备制造质量能力建设、标准化服务质量检测能力建设、标准化服务数字产品质量建设等内容。

一、供应链上下游标准互联互通

（一）供应商资质信息数据互联互通

为规范供应商注册信息管理，国家电网公司按照《供应商关系管理办法》要求，采用注册制管理供应商。有意参与公司招标采购活动的供应商须在电子商务平台注册，总部供应商服务中心负责对供应商填报的注册信息及相应变更信息进行核对，确保信息的一致性和规范性。供应商完成注册后，国家电网公司参照《电力物资供应商信息分类导则》，对 38 类电力物资供应商，按生产制造、试验检测、报告证书等信息进行标准化定义，从数据信息分类、含义说明等方面构建统一标准的供应商信息数据体系，推动电力物资供应商信息数据的规范化、标准化管理及应用，形成统一规范的基础数据标准，为供应链圈互联互通打好基础。

针对参与国家电网公司招标采购供应商，国家电网公司会组织专家对其资质业绩信息及生产现场情况进行核实。核实工作主要依据的是 55 项《供应商资质能力信息核实规范》和 58 项《供应商资质能力核实管理细则》，依托国家电网电子商务平台开展。《供应商资质能力信息核实规范》主要针对 35kV 及以上变压器、交流互感器、断路器等 55 类设备材料供应商的资质条件及制造能力信息，《供应商资质能力核实管理细则》则是对一次设备、二次设备、通信设备、仪器仪表、装置性材料及辅助设备设施等六大类 58 种物资，从供应商的资质情况、设计研发、生产制造、试验检测、原材料管理等方面规定了核实内容、核实方法、有关要求等。同时，国家电网公司根据新技术发展和应用，以及绿色采购的要求，不断修订完善资质能力核实标准，以增强核实标准的科学性、实用性；按照统筹作业目录清单，拆分重合度较低的品类，独立编制核实标准，便于专业管理和深化应用；最后，编制统一的供应商资质能力核实作业指导书，进一步提升核实工作标准化、规范化水平。

国家电网公司于 2023 年 12 月 1 日在电子商务平台发布了《国家电网公司关于 2024 年供应商资质能力信息核实工作计划的公告》，范围涵盖 10kV 及以上输变电设备、材料，通信设备，数字化设备，营销类物资，辅助类物资，仪器仪表，五金材料，金属材料，工器具，输变电工程设计、施工、监理，水电工程服务，水电设备等 394 类物资和服务，核实计划按专业和物资品类有序规划，从 2022 年 12 月至 2023 年 11 月横跨一年。例如在 2023 年 1 月 4 至 13 日期间，开展了对 35kV 及以上材料类、营销类、特种车辆等产品供应商资质能力信息文件核实。对照资质能力核实标准规范，根据文件核实情况，结合供应商新申请产品、现场生产环境及条件等变化，组织实施了 2023 年 35kV 及以上输变电材料类、营销类、特种车辆等产品供应商资质能力信息现场核实工作。本批次涉及供应商 104 家（任务条目数 108 条）。经文件核实确认，供应商重点核实内容均齐全，建议开展现场核实。按照现场核实产品特点及供应商生产厂房地区分布情况，并综合考虑路程远近、专家资源、工作时限等因素，本次现场核实工作共组建 24 个现场核实专家组。最终在 3 月 27 日完成核实，核实结果在电子商务平台信息公示。

通过加强供应商注册及资质能力信息的标准化管理重要意义。投标方、供应商可以在一年有效期内，直接引用本次核实结果，不用每次投标时投入大量人力整理，减少了制作投标文件时的重复性劳动，极大提高了投标效率。对招标方，保证了供应商资质信息真实性，维护公平竞争，并进一步提升供应商信息的可信度。在近五年的总部组织实施 35kV 及以上输变电设备等物资供应商资质能力信息现场核实工作中，供应商资质能力核实工作整体成效良好，未发生一般以上性质的舆情、法律问题，未发生内外部重大投诉问题。内外部审计和巡视巡察工作中，未发生重大问题。

（二）供应商评价标准规范一致

国家电网公司注重对供应商的绩效评价管理，对供应商的资质能力、产品质量、合同履约、售后服务、运行质量等综合情况进行全面、客观、准确的规范评价。国家电网公司制定了《供应商绩效评价标准》，根据不同设备，明确不同的计算规则，得到评价结果，并按照供应商绩效评价结果对供应商做出区别处理。《供应商绩效评价标准》规定了供应商绩效评价标准与评价积分规范，评价内容涵盖一次设备、二次设备、装置性材料、仪器仪表等 39 类评价物资，其中：一次设备包括变压器、互感器、断路器、隔离开关等 17 类物资，二次设备包括变电站保护类等 8 类物资，装置性材料包括杆塔、导地线、绝缘子等 10 类物资，仪器仪表包括电能表、用电信息采集系统等 3 类物资，其他包括安全工器具等 1 类物资。《供应商绩效评价标准》规范了供应商绩效评价流程、统一供应商绩效评价要求。绩效评价结果是国家电网公司对供应商分级管理的重要基础数据。依据该标准国家电网公司评估出质量好、服务佳的优选供应商，以提高入网运行产品可靠性，保障物质质量与供应链质量。

尽管国家电网公司制定了供应商信息、资质能力核实和绩效评价管理的相关管理体系，但仍可能存在供应商不良行为发生的可能性。供应商不良行为是指在国家电网公司物资管理活动中，供应商供应的物资在全寿命周期内（包括产品从设计、制造、运输、安装、调试、运行直至退役的全过程）发生质量问题，或供应商在参与资质能力信息核实、招标采购活动以及在合同履约过程中，在诚信、交货、服务等方面存在问题。针对以上问题和风险，国家电网公司制定了《供应商服务管理工作规范》《供应商不良行为处理管理细则》等规范性文件，对产生不良行为的供应商进行规范化、标准化管理。根据不良行为的严重程度将其行为进行分级，针对不同级别的不良行为分别采取扣减评标分值、暂停授标、列入黑名单等处罚措施。为了实现供应商不良行为处理流程的标准化，国家电网公司规定对于总部招标采购的供应商不良行为和各单位招标采购的供应商不良行为，均由相关部门遵循《国家电网公司供应商不良行为处理管理细则》进行管理，所有处理措施必须按照相关通知的要求进行执行，以确保供应商不良行为的处理能够得到规范和统一执行，供应商不良行为处理流程见图 4-4。国家电网公司通过规范供应商不良行为管理，增强了对供应商的约束，强化对供应商产品质量的监督，促进供应商提高产品质量、诚信履约，确保电网物资的安全可靠。

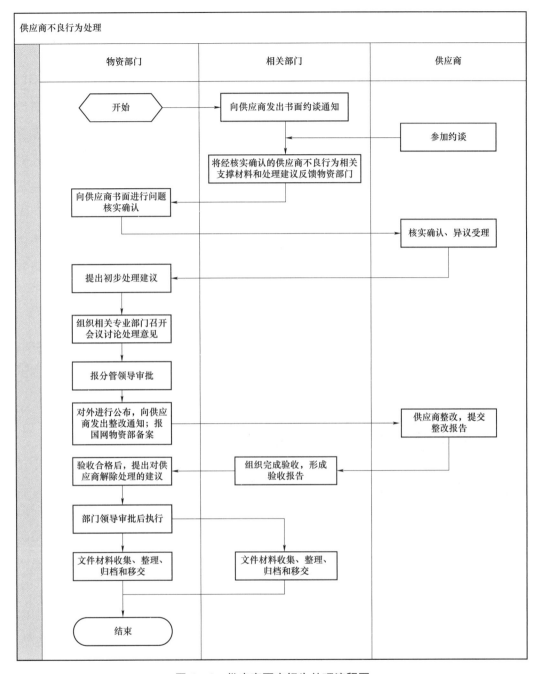

图4－4　供应商不良行为处理流程图

以"供应商不良行为处理标准化"为例进行说明。为促进供应商诚信履约，保证产品质量，确保电网建设顺利进行及安全可靠供电，依据《国家电网公司供应商不良行为处理管理细则》的有关规定，对出现产品质量问题、履约不诚信等问题的供应商进行处理。处理措施须在处理期满后，供应商整改并经相关单位或部门验收合格后方可解除。

供应商整改需满足以下条件：①供应商应按照合同约定及合规承诺，承担相应的违约责任。②对于产品质量问题，供应商应向业主单位或有关专业技术管理部门提供有关的信息和数据，并积极配合业主单位进行质量调查和原因分析，制定整改措施，并经业主单位认可；对出现质量问题的产品进行免费处理或更换，且检测合格，赔偿由此引起的附加调试配合等费用，并对同类产品进行全面排查和整改；对于存在批量质量隐患或家族性缺陷的产品应全部免费召回或积极配合业主单位进行治理。③对于交货问题，供应商应在与业主单位协商后约定的期限内完成交货。④对于服务问题，供应商应制定整改措施，提供必要的证明材料，并做出不再发生类似问题的书面承诺。⑤对于前期不履约或未能正常履约的，供应商应提供整改报告及能够正常履约的支撑材料。⑥对于诚信、行贿等问题，供应商应做出不再发生类似问题的书面承诺。

供应商不良行为处理流程大大提升了专业部门和业主单位的话语权，形成"采购、使用"闭环管理机制，有效辅助招标采购实现"进一步选优选好设备"目标，提高电网本质安全水平。

二、标准化服务设备制造质量能力建设

（一）统一源头管控标准，推动设备监造质效升级

设备监造是国家电网公司加强供应商管理、控制物资质量的重要手段之一。监造是监造单位按监造服务合同约定，派驻专业人员到供应商现场，对设备材料的制造质量及进度进行全过程的监督见证。为保证监造工作质量，国家电网公司发布了《电网设备材料监造管理办法》，对监造内容、监造计划和监造实施提出了标准化要求。国家电网公司规定对 220kV 及以上变压器、电抗器、组合电器，500kV 及以上罐式断路器需实施全程驻厂监造，由总部制定变压器、GIS 等设备的标准化监造手册，先后发布了《超、特高压电力变压器（电抗器）设备监造导则》《柔性直流输电设备监造技术导则》《1000kV 交流电气设备监造导则》《±800kV 级直流系统电气设备监造导则》《抽水蓄能电站设备监造技术导则》《抽水蓄能机组设备监造导则》《电能表监造技术规范》《电力设备监造技术导则》等制度，明确了电网物资监造标准与技术规范。为了规定设备监造的一般要求、监造单位和监造人员、各相关方职责和权限、监造工作实施、监造信息，以及电工装备智慧物联平台监造要求，公司下发了《电网物资监造

规范》，分别对 220～750kV 交流电力变压器、220～750kV 油浸式电抗器、252～800kV 气体绝缘金属封闭开关设备、252～800kV 高压交流断路器的监造标准提出了具体要求。设备监造标准由各下级单位执行，通过加强宣传和培训的力度将要求落实到生产制造现场及每一条监造记录，确保监造到位、标准到家、不留死角。

为了统一和规范物资质量管理流程和业务操作流程，国家电网公司在电子商务平台为云监造应用场景，如图 4-5 所示，开发物资质量管理模块，建立合同物资全过程、全覆盖管理的流程和管控体系，加强物资质量管理的流程化、标准化和常态化，实现监造及抽检工作的"全程、实时"管控，建立"标准统一、数据唯一"的供应商产品质量信息档案。国家电网公司通过平台数据对省公司工作开展情况进行同业对标指标考核，从而督促各单位提升物资质量管理工作水平。此外，驻厂监造和到货抽检数据能够实时上传平台，利用电工装备智慧物联创新，与 1080 家供应商的 2900 余条生产线物联，推进设备制造质量"云监造"管理，对接评价供应商产品质量控制体系功效，对标采购技术要求进行质量监控。最后，供应商产品质量评价也发生了变化。从原来的以单次检测和单个样品质量评价为基础，转变为根据全网同厂商、同品类设备的所有检测数据汇总评价。这种转变能够更加全面地评估供应商产品的质量。综上所述，国家电网公司通过电子商务平台上的物资质量管理模块，实现对物资质量管理流程和业务操作流程的统一和规范。这一模块的应用不仅加强了物资质量管理的管控和监测，还促进了供应商产品质量的提升，为国家电网公司的发展提供有力支持。

图 4-5　云监造应用场景

以"电工装备智慧物联平台与质量管理标准化融合"为例进行说明。电工装备智慧物联网平台（EIP）总体结构如图4-6所示。是以电工装备制造业数据全网互联共享为核心，利用大数据、云计算、物联网和人工智能等新技术，实现对电工装备供应商物联数据和业务数据的智能感知、协同交互、共享汇聚和分析应用，通过工业互联网技术，将质量管理标准化延伸到供应商产品质量控制最源头、最关键的制造生产线。EIP平台能够实时采集供应商产品生产制造的原材料准备、工艺控制、出厂试验等全流程质量信息，与合同要求参数进行比对，对质量、进度问题自动智能预警、告警。国家电网公司按照"接入自愿、开放共享、协同高效、价值共赢"的原则，制定了《电工装备智慧物联体系通用导则》，规范了EIP平台建设应用，明确了电工装备智慧物联体系的总体框架、体系机构及功能等要求。为促进EIP平台的资源整合和业务协同，提升平台的数字化应用水平和智能化水平，国家电网公司通过建立电工装备智慧物联体系的安全防护、技术要求与数据规范等标准，规范电工装备智慧物联平台的建设和应用。

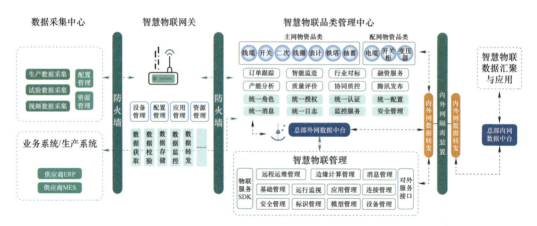

图4-6　电工装备智慧物联平台总体结构

（二）标准化引领到货质量抽检公平公正

抽检是指项目单位或检测机构依据国家电网公司相关标准、供货合同以及国家有关标准，利用检测设备、仪器，对所采购物资随机抽取，进行有关项目检测，检验物资质量的活动。为保证抽检工作质量，国家电网公司发布了《国家电网物资质量抽检管理办法》，规范物资质量检验要求，严把入网设备质量关，强化抽检工作标准化。国家电网公司按照各单位年度招标采购供应商及物资种类的全覆盖确定抽检计划，坚持物资抽检标准化要求，明确各单位分工与行为规范，并陆续印发了《35kV及以上电力变压器抽检工作规范》《电流互感器抽检工作规范》《高压开关柜抽检工作规范》等 34 个物资品类的抽检工作规范，对抽检术语、抽检计划、抽检实施、抽检信息管理等做出规定，并明确了抽检报告模板。结合"检储配"一体化基地标准化建设，解决了常见物资抽检模式下，物资抽样和检测地点分离，抽检物资从取样地点运送至检测地点，需经过抽样、取样、封样、送样、检测、返样等流程，业务环节多、链条长、时间和人力成本大，且存在外部干扰风险的问题。实现"就地抽检、检后入库、集中储备、按需配送"的原则，在入库物资规模较大、周转率较高的中心库或周转库，就地或就近建设物资质量检测中心，建立"检储配"一体化基地的建设原则，对检储配一体化基地在选址、场地、配套设施、外观标识、人员配备、信息化建设以及一体化运营等方面做出明确规定。同时，配套出台"'检储配'一体化基地评价标准"，明确了在评价条件、评价要求、评价方法等方面的要求。

物资到货质量检测以抽检合格率提升作为工作出发点，对设备生产质量问题、试验结果不合格的原因深挖细抠，综合应用抽检、处理、引导提升等手段，促使供应商不断提升产品质量。国家电网公司深入践行"质量强网"战略，坚持物资抽检"三个全覆盖"标准化要求，即覆盖全设备品类、全供应商与全供货批次，规范电网物资质量抽检管理流程和要求。2021 年下半年，某公司配电一、二次融合柱上开关推广建设项目落地实施，短时间内大量一、二次融合柱上开关需要安装入网运行。为了严守入网设备质量关，委托省电科院物资质量检测中心开展一、二次融合柱上开关专项抽检，发现不合格率达到 25%，较去年柱上开关平均不合格率上升近 20%。该公司立即启动供应商约谈，责令供应商全部退换出现检测问题的产品。经过本轮整改，12 月后本项目柱上开关的质量问题得到基本遏制，再次抽检未发生不合格问题，整体抽检合格率达到 100%。在此过程中，"抽检定额完成率"和"物资质量监督指数"等对标指标充分发挥了指向和监督作用，引导该公司及时、有序、全面开展质量抽检和不良供应商闭环处理等工作，有力保障了本次柱上开关入网质量。

三、标准化服务质量检测能力建设

（一）质检作业规范化推动质量检测能力全面提升

物资质量检测是物资质量管理的重要控制手段，为了严格把控物资质量，提高物资管理水平，国家电网公司不断规范物资检测标准，如图 4-7 所示。目前已编制质检相关工作标准及作业规范 310 余项，主要内容包括检测中心 6 项管理制度、检测中心 6 项上墙制度，检测相关的国家行业标准汇编，检测相关的技术规范书，25 类物资检测作业指导书，检测设备采购技术规范书，检测设备操作规程，电网物资检测原始记录模板、电网物资检测报告模板等。其中物资质量检验作业规范覆盖 22 类配网物资抽检作业规范，7 类二次及通信设备抽检作业规范。

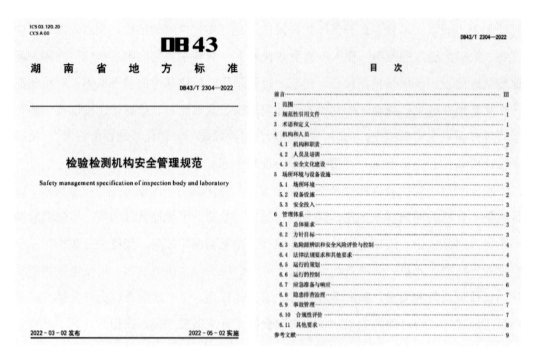

图 4-7　检验检测机构安全管理规范示例

国家电网公司按照"适度超前，逐步推进，整体提升"的思路建设检测体系，以检测单位各类电网物资质量检测能力提升为目标，发布了《电网物资质量检测能力规范》，明确电网各类物资质量检测能力与相应配置要求。国家电网公司加快推进质检中心运行机制建设，切实提升物资质量检测体系运行质效。发布《电网物资质量检测能力标准化建设导则》，规定了检测实验室的通用能力建设要求，并且针对配电变压器、JP 柜、高压开关柜、铁塔、混凝土电杆等 25 类电网物资，在试验项目和设备配置方面从高到低制订了 A、B、C 三个等级标准，如图 4-8 所示，鼓励各检测单位向更高电压等级、更大容量的产品配置相关装备及检测能力。发布《电网物资质量检测能力评价导则》，规定了电网物资质量检测能力评价的职责分工、评价内容、工作流程、评审管理等，强化了检测单位检测装备配置与相关检测能力建设，推进单位间检测资源共享，促进构建国家电网公司、省、地三级质量检测体系。

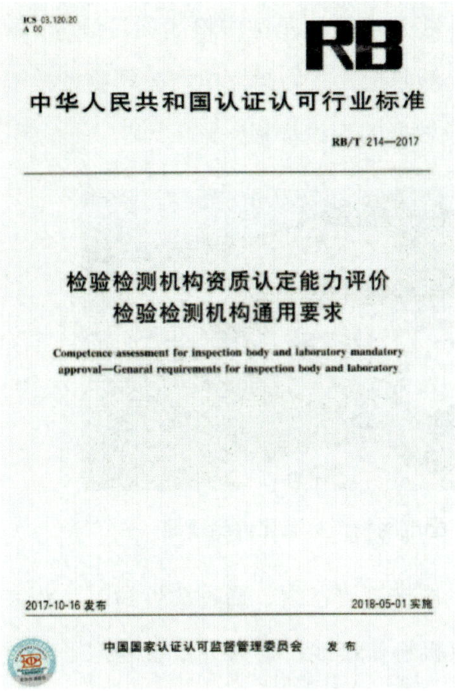
ICS 03.120.20
A 00

RB

中华人民共和国认证认可行业标准

RB/T 214—2017

检验检测机构资质认定能力评价
检验检测机构通用要求

Competence assessment for inspection body and laboratory mandatory approval—Genaral requirements for inspection body and laboratory

2017-10-16 发布　　2018-05-01 实施

中国国家认证认可监督管理委员会　发布

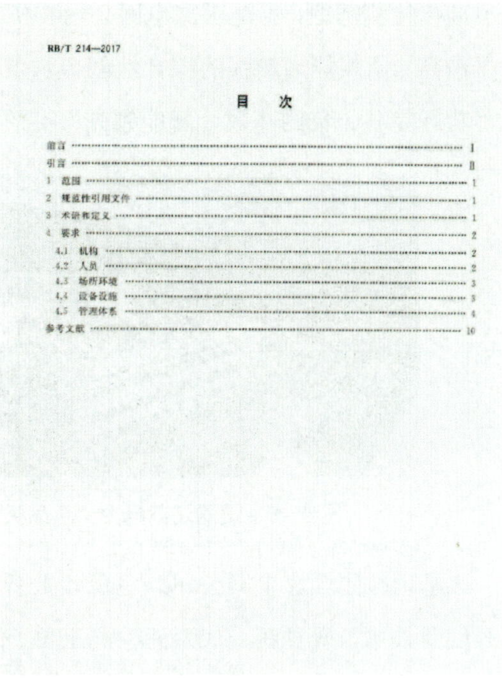
RB/T 214—2017

目　次

图 4－8　检验检测机构资质认定能力评价－检验检测机构通用要求

（二）“全品类”配电网物资检测基地应势而生

目前，随着电网不断的互通互联，电力系统运行环境更加复杂，国家电网公司对电网安全稳定的要求也越来越高。对于电网所需的各类物资，亟须高水平的质量检测和试验，而囿于空间和装备的限制，现有的实验室已无法满足需求。建设更高水平的检测基地，成为一道摆在面前的时代命题。国家电网公司物资质量检测中心建设，按照覆盖所有采购供应商、所有采购批次、所有物资品类的原则，科学布局、分级建设，建成国家电网公司级、省公司级及地市公司级或区域级三级物资质量检测中心。根据开展的检测项目，将每类物资的检测能力分为 A、B、C 三级。其中，A 级包括该类物资的所有试验项目，B 级包括常规型式试验项目，C 级包括常规例行试验项目。

国家电网公司经过审慎考量，决定由国网徐州供电公司承载起创新突破、全面登高的使命。国家电网公司江苏电力物资质量 A 级检测基地在徐州建成投运，如图 4－9 所示。基地一期占地 91.77 亩，总建筑面积约 3.5 万 m^2，包括 5 大试验中心、1 个集控中心和 1 个仓储中心，配备大容量短路试验、动热稳定等五大试验系统，硬件上覆盖全部 A 级检测项目，软件上全面对接和融入现代智慧供应链，覆盖设备、材料、线缆等三大电网物资类别 530 余项检测能力，是国家电网公司首个“全品类”配电网物资标准化检测基地，也是国家电网公司物资质量 A 级检测基地中检测项目最全、智能水平最高、承载能力最强的综合性创新示范检测基地。成为国家电网公司物资检测基地"功能完备、集约高效、智能领先"高质量发展的建设样板。

图 4-9　国网江苏电力"全品类"配电网物资标准化检测基地

该基地按照国家电网公司绿色现代数智供应链建设部署，通过柔性检测、数字孪生等创新技术，研发新一代万能检测工位、双机协作接线机器人、数智运营平台等一批成效明显、具备广泛推广价值的数字化、智能化创新成果，实现接样、仓储、检测、报告出具等全流程无人化作业，平均缩短作业时间 30%，减少人力成本 50%。依托徐州作为淮海经济区中心城市的及省域副中心城市的区域定位，江苏电力物资质量 A 级检测基地发挥检测能力、交通区位优势，不仅可满足江苏省内电力物资质量检测需求，亦能发挥辐射效应，有效弥补山东、安徽、河南、河北等邻近省份的 A 级检测资源缺口，更有利于实现区域共享，支撑国家电网公司物资质量检测体系建设，持续推动供应链向"绿色、数智"转型发展为主线，加大物联网及现代信息技术应用，不断深化"自动作业、数字运营、智能决策、可视管理"为特征的物资质量管控模式，服务新型电力系统建设和"双碳"目标实现。

四、标准化服务数字产品质量建设

（一）加强数据产品质量管理规范

国家电网公司印发的《供应链数据主人制及数据质量管理体系建设工作方案》，立足业务视角、突出业务驱动，全面确立业务部门的数据主人地位，全方位激活业务部门的数据主人作用，提出加快建成基于"数据主人制"的供应链数据质量管理体系，为推动绿色现代数智供应链高质量发展夯实坚强数据底座，系统性提升供应链数据要素服务电力行业与社会经济高质量发展的能力和水平。

国家电网公司全面掌控数据产品质量管理环节，建立并不断完善物资质量数字化、标准化监督体系，加强质量把控。各管理制度明确了国家电网公司各级物资管理部门是供应链数据质量管理的主人部门，必须坚持"管业务必须管数据、管数据就是管业务"的总体工作思路，通过数据产品与数字化部门形成高质量互补、高效率联动，切实激发"业务＋技术"的双轮驱动作用，健全物资专业内部数据产品管理组织，畅通物资专业内外数据产品管理协同机制，让供应链数据产品质量管理工作不断走深走实。

国家电网公司对数字产品质量管理，按照产品化思维，明确部门职责、分工及工作流程，通过数字化手段，对设备材料制造到运输、验收、安装调试及运行阶段的质量管理措施实行标准化管理。建立健全供应链数据质量保证体系，研究制定供应链数据产品生产工艺控制文件、质量检测标准及质量评价方法及供应链数据产品生产主体管理体系，系统性开展供应链数据产品质量管理，全力提升国家电网公司数据产品质量水平，贯彻"供应链数据主人制和数据质量管理体系建设工作方案"有关要求，压实"管业务必须管数据"的主体责任，加强对源头数据录入的规范性管理，制定供应链数据质量核查业务规则，实现源端系统数据的"边录入边校验"，杜绝数据"带病入库"。打造供应链数据质量在线监测与检测功能，构建供应链数据链路监测与血缘分析能力，实现对供应链业务标准数据血缘关系的在线自动分析与可视化展示，实现供应链数据质量线上化闭环管控，提升数据质量管理自动化、智能化水平。

（二）编码通用化推动设备质量管理数字协同

国内外都很重视标识体系的开发与应用。国内自主的标识体系主要有 Ecode、CSTR、ISLI 和 NIOT 等，国际上广泛使用标识包括 Handle、DOI、OID、GS1、DID 等。Ecode 是实现"一物一码、物物相联"的基础，广泛应用于快消品、工业品的商品管理、产品追溯、质量追溯、防伪追溯和农产品、成品粮、红酒、茶叶、化肥、乳品、工业装备、原产地认证等领域。Ecode 编码可存储于条码、二维码、电子标签等载体。2015 年 9 月，GB/T 31866—2015《物联网标识体系物品编码 Ecode》正式发布，成为我国首个物联网国家标准，Ecode 成为我国物联网领域自主研发的唯一标识。我国 Ecode 标准体系与 Ecode 平台在防伪防窜、产品溯源、产品全寿命周期管理、供应链协同、精准营销领域提供物联网标识服务。国内已出台十余部 Ecode 相关标准。

Ecode 标识体系由 Ecode 编码、数据标识、中间件、解析系统、信息查询和发现服务、安全机制等部分组成，遵循"统一标识、自主标准、广泛兼容"三个基本原则，是科学合理、符合我国国情并能满足我国当前工业互联网发展需求的完整的编码方案和统一的数据结构。Ecode 编码的一般结构为三段式："版本＋编码体系标识＋主码"。版本 V（Version）用于区分不同数据结构的 Ecode。编码体系标识 NSI（Numbering System Identifier）用于指示某一标识体系的代码。主码 MD（Master Data Code）用于表示某一行业或应用系统中标准化的编码。现有 Ecode 编码结构有 Ecode－V0、Ecode－V1、Ecode－V2、Ecode－V3、Ecode－V4 等 5 个版本。Ecode－V0 采用二进制表示，用于兼容 ISO/IEC 29161 的编码体系；Ecode－V1、Ecode－V2、Ecode－V3 适用于兼容原有已成熟的编码结构；Ecode－V4 适用于兼容 Unicode 编码。V 和 NSI 由 Ecode 编码管理机构（中国物品编码中心）统一分配，不同的物联网应用，可以根据需要，选择合适的版本 V，V 不同，NSI 长度不同。MD 的长度和数据结构由 NSI 决定，MD 的分配由某一编码体系的管理机构自行管理和维护，并需向中国物品编码中心备案。用户在不能确定物联网应用方向时，可申请使用 Ecode 通用编码结构。Ecode 标识体系的存储结构，在对物品进行编码实现一物一码后，需要将编码信息通过适当的数据载体进行承载，以便借助现有的采集技术开展信息采集。除 Ecode－V0 适用于 EPC 外，Ecode 其他版本可根据实际应用环境灵活存储于多种数据载体中，常见的有一维条码、二维码、RFID 标签、NFC 标签。其存储规则为：采用一维条码、二维码、NFC 标签作为载体时，通常是将"E＝V＋NSI＋MD"整体写入标签中，其中"E＝"为采用 Ecode 编码体系的标识符。采用 RFID 标签作为载体时，将根据标签空口协议和标签存储结构的不同进行具体的规定。

国家电网公司通过 Ecode 标识和"实物 ID"编码的对接关联，实现了供应链中物资的"双码"信息共享，形成了内外统一的标准质量管理体系，不仅在内部通过"实物 ID"实现设备资产的全寿命周期管理，也通过 Ecode 码在行业内共享产品质量数据。同时，运用 EIP 平台作为 Ecode 国家平台与企业平台交互的枢纽，提供 Ecode 码下发、质量数据归集等业务，将质量管理标准贯通到全行业，打造行业级的公共服务平台。以"编码赋能，多维应用"为抓手，通过 Ecode 码实现订单下达、生产制造、监造检测、物资运输、到货验收、安装使用等环节数据贯通，构建智慧物联一张网，并在产品标识、质量追溯等多场景应用。

当前，Ecode 标识已经在线缆制造企业、开关制造企业获得成功应用，有助于产品全寿命周期的质量标准化管控，防止质量问题导致的安全隐患，规范市场秩序，保障电力系统的安全稳定运行。同时，对线缆产品实现"有物必有码，有码必可扫"，极大方便了生产管理、营销管理、物流管理以及工程应用等经济活动。未来，Ecode 码将凭借标准化、数字化的优势，进一步牵引其他电力装备制造产业，最终实现"一物一码，有码必扫，各取所需，互联互通"，推进物资质量管理向标准化、数字化、协同化发展。

第三节　物资供应标准体系保障电力系统安全稳定

国家电网公司深入把握总体国家安全观的要求，从适应集中招标采购模式、满足大规模电网建设的需求出发，以资源统筹、精益管理、持续发展为基本原则，将电力系统安全融入国家安全体系大局。在传统物资供应体系的基础上，开展更深层次的标准化建设工作，以高标准引领高质量发展，持续优化合同管理、建设现代物流体系、打造应急管理体系，为中国式现代化建设提供可靠电力保障。本节主要阐述了管理制度、技术标准、管理对标三大标准体系对物资供应工作中的合同管理、仓储服务、现代物流、实物资源以及应急保障等工作的推动作用，助力营造合作共赢营商环境、建设高效现代物流体系、打造强韧应急响应机制，守牢电力安全"寿命线"，形成了具有国家电网公司特色的物资供应标准化建设经验。

一、标准化促进合同管理安全合规

国家电网公司贯彻国家"全力畅通供应链，带动产业链发展"要求，加强物资供应合同管理环节标准化建设，形成了国网（物资/2）124—2024《国家电网有限公司物资采购合同承办管理办法》、Q/GDW 12396—2024《电力物资采购合同技术规范及应用导则》、Q/GDW 12462—2024《电力物资智能结算终端技术规范》，以及"合同结算及时率"指标等标准化成果，减少企业投标成本，加大中小微企业采购支持力度，充分发挥供应链链主引领作用，着力构建共赢共享的供应链新生态，推动电力物资产业链供应链安全稳定运作。

（一）统一合同文本

为减少合同签订差错、防范合同执行风险、提高合同管理效率、助力带动全链共同发展、提升供应链柔性韧性，国家电网公司通过 Q/GDW 12396—2024《电力物资采购合同技术规范及应用导则》标准化成果，对合同的组成和内容进行规范，形成了统一的合同文本，有效防范了法律风险和商业风险；同时，借助国网绿链云网和两级 ERP 系统等信息化平台，对信息系统中合同各个字段进行标准化建设；编制了 Q/GDW 12462—2024

《电力物资智能结算终端技术规范》技术标准，实现了合同文本定制化、合同生成自动化、签约履约可视化、合同结算电子化，提高物资合同结算速度，降低结算成本，提供便捷结算服务；此外通过国网（物资/2）124—2024《国家电网有限公司物资采购合同承办管理办法》，保障了合同文本标准化和信息系统标准化成果能够充分应用。

Q/GDW 12396—2024《电力物资采购合同技术规范及应用导则》规定了电力物资采购合同体系范围及使用说明、电力物资采购合同组成、合同封面编制要求、合同协议书编制要求、通用合同条款及专用合同条款编制要求、电力物资批次采购合同应用规则、电力物资协议库存采购合同应用规则，形成了物资采购统一的合同模板。同时，根据物资特性、质量标准、采购及执行方式等不同，将合同文本分为电力物资采购合同文本、非电力物资采购合同文、协议库存货物采购合同文本、电商化采购合同文本、废旧物资销售合同文本五大类，共计 130 多个标准文本，有效减少了人为干预和自由裁量权，避免合同漏洞和风险。

国家电网公司借助国网绿链云网和两级 ERP 系统等信息化平台，打造了从合同签订到资金结算一站式线上业务服务，通过对信息系统中合同各个字段进行标准化建设，实现了合同文本自动生成和电子化签署，提升了采购合同的签约效率。通过标准化的合同字段，系统将自动生成合同文本，通用条款、专用条款以及合同标的、价款、履行期限、支付条件等所有与招投标文件内容严格一致的合同要素，结合国家出台的电子签章技术国家标准 GB/T 38540—2020《信息安全技术安全电子签章密码技术规范》，利用国网绿链云网实现合同电子签订，并创新运用 RPA 流程机器人，一键实现全流程自动操作。同时，为保障合同文本标准化和信息系统标准化成果能够充分应用，国家电网公司制定了国网（物资/2）124—2024《国家电网有限公司物资采购合同承办管理办法》，对合同及合同签订过程进行规范。具体内容如下：

（1）物资采购合同应优先使用公司统一合同文本，涉及对统一合同文本条款进行增减、修改的，应在专用条款中另行约定。

（2）物资采购合同审核会签完成并经法定代表人（主要负责人）或授权代表签署完成，签订实施主体根据数字化法治企业建设平台回传的数据信息，在国网绿链云网进行电子签章和合同生效操作。

通过制定并创新应用国网（物资/2）124—2024《国家电网有限公司物资采购合同承办管理办法》、国网（物资/4）245—2024《国家电网公司物资采购合同承办实施细则》等标准化成果，实现了合同文本自动起草，合同签约全程在线办理，全面提升业务效率，营造出公平、透明、高效的业务环境，推动构建共享共赢的供应链生态。

（二）规范合同履约

合同履约是物资供应过程中的重要环节，规范的合同履约能够保障物资供应满足生产建设实际需求。为应对供应计划安排不当、物资生产与运输管控不力、物资交接与验收准备不足的合同履约风险，国家电网公司通过国网（物资/2）124—2024《国家电网有限公司物资采购合同承办管理办法》、国网（物资/4）245—2024《国家电网公司物资采购合同承办实施细则》等相关规章制度及技术标准，规范合同履约过程环境，对物资供应工作进行了详细的规定，保证合同的顺利履行，进而实现营商环境的优化；并通过"合同履约完成率"等指标对履约结果进行约束，提升合同履约的质量；同时，借助智能化系统，实现物资合同履约的全流程业务的在线处理。

国网（物资/2）124—2024《国家电网有限公司物资采购合同承办管理办法》中明确了合同履行的平台、流程和责任，规定了物资合同履行应通过国网绿链云网信息系统；规定了应进行供应计划确认、进度跟踪、到货交接、货物投运、质量确认等流程；规定了物资供应管理单位需要履行"月计划、周协调、日调度"的机制。在此基础上，为进一步细化和规范物资采购合同签订、履约和结算工作，国家电网公司制定了国网（物资/4）245—2024《国家电网公司物资采购合同承办实施细则》，主要规范了合同签订、履约和结算三方面的工作，具体内容包括合同文本生成、合同审核及生效、物资供应计划编制、生产与发运、交付与验收、合同变更与解除、资金预算与支付、合同索赔及检查考核等。

国家电网公司为进一步规范合同履约流程，提升合同履约的质量，还制定了"合同履约完成率""合同结算及时率""合同履约规范率"等指标。其中合同履约完成率是由供应计划的完成情况和合同结算的及时情况共同决定；合同结算及时率是物资合同到货款及时支付金额占物资合同到货款应付款金额的比重，是为保障供应商及时收到货款制定的指标；合同履约规范率是由三单办理及时情况和违约索赔及时情况共同决定。标准化的指标设置能够对合同履约工作进行有效的监督和管理，可以帮助相关业务部门提高业务质量，实现良性发展，同时还能够有效保障供应商及时收到货款，助力公司创造良好的营商环境。

在制定相关管理制度和技术标准的基础上，为提升合同全链数智化管理水平，国家电网公司不断推进合同变更及解除线上化，持续提升业务办理质效，依托供应商网上服务大厅、物资全供应链系统，开发可实现内外网结构化数据双向传输的合同变更解除在线业务平台，实现八种业务类型的合同解除线上发起、审批与电子签署，推进合同全链业务电子化，实现合同变更、解除"云审签"。在合同变更方面，合同变更管理从"两单一协议"集约化管理，可视化管控，协同化作业三方面进行设计，技术变更单、商务变更单和补充协议全流程线上管控，达成业务标准和数据标准统一。变更审批实现审批流程自行配置和按品类管控变更幅度，充分满足物资管理部门、设计单位、项目单位、建管单位应用需要；在合同解除方面，由于单方面解除等业务需要提供约谈记录、快递面单扫描件等大量支撑材料，国家电网公司仔细梳理国网（物资/2）124—2024《国家电网有限公司物资采购合同承办管理办法》，结合专业部门及法律部门意见，通过系统固化合同违约/解除处理单模板，实现全量佐证材料线上管理。此外，国家电网公司不断优化合同解除系统逻辑，增加合同版本标识，基于不同版本、不同解除原因，系统自动关联对应违约金处罚比例，相关数据实时同步至违约索赔系统，实现合同违约全流程在线管控，提升合同违约处罚闭环管理精益化水平。

通过标准化履约管理确定了物资供应计划、物资生产与发运、物资到货交接等环节，明确了履约工作环节中物资供应管理单位、供应商、项目管理单位、设计单位、监造单位等各个单位的职责和具体工作安排，创新结合信息化、智能化技术，实现全流程的线上协同和跨环节信息的互联互通，有效提升履约业务的信息化和透明化，提升公司物资供应保障能力和服务水平，营造安全稳定的供应环境。

为解决工程服务框架合同分配执行管理中存在的断点问题，推动全供应链合同一体化管理和闭环管控，保障供应链制造与服务各环节履约流程清晰可溯。国家电网公司结合江苏公司初步探索成果，依托标准化的合同管理和平台管理，基于 ERP 系统开发工程服务框架合同分配执行管理系统，贯通国网绿链云网平台、项目管理、经法及财务等专业系统，明确项目单位、专业部门、法律等管理部门在工程服务框架合同管理中的职责，将框架合同部署与签订、执行计划创建与审批、执行订单签订与结算三大业务流程标准模块化，同时将框架执行、分配数据纳入 ESC 平台分析处理，对潜在风险问题进行及时、高效的防范处理。以数智化手段深化合同管理体系建设，解决工程服务框架合同分配执行管理中存在的断点问题，实现了工程服务供应商在平台系统主导下的履约公正、公平，保障供应链制造与服务各环节履约流程清晰可溯，在推动链上企业合规经营、守正创新上主动发挥链主价值创造力。工程服务框架执行管理系统架构见图 4-10。

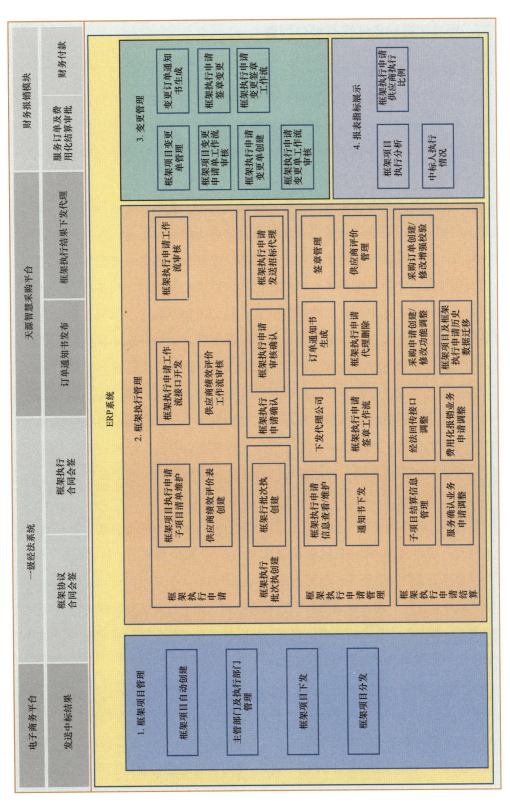

图4—10 工程服务框架执行管理系统架构

二、标准化推动仓储服务精益管理

（一）规划仓储网络

在保障物资供应的前提下，为减少成本配送成本，国家电网公司通过《国家电网公司物资仓储配送管理办法》规章制度等标准化成果，构建了"国网储备库－省中心库－市周转库－县终端库－专业仓"的仓储网络体系，实现仓储网络的标准化管理，提高物资调配体系的效率效益效能。

国家电网公司充分考虑需求与供给、质量与检测、效率与成本等因素，按照合理储备、统筹规划、科学设计的思路，根据存储物资种类和数量、电网企业物资供应业务特点、物资供应管理特点，制定了《国家电网公司物资仓储配送管理办法》规章制度等成果，合理界定各类仓库功能，形成以国家电网公司储备库为主体、省公司中心库为核心、地市公司周转库为分支、县公司和专业支撑机构仓储点为补充的仓储网络。综合仓库规模、等级及供应辐射范围等要素划分仓库数量，总部层面设置 6 个应急物资储备库，各省公司根据物资需求及地域特点设置 1 个或多个省中心库，各地市公司设置周转库，各县公司设置仓储点，实现总部、省、地市、县物资分级标准化储备。结合电网企业库存"运检物资为主、项目物资为辅"特点，考虑集团化运作的优势，规划时将全省通用物资和需要集中入库检测的物资向省中心库集中，发挥区域周转作用；将运维抢修、备品备件等物资存储于在终端库、专业仓，贴近运检等一线使用单位，提升物资应急响应速度。

国家电网公司还制定了一套标准的仓库信息编码规则，对仓库各类信息按规则要求形成具有一定含义的、可识别的字符信息串。标准化编码对象主要包括仓库、地点、库区、存储区、仓位、物资等。根据标准化的信息编码，国家电网公司建立了涵盖仓库名称、规模、位置、设备设施信息的完整资料库，为整个网络构建统一的仓库主数据，形成"一张图"的仓库信息电子档案，同时建立数学模型进行科学规划，形成符合各单位实际业务需求的网络布局。

（二）优化仓储运营

国家电网公司为满足大规模电网建设、运维以及应急需求，规范仓库运行维护和仓储作业管理，提高公司仓储管理水平，针对仓储这一供应链核心环节开展标准化建设，形成了《电力仓库建设设计导则》《电力仓储运营作业规范》《电力行业检储配一体化建设标准》《电力行业仓储设备选型指南》《仓储标识技术规范》等企业技术标准及《国家电网公司仓储业务管理工作规范（试行）》等管理制度，统一开展仓储标准化建设、运营，推动绿色、数智技术应用，构建形成了国网特色的仓储管理体系。

《电力仓库建设设计导则》技术标准是针对电力物资仓库建设进一步的细化规定。国家电网公司依据仓库属性、物资特性、存储要求及工作需求等，对仓库建设区域划分、仓库设备设施配置、仓库安全标识布点等方面，明确各级仓库需根据业务需要设置仓储区和作业区、根据仓库规模和等级配置设备设施、根据仓库安全点位及标识规格张贴安全标签，为推动各级仓库上下一体化管理奠定了标准化运作基础。

《电力仓储运营作业规范》对库区管理、物资入库、物资检测、物资存储、物资盘点、物资出库、装卸搬运、运输配送等进行了规定；《电力行业仓储设备选型指南》规定了电力仓储规划设计、建设及改造工作中仓储设备选型的标准，包含仓储设备的分类分级标准、仓储设备选型的步骤、依据和原则等；《电力行业检储配一体化建设标准》规定了检储配一体化建设的总体要求、选址与规划、运营与作业、信息化建设、评估等规范性要求；《仓储标识技术规范》规定了电力仓储标牌应用的区域，规定了仓储标识应用的通用要求，各类标识的设计、制作、应用要求以及验收方法，适用于电力仓储的标牌及标签等标识的设计、制作、应用及验收。

《国家电网公司仓储业务管理工作规范（试行）》是为规范仓库运行维护和仓储作业管理，提高仓储管理水平，针对仓储作业开展的标准化建设成果，其中明确了物资验收入库、储存保管、调拨出库、稽核盘点、库存报废及物资退库等环节的管理职责和作业流程。在此基础上，国家电网公司还制定了《电力仓储运营作业规范》，对库区管理、物资入库、物资检测、物资存储、物资盘点、物资出库、装卸搬运、运输配送、物流包装等环节做出了更为详尽的要求，以更好地指导仓储各环节规范作业。通过严格规范仓库作业流程、实行标准化储运作业，提升了仓储空间利用率、仓库作业效率、运输装卸作业效率，降低运输配送成本和货物损耗。同时，正在编制的《电力物资自主装卸搬运作业导则》技术标准，更进一步规范了电力物资自主装卸搬运作业的功能要求和性能指标，可以更好地指导和推进电力物资自主装卸搬运作业实用化应用。

在《国家电网公司仓储业务管理工作规范（试行）》等标准成果基础上，国家电网公司制定科学合理的库存物资管控策略，借助信息系统对物资供应的全过程进行监控，包括物资需求、采购、签订、履约、仓储、配送、结算、废旧物资处置等。在物资供应过程的关键节点设置预警参数，监控业务执行情况，及时发布预警信息，实现不同层级预警；动态跟踪物资供应执行过程，每周/月发布物资供应周/月报，每日调度供应商发货，为实现全程可控、在控，实施物资调配提供信息支撑。

三、标准化保障现代物流高效运行

物流是保障电网运营建设的核心，是服务国家电网公司经营发展和电力系统安全稳定的关键。国家《"十四五"现代物流发展规划》提出，要建成供需适配、内外联通、安全高效、智慧绿色的现代物流体系，指出要强化现代物流发展支撑体系，需强化基础标准和制度支撑。国家电网公司深入贯彻国家《"十四五"现代物流发展规划》要求，在原有物流管理制度的基础上，进一步开展标准化建设工作，形成了《电力大件运输规范》行业标准，《电力物流服务平台应用规程》《电力物资产品包装通用标准》《电力物资智慧仓储包装设计导则》《电网线缆类物资包装标准》等企业标准及《国家电网公司物资仓储配送管理办法》规章制度，推动建成绿色、高效、数智的电力现代仓储物流管理体系，提升物资流通的效率效益。

在电力大件运输上，国家电网公司对大件运输项目开展科学合理地计划、组织、控制和协调工作，创新应用电力物流服务平台（Electrical Logistics Platform，ELP）运输监控功能，使用物联终端数字化管理手段，实现对电力物资运输的实时监控和自动预警，对电网大件物资运输全过程在线监控，通过运输安全监控、运输进度监控、运输异常报警、运输数据分析，有效提升各级电网工程物资运输统筹管控能力，科学防控设备运输风险。为助力完善大件运输企业在电力大件运输过程中的执行依据，国家电网公司结合自身工作经验，积极参与起草、修订《电力大件运输规范》行业标准，为大件运输行业高质量发展做出了积极贡献。

Q/GDW 12460—2024《电力大件运输规范》是我国首部针对电力大件物资运输安全生产的行业技术标准，为大件物资运输提供了全面、细致的指导，实现电力大件物资的标准化运输管理，降低运输难度和风险，提高运输效率，确保运输安全，从而为电力工程的安全生产提供坚实保障。同时，也将推动我国大件运输行业朝着更加专业、规范、高效的方向发展。其中，第一部分为安全管理。该部分对承运企业在电力大件运输过程中的安全管理提出具体要求，包括资质管理、组织管理、安全管理、应急管理、分包商管理和信息管理等方面。要求承运企业建立健全安全生产责任制，制定严格的安全生产规章制度，确保运输过程中的安全。第二部分为前期准备。该部分对电力大件物资运输现场勘察和方案编制做出规范性要求。规定大件运输时应进行道路勘察、水路勘察、铁路勘察、装卸现场勘察及其他因素勘察，并根据电力大件运输的实际情况，确定合理的作业方法。确保运输的规范操作。第三部分为组织实施。该部分针对风力发电机组、水利发电机组、火力发电机组等不同类型的电力大件物资运输的方式方法进行详细的规定，明确了不同电力大件物资各个结构组成的运输工具配置、装载加固、卸货交付流程。旨在提高运输的专业性和效率。

国网（物资/2）125—2024《国家电网公司物资仓储配送管理办法》是国家电网公司仓储配送管理工作的规范性文件，其中对配送需求、配送调度、配送执行、配送交接、配送结算等全过程进行了规定；明确了国家电网公司各级单位在配送管理工作中的具体职责；确立了"确保安全、准时快捷、服务优质、配送优化"物资配送管理的原则。规定了仓储配送管理的主要内容，包括实体仓库管理、库存物资管理、仓库作业管理、配送管理、仓储配送安全管理等。同时，为规范统一仓储技术要求，国家电网公司持续开展仓储管理技术标准建设工作，构建仓储主数据，统一网络规划、统一编码规范、集中在线注册，制定了国家电网公司电力仓储系列标准。

《电力物资产品包装通用标准》《电力物资智慧仓储包装设计导则》《电网线缆类物资包装标准》等技术标准，是国家电网公司为提高电力物资产品包装质量，保证物资仓储、运输等环节顺利衔接，根据庞大的业务数据积累，以物资规格尺寸、仓储管理、配送运输等数据为基础，利用大数据分析技术，对物资单元化包装与储运包装进行了标准化建设，形成了等标准成果，对包装设计、运输、回收等方面提出了规范性要求。通过统一的标准范围、一致的标准框架、通用的规范内容，制定电力物资产品包装技术的统一规则，实现了电力行业物资包装标准化管理与标准化储运作业，提升了仓库空间利用率、仓储作业效率、运输装卸作业效率，降低了运输配送成本和货物损耗，减少了物流过程中的质量隐患，保障作业、人员和设备的安全提升，推动仓储管理高效化、标准化建设。

在实现物流配送业务规范管理的基础上，国家电网公司将标准化成果与信息系统相结合，构建了电力物流服务平台，开展"运输监控、物资配送"两大核心业务，通过平台开展供应链全链条与项目全过程协同管控，根据实物 ID 全程监控重点物资运输配送情况、便捷开展现场收发货，确保工程物资按时按地"精准到场"。实物 ID

是为了实现资产全寿命周期管理过程中项目编码、WBS 编码、物料编码、设备编码和资产编码等多码联动和信息贯通，而设计的资产实物标准化编码。国家电网公司为了强化设备全寿命周期管理，还设置了"实物 ID 覆盖率"这一指标，保证指标统计范围内的采购物资均已赋实物 ID。纳入实物 ID 覆盖率指标统计的增量设备覆盖范围，是在 14＋2 类一次设备基础上，筛选出纳入 2020 年标准物料分级清单的 800个物料。其中，应赋码设备以提报的物资需求为准，到货后入库或直送现场的清单内设备，均列入指标覆盖范围。通过电力物流服务平台和实物 ID 标签赋码等先进技术应用，有效提升了电力物资配送的数字化应用水平和智能化水平，进一步促进电力物资供应链资源整合和业务协同能力。同时，针对 ELP 的运输监控、配送管理、物联终端检测三大环节，国家电网公司制定了 Q/GDW 12276—2024《电力物流服务平台应用规程》系列技术标准。

（1）运输监控。在物流运输监控方面，建立了 Q/GDW 12276.1—2024《电力物流服务平台应用规程　第 1 部分：运输监控》标准，对电力物流服务平台及物联终端的总体要求、物联终端的技术要求以及平台应用进行了标准化规定，能够有效提升电力物资运输监控的标准化水平。目前，物流运输监控全面应用于，国家电网公司总部直接管理的输变电工程中的电力大件物资及重点物资、省公司管理的重点及常规输变电工程中 220kV 及以上额定电压等级的重点物资、应急物资以及其他有数字化运输监控要求的物资的运输监控及到货交接过程中。

（2）配送管理。国家电网公司结合 Q/GDW 12276.2—2024《电力物流服务平台应用规程　第 2 部分：配送管理》标准，通过规定应用电力物流服务平台，开展物资运输配送规划过程中的配送任务管理、路径规划、配送执行等相关工作的规范化建设，能够有效提升电力物资配送的数字化应用水平和智能化水平，实现多订单科学规划、合并配送，提高车辆配载率，促进国家电网公司电力物资配送工作规范化运营和提质增效。

（3）物联终端检测。国家电网公司结合 Q/GDW 12276.3—2024《电力物流服务平台应用规程　第 3 部分：物联终端检测》标准，通过规定物联终端接入电力物流服务平台所需开展的相关标准化检测工作，能够明确物联终端接入电力物流服务平台所需的检测项目、检测方法，实现电力物流服务平台物联终端检测的标准化管理。

四、标准化支撑实物资源统筹调配

提升应急物流发展水平是国家《"十四五"现代物流发展规划》的发展要求之一。国家电网公司以提升供应链安全为本,在以往供应链管理经验基础上,持续开展供应链实物资源管理标准化建设工作,着力提升供应链资源统筹能力,国家电网公司为实现实物资源科学调配和高效利用,在物资标准化建设成果的基础上,对实物资源管理工作开展标准化建设,形成了国网(物资/2)237—2022《国家电网公司实物资源管理办法》、物资综〔2014〕8号《国家电网公司物资调配中心运作工作规范》等标准化成果。

实物资源是指存放在公司各级物资库、专业仓和项目现场的储备定额物资、项目暂存物资、零星物资及办公用品、供应商寄存物资、工程结余物资、退役资产、报废物资等,以及供应商库存信息。《国家电网公司实物资源管理办法》制度中对实物资源管理各项工作进行了规范,详细规定了物资库入库出库管理、专业仓入仓出仓管理、库仓物资管理及利用、项目现场实物管理、供应商库存信息管理、实物资源信息管理等内容。

国家电网公司将物料主数据(又称物料编码或物料ID)与信息系统相结合,按照"实际业务与系统操作同步"原则,实现了实物资源管理工作信息化,在《国家电网公司实物资源管理办法》制度中明确了具体工作内容和各方管理职责,保证了信息系统的充分应用。在此基础上,国家电网公司依托总部、省公司两级供应链运营调控指挥中心(Enterprise Supply Chain Operation,ESC),统筹各级物资库、专业仓、项目现场物资以及供应商库存等实物数据,构建了全量的实物资源信息池,准确反映实体仓库内库存实物信息实现库存"一本账"。通过供应链运营调控指挥中心(ESC)共享实物资源信息,项目/专业管理部门定期查看可利用在库在仓物资信息,开展需求物资与可调配物资供需匹配,实现了实物资源的跨专业、跨区域调配,确保物资用时有备、件件好找、处处可调、快速配送。此外,国家电网公司通过开展库存"一本账"管理、盘活利库活动、储备定额管理、推广供应商寄存等业务,探索构建国家电网公司特色的库存物资管理体系。为提升仓储实物资源利用效率,国家电网公司设置了"实物资源利用率"指标,该指标由物资库、专业仓与两级 ESC 信息贯通情况和库存盘活利用情况组合而成。标准化的指标设置能够对实物资源利用情况进行有效的监督和管理,其中 ESC 信息贯通率统计物资库、专业仓的实物资源可视化程度,便于仓储管理人员掌握实物资源情况；库存盘活利用率是用于提升仓储实物资源利用效率，减少库存物资积压。

为建立高效物资调配机制，统筹协调物资资源，强化物资供应过程管控，提升实物资源统筹调配能力，国家电网公司在国网（物资/2）237—2022《国家电网公司实物资源管理办法》的基础上进一步开展标准化建设工作，形成了物资综〔2014〕8 号《国家电网公司物资调配中心运作工作规范》。物资综〔2014〕8 号《国家电网公司物资调配中心运作工作规范》对组织管理、大厅建设、运作机制、日常运作、物资调配、应急保障、物资调配平台、评价考核等管理工作进行了规定。确立了国网物资调配中心、省（区、市）物资调配中心和地（市）物资调配室，总部、省、地（市）三级物资调配机构，成为面向对外需求单位的统一窗口，统一受理物资需求、统一协调反馈；面向供应商的统一窗口，统一下达发货通知、统一受理变更请求，实现内外协同；明确了各层级物资调配工作的具体职责和人员配置；明确了项目物资调配、库存物资调配等物资调配工作的具体业务流程及各方职责；规定了物资调配工作所使用的信息平台以及应急状态下物资调配工作的具体流程等。

通过国网（物资/2）237—2022《国家电网公司实物资源管理办法》、物资综〔2014〕8 号《国家电网公司物资调配中心运作工作规范》以及"实物资源利用率"等标准化成果，国家电网公司有效规范了实物资源管理工作，实现了实物资源的标准化管理及高效化统筹调配，为国网特色应急管理体系建设奠定了坚实的基础。

五、标准化助力应急物资快速响应

电力供应关系国计民生的各个方面，电力供应的重点是保障电网的可靠性，高效及时的应急需求响应是应急管理的关键所在，应急物资保障是应急管理的重要环节。国家电网公司为提高供应链应急状态下的响应速度，提高应急物资供应保障能力，对应急管理工作开展标准化建设，形成了国网（物资/2）126—2020《国家电网有限公司应急物资管理办法》管理制度。国网（物资/2）126—2020《国家电网有限公司应急物资管理办法》中，提出了"集中管理、统一调拨、平时服务、灾时应急、采储结合、节约高效"的应急物资管理原则；建立了总部、省、地（市）三级应急物资保障体系，明确了各层级单位在应急管理工作中的具体职责，详细规定了应急物资组织保障、应急物资资源保障、应急物资保障程序和应急物资保障支撑等相关制度。

在应急状态下或重大保电活动时，供应链运营调控指挥中心成为供应链应急指挥中心，统一指挥各业务协同运作。受理各级应急管理部门物资需求，统筹各方可用资源，制定物资调拨方案，确定出库物资、数量以及配送方式，下达调配指令，跟踪物资配送执行过程。对于本级无法满足的应急物资需求，逐级提报申请，全力保障物资供应。供应链运营调控指挥中心借助全量物资数字化资源平台，打造全量可视、统筹管控的一体化应急物资储备资源库，实现各层级单位库存物资智能搜索、统一分配、精准定位。供应链运营调控指挥中心统筹考虑全网范围内应急装备储备情况，统一应急装备类型、计量单位、储存方式，线上管控应急装备储备、采购过程，精细化管理应急装备，进一步提升库存资源全局把控能力，为应急事件物资需求匹配提供坚实有力的库存数据保障。同时，供应链运营调控指挥中心在应急物资供应基础上，针对洪涝、地震、台风、冰冻、暴雪、公共卫生、重大事件保电、方舱医院 8 种典型灾害场景下的物资需求特点，制定应急物资标准化储备清单，清单内容包括事件阶段、物资类别、大类、中类、小类、物料编码、物料描述等，如表 4-1 所示，有效辅助现场勘查或抢修人员提报和快速锁定应急物资资源，实现应急状态下由"提物资"向"选物资"转变。在预警发布后，将清单推送给省公司，指导省公司快速梳理灾害类型下物资储备情况，达到根据灾害类型及时新增补库，补充物资资源的目的，提升应急物资保障靠前主动服务能力。灾害发生后，省公司依据灾害前、中、后期物资需求特点，结合省内的库、仓、订单、协议及所属区域资源及省外全量物资资源，按照距离优先、时效优先原则进行智慧匹配，确定应急需求供应方案，实现需求和供给的有效对接和及时响应，高效有序开展应急物资调拨。

表 4-1　　　　　　　　暴雪灾害应急物资标准化储备清单

（节选国家电网暴雪应急物资标准化储备清单）

序号	应急事件阶段	物资类别	大类名称	中类名称	小类名称	物料描述	物料编码	计量单位	物资库		专业仓	
									数量	金额	数量	金额
1	应急初期	后勤保障	通信设备	卫星通信系统	卫星电话	卫星电话	500009587	台	21	76.02	61	69.00
2			仪器仪表	大地测量、测距仪器	GPS定位仪	GPS 手持机	500118385	台	0	0.00	105	11.98
3				光学仪器	望远镜	望远镜	500010431	台	188	58.44	3703	522.97
4				温度、湿度测量仪表	温度计	测温设备（个）	500010398	只	103	3.58	4483	74.32

续表

序号	应急事件阶段	物资类别	大类名称	中类名称	小类名称	物料描述	物料编码	计量单位	物资库		专业仓	
									数量	金额	数量	金额
5	应急初期	后勤保障	辅助设备设施	车辆	炊事车	炊事车，高原型	500064526	辆	2	22.40	0	0.00
6						炊事车，平原型	500064543	辆	6	64.98	2	66.00
7					越野客车	越野客车，轻型四驱	500131554	台	1	24.38	2	62.89
8					专用汽车－箱式	专用汽车－箱式，炊事车	500127208	台	9	0.31	0	0.00
9				飞行器	无人机	无人机	500126986	台	2	25.22	156	481.32
10				供水、暖系统	电取暖设备	电取暖设备，2000W，电暖器	500010645	台	8	4.74	34	1.76
11				救援设备	电台	车载电台	500065311	台	60	9.48	30	18.75

2022年7月17日—23日，河南持续遭遇强降雨天气，郑州等地发生严重内涝，防汛形势十分严峻。河南电网42座变电站因场地受淹等原因紧急停运避险，10kV及以上线路停运1854条，374.3万户用户供电受到影响，其中郑州停运508条，涉及用户126.6万户。根据国网（物资/2）126—2020《国家电网有限公司应急物资管理办法》，国家电网公司成立了由国网物资部统筹指挥、"国网物资公司＋河南公司＋26家省公司"、两级供应链运营调控指挥中心协同运作的应急物资保障体系。前方216名物资保障人员24小时不间断收集抢险抢修物资需求，后方远程开展实物库存跨省调拨、紧急寻源及供应商生产备货，前后联动，高效协同。筹措配电变压器4368台、断路器554台、电缆1100km、抽水泵675台，火线驰援救灾一线。至7月25日12时，郑州近八成受灾小区恢复供电；26日8时，洛阳、安阳市全面恢复供电；28日10时，河南全省供电恢复率达98%，交出了一份防汛救灾保供电的优异答卷。

第四节　绿色低碳标准体系引领全链持续节能减排

在"双碳"目标实现进程中，国家电网公司深刻认识到，实现国家和社会绿色低碳，能源是主战场，电力是主力军。国家电网公司坚决贯彻落实国家部署，深入开展绿色低碳研究，以标准提档升级带动绿色低碳转型，陆续制定"双碳"行动方案、碳管理工作方案、"十四五"碳管理专项规划，明确了目标任务和总体路线。率先在第

28届联合国气候变化大会发布《能源绿色低碳转型行动报告》的中央企业，全面展示积极应对全球气候变化、推动能源绿色低碳转型等成效与贡献，充分发挥电力行业的链主作用，支撑经济社会低碳转型。本节主要阐述了绿色低碳供应链建设、绿色采购、电工装备低碳生产及链上企业绿色发展等标准体系对全产业链供应链绿色数智化转型的推动作用。

一、标准化推动绿色低碳供应链建设

国家电网公司围绕《绿色低碳可持续发展工作方案》及《绿色采购指南》，开展国内外发展趋势及政策理论研究。以供应链全链绿色低碳"技术＋业务"双轮驱动，构建"3911"❶供应链绿色低碳发展顶层设计，确定"两维四库"❷实施路径，以绿色采购引领驱动，积极推动各层级、各单位绿色低碳实践场景落地。

1. 组建绿色供应链工作小组

根据绿链标准工作规划要求，利用公司丰富的业务及应用场景形成的标准建设成果，系统性规划贯穿全链业务环节、产品服务的统一标准体系架构，结合 TC207、TC548、TC415、TC269、TC297 的标准化工作范围，国家电网公司成立指导标准制定的电工装备绿色低碳供应链环境管理工作组。

2. 构建绿色供应链标准体系

国家电网公司紧密跟踪国家部委绿色低碳供应链政策动态，结合公司研究成果初步搭建了"3个层面，5个标准方向、20个子领域"的电工装备绿色供应链标准体系框架。第一层级是标准方向，包括基础通用、数据和平台、碳排放量化、绿色低碳评价和认证、绿色低碳管理5大专业方向，覆盖了企业、产品、数据等构成电工装备绿色低碳供应链的主要元素。第二层级是标准子领域，在考虑电工装备绿色低碳供应链全环节以及现有电工装备采购实践基础上，聚焦电工装备产品碳足迹、电工装备制造企业碳排放核算、电工装备制造企业绿色低碳评价等业务条线和发展方向，形成 20个标准子领域。绿色供应链标准体系框架见图 4-11。

---

❶ "3911"：构建绿色低碳评价体系、认证、标准三个体系，服务供应链规划设计、需求计划、招标采购、生产制造、产品交付、履约执行、施工安装、运行维护以及退役回收九个环节，建设绿链云网绿色中心和产业链供应链绿色低碳生态。

❷ "两维四库"：面向电工装备、电工装备生产企业两个维度，构建碳排放核算模型库、因子库、绿色低碳评价要素库、绿色采购评审细则库。

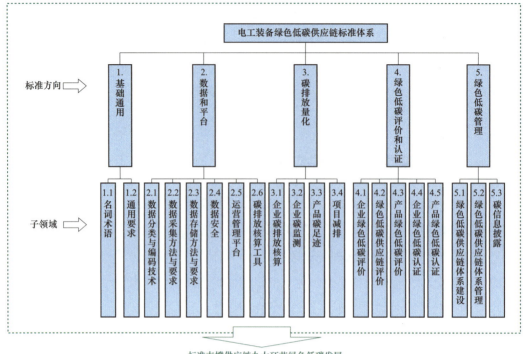

图 4–11　电工装备绿色低碳供应链标准体系图

3. 制定绿色低碳供应链重点标准

国家电网公司组织中国电科院、大数据中心、省公司围绕电工装备碳足迹、企业碳排放核算、绿色供应链管理等方面，先后研制《绿色供应链建设导则》《能源企业绿色供应链管理导则》等标准规范，引领绿色供应链全流程建设。

《绿色供应链建设导则》系列企标按照通则及绿色采购、物流与仓储、回收与利用、评价规范布局，引领绿色供应链全流程建设。该导则分为以下部分。

第 1 部分：通则。该部分对电网企业绿色供应链建设通用要求做出规范性要求。引导电网企业建立绿色供应链管理体系，指导电网企业对产品寿命周期全过程和供应链各个环节进行有效策划、组织和控制。

第 2 部分：绿色采购。该部分对电网企业绿色采购做出规范性要求。旨在规范电网企业物资和工程服务绿色采购管理，引导供应链下游企业开展绿色生产、服务。

第 3 部分：物流与仓储。该部分对电网企业绿色物流与仓储管理做出规范性要求。旨在规范电网企业物流与仓储绿色管理，指导电网企业建设绿色物流与仓储体系。

第4部分：回收与利用。该部分对电网企业绿色回收与利用管理做出规范性要求。旨在规范电网企业回收与利用绿色管理，指导电网企业建设绿色回收与利用体系。

第5部分：评价规范。该部分对电网企业绿色供应链评价提出规范性要求。旨在规范电网企业绿色供应链建设，指导电网企业对自身及供应商绿色供应链发展程度进行评价。

《能源企业绿色供应链管理导则》适用于电力企业绿色供应链管理，主要包括电力企业绿色供应链管理的目的、范围、术语和定义、总体要求以及物资全寿命周期绿色供应链的策划、实施与控制要求。涵盖电力企业从需求、采购、运输、仓储、回收利用，直至报废处置全寿命周期过程，全面引入绿色低碳、数字化理念，引导电力企业加强识别和评估绿色影响因素，提高资源利用率，降低对环境的影响，提升供应链韧性，实现企业的绿色可持续发展。

二、标准化促进绿色采购实施

国家电网公司积极响应国家号召，聚焦绿色低碳可持续发展，大力推动供应链全环节和上下游各企业绿色低碳转型，发布企业绿色采购指南，推进绿色采购全面落地，明确采购计划、采购评审、采购活动绿色管理要求，树立绿色采购管理理念，建立健全绿色采购管理制度，指导电力行业实施绿色采购。

（一）构建绿色采购标准体系

国家电网公司创新打造以"绿色属性信息库"为数据基础，以"绿色采购标准、绿色物料标识、绿色技术规范"为业务支撑，以"服务供应链全环节绿色发展"为实现目标的绿色标准化管理体系，推动供应链各环节协同共享应用，加快电力装备绿色低碳创新发展。

1. 绿色属性全面梳理应用

国家电网公司按照电网绿色供应链建设方法（电工装备及产品绿色要求）和绿链行动方案对绿色可持续发展的工作要求，将绿色属性定义为组织、过程、产品和物料方面符合资源、能源、生态环境和人体健康安全要求的特性，具体包括环境影响、低碳、节能降耗、健康安全、资源循环利用等。

以"依据科学性、梳理系统性、应用准确性"为原则开展绿色属性梳理，基于电网物资品类和全寿命周期特性，构建两级电网物资绿色属性（见图4-12）；以"标准易用性、专业适配性、市场兼容性"为原则，将供应链绿色属性在物资主数据、采购标准、技术规范三个方面应用，优化建立绿色标识，全面修编绿色采购标准，创新制定绿色技术规范，以支撑绿色低碳发展要求。

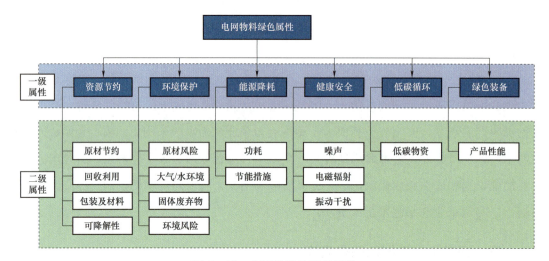

图 4-12　电网物料的绿色属性

针对 36 个物资品类，依据国标、行标、团标、企标相关条款进行梳理，符合相关内容的予以纳入，并参考当前技术水平以及未来设备发展方向，对绿色供应链全过程进行检视，累计梳理 581 条二级属性，覆盖 6 类一级属性，15 类二级属性，修编438 项采购标准，落地 613 条绿色属性。

2. 绿色采购标准创新引领

国家电网公司以现有采购标准修订为基础，以一级属性（资源属性、能源属性、环境属性等）和二级属性（产品设计、原材获取、产品使用等）构建绿色产品评价标准，涉及 438 项采购标准，其中通用标准 193 项，专用标准 245 项。见表 4-2。

表 4-2　　　　　　　　　　　落地标准属性情况表

分组	落地 标准属性	落地 通用标准	落地 专用标准	落地 专业属性	落地专业环节
材料组	169	27	7	174	计划、招标、合同、供应、质量
线圈组	186	58	124	153	计划、招标、供应、质量
二次设备组	16	80	105	18	招标、供应
开关组	194	28	9	261	计划、招标、供应、质量
合计	565	193	245	606	

通过分品类编制绿色采购技术标准，将涉及原材料、组部件、工艺要求、技术参数、性能、结构、试验等技术要求和包装、标志、运输、储存等新增绿色要求条款纳入通用采购标准，对于特定物料的绿色条款性能参数纳入专用采购标准，充分发挥标准体系在绿色采购体系建设中的引领作用，以公平、公正、公开的绿色采购评价体系为保障，规范和促进绿色供应链体系建设。

国家电网公司为进一步丰富供应链标准体系内容，细化标准研制方向，持续推进国行团企标准编制工作。联合编码中心推进变压器类、开关类 2 项 Ecode 编码标识类国标编制，报批发布《电力企业绿色采购管理导则》《工业互联网平台　电力行业供应链数据字典》等 4 项行标，报批发布 18 项关键组部件采购团标，在物资采购中全面应用，统筹推进绿色低碳主配网、特高压、服务类采购标准修编，以标准高质量编制赋能业务高质量发展。

3. 绿色清单驱动低碳转型

国家电网公司根据现有物资主数据管理原则，分品类在物资分类、物料描述及物料标识层面落实绿色采购标准中的绿色要求；以绿色采购标准为基础，结合采购需求量、技术成熟度等原则，分品类编制绿色物资主数据和绿色技术规范固化 ID 对应关系表，构造绿色"物料＋固化 ID"清单。

通过绿色"物料＋固化 ID"清单，充分发挥市场配置资源的决定性作用，促进绿色流通和可持续发展，积极构建绿色供应链；协同上下游企业共同践行环境保护、节能减排等社会责任，加快电力装备绿色低碳创新发展。

（二）强化绿色采购标准引领

1. 宣贯工程绿色设计理念

国家电网公司将绿色发展理念融入电网工程设计阶段，统筹工程造价和设计选型，推动节能降碳、无毒无害、易降解回收等工艺及材料使用，积极采用高强度、高性能、高耐久性和可循环材料，明确绿色设计重点内容、绿色材料产品使用要求，制订降碳减排、生态固碳施工类措施，强化施工建设破坏保护区、污染生态环境的监管和惩罚机制，推动供应链绿色可研设计、绿色施工、绿色监理，强化绿色建设服务，有效降低工程建设对资源的消耗和生态环境的影响，减少碳排放。

2. 优化绿色采购目录管理

国家电网公司践行推广绿色发展理念、支撑新型电力系统建设。紧密跟进新型电力系统新技术新产品试点应用，具备推广条件后及时形成采购技术标准和纳入采购目录，加强采购导向，促进资源向新技术产品和优质企业聚集。将水电主机、风电机组、光伏组件、储能电池等新能源工程物资，高效能变压器、环保气体环网柜、免镀锌金具等节能环保电网物资，取得绿色、节能认证标识办公用品等通用物资，纳入专项绿色低碳采购目录清单；协同相关专业部门，建立高耗能、高碳排、污染环境物资品类动态退出采购目录机制，强化绿色低碳产品采购导向，推进供应链生态向市场需求主导牵引发展。

（三）推动绿色采购质效提升

1. 完善招投标绿色条款

国家电网公司落实降碳、减污、扩绿、增长协同推进的工作原则，统一推广绿色采购政策，充分发挥绿色采购的规模效应。将环保失信行为，政府绿色制造认证，质量、环境、能源、健康安全等体系认证要素，清洁生产、企业碳核查、产品碳足迹等审核要素，逐步研究纳入招投标环节；将绿色采购、绿色物流、绿色供应商、绿色产品等方面要求和违约处置条款，逐步研究纳入合同文本。

国家电网公司结合绿色采购实践经验，围绕投标人和投标标的物，梳理电工装备产品及生产制造企业绿色低碳采购条款 1479 条，覆盖碳足迹核算、物料碳减排、企业碳减排、环境行为信用、绿色制造、绿色管理等范畴。

2. 深化绿色采购数智转型

通过"国网绿链云网＋辅助工具"实现业务全链条的智能化改造，实现国网绿链云网海量数据的全流程贯通，从而支撑初评自动否决、详评自动赋分、策略辅助制定；打造绿链全流程机器人，智能评审、智能执行、智能推荐、智能感知，实现全链数字化、智慧化、协同化、低碳化作业，有效降低供应链全环节人耗物耗能耗。开发完成远程在线智能谈判工具，全面保障供应商"一次都不用跑"。

3. 加强采购评审绿色导向

国家电网公司将数智化、绿色化转型融入招标采购，用评审策略导向带动供应链实现"业务数据化、数据业务化"，坚持系统观念，立足电网和产业实际，统筹供应链安全稳定和绿色低碳转型，遵循"调研市场、纳入评审、提高要求"的先后步骤，科学优化采购评审策略，逐步摸清投标人群体绿色发展状况，逐步加大绿色低碳导向力度，引领供应商加快绿色低碳转型，全面推动绿色采购。

针对主网设备，将设备损耗、噪声水平、碳减排措施、绿色管理体系建设等要素纳入评审范围，优选绿色低碳节能供应商，引导促进供应商提升智能制造、绿色生产管理能力。针对主网线材，在商务评审中，设置"数智化绿色低碳体系建设"评审要素；在技术评审中，设置"环保体系"评审要素。针对营销类物资，在商务评审中，设置"数智化绿色低碳体系建设"评审要素；在技术评审中，"工艺技术"评审要素增加无铅焊接、免清洗等绿色工艺内容。针对电源类绿色采购评审，在商务评审中，"生产规模与服务便利""规模与服务"评审要素增加绿色环保措施评审内容；在技术评审中，"质量控制及技术服务""设计研发""施工方案及措施""管理体系及保证措施"评审要素增加绿色低碳评审项。针对办公设备，在技术评审中，"商品质量管控"评审要素增加产品绿色认证等绿色评审内容；依据供应商应答提供的能效水效等强制性认证标识、绿色产品自愿性认证材料等，进行综合评价，与其他质量控制内容合并打分。针对配网物资绿色采购，在物资采购中设置绿色属性指标、物料碳减排、企业碳减排、环境行为信用、绿色制造、绿色管理等方面绿色评审细则，进行综合评价。

4. 推进绿色采购落地应用

国家电网公司积极落实绿色发展理念，发挥超大规模采购引领效应，以采购需求引领上下游电工装备企业，带动全产业链供应链绿色低碳、数字智能转型。公司各级积极开展绿色低碳电网物资采购，总部全面开展高效节能变压器采购，220kV 及以下电网工程全面推广混合气体 GIS 设备。各单位自主推进绿色电网物资采购，广泛开展配网高效能变压器、环保气体开关设备、免镀锌金具采购，配网绿色装备供给得到提升。在电商专区上线绿色商户、绿色商品、绿色专题，制定绿色商品核定规则，推动绿色商品引入，在办公类物资批次中应用。

三、标准化推动电工装备绿色制造

明确电力企业装备体系绿色升级、建立健全重点产品碳排放核算方法、完善碳排放核算机制、开展碳评价工作是支撑经济社会低碳转型的重要抓手，国家电网公司贯彻国家"双碳"目标，加快推进构建统一的绿色产品认证与标识体系，构建电工设备全寿命周期的供应链统一标准，形成了《电工装备产品碳足迹核算　第 1 部分：通用导则》《电工装备产品碳足迹认证》《电力企业低碳评价》等技术标准，将环境保护和资源节约的理念贯穿于电工装备产品寿命周期全过程，持续提高资源能源利用效率，改善环境绩效，助力能源电力产业链全链条、全方位、全要素的协同降碳。

（一）规范碳核算推动电工装备低碳生产

为减少电工装备生产碳排放，支撑电力领域清洁低碳发展。国家电网将环境保护和资源节约的理念贯穿于电工装备产品寿命周期全过程，为设备绿色低碳更新升级提供标准和依据，通过了《电工装备生产企业碳排放核算及报告实施指南》和《电工装备产品碳足迹核算 第 1 部分：通用导则》企业标准化成果，对电工装备企业环境管理、碳排放核查进行规范，形成统一的碳管理体系，有效降低了电工装备的碳排放。同时，国家电网组织建立碳中和中心，研究"双碳"目标下的新型电力系统技术体系，研发全寿命周期的碳排放核算模型，标准化电工装备产品的核算边界和排放因子，确保碳排放核算的科学精确。此外，国家电网积极参与能源低碳领域国际标准化工作，积极推动 IEC 将"双碳"、零碳电力系统等主题列入战略规划，支持 IEC 在能源低碳领域发起成立 1~2 个新技术委员会，培育 10~20 项国际标准，成立电工装备绿色低碳供应链环境管理标准化工作组，开展碳计量监测管理体系、绿色低碳评价等电工装备绿色低碳相关标准的研究与制修订工作，加强电工装备绿色低碳标准与国际标准接轨，提升我国电工装备行业和电力行业应对气候变化领域的标准建设影响力。

碳核算是一种测量人为活动向地球生物圈直接和间接排放二氧化碳及其当量气体的措施。碳核算机制是一个多元主体的体系，各个主体所承担的角色和责任也会直接影响到核算结果的准确度及成果性质。企业碳排放的主要核算方法为排放因子法、物料平衡法和实测法。采用排放因子法计算时，温室气体排放量为活动数据与温室气体排放因子的乘积；使用物料平衡法计算时，根据质量守恒定律，用输入物料中的含碳量减去输出物料中的含碳量，进行平衡计算得到二氧化碳排放量；采用实测法时，通过安装监测仪器、设备，并采用相关技术文件中要求的方法测量温室气体源排放到大气中的温室气体排放量。

《电工装备产品碳足迹核算 第 1 部分：通用导则》规定了电网企业供应链碳排放核算技术标准体系的基本原则、通用原则要求、典型电网物资碳排放核算特定原则及要求以及电网供应链企业碳排放核算特定原则及要求，为电工装备全寿命周期的碳排放核算及评价提供了基础。

在标准化建设的基础上，国家电网还组织建立了中国电科院电力系统碳中和研究中心，围绕碳核算等关键领域，提出了"多时空尺度电网供电排放因子计算模型"等 6 类 11 个碳评估模型算法，遵循"比例共享"和"谁使用谁承担"原则，根据潮流分布情况和绿电交易影响，从源侧逐步推算时间段内的电网节点供电排放因子。完成 IEEE 标准算例节点供电排放因子、公司经营范围内区域级及省级电网供电排放因子实例测算。同时分析电工装备全寿命周期的二氧化碳排放特征，以采购、使用、对外贸易等不同需求为导向，提出了五种碳足迹核算系统边界。针对电工装备产品特点及能源使用情况，建立了 LCA 量化分析模型，提出了产品碳足迹量化工作流程，明确了数据收集与处理的具体要求，制定了分配方法与计算原则。进一步完善了电工设备产品和电网企业碳排放核算的标准化管理。

国家电网公司应用碳排放核算模型库及因子库成果，基于 100 余家供应商真实数据，完成 20 类电工装备碳排放核算及 1 类企业碳排放核算，出具 40 余份碳排放核算报告，有效掌握电工装备全寿命周期及企业碳排放情况。

（二）规范碳评价促进电工企业绿色转型

碳评价是依据被评价对象过去或者当前的碳排放相关信息，对被评价对象进行客观、公正、合理的全面评价，是促进电工企业低碳发展的有效手段。为了优选绿色低碳节能供应商，引导促进电工装备供应商提升绿色生产管理能力，国家电网通过了《电工装备产品碳足迹认证》《电力企业低碳评价》等技术标准，规范电工产品和企业低碳评价要求、原则和方法。带动电工企业减碳积极性。同时，建立绿色中心，发挥电工装备供应链绿色低碳服务平台作用。

《电工装备产品碳足迹认证》明确了电工装备碳足迹核算边界，规定了数据的收集与质量要求、碳当量数据的计算、碳标签的评价机制。为企业完成电工装备产品的碳当量、碳排放和碳足迹提供了指导，详细规定了电工设备产品碳评价原则、方法和应用。在电工设备评价的基础上，国家电网通过了《电力企业低碳评价》规定了电力企业碳评价的因素、原则和方法，对电力企业进行了碳约束。

此外，国家电网公司统筹规划顶层设计，调研国内外典型实践，对接国家部委、行业组织、地方政府，按照"数据共享、应用引领"的理念，运用数据专线、隐私计算、区块链等技术，打造绿色低碳共享服务平台。建设绿色低碳数据底座，针对碳排放核算、绿色低碳评价等场景，梳理 500 余项数据需求，基于数据中台、能源大数据中心和供应链基础大数据库，设计数据链路，持续开展数据接入。协同绿链云网，全面建成具备"两维四库"基础功能、碳足迹核算工具、绿色低碳评价服务、绿色低碳认证服务、知识共享等应用功能的绿色中心。同时，国家电网公司探索绿色低碳认证，紧密对接市场监督管理总局下属相关机构，完成国内外 200 余项绿色低碳认证标识以及全国 1239 家第三方认证机构梳理，组织推进电工装备企业 ESG 信息披露报告、碳核查报告等创新业务场景落地试点实施。推动国际互认，向中国合格评定国家认可委员会（CNAS）申请温室气体审定与核查机构资质，提出涉碳类认证国际接轨实现路径，以应对碳关税等绿色贸易壁垒带来的机遇和挑战。筹建中国低压电气产品"碳标签"评价基地，与权威认证机构德凯 DEKRA 合作，为相关企业发放与欧盟互认互通碳足迹认证证书 20 余份，绿色低碳水平显著提升。有效促进电工装备行业的节能降碳。

四、标准化引领链上企业低碳发展

在全链具体业务方面，国家电网公司依据法律法规、标准规范及相关方要求等依据，识别各类物资绿色属性，推进绿色采购标准修编。基于电工装备生产企业绿色评价模型，识别深绿、中绿、浅绿、非绿等绿色低碳水平，构建包含《能源企业绿色供应链评价指标体系》《电力物资供应商绿色评价标准》《能源企业绿色供应商评价规范》等在内的绿色评价指标体系，覆盖绿色生产管理、污染监控及防治等 11 项指标。指导各单位应用绿色建筑技术、新型低碳零碳设备、综合能源补偿、智慧低碳运营等手段，建设运营电力物资"零碳仓库"，助力节能减排。同时，总结零碳仓库建设经验，编制零碳仓库设计、建设、评价企标，规范和推动公司零碳仓库建设。

《能源企业绿色供应链评价指标体系》规定了能源行业绿色供应链评价指标体系的总体要求，包括绿色供应链战略管理、绿色供应商管理、绿色供应链全环节管理、绿色信息平台、绿色信息披露五个方面的评价指标项。指标体系适用于能源行业进行绿色供应链管理水平的供应商、生产商、销售商、终端用户、回收处理商，涉及企业自评估、第三方评价、绿色供应链管理评审、绿色供应链管理潜力分析等。能源行业企业不分规模、类型和所有制性质。主要包含以下内容。

1. 评价指标体系说明

本指标体系根据能源行业特点和绿色供应链管理的要素进行评价指标体系指标选取。根据评价指标的性质，分为定量指标和定性指标两种。其中，定量指标选取有代表性的、能反映"环境保护"和"能源资源节约"等有关绿色供应链管理目标的指标，综合考评企业实施绿色供应链管理的状况和程度。定性指标根据国家推行的相关企业绿色低碳转型路径、政策规范要求进行选取，用于评价企业对有关政策法规的符合性及其绿色供应链管理的实施情况。

2. 评价指标体系组成

本指标体系由绿色供应链战略管理、绿色供应商管理、绿色供应链全环节管理、绿色信息平台、绿色信息披露五项一级指标组成。

其中，绿色供应链战略管理指标中涉及绿色供应链管理纳入公司发展规划；按年度制定绿色供应链管理目标；建立绿色供应链管理制度；机构设置、人员配备满足绿色供应链管理要求；建立企业教育和培训机制。绿色供应商管理指标中涉及定期对供应商进行绿色供应链培训；建立绿色供应商绩效评估制度；绿色供应商占比；低风险供应商占比。绿色供应链全环节管理指标中涉及绿色产品设计；采购绿色产品；节能降碳减污合规；产品回收；回收产品得到规范处理。绿色信息平台指标中涉及绿色供应链管理信息平台。绿色信息披露指标中涉及披露节能降碳减污信息（企业）；披露节能降碳减污信息（供应商占比）。

《电力物资供应商绿色评价标准》适用于国家电网公司电网物资供应商绿色评价工作，自评和第三方评价可参照执行。该标准规定了电网物资供应商绿色评价原则、基本要求、评价指标、评价流程及评价报告要求。《能源企业绿色供应商评价规范》规定了能源行业绿色供应商评价标准的评价范围、基本原则、评价依据、评价机构、评价内容、评价程序、评价等级等相关要求。

为了推动国家"双碳"目标实现，国家电网公司还积极探索电力物资"零碳仓库"建设的标准。零碳仓库相较于通用仓库，更加注重在运营过程中减少或消除碳排放。通过参考国网江苏扬州广盛仓库、泰州祥泰仓库等"零碳仓库"试点建设经验，编制了《能源企业绿色仓储管理规范》《电力物资零碳仓库设计与评价标准》《电力物资零碳仓库建设技术导则》等标准，为零碳仓库在全国范围内推广建设提供文件支撑。

《能源企业绿色仓储管理规范》适用于能源企业建设期、运行期的仓储管理。包括仓储选址与规划、仓储设备设施、出入库管理、退库管理、特殊物资管理、安全管理、数字化管理等主要技术内容。

《电力物资零碳仓库设计与评价标准》包括零碳仓库设计要求与零碳仓库认定与评价要求两部分。在零碳仓库设计要求中，涉及基础性功能、建筑设计、能源结构设计、设施设备设计以及监测管控系统功能设计五个方面。在零碳仓库认定与评价要求中，主要涉及电力物资零碳仓库认定与电力物资零碳仓库等级评价两个方面。

《电力物资零碳仓库建设技术导则》适用于新建、改建、扩建的电力物资仓库，从电力物资零碳仓库建设的基本要求、仓库建造以及仓库运营等方面，对电力物资零碳仓库建设进行了标准化和规范化，包括零碳仓库建造与零碳仓库运营两部分。在零碳仓库建造要求中，涉及仓库建造基本要求、仓库选址、库区规划、建筑设计以及能源和资源系统五个方面。在零碳仓库运营要求中，主要涉及降碳措施、碳抵消与碳排放监控管理三个方面。

第五节 数智标准建设夯实供应链数智运营基础能力

在国家电网公司现代智慧供应链建设不断推进过程中，各单位、供应链各环节，沉淀了大量业务数据，亟须开展多元化的数据分析应用，挖掘数据资产价值，辅助业务智能决策。同时，供应链数据涉及9大专业业务数据，数据量大、集成系统较多、系统间信息交互频繁，导致数据分散，存在数据质量不高、数据不一致、数据缺失以及业务人员"看不懂、不会用"等问题，无法高效支撑供应链数字化运营工作开展。国家电网公司为高质量实现绿色数值供应链战略目标，从数智标准建设入手，通过物资数据模型标准化和数据字典等专项工作，持续推进数智平台标准化建设。

一、供应链数据字典支撑电力行业标准化应用

（一）建设依据和主要原则

《工业互联网平台 电力行业供应链数据字典》是在全球供应链格局加速向区域化、多元化调整，我国电力行业供应链的安全稳定重要性更加突出的背景下，由国家电网公司发起，中国电子技术标准化研究院组织编写，创建电力行业供应链转型升级、防控风险、稳定增长的重要抓手，助力电力企业、行业及管理部门降低供应链突发风险，有效提升防控能力，从而实现电力企业稳定发展，提升综合竞争力方面潜力巨大。因此该标准在发布后，还将配套开发供应链数据字典工具、字典包及测试环境，推进产业化。

《工业互联网平台 电力行业供应链数据字典》标准研究对象为基于工业互联网平台的电力行业供应链，全业务流程的数据表达参考格式和关键参数数据字典建设。适用于电力行业所有涉及供应链管理的相关企业，可加强企业风险管控能力，提升企业间协作效率。该标准涵盖电力行业供应链全过程业务数据，包括物料标准化数据字典、招标采购数据字典、合同管理数据字典、生产制造数据字典、物流配送数据字典、质量监督数据字典、仓储管理数据字典、废旧处置数据字典、供应商管理数据字典，覆盖供应链上下游全业务运营需求。

建设依据主要包括政策依据和现行标准依据。政策依据方面包括深入贯彻落实国家政策内在要求。工业和信息化部深入贯彻党中央、国务院关于扎实做好"六稳"工作的决策部署，推动供应链协同畅通，促进产供销有机衔接和内外贸有效贯通，加快推进供应链数字化和智能化发展，加强数据标准统一和资源线上对接，基于工业互联

网实现供应链即时、可视、可感知，提高供应链整体应变能力和协同能力。"十四五"规划中提出"提升产业链供应链现代化水平""补齐短板、锻造长板，分行业做好供应链战略设计和精准施策，形成具有更强创新力、更高附加值、更安全可靠的产业链供应链"。《国家标准化发展纲要》提出"提升产业标准化水平""增强产业链供应链稳定性和产业综合竞争力，围绕生产、分配、流通、消费，加快关键环节、关键领域、关键产品的技术攻关和标准研制应用，提升产业核心竞争力"。工业和信息化部、国家标准化管理委员联合印发的《工业互联网综合标准化体系建设指南（2021 版）》（工信部联科〔2021〕291 号）中明确提出"到 2023 年，工业互联网标准体系持续完善"。《工业互联网平台 电力行业供应链数据字典》标准编制的现行标准依据包括 GB/T 35121—2017《全程供应链管理服务平台参考功能框架》规定了全程供应链管理服务平台的业务模式、业务需求、核心服务流程、参考功能框架以及核心功能等框架，GB/T 25103—2010《供应链管理业务参考模型》规范了供应链管理的概念和定义，明确了供应链管理的范围和内容，给出了供应链管理的业务参考模型，未给出供应链全业务流程的数据单元定义。该标准基于工业互联网平台电力行业供应链数据共享，明确供应链全业务流程的数据单元及字段定义，形成电力行业供应链数据字典，有利于上下游企业供需接口、数据共享，与上述标准形成互补。

《工业互联网平台 电力行业供应链数据字典》标准编制过程中遵循了标准化对象原则、文件使用者原则、目的导向原则。规定了工业互联网平台电力行业供应链涉及物料标准化、招标采购、合同管理、生产制造、物流配送、质量监督、仓储管理、废旧处置、供应商管理等九大业务流程数据的标准定义和描述。包括适用范围、规范性引用文件、术语和定义、标准总则、电力行业供应链数据字典的构成、电力行业供应链数据字典 6 个部分。

《工业互联网平台 电力行业供应链数据字典》标准编制于 2023 年 5 月，在工业标准建设和信息化部 2023 年第一批行业标准制修订和外文版项目计划立项。《工业互联网平台 电力行业供应链数据字典》是工业互联网标准建设平台领域，为电力行业相关企业、协会及管理部门等实现供应链数据互联互通提供依据的一项重要基础性标准。2023 年 5 月，中国电子技术标准化研究院通过微信公众号、电子标准院标准建设官网、定向邀请等方式，面向全社会公开征集标准起草成员单位，后续根据反馈情况，组建本标准编写组。2023 年 6 月，标准编写组在线上召开了《工业互联网平台 标准建设电力行业供应标准建设链数据字典》行业标准启动会，会议对标准立项情况进行了详细介绍，针对基于标准建设工业互联网平台的电力行业供应链数据字典标准框架、范围结构、数据单元集构建等内容进行了深入讨论。2023 年 7 月，标准编写组开展了《工业互联网平台　标准建设电力行业供应标准建设链数据字典》行业标准集中研讨会，会议按照程序充分考虑各方观点，协调争议点，进行了充分研究讨论，确定了初步的标准框架及主要内容。2023 年 10 月，标准编写组开展了《工业互联网平台　标准建设电力行标准建设业供应链数据字典》行业标准集中编制会，会议按照程序充分考虑各方观点，协调标准建设各争议点，针对标准框架、术语定义、数据字典的范围和结构属性、数据单元集标准建设的字段内容等进行了深入的研究讨论，并按时间点安排分工编写任务，汇总形成标准草案。2023 年 10 月 26 日，标准编写组在中国电子技术标准化研究院定向邀请专家召开《工业互联网平台　电力行业供应链数据字典》评审会，会上就标准建设草案展开讨论，不断完善标准的细节内容，会后编写组吸纳专家意见修改优化，最终形成结构更为合理、内容更加完善的稿件。

（二）建设内容

《工业互联网平台　电力行业供应链数据字典》建设内容旨在解决电力行业供应链由于数据没有统一的规范描述而导致的数据开发难、业务核验难和信息协同难等痛点问题，以提高基于工业互联网平台的电力行业供应链数据互联互通水平，强化电力行业供应链风险防控能力，提升上下游间协作效率，实现电力行业供应链的高效、稳定、畅通。围绕"亟须开展基于工业互联网平台的电力行业供应链数据字典建设""面向电力行业供应链转型发展需求，提供切实有效的标准支撑""以工业互联网平台为基础，充分发挥技术优势，打造电力行业供应链数据互联互通体系"三方面要素制定建设内容。

当前，大国博弈、后新冠时代加速全球供应链格局向区域化、多元化调整，供应链安全稳定成为核心关注点，电力行业供应链上下游供需信息对接、数据共享重要性更为突出，《工业互联网平台　电力行业供应链数据字典》标准在已发布的供应链管理业务模型和工业互联网接口要求等标准基础上，对基于工业互联网平台的电力行业供应链全业务流程所涉及的数据，在数据表达、语义描述等方面进行标准规定，解决上下游企业供应链信息对接、数据共享难题。

面向电力行业供应链转型发展需求，提供切实有效的标准支撑方案。从产业示范层面，深入贯彻落实 2021 年商务部等 8 单位印发《关于开展全国供应链创新与应用示范创建工作的通知》，国家电网公司作为试点企业，促进电力行业供应链协同化、标准化、数字化、绿色化发展，推动经济高质量发展。2022 年，国家电网公司印发《绿色现代数智供应链发展行动方案》，聚焦供应链"效率、效益、效能"提升，进一步推动供应链平台与服务升级、绿色和数智升级。

以工业互联网平台为基础，充分发挥技术优势，打造电力行业供应链数据互联互通体系方面。《工业互联网平台　电力行业供应链数据字典》标准建立基于工业互联网平台的电力行业供应链数据字典，可以实现企业内外部上下游供应链数据表达、语义描述统一，可以便捷快速地获取供应链上下游企业关键业务节点的数据信息，及时发现供应链上的风险因素，合理有序安排企业生产经营，有效规避风险提升整个供应链的风险管控能力，为供应链的数据分析、透明可视及科学决策建立坚实基础，从而提升企业间协作效率，实现降本增效。

（三）建设成果

《工业互联网平台　电力行业供应链数据字典》标准对电力行业供应链上下游各环节在业务运营中输出的大量异构数据，不宜直接传输到工业互联网平台的数据应用端，通过数据接入环节的供应链数据字典，将异构数据转换为语义清晰、格式统一的标准数据，与平台数据应用端进行交互。

《工业互联网平台　电力行业供应链数据字典》标准根据电力行业供应链业务流程特点，将其划分为规划设计、需求计划、招标采购、生产制造、产品交付、履约执行、施工安装、运行维护以及退役回收九大业务环节，组成电力行业供应链数据字典的定义范围。对电力行业供应链每一环节数据单元的基本结构、字段属性进行格式规范和语义描述，形成供应链数据字典的定义结构，将电力行业供应链九大业务环节的数据，根据数据字典定义的结构规则进行描述，每一环节的数据单元集合组成一类数据字典，所有环节的数据字典集合组成电力行业供应链数据字典。如存在当前数据字典中未规定的供应链业务数据时，可根据结构规则对数据字典进行扩展。

《工业互联网平台　电力行业供应链数据字典》标准完成各个专业字典的信息数据单元集的规范，如表 4-3 所示。包括物料标准化数据字典、招标采购数据字典、合同管理数据字典、生产制造数据字典、物流配送数据字典、质量监督数据字典、仓储管理数据字典、废旧处置数据字典、供应商管理数据字典 9 项内容。

表 4-3　　　　　　物料标准化数据字典信息数据单元集（示例）

中文名称	英文名称	业务定义	必填项	字段类型	字段长度	精度	值域
物料编码	MAT_CODE	按照一定规则形成的物料主数据对应的最细颗粒度物料编码	是	字符型	30	—	—
物料描述	MAT_DESC	物料主数据对应的最细颗粒度物料描述	是	字符型	500	—	—

续表

中文名称	英文名称	业务定义	必填项	字段类型	字段长度	精度	值域
计量单位	MEAS_UNIT_TYPE	供应链业务涉及物资、工程和服务所用的计量单位	是	字符型	16	—	应符合GB/T 3101—1993相关要求
物料状态	MAT_STATUS	标识采购的物料状态	是	数值型	16	—	—
扩展描述	EXT_DES	对物料的特性进行详细描述，表达物料属性	否	字符型	500	—	—
创建日期	CRDATE	标识采购的物料创建日期	是	日期型	20	—	—

注　本表及以下表格，精度表格"—"表示文本字符内容，无精度要求，值域表格"—"表示内容填报。

二、标准化引领物资数据模型及应用

（一）建设依据和主要原则

为完成供应链全环节覆盖的数据标准化工作，包括物资域数据资产盘点、数据标准化制定、数据质量管理等内容，从而实现支撑专业内的运营分析、风险预警、智能决策和专业外数据共享共用，保障工程建设与物资保障高效协同目标。根据《国家电网有限公司关于推进业务数据定源定责工作的通知》《国家电网有限公司关于进一步加强数字化建设统筹工作的通知》《国家电网有限公司关于印发〈国家电网有限公司数字化建设统筹管理规范（试行）〉等两项管理规范的通知》《国家电网公司物资部推进"一库两字典"数据标准化建设方案》《供应链业务数据标准表设计内容》《国家电网有限公司 2022 年电网数字化重点项目储备指南介绍》《国家电网有限公司关于发布2022 年采购计划安排的通知》等政策要求，结合国家电网公司物资业务数据应用紧迫性需求，开展数据标准化和治理工作。在物资数据模型标准建设过程中，始终确保系统的统一性、先进性、可靠性、安全性、实用性、可扩展性、易用性、可管理性。主要原则包括："统一性"原则，即统一领导、统一规划、统一标准、统一建设的四统一原则。安全、可靠性原则，即标准建设应充分考虑系统的安全防护、容错能力和抗干扰能力，保证系统长期稳定、安全、可靠、高效地运行。实用性原则，即遵循以客户为中心的理念，提供一致性、人性化用户体验，最大限度地满足客户的实际需要，操作便捷，功能完善，界面友好。可扩展性原则，即符合国际及国家通用标准，具备良好的开放性和可移植性。采用标准开放平台接口，支持与其他系统的数据交换和共享，便于维护、扩展和互联。资源复用原则，即建设过程将充分考虑到已有软硬件设备设施，尽可能继承和复用有价值的软硬件资源和数据资源，避免资源浪费，重复投资。

随着企业数字化转型大潮兴起，数字化建设已然成为提升供应链管理水平、促进自身高质量发展的必由之路。国家电网公司物资供应链历经 20 年的信息化发展，呈现出智能化、多元化发展的运营新趋势。但随着运营触角的不断延伸，国家电网公司在供应链运营管理中存在点多、线长、面广的现况，同时电力物资业务操作系统繁多、数据规模庞大，各操作系统技术、数据结构存在差异，使得供应链数据流通存在断点，不能实现对物资供应全寿命周期的数智化管理，制约供应链规模化运营与服务升级矛盾凸显，数据质量引起的桎梏逐步体现。

国家电网公司供应链物资数据模型分类工作坚持从电力物资全域数据汇聚着手，全程遵从服务业务为导向，基于数据分层管理理论，构建统一的物资域数据架构定位及实施规范的原则。以搭建物资域通用数据模型为核心，通过夯实数据资产、搭建数据架构、提升数据质量、引入数学算法等手段，推动供应链服务平台数据融通。通过数据智能串链技术，使物资供应全流程信息可视、可查、可得，并在此基础上使用 BiLSTM 算法，实现物资供应效能监督管控，切实防控运营风险，保障供应链安全稳定运行。推动供应链服务平台数据融通，实现数据录入规范化、数据采集自动化、数据治理常态化。同时，通过"智能串链"技术，打造物资供应可视化工具，业务管理由"人防"向"技防"转变，切实提升精益化管控水平。

（二）建设内容

从业务需求、建设必要性、预期目标三个方面，进行可行性分析。业务需求方面，首先物资域数据急需梳理，包括物资供应链全链条数据、供应链业务流程化体系梳理、业务与数据关系建立等内容；其次物资域数据标准化急需创建，主要包括建立统一的物资域数据标准，为物资域数据标准化落地提供依据；再次数据质量管理手段急需完善，主要包括形成数据质量规则库、数据问题排查及核验、明确数据问题治理方案、数据质量问题跟踪等；最后数据应用情况分析急需实施，包括计划执行情况、项目物资履约情况、物资抽检情况分析、合同结算情况分析、废旧处置情况分析。建设必要性方面，随着国家电网公司现代智慧供应链建设的不断深入，物资业务数字化、精益化管理水平不断提高，沉淀了大量业务数据，在各单位、供应链各环节，亟须开展多元化的数据分析应用，挖掘数据资产价值，辅助业务智能决策。但现实情况是，供应链数据涉及 9 大专业业务数据，数据量大、集成系统较多、系统间信息交互频繁，导致数据分散，并存在数据质量不高、数据不一致、数据缺失以及业务人员"看不懂、不会用"等问题，无法高效支撑供应链数字化运营工作开展。预期目标方面。国家电网公司通过物资数据模型标准化建设，开展物资供应链规划设计、需求计划、招标采购、生产制造、产品交付、履约执行、施工安装、运行维护、退役回收全业务的物资域数据标准化制定、质量核验和问题治理等工作，实现物资域数据标准化管理，如表 4-4 所示。支撑供应链运营平台的运营分析、监控预警、资源调配、预警响应等功能应用。

表 4-4　　　　　　　　　　　业 务 需 求 表

数据工程类型	业务需求描述	业务应用对象				执行频次
		层级	专业名称	岗位名称	使用人数	
数据接入	接入物资供应链全链条数据	省/地市/县	物资	物资专业人员		按需
数据标准化	供应链全链条源表梳理、供应链业务流程化体系梳理、业务与数据关系建立等内容，基于梳理成果，数据对象规范制定、物资通用数据模型实施、总部"一库两字典"业务标准表实施	省/地市/县	物资	物资专业人员		按需
数据质量治理	形成数据质量规则库、数据问题排查及核验、明确数据问题治理方案、数据质量问题跟踪	省/地市/县	物资	物资专业人员		按需
数据应用	包括计划执行情况、项目物资履约情况、物资抽检情况分析、合同结算情况分析、废旧处置情况分析	省/地市/县	物资	物资专业人员		按需

国家电网公司物资数据模型标准化建设的业务架构是基于国家电网公司数据中台，实现物资供应链业务系统（ERP）、国网绿链云网多数据融通、数据治理和数据价值挖掘，拓展现代智慧供应链管理平台供应链运营调控指挥中心的智能采购、数字物流、全景质控业务板块数据应用分析。

国家电网公司物资数据模型标准化应用架构，是基于国家电网公司一体化云平台、数据中台、总部运营调控指挥中心实现技术承载，其中一体化云平台提供计算资源、存储资源、应用集成技术、数据分析技术、应用展现技术等一体化资源服务；数据中台提供该项目全量数据的汇集、同步转换，并制成应用产生的结构化数据存储和处理；运营调控指挥中心对国家电网公司供应链业务及参与主体的合规性进行督导、检查和纠正，对供应链风险进行识别、预警和处置等的活动。

安全防护等级依据 GB/T 22239—2019《信息安全技术网络安全等级保护基本要求》和《国家电网公司智能电网信息安全防护总体方案》（国家电网信息〔2019〕1727 号）要求，遵循"分区分域、安全接入、动态感知、全面防护"的安全策略，参照国家电网公司现有二级系统定级情况，将安全保护等级定为二级（S2A2）。对应的防护措施围绕管理信息大区应用安全设置，包括严格控制供应链平台应用服务的用户认证，对敏感信息进行加密存储及传输，加强权限管理及日志审计，保证管理信息大区系统应用安全。

边界安全防护措施部分包括边界访问控制、网络入侵防范、日志记录与审计 3 项子措施。边界访问控制如表 4-5 所示，是利用国家电网公司、省公司现有管理信息大区横向域间边界防火墙，实施访问控制，在网络边界对跨越边界传输的信息进行内容过滤，对应用层数据流进行有效的监视和控制。网络入侵防范是利用国家电网各省（市）公司现有管理信息大区横向边界 IDS/IPS 设备实现边界网络入侵防范。日志记录与审计是配置边界防火墙、IDS/IPS 设备的日志记录，记录用户访问记录、系统运行日志、系统运行状态等各类信息，经过规范化、过滤、归并和告警分析等处理后，以统一格式的日志形式进行集中存储和管理。

表 4-5　　　　　　　　　　边 界 安 全 防 护 措 施

边界类型	安全要求	遵从情况	实现方式及措施
管理信息大区横向域间边界	边界访问控制	遵从	利用省公司现有管理信息大区横向域间边界防火墙，实施访问控制，在网络边界对跨越边界传输的信息进行内容过滤，对应用层数据流进行有效的监视和控制
	网络入侵防范	遵从	利用各省（市）公司现有管理信息大区横向边界 IDS/IPS 设备实现边界网络入侵防范
	日志记录与审计	遵从	配置边界防火墙、IDS/IPS 设备的日志记录，记录用户访问记录、系统运行日志、系统运行状态等各类信息，经过规范化、过滤、归并和告警分析等处理后，以统一格式的日志形式进行集中存储和管理

应用安全防护措施如表 4-6 所示。需要通过管理信息大区应用安全功能设计，保证合法的管理信息大区用户访问，防止非授权用户访问，降低系统在应用层面遭受攻击的风险，保证供应链数字再造价值系统自身的安全。

表 4-6　　　　　　　　　　应 用 安 全 防 护 措 施

安全要求	遵从情况	实现方式及措施
身份认证	遵从	对系统用户采用用户名、口令认证方式进行认证； 密码长度下限不少于 8 位，上限不低于 20 位；支持数字及字母搭配组合； 连续 5 次输入密码失败，锁定用户账户，直至管理员手工解锁
权限控制	遵从	进行角色访问控制、访问权限控制； 对系统管理员、应用管理员、业务用户等按照业务职能进行角色划分，细化至菜单级，控制用户权限粒度； 制定权限分配的申请审核流程，如对岗位指派"功能模块权限"和"功能菜单权限"后，需要经过系统审批员的审核审批； 提供权限分配的日志记录及审计功能
配置管理	遵从	数据库连接等配置文件由中间件进行管理，其他凡是有管理界面的配置文件，管理都必须经过授权验证并有日志记录； 配置管理界面只能从本地登录并且有强认证检查控制，配合服务端的业务逻辑检查，即使界面被非法爆破也无法绕过服务端检查； 采用角色或用户标识来管理特权； 制定严格的配置变更管理流程，系统关键信息例如数据库连接、运行参数、模板信息等发生配置变更时，需由相关负责人进行审批确认

续表

安全要求	遵从情况	实现方式及措施
会话管理	遵从	通过配置合理的会话时长，例如设定为 30min，在超时后系统会自动清除会话； 登录成功之后创建新的会话，并将原有会话清除； 将会话数据保存在服务端，避免非法访问，并进行严格的输入数据验证，避免非法篡改； 网页端应仅允许使用 HTTP POST 方式进行会话令牌提交，并且对 Cookie 和 HTTP 的相关属性进行了安全设置
参数操作	遵从	对输入参数进行严格验证，避免使用包含敏感数据或者影响服务器安全逻辑的查询字符串参数； 仅使用 HTTP POST 方式提交信息； 使用国网统一权限平台提供的过滤器对全部访问 URL 进行拦截和会话凭证验证，对于任何非法访问，一律跳转到登录页面并记录日志； 使用会话凭证和账户来标识 PC 客户端，并在业务加载的过程中将敏感信息加载到会话内存中使用，不直接传输到 PC 客户端
日志与审计	遵从	对用户登录、登出、业务授权、涉及敏感数据的批量查询和数据导出及重要业务操作行为进行日志记录，记录信息系统操作全过程，确保操作行为可追溯； 具备业务授权许可使用监督功能，记录信息系统操作全过程，确保操作行为可追溯，并对越权使用、非常规登录等异常行为进行告警； 记录的事件类型包括成功和失败的登录尝试、数据修改、数据检索、网络通信和管理功能等，如启用或禁用日志记录；日志记录发生的时间、地点（包括主机名）、当前用户的标识、启动该事件的进程标识以及对该事件的详细描述； 日志记录独立存储，由审计管理员查询、统计、导出； 定期备份和归档生产服务器上的日志文件
加密技术	遵从	用户密码：采用国密 SM3 加密模式保存，内网服务渠道管理模块登录进行用户鉴别信息存储及传输加密

数据安全防护措施如表 4-7 所示。基于用户数据、业务数据、系统配置管理数据、日志审计数据中的敏感字段从保密性、完整性、可用性 3 个维度进行设置。

表 4-7 数 据 安 全 防 护 措 施

序号	数据类型	安全保护措施		
		保密性措施	完整性措施	可用性措施
1	用户数据	用户姓名、手机号、身份证等，需要加密后入库	使用事务传输机制对数据完整性进行保证，对数据完整性进行校验	对数据进行可用性校验控制，只允许可用的数据录入
2	业务数据	只允许服务器端数据库存储，禁止在服务器端其他区域和客户端存储；数据库部署在管理信息大区	使用事务传输机制对数据完整性进行保证，对数据完整性进行校验	对数据进行可用性校验控制，只允许可用的数据录入
3	系统配置管理数据	只允许服务器端数据库存储，禁止在服务器端其他区域和客户端存储；数据库部署在管理信息大区	使用事务传输机制对数据完整性进行保证，对数据完整性进行校验	对数据进行可用性校验控制，只允许可用的数据录入
4	日志审计数据	只允许服务器端数据库存储，禁止在服务器端其他区域和客户端存储；数据库部署在管理信息大区	使用事务传输机制对数据完整性进行保证，对数据完整性进行校验	对数据进行可用性校验控制，只允许可用的数据录入

（三）建设成果

通过推进国家电网公司物资供应链需求计划、采购标准、智能采购、供应商管理、抽检监造、仓储管理、包装运输、合同履约、废旧处置全业数据模型标准化建设工作，助力物资域数据标准化制定、质量核验和问题治理等工作，目前已建设 55 个通用数据模型，如图 4-13 所示，并结合计划管理、采购管理、合同管理、履约管理、废旧

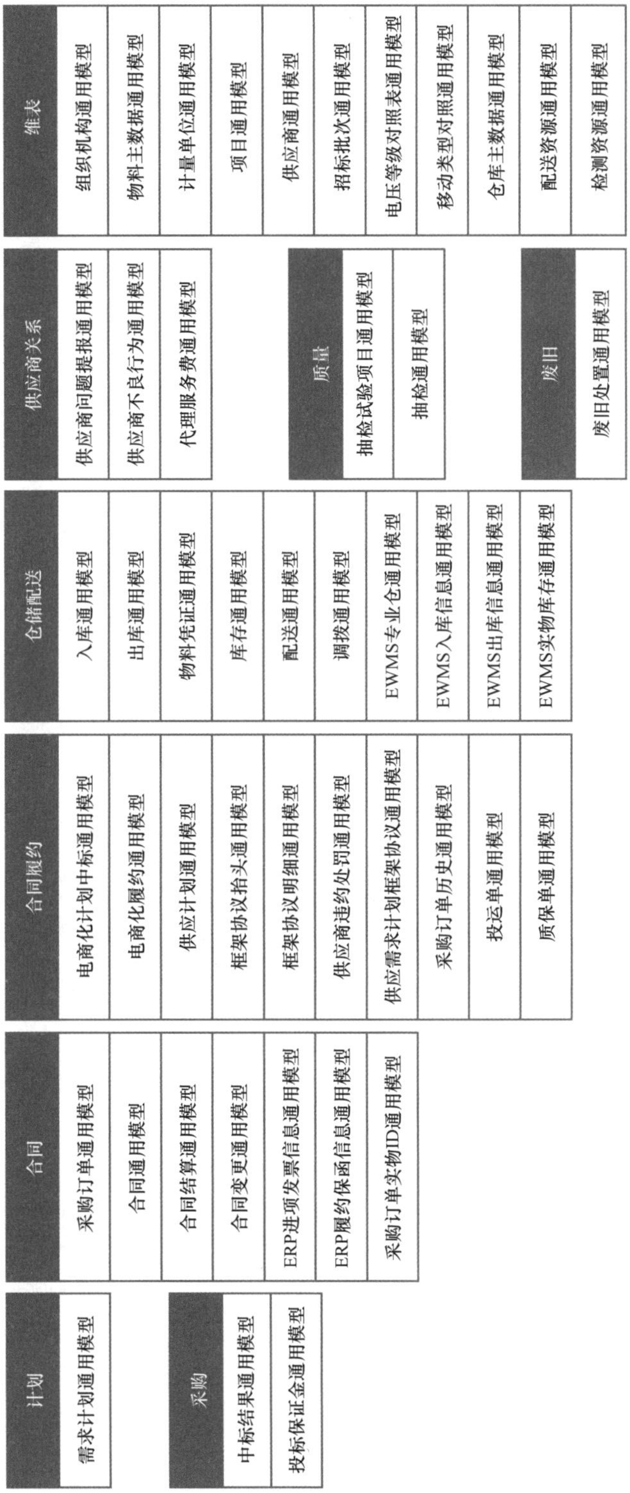

计划
- 需求计划通用模型

采购
- 中标结果通用模型
- 投标保证金通用模型

合同
- 采购订单通用模型
- 合同通用模型
- 合同结算通用模型
- 合同变更通用模型
- ERP进项发票信息通用模型
- ERP履约保函信息通用模型
- 采购订单实物ID通用模型

合同履约
- 电商化计划中标通用模型
- 电商化履约通用模型
- 供应计划通用模型
- 框架协议抬头通用模型
- 框架协议明细通用模型
- 供应商违约处罚通用模型
- 供应需求计划框架协议通用模型
- 投运单历史通用模型
- 质保单通用模型

仓储配送
- 入库通用模型
- 出库通用模型
- 物料凭证通用模型
- 库存通用模型
- 配送通用模型
- 调拨通用模型
- EWMS专业仓通用模型
- EWMS入库信息通用模型
- EWMS出库信息通用模型
- EWMS实物库存通用模型

供应商关系
- 供应商问题数据通报通用模型
- 供应商不良行为通用模型
- 代理服务费通用模型

质量
- 抽检试验项目通用模型
- 抽检通用模型

废旧
- 废旧处置通用模型

维表
- 组织机构通用模型
- 物料主数据通用模型
- 计量单位通用模型
- 项目通用模型
- 供应商通用模型
- 招标批次通用模型
- 电压等级对照表通用模型
- 移动类型对照通用模型
- 仓库主数据通用模型
- 配送资源通用模型
- 检测资源通用模型

图4-13　通用数据模型分类

管理、质量管理、仓储管理、配送管理等专业进行分类。数据模型里同时包含建设专业、设备专业、财务等专业数据字段，如工程项目编号、实物 ID、PMS 设备类型编号、投运日期、发票校验日期、实际支付日期等与物资业务上下游关联性较强的跨专业数据字段，实现物资域数据标准化管理，支撑供应链运营平台的运营分析、监控预警、资源调配、预警响应等功能应用，支撑国家电网公司供应链物资资产梳理及数据台账建立，确定数据唯一来源，减轻重复溯源和验证工作量，降低人工成本，提高工作效率，提高国家电网公司供应链物资辅助决策分析能力，通过建立强有力的数据底盘，保障数据来源及逻辑正确，提高物资辅助决策分析能力。

通过依托核查工具实现在线监控，开发质量管理功能实现异常明细查询，切实提升数据质量。制定数据管理规范，如表 4-8 所示，通过编制规范性文档，要求模型设计阶段遵循《物资域数据模型设计管理规范》，模型开发阶段遵循《物资域数据研发流程规范》，模型核验阶段遵循《物资域数据模型核验方法》，数据质量日常运维遵循《物资域数据质量管理方案》。梳理数据质量规则是结合业务标准，从数据准确性、唯一性、一致性、完整性、时效性和规范性等维度，梳理质量核验规则，目前已提炼出数据质量规则 159 条。数据质量监测工具包括在数据中台依托数据质量监测工具（DQC）部署核查规则，设置规则强弱来控制数据任务执行，主动识别与拦截异常及无效数据，避免低质数据影响通用模型数据环境，有效降低数据恢复处理的时间成本和费用成本。借助数据任务运行监测工具保障高优先级任务及时调度和资源优先分配，目前已配置物资合同款项计算、国家电网公司总部 CIM 模型传输、总部物资业务标准表传输等重点任务的基线管理任务。对 DQC 监测到的重点数据问题，通过数据中台部署核查脚本，定位异常问题，通知用户进行整改。用户通过查询功能查看明细，进行业务诊断，规范操作，即从业务源头开展数据治理，以用促治，保障数据质量长效稳定。

表 4-8　　　　　　　　　　数据模型质量规则示例（部分）

规则维度	质量规则	表名	字段中文名
规范性	金额类型的数据精度为小数点后两位	框架协议抬头通用模型	框架协议中标总金额
规范性	（1）物资类物料编码长度必须 9 位； （2）5 开头； （3）非空	调拨通用模型	物料编码
完整性	网省批次计划表表中招标批次编码不为空	物资集约化——网省招标批次计划	招标计划编号
完整性	网省申报开始时间（WZBKSRQ）不为空	网省招标批次维护	网省申报开始时间
完整性	采购凭证号（PURCHASECODE）不为空	ECP 保函信息传输 ERP 接口	采购凭证号

续表

规则维度	质量规则	表名	字段中文名
完整性	框架协议执行金额不允许为空，未执行定义为0	框架协议抬头通用模型	框架协议执行金额
完整性	抽检明细ID不为空	抽检通用模型	抽检明细ID
完整性	抽检计划编号不为空	抽检通用模型	抽检计划编号
完整性	基本计量单位（MEINS）不为空	常规物料数据	基本计量单位
唯一性	招标计划编号（WZBJHBH）、招标年度（WZBND）主键，不为空且不重复	网省招标批次维护	招标计划编号

三、标准化促进供应链数据全链贯通

（一）建设依据和主要原则

国家电网公司作为重资产管理企业，大量的资金、技术沉淀在电网实物资产上，实物资产比重超过三分之二，核心业务运营也是基于实物资产管理，决定了资产全寿命周期管理必然是公司经营管理的基础和重点。目前，国家电网公司围绕供应链"九大专业环节"供应链数据模型，按照设备资产管理的流程顺序，分别在发展规划、物资采购、电网基建、设备运维、调度运行、财务经营等部门。各专业按照流程作业，前后衔接，互相协作。但是也因为各专业条线的切割，导致实物管理过程中，存在业务管理颗粒度不一致、供应链数据即实物ID赋码范围不全、数据标准不统一等问题，仍未实现各环节全流程的高水平贯通。

为全面落实国资委在建设世界一流企业中将供应链管理理念融入企业生产经营全过程的要求。国家电网公司着力深化拓展供应链全环节管理、服务支撑资产全寿命周期管理的广度深度，逐步探索出一条极具国网绿链特色的"一码贯通，双流驱动"的供应链数据全寿命周期，全供应链环节管理数字化转型之路，能够以最低的成本实现各专业系统之间的连接，实现供应链数据全寿命周期信息的全维度实时收集、全过程可信追踪、全方位管理共享，为各专业运行带来革命性的变化，推动国家电网公司各项业务全流程的数字化，真正实现国家电网公司和电网数字化转型。

国家电网公司供应链数据全链贯通工作，数据层面可将各专业基于供应链物资的业务操作数据关联起，业务层面可贯通国家电网公司各专业系统的原则。站在企业级行业级贯通的高度，统筹产业链供应链各环节业务工单设计，将关键业务环节全面标准化、结构化，并与供应链数据强关联，通过业务工单承载"实物流、业务流"双流贯通。将国家电网公司庞大的供应链数据连接到数字世界，逐步构建起以企业级行业级业务工单为抓手的公司级供应链数据全寿命管理体系和供应链数据支撑保障体系，服务世界一流企业建设。

（二）建设内容

国家电网公司围绕供应链规划设计、需求计划、招标采购、生产制造、产品交付、履约执行、施工安装、运行维护以及退役回收九个环节的核心业务大力开展信息化建设，已建成了网上电网、国网绿链云网（电子商务平台 ECP）、e 基建、设备 PMS、财务管控、调度 OMS 等各自专业的信息系统，并结合专业管理要求，各自建设了核心业务编码（如发展专业的项目编码、物资专业的实物 ID、设备专业的设备编码、调度专业的调度编码、财务专业的资产编码等编码），实现实物设备产生的数据均通过各专业的编码进行管理。在此基础上，供应链数据全链贯通工作，通过打造实物 ID，即对每一个实物设备赋予唯一的"身份证编码"，支撑供应链数据全链一码贯通，以二维码或者芯片的形式，贴在实物设备上，作为其在供应链上下游、电网建设运营各环节终生 ID。依托实物 ID 为纽带，"一码贯八码"（项目编码、WBS 编码、物料编码、实物 ID、设备编码、资产编码、调度编码和废旧物资编码），能够打通供应链上下游所有业务系统，贯通各专业供应链数据，实现实物流在各专业管理信息的贯通，既能支撑各专业使用需求，又能站在设备资产全寿命周期、供应链全链条的高度，实现设备资产全寿命周期管理信息的共建共享。

国家电网公司印发《实物全量赋码管理提升方案》，加快推进电网二次设备、营销类设备等增量设备赋码，并将供应链数据"实物 ID"赋码提前至采购环节进行预赋码，刚性执行。研究构建材料类的"批次赋码"规则，主设备与关键组部件的"主子赋码"规则，对原材料、组部件也开展增量赋码。方案能够逐步实现所有物料品类赋码的全覆盖。同时，国家电网公司研究将实物 ID 与全国统一物联标识 Ecode 编码进行关联，延伸到设备制造商的上游，实现实物 ID 由企业级应用上升为国家级应用。未来，通过实物 ID 全覆盖、专业系统全应用、扫码作业全执行、记录环节全上线，就能真正发挥实物 ID 的纽带作用，实现供应链全链条、设备资产全寿命周期数据"一码贯通"。

（三）建设成果

国家电网公司标准化促进供应链数据全链贯通工作，打造了"企业级工单"抓手，助力跨专业场景供应链数据应用实施，是实现设备资产全寿命周期管理的根本路径。

国家电网公司供应链数据以实物 ID 为纽带、企业级工单为抓手，能够将国家电网公司庞大的设备资产供应链全链条、全寿命信息连接到数字世界，提高国家电网公司全业务数字化协同水平，筑牢更加全面、精细、坚强、可运营的"数据底座"，构建国家电网公司全量实物的数字设备资产图谱。庞大的精细化数据资产能够支撑供应链上下游企业制造和运营体系评估、LCC❶招标、智能运检、精准规划投资、输配电价核定等一大批高阶应用。

---

❶ LCC，即 Life Cycle Cost，全寿命周期成本。

第五章 供应链标准化未来展望

供应链是以客户需求为导向，以提高质量和效率为目标，以整合资源为手段，实现产品设计、采购、生产、销售、服务等全过程高效协同的组织形态。随着全球化的发展，供应链越来越复杂。比如，供应链管理需要面对跨国运输和国际贸易、不同国家的法律法规、海关手续以及文化差异等问题。同时，随着信息技术的快速发展，信息技术可以提供实时数据和在线协作的平台，帮助企业更好地进行供应链管理。然而，信息技术也带来了供应链数据的海量和复杂性。供应链管理也面临着新的挑战和机遇。推进供应链创新发展，有利于加速产业融合、深化社会分工、提高集成创新能力，有利于建立供应链上下游企业合作共赢的协同发展机制。在供应链创新发展中，应发挥标准化的作用。标准化可以通过统一、规范的语言将某个领域中的工作、产品或服务统一起来，以便达到协调、互通、共享以及高效管理的目的。在供应链管理中，标准化可以体现在多个方面，包括产品规格、生产工艺、物流流程等。《国家标准化发展纲要》（简称纲要）中提出，要实施标准化助力重点产业稳链工程，促进产业链上下游标准有效衔接，提升产业链供应链现代化水平。

本章围绕纲要对供应链标准化发展提出的要求，从供应链发展的整体角度提出了未来展望；结合国家电网公司实际，对如何落实纲要要求，提出了公司供应链标准化的未来展望。

第一节 供应链标准化发展未来展望

供应链标准化水平的全面提升，要借助顶层设计。一方面要通过落实纲要的要求全面提升供应链标准水平，另一方面要借助标准体系的整体规划实施，夯实标准化基础，找准供应链标准化的前沿发展方向。

一、深入实施标准化战略，以标准助力现代化供应链建设

当前，世界百年未有之大变局加速演进，不稳定不确定性增多，全球产业链供应链稳定性面临严峻挑战，供应链标准化的重要性愈发突出。

（一）供应链面临的挑战

展望未来，我国供应链发展的首要风险在外部，现有国际形势下，我国供应链发展面临前所未有的挑战，供应链不"稳"的现象进一步暴露，而全球供应链的这一调整趋势仍将持续相当长一段时间。这一问题的主要原因在于以"我"为主的全球供应链格局尚未形成，支撑现代化供应链建设的标准体系仍不健全，供应链多元化程度还不高，这些都对我国供应链发展形成了巨大挑战。

（二）发挥标准在供应链中的作用

标准化具有促进规则统一协调的特征，在维护全球供应链联通和稳定方面，发挥着重要作用。各国际组织和有关国家不断加强供应链标准研制，尤其是数字化、绿色化、多元化、区域化、服务化等供应链发展趋势也对新时代供应链标准制定产生了深刻影响。我国在面临供应链极大外部挑战与标准研制竞争加剧的背景下，未来仍然要加大对供应链国际标准化活动的参与，聚焦供应链数字化、绿色化两个方面标准化发展，积极开展科技项目投入、加强关键技术标准攻关、积极在国际标准组织提出提案建议，并在我国主导参与的"一带一路"、金砖国家、上合组织等合作机制中加强供应链标准化合作。

（三）供应链标准化战略重点

在回顾我国过去的供应链政策的基础上，可以进一步展望未来标准化支撑的重点。自改革开放以来，我国供应链政策的思路由"技术引进""市场换技术"的依赖型逐步转向"自主创新""自立自强"，供应链发展指导方针由"全面安排、重点突出""科教兴国"向"自主创新、重点跨越"迈进。面向未来一段时期，要坚持问题导向，聚焦"开放""融合""多元"和"再造"，施行以开放创新提升我国产业链供应链全球影响力的技术标准政策，以高标准促进供应链全面升级的结构政策，以多元化提升产业链供应链韧性的组织政策，以及以再造一批供应链"备份"的区域政策，通过及时配套完善相关标准，把兼顾供应链发展韧性和安全的主动权牢牢掌握在自己手里。

要积极围绕纲要关于增强产业链供应链稳定性和产业综合竞争力相关任务要求，

积极参与实施标准化助力重点产业稳链工程。顺应当前全球供应链发展新形势、新要求，通过标准化活动形成工作合力，主动应对日益严峻的国际标准竞争，及时推动供应链标准化工作的建设，增强供应链标准研制能力，加强供应链标准人才培养和加大资金支持，构建现代智慧供应链数据汇聚、贯通、治理和应用的配套标准体系，为我国构建新发展格局、维护全球产业链供应链稳定畅通贡献力量。

二、推动供应链标准体系向绿色化、智能化方向发展

当前，世界百年变局加速演进，全球产业链、供应链已进入深度调整。主要发达国家和全球产业链链主企业不断提高生产过程和产品的绿色要求，逐步建立更高标准的绿色供应链体系。与此同时，数字技术和智能技术的突破性应用，驱动社会生产力水平全面跃升，新形势下构建现智能供应链体系面临新的更高要求。绿色、智能化是供应链面临的主要发展方向。

（一）供应链标准的发展方向

近些年，国务院及各部委陆续发布了一系列绿色低碳、智能化供应链相关的政策规定，为供应链未来发展指明了基本方向和遵循。在绿色低碳方面，国资委于2021 年发布的《关于推进中央企业高质量发展做好碳达峰碳中和工作的指导意见》（国资发科创〔2021〕93 号）提出支持中央企业构建绿色低碳供应链体系，鼓励节能低碳发展创新；于 2022 年发布的《中央企业节约能源与生态环境保护监督管理办法》中提出中央企业应率先执行企业绿色采购指南，建立健全绿色采购管理制度，推进绿色供应链转型。2021 年国务院印发的《2030 年前碳达峰行动方案》提出了探索建立重点产品全寿命周期碳足迹标准。2022 年国家发展和改革委员会、工业和信息化部、生态环境部在《工业领域碳达峰实施方案》中提出，构建绿色低碳供应链，加快推进构建统一的绿色产品认证与标识体系，推动供应链全链条的绿色低碳发展。

在智能化方面，2022 年中共中央国务院颁布的《关于加快建设全国统一大市场的意见》，明确提出支持数字化第三方物流交付平台建设，推动第三方物流产业科技和商业模式创新，培育一批有全球影响力的数字化平台企业和供应链企业。2022 年国家发展改革委印发的《"十四五"现代流通体系建设规划》明确提出"搭建供应链服务平台，提供信息、物流等综合服务""加快商品市场 5G 网络、智慧终端等数字化智能化设施设备建设，培育一批特色突出、产业链供应链服务功能强大、线上线下融合发

展的商品市场示范基地"的相关要求。

（二）标准体系对供应链体系高质量发展的支撑作用

标准是经济和社会发展的技术基础，是经济建设和社会治理过程建立最佳秩序、促进共同效益的依据。作为科学、技术和经验的综合成果，标准比一般规则更具有针对性、科学性和可操作性，通过为各种活动或其结果提供规则、指南或特性，便利贸易交流合作、促进技术创新、增进相互理解。标准体系是指一定范围内的标准按照内在联系形成的科学有机整体，由不同层次、不同类型的标准组成，是实现某一特定标准化目的的体系。因此，为了落实我国供应链绿色低碳和智能化发展要求，有必要建立完善供应链标准体系，并开展重点关键标准的制定实施，以促进供应链体系健康高质量发展。

（三）推动企业供应链标准体系的绿色智能化发展

国务院办公厅印发的《关于积极推进供应链创新与应用的指导意见》（以下简称《意见》），是国务院首次就供应链创新发展出台指导性文件。《意见》从国家层面及当前经济发展形势中正式明确了供应链管理作为一个行业的存在意义并将其上升到国家战略，是对供应链行业的肯定和认可，对供应链行业发展具有里程碑意义。《意见》明确了供应链发展的宏伟目标：到 2020 年基本形成我国重点产业智慧供应链体系，培养 100 家左右的全球供应链领先企业，重点产业的供应链竞争力进入世界前列。《意见》指出了要以信息化、标准化等为支撑，打造大数据支撑、网络化共享、智能化协作的智慧供应链体系，积极倡导绿色供应链。

应充分发挥企业标准化对供应链的支撑作用，推动绿色智能化供应链标准体系的建立，加快供应链创新与发展。绿色低碳化、智能化供应链标准体系，相比传统供应链标准体系，应增加两个方面的内涵。一是强调绿色低碳供应链标准化，即在传统供应链标准的基础上，将绿色低碳、全寿命周期管理等理念融入供应链业务流程，将环境保护和资源节约的目标贯穿于公司从物资的计划、采购、合同、质量监督、仓储调配、应急物资、废旧物资、供应链运营、供应商关系等供应链管理环节中，形成综合考虑企业经济效益与资源节约、环境保护、人体健康安全要求的协调统一的供应链标准。二是强调智能化供应链标准化，即在传统供应链标准的基础上，将现代智能技术融入供应链标准中，更加强调智能技术在供应链各环节当中的运用，借助各种现代信息技术和系统的对接，实现供应链信息的共享，通过智能化标准体系的落地，最终形成上下游更加协同化和一体化的可感、可视和可控的供应链标准。

通过建立实施绿色低碳化、智能化供应链标准体系，一方面可以促使企业瞄准碳达峰碳中和目标，践行绿色发展理念，引导供应链上下游企业提高环境自觉性，持续推进碳减排，引领全球化治理行动；另一方面可以利用供应链高度的自主化、协同化、智能化和可视化特性提高供应链各项绩效指标，有效地实现供应链的降本增效和产业赋能，推动企业转型升级。

第二节　国家电网供应链标准化发展未来展望

面对供应链发展的新形势和新要求，国家电网公司将继续加强供应链全链条的标准化建设，构建现代产业链；开展标准化前沿技术研究和探索，发展供应链标准数字化；构建供应链标准创新基地，提升标准化综合能力。

一、强化标准全链条引领

为发挥标准作为科学、技术和经验综合成果的作用，应进一步完善国家电网公司供应链九大业务环节上标准制定工作，发挥标准对供应链的全链支撑和引领作用。

（一）完善业务体系标准制定

国家电网公司正在开展现代产业链链长建设工作，供应链在保证产业链韧性、安全性，带动链上企业融通发展等方面发挥着重要作用，构建统一供应链标准体系也是链长建设中的重要任务。目前，国家电网公司在供应链标准体系建设上已经有了一定基础和成效。应在已有标准体系的基础上，继续对涵盖供应链九大业务体系，即规划设计、需求计划、招标采购、生产制造、产品交付、履约执行、施工安装、运行维护、退役回收等环节的标准进行完善，促进对九大业务体系各环节流程数据的统一性，提高标准的一致性和协调性，充分体现公司绿链数智的特点。

（二）开展重要标准制定工作

为进一步促进公司创新发展，并将创新技术成果融入标准，引导产业链各环节上企业生产制造水平提升，公司物资部应加大科技研发、积极拓展与国家级的标准化科研机构合作，制定领先水平的标准；依托各业务体系现有的采购标准、业务数据等，在一些优势业务领域，例如电工装备、供应商制造体系评估领域等争做标准领跑者。

同时，还应进一步拓宽与企业、科研院所、行业协会等单位的标准研制及科技研究的合作机制，在供应链的热点和前沿领域开展标准化工作，共同推进一些前沿业务领域，例如：电工装备绿色低碳供应链体系、电工装备产品绿色评价、电工装备制造企业绿色评价、电工装备寿命周期评价及碳足迹量化、电工装备制造企业碳排放核算、项目减排量计算、电工装备绿色物流、电工装备绿色仓储、电工装备回收利用等重要标准研制工作。

（三）发挥全链标准引领作用

国家电网公司应在前述加强九大业务环节标准化建设、开展重要标准制定的基础上，加强对供应链全链标准化的管理，推动标准化对供应链全链的支撑作用。通过开展对九大业务环节的标准化建设，可以实现：①管理规范化，可以促进物资的统一招标、统一采购、统一配送、统一结算、统一标准，实现全面管控与规范化管理，从而满足现代大物流体系的需求。②建设标准化，可以实现典型设计标准化、物资技术性能标准化、采购业务流程标准化，以及信息系统标准化。③管理精细化，有利于降低物资采购总成本，减少物资重复招标次数，提升项目物资的服务水平。

二、推动供应链标准数字化

近年来，数字技术正逐步渗透到各行各业，深刻影响着人们的生活，对行为方式甚至价值观造成巨大影响。建设"数字中国"被写入了《中华人民共和国国民经济和社会发展第十四个五年规划和 2035 年远景目标纲要》。在这样的数字化洪流之中，标准化必须与数字技术融合，实现数字赋能，完成"数字化转型"。

（一）标准数字化发展趋势

国际层面，ISO 将"数字技术"作为要点纳入《ISO 2030 战略》，围绕数字化探索标准化工作的新模型以及创新的解决方案。IEC 于 2021 年重启战略咨询组（SG12），对其标准化活动进行数字化定义，并研究国际标准化工作的数字化转型方法。区域层面，2019 年，CEN 和 CENELEC 成立了一个关于数字和信息技术战略咨询组，负责构建标准化参考模型，并监督所有的数字和 IT（Digital and IT，DIT）项目、识别标准化的优先领域。在国家层面，德国在 2016 年 11 月 3 日发布的《德国标准化战略》中就要求必须有效地将数字技术纳入标准化发展进程。美国则在 2020 年发布的《美国标准战略》中提出进一步利用数字技术优化标准化工作流程。我国在《国家标准化发展纲要》中明确要求"推动标准化工作向数字化、网络化、智能化转型"。

（二）国家电网公司标准数字化发展

面向电网数字化转型发展，以及绿色现代数智供应链发展需求，公司应推动供应链标准数字化发展，开展供应链标准引用关联、标准技术参数智能提取、数字化应用探索，建设供应链专业数字标准馆，提升供应链标准数字化供给能力，通过需求侧的标准化带动全链条、引导供给侧协同发展，形成"标准引领、需求驱动、数智运营、平台服务"的供应链绿色数智发展新业态，服务公司和经济社会高质量发展。

1. 供应链标准数字化建设的主要内容

结合公司的业务实际，国家电网公司将从以下方面着手开展供应链标准数字化工作：

（1）供应链标准体系梳理。全面梳理供应链专业标准，从供应链全寿命的角度，按照需求计划、采购、仓储运输、等建立供应链标准数字化管理体系。通过开展供应链领域标准资源梳理，建立供应链标准体系，构建供应链领域知识图谱，实现标准业务知识化关联。

（2）供应链标准结构化加工。梳理供应链标准数据资源，对存量和新增供应链标准进行文本处理，利用数据技术为标准的查询、阅读、智能修编等数字化应用提供数据支撑，探索供应链标准在线协同编制等功能的开发应用。

（3）供应链标准数字化平台建设。结合公司绿色现代数智供应链的发展需求，兼具快速建设、高效应用，在已有的标准管理平台成熟功能基础上开展供应链专业数字标准馆建设，逐步实现标准查询、标准编制、标准管理以及标准在业务系统数字化应用。

2. 供应链标准数字化典型场景

公司供应链标准数字化将在采购、物资质量检测和电力物流等领域发挥突出作用。

（1）采购标准应用。依托数字标准馆建设成果，通过对采购标准及其引用的供应链标准进行结构化处理，构建采购标准与供应链标准间参数的联动关系，实现采购标准修订更新提醒及辅助智能修编、技术规范书结构化编制、技术投标文件智能评审，提升采购标准数字化应用水平。

（2）物资质量检测管控应用。依托数字标准馆建设成果，构建"标准统一、检测透明、业务高效"的电力物资检测管控平台，运用充足的检测资源、先进的检测技术、权威的检测数据，建立"数字哨兵"阵线，严把设备质量入市关、入网关。一方面整合公司内外部检测资源，贯通检测数据网络，实现检测资源的高效利用，全面筑牢质量防线；另一方面发挥标准的引领作用，规范、可视、数智管控物资检测业务，实现业务数智赋能，提升抽检业务权威性、公正性、科学性。

（3）电力物流标准应用。依托数字标准馆建设成果，开展电力物流平台数据融合和功能改造，构建标准化电力物流运输监测体系，保障电力物资安全、及时送达现场。

三、构建供应链标准创新基地

建设一批国家技术标准创新基地是国家科技部、原质检总局和国家标准化管理委员会在《"十二五"技术标准科技创新规划》中首次提出，并纳入国家《标准化体系建设发展规划（2016—2020 年）》《"十三五"技术标准科技创新规划》的重点工作。纲要明确提出要"推进国家技术标准创新基地建设"，为国家技术标准创新基地建设提供了根本遵循。国家技术标准创新基地是我国标准化工作体系的重要组成部分，是有效整合标准技术、检测认证、知识产权、标准样品以及科技和产业等资源，围绕全类型标准和标准化全寿命周期，创新标准化与科技创新互动发展方式、创新标准实施应用方式、创新国内国际标准化工作同步推进方式的重要平台。创新基地主要服务国家重大产业政策的落实，服务国家重大区域发展战略和重大改革创新举措的实施。

国家电网公司在标准化创新基地方面有一定的工作经验和基础。为加快推进供应链标准体系建设，不断产出高质量标准，培养高素质标准人才，可考虑申请成立供应链标准化创新基地或者在公司已有的国家技术标准创新基地下申请成立二级创新基地，围绕供应链标准体制机制建设、标准体系建设、标准制修订、标准化科研、人才培养等方面开展工作。将创新基地打造成为供应链领域创新技术和产品标准化孵化器，充分发挥创新基地的平台和引领作用，促进标准化与科技创新互动发展取得显著成效，供应链标准体系建设和标准研制取得新突破，国内、国际标准影响力显著提升，标准化引领能源供应链产业发展模式更加清晰。

供应链标准创新基地重点将围绕以下方面开展工作：一是开展标准体系建设。建立绿色、"双碳"、新技术等成果跟踪机制；推进供应链技术标准体系建设；常态化滚动修编物料主数据；编制分级分类技术规范固化 ID；常态化滚动修编采购标准。二是开展标准制修订。聚焦供应链领域，做好已立项的国家、行业、地方、团体标准以及国家电网公司企业标准制修订工作。积极争取国家、行业、地方、团体标准以及国家电网公司企业标准制修订项目。三是开展标准化科研。结合绿色现代数智供应链建设要求，组织做好团体标准应用示范、智能制造标准应用试点等创新项目策划，开展与项目主管部门沟通协调，跟踪管控创新项目立项及落地交付情况。

第二部分

数智化

第六章　供应链数智化认知

数智化是供应链未来优化发展的必由之路，国务院国资委《关于中央企业在建设世界一流企业中加强供应链管理的指导意见》中明确提出中央企业应积极打造精益化、协同化、国际化、智慧化、绿色化的现代供应链。

本章主要从数智化兴起和重要意义、供应链数智化概念与发展两方面对供应链数智化建设的概念和理论基础进行介绍。

第一节　数智化的兴起和重要意义

一、信息化与数智化的发展历程

随着互联网、物联网的迅猛发展，信息技术对经济活动和生活方式产生了较为深刻的影响。企业整体的信息技术（Information Technology，IT）发展经历了信息化、数字化和数智化三个阶段。

第一个阶段是信息化阶段，包含部门级信息化和企业级信息化，强调分别以部门流程和企业流程为核心，利用 IT 系统（软件和硬件）为工具，将部门和企业的流程信息有选择性地存储到计算机系统中来提升企业的运作效率。在信息化阶段，数据只是运营过程中的信息系统软件使用的副产品，并不作为生产资料或生产要素。

第二个阶段是产业级数字化阶段，强调以企业业务为核心，以流程和软件作为支撑企业业务的过程和工具。在这一阶段，数据已经成为企业的生产要素和生产资料来为企业经营决策提供参考，它是企业业务发展的重要资产。

第三个阶段是生态级数智化阶段，在数字化的基础上积累了大量的数据。在深度集成云计算、中台、AI 等智能技术后，强调利用智能化的技术和以客户运营为核心的宗旨利用数据资产进一步指导企业的判断和决策。信息化到数智化发展历程如图 6-1 所示。

图6-1　信息化到数智化发展历程

（一）数字化与信息化的区别

数字化与信息化的区别主要体现在应用范围、数据价值和企业运用角度三个方面，如表6-1所示。

首先是应用范围，信息化主要是企业内部的运用，甚至跨部门的融合和集成化操作都很少，信息化主要的目的是提高企业工作效率，而数字化则是在把企业所有部门、全部工作流程都纳入数字化的工作中，打破部门甚至单位之间的信息隔离，实现跨部门、跨企业的系统互联、数据互通，并为业务赋能，为管理者提供数字化统计、分析和预测报告。

其次是数据价值，信息化阶段的数据信息，都分开存放在不同的部门和系统中，犹如一个个信息孤岛，少有联通，只有点的利用，而没有面的利用，这时的数据信息，既没有网络的属性，也没有数字化时代的统一化和标准化。所以利用价值并没有最大化。而数字化则是把各个数字孤岛链接、打通，而且规范了标准，具备了网络属性，真正成了企业的"资产"。既产生处理效率，又产生了价值，也容易实现数据资产的盈利。

最后是企业运用角度，信息化体现的更多是企业的一种管理思想和管理诉求。作为企业管理和发展的一种辅助手段，作用就是为企业静态管理提供更加全面、可靠、安全的管理目标。而数字化体现在企业的工作效率、工作宽度和工作深度的提升，促进企业生产、经营、交流等工作效率的大幅提升。

表6-1　　　　　　　　　　　数字化与信息化的区别

	数字化	信息化
应用范围	跨部门跨企业	企业内部单个部门
数据价值	具有网络属性、企业数据资产	仅对相应部门有价值
企业运用角度	提高企业工作效率、宽度、深度	辅助企业管理

数字化并不是对企业以往的信息化推倒重来，而是在整合优化以往的企业信息化系统的基础上，提升管理和运营水平，并实现商业模式创新。信息化和数字化绝对不是割裂的、对立的，而是关联的、促进的。信息化是数字化的基础，信息化到数字化是循序渐进的过程。

（二）数智化与数字化的区别

数字化和数智化仅一字之差但却有很大区别，两者的区别体现在技术、应用思维和阶段性方面，如表 6-2 所示。

首先是技术方面，数字化的核心是基于对数据的采集、传输、存储、分类，对数据进行简单应用。因为云计算和移动互联网的崛起，消费级大数据实现了爆炸式的增长，为人工智能的落地提供了基础条件。数智化是在海量数据的基础上，利用人工智能等新技术，深度挖掘数据价值，提升应用数据的水平和效率，反哺业务决策的过程。

其次是在应用思维方面，数字化偏向于工具，目的是通过技术手段辅助收集数据，提高工作效率，以此来支撑和提高企业内部经营管理效率。数智化的重点则在于"智能化"，强调人与机器协作。在这一阶段，数据本身成为基本的生产要素。在自然语言理解、语音语义识别分析、计算机视觉传感器等技术的支持下，企业可以大批量自动采集数据，并通过数据训练人工智能代替/辅助人类做出决策，要解决的核心问题从提升效率转向了如何支撑产品创新、业务创新、组织创新和管理创新。

最后在阶段性方面，数智化可以被认为是"数字化＋智能化"，是在数字化基础上的转型升级，运用大数据、云计算、人工智能等新技术，深度挖掘数据价值，实现智能化分析与管理，提升应用数据的水平和效率，帮助企业优化现有业务价值链和管理价值链，因而认为数智化是在数字化的基础上的更高诉求。

表 6-2　　　　　　　　　　　　数智化与数字化的区别

	数智化	数字化
技术方面	利用人工智能等技术，深挖数据价值	复杂数据的"在线化"
应用思维方面	重点在于智能化，强调人与机器协作	辅助收集数据的工具
阶段性方面	是在数字化基础上的转型升级	以信息化为基础发展而来

（三）数字经济优势与产业生态转型

数字经济的本质是计算，通过数据的计算合理分配资源、精准的分配生产和需求，通过一系列的运算达到降低成本和增加效率的目的。发展数字经济，就要实现转型与产业化的结合，加速经济数字化。

数字经济背景下，我国企业面临消费者数字化需求不断增长的新局面。大数据、云计算、物联网、移动互联网、人工智能和区块链等技术为企业提供了新的产品和服务供给形态，在数字化技术的助力下，企业的数据资产价值、运营体系、业务流程、管理决策方面都能够得到新的发展。

首先是数据资产价值方面，数字经济概念使得原本并不相关的企业行业之间加速耦合，让原本对企业无用的数据有可能在其他领域发挥作用，带动上下游的重构发展，数智化发展将推动企业数据价值释放，数据资产的作用由服务支撑升级为价值再造。

其次是运营体系方面，数智平台将实现"业务－数据－决策"一体化。一方面，业务数据的获取、分析及预判将会上升到新高度，另一方面，数据的支撑能够帮助运营商优化商业模式，获取更多转型机会。同时，数智平台有助于供应链上下游实现协同化，触点、渠道以及流量能发挥更大的价值。消费者的线上化、云化及智能化需求能够得到更好的满足。

之后是业务流程方面，业务流程再造包含成本、质量、服务及速度方面的更新，更适合转型后业务形态的重组。数智化再造将会优化企业的管理和业务流程，在管理上通过数智平台发挥协同管理能力，推动数智化运营水平提升；在业务上整合内外部数据，发挥数据连接与集成功能，为业务运转提供分析及判断依据，提升产业链开放与融合能力。

最后是管理决策方面，数智化不同于过去围绕局部管理或者技术方面的转型，而是聚焦于全局的革新。数字化驱动下业务流程和管理流程的优化，依赖数据驱动的智能决策，进而实现业务敏捷化、运营高效化。通过数智化发展，企业的运营策略、商业模式、产品服务、客户服务、营销管理、科技创新、人才规划等方面均有变革。通过技术突破实现企业经营价值重塑、产业整体效能提升，进一步达成全链路闭环价值重构。

二、第四次工业革命兴起

（一）全球工业革命发展过程

第一次工业革命引发了机械时代，基于传统的力学、功、能的转化，部分提升了人类四肢的活动能力，主导性的技术是蒸汽机技术，由此引发的机械革命还带来了纺织机械、蒸汽轮船等产物。第二次工业革命引发了电气时代，基于电磁理论和传统的

功、能的转化，全方位提升了人类的四肢活动能力，主导性的技术是内燃机技术，由此引发的电力革命还带来了电灯、电报、电话等产品。第三次工业革命引发了电子时代，基于新型电子技术和以相对论、量子力学为基础的质、能、功的转化，人类的感知能力得到提升，主导技术是电子技术、计算机网络和原子技术，由此带来的计算机和网络等，都改变了人们的生活，影响了人们的生活方式。第四次工业革命是以数字化、网络化、智能化为本质特征，以人工智能、石墨烯、虚拟现实、量子信息技术、可控核聚变、清洁能源以及生物技术为突破口的科技革命。每一次科技革命相伴随的都是引领科技革命的经济体的强势增长，新的科技革命必然产生更大更广泛的比较优势。四次工业革命发展历程如图 6-2 所示。

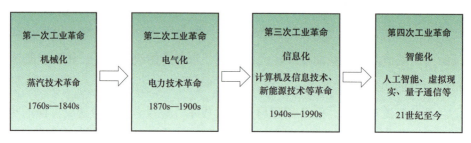

图 6-2　四次科技革命发展历程

（二）近 5 年全球战略科技发展及其对供应链行业影响

"战略科技"是指围绕国家战略目标，通过基础研究和应用基础研究，实现重大原创性科技成果的产生，以此提升国家的核心竞争力的一系列科技活动。Gartner 自 2018 年起每年发布顶级的具有重要影响的供应链战略性技术，如表 6-3 所示。供应链战略技术不只关注单个的技术，而是聚焦在集成的技术上，每个主题可以包括多个技术趋势的组合。人工智能已 5 年（2018—2021，2023）被选为八大供应链技术趋势，这里包括一般人工智能技术（2018—2020）和 2021 年的嵌入式人工智能和分析，以及 2023 年的可操作的人工智能。超级自动化已连续 3 年（2020—2022）被选为八大供应链技术趋势之首，从 2022 年开始，它上升为 2.0。数字供应链孪生已连续 4 年被选为八大供应链技术趋势或技术主题（2022）。其实数字供应链孪生是供应链数字技术的基础设施，涵盖从物理供应链到数字供应链的所有方面。自主事物曾是 2019 年的技术趋势，2022 年成为技术主题，因为自主事物包含各种形式的软件和硬件技术的组合。无处不在的分析实际包括了前面所有的分析技术趋势——高级分析（2018，2019）、边缘计算和分析（2020）、嵌入式人工智能和分析，及增强数据智能（2021）。

安全网格包括了供应链治理与安全（2020）、供应链安全（2021）等供应链技术趋势，以及新的供应链安全架构。生态系统合作实际包括了前面的边缘生态系统（2021）和其他供应链生态系统技术趋势。可持续发展工具是一个非常重要而广泛的供应链技术主题，包括实现可持续发展的战略与运营的硬件及软件的组合工具，以及环境社会治理（2021）的组合工具技术趋势。

表 6-3　　　　　　　　　2018—2023 年供应链战略性技术

年份	供应链战略性技术趋势
2018	人工智能、高级分析、物联网、智能事物、会话系统、机器人过程自动化、沉浸式技术、区块链
2019	人工智能、高级分析、物联网、机器人过程自动化、自主事物、数字供应链孪生、沉浸式体验、供应链中的区块链
2020	超级自动化、数字供应链孪生、持续智能、供应链治理与安全、边缘计算和分析、人工智能、5G 网络、沉浸式体验
2021	超级自动化、数字供应链孪生、沉浸式体验与应用、边缘生态系统、供应链安全、环境社会治理、嵌入式人工智能和分析、增强数据智能
2022	超级自动化 2.0、下一代机器人、自主事物、数字供应链孪生/双胞胎、无处不在的分析、安全网格、生态系统协作、可持续发展工具
2023	可操作的人工智能、智能运营、移动资产优化、行业云平台、员工敬业度、组合应用架构、网络弹性供应链、供应链整合服务

供应链战略科技技术对供应链行业的影响主要有智能化、社会化、人性化三方面。

首先是智能化。供应链战略科技技术能够为企业实现人工智能驱动型供应链。它们可以改善数据模型的可信度、公平性、可靠性、稳健性、透明性和数据保护，具备创造全新内容（如图像、语音、文本等）的能力；可以推动广泛任务的自动化，提高生产力、降低成本，改变企业的竞争和运作方式；可以提高开发人员的生产力，为业务发展提供充足的支持；通过持续的学习、适应和预测，提高用户的体验或者是提高更多商业价值。通过这些技术，供应链企业可以优化整个供应链体系，构建透明弹性的数字化供应链网络，使供应链的管理和流程更加智能化、自动化和高效化，规避或减少供应链潜在风险，降低可能造成的损失。

其次是社会化。供应链战略科技技术能够支持行业特定的业务需求，为企业提供更加灵活便捷的云服务；通过对接不同的工具和流程支撑用户的具体需求，能够优化开发者体验并加快产品团队为客户创造价值的速度；推动环境、社会和治理成果，支持人权和长期生态平衡，为提高 IT 的整体绩效提供必要的洞察；持续调整网络安全优化优先事项，减少违规事件。通过这些技术，供应链企业可以集成整合自身优势，提升自主创新能力和项目开发速度，打造相关数字化平台，依托数字平台汇聚产业链上中下游多方主体，形成可视可控、无缝衔接、高效协同、弹性智能的社会化供应网络，提供最优行业企业数字供应链解决方案，形成业务＋技术双生态，全面赋能行业和企业高质量发展。

最后是人性化。供应链战略科技技术能够提供员工的数字体验或者数字员工体验。通过这些技术，供应链企业能够优化人才培养方式，加大加快人才队伍建设，缩短关键角色胜任工作所需时间；分析员工的工作状态和压力，及时提供关怀，避免人才流失；利用机器客户替代人工，提高生产力、竞争力和创新能力。

第四次科技革命对供应链、产业链、价值链起到了重构的作用，使得供应链上下游传导变为供需直接匹配，驱动产业链的服务领域与制造领域跨行业深度融合，实现价值链的成本驱动转向知识与创新驱动。例如，引起了产业全体系的智能化，以打通企业运营"信息孤岛"为核心的智能工厂模式，以满足用户个性化需求为引领和快速响应多样化市场需求的柔性制造模式等。此外，第四次工业革命技术还将赋能传统产业。大数据将市场信号从需求端直接传导到供给端、消费端，拉动和倒逼产业端，有助于传统产业数字化转型，实现真正的柔性生产和定制化生产。

三、数智化对经济社会的深远影响

（一）数智化发展推动经济社会新范式构建

数智化发展体现社会和经济向新范式的根本转变（见图 6−3），带来产业组织模式、现代基础设施体系、科技人才培育体系、社会发展治理模式等的革新与重构。

图 6−3　数智化对经济社会的影响

首先是产业组织模式变革，数智化转型赋能下，基于大数据、云计算、物联网、移动互联网、人工智能和区块链等数字化技术与产业实际场景融合使得商贸物流全流程、全要素资源数字化水平得以提升，进一步推动商品流通网络节点的高效连接，使产业内企业的网络化、协同化、标准化、数字化、智能化等方面的能力得以提升。同时，数字经济还加强了不同领域企业之间的耦合，通过与同一产业链或不同领域企业之间的信息互通和协助融合，使企业的协同创新能力和跨区域发展能力得到提升，推动产业升级和组织模式重构。

其次是现代基础设施体系变革，在宏观背景下，我国正加快构建以算力网络为核心的新型现代基础设施体系，加快打造全国算力"一张网"。以云和智能化为核心，搭建数字化智能基座，推动城市、产业、企业等数字化转型，通过数字化技术赋能，实现弹性资源按需供给、组件能力按需扩展、业务能力按需调用，统一开发全流程支撑、端到端统一运营运维，满足上层应用创新和敏捷化开发交付。

再次是科技人才培育体系变革，数智化技术的重要特征是多学科交叉融合和应用场景牵动，更加强调通过多元化的方式培养复合型人才。同时，人工智能等数智化技术也支撑构建了更加智能化的培养体系，提供了更有针对性的培养内容和更加灵活的教学方式。

最后是社会发展治理模式的创新，当代信息革命通过数据信息和虚拟空间翻转了物理世界，数据和信息既是公共治理的基础，也是公共治理本身，会带来社会治理向度的变化。政府各部门数据日趋融通、开放并具有可计算性，政府服务由以前粗放式管理日趋转向针对具体个人、具体问题的精准化治理、一体化治理，同时，增强数字协商治理能力，形成全民参与、数字协商的治理机制。

（二）数智化推动工业与整个经济-科技-社会系统的深度融合

数智化发展越来越强调工业与整个经济-科技-社会系统的深度融合。

首先是从规模驱动到价值导向，应对各种不确定性需求。数字化创新的本质是价值化和去边界化。相对于数字化时代下基于大众化、规模化导向的相对确定性需求，数智化技术的平台业态打破了供需之间的信息壁垒和传统中心化的信息壁垒，从传统单向链式节点成本降低和效率提升升级为生态互联的环式价值网增长方式，并且技术、科学、产业以及区域经济、社会的高度融合和螺旋式上升带来更多的新的价值创造和分配方式。

其次是从封闭技术体系到开放技术体系，交叉融合创新。数智化创新的发展重点从技术和产品层面向生态和系统层面转化，技术、产品、供应链等竞争演进为平台化的生态体系竞争。数智化基于云管端、人工智能物联网（Artifical Intelligence & Internet of Things，AIoT）等新技术群落，通过一套结合云计算、数据中台和移动端的开放解决方案，构建无边界协同和全局优化的开放技术体系。解决的核心问题从提升效率转向满足多场景下的全寿命周期实时需求，全面支撑模式创新、产品创新、组织创新、管理创新。

最后是从业务数据化到数据业务化，生产经营决策一体化。数字化时代下实现的是业务数据化，而数智化时代实现数据业务化，以消费者运营为核心的数字商业模式、组织模式和产业生态重构是关键，企业需要一套面向客户全寿命周期服务的运营方案。数智化转型包括生产环节的数智化、经营管理的数智化和生产经营决策的一体化，需要全面联动线上与线下、内部与外部、消费端与产业端数据，实现物理空间与虚拟空间的交互映射和总体优化。

（三）数智化重构现代基础设施体系和人才培育体系

数智化技术对现代技术设施体系的变革体现在全要素整合共振、全链路串联集成和社会化大协同三方面。全要素整合共振即将知识和信息作为生产要素投入以提高效率，数智化改变生产投入关系，以数据为表征的知识和信息成为支撑未来社会数智化发展的新型生产要素。全链路串联集成即以 5G、人工智能、工业互联网等为代表的通信网络基础设施有效连接重大科技基础设施和数智化升级后的传统基础设施，并通过组织平台化模式的优化，打通产业链体系、供应链体系、创新链体系等之间的链接通道。社会化大协同则是数智化时代下的数据、信息和知识更具有流动性、场景性、社会性等特点。社会生产是社会网络中群体智慧全周期协同、全方位融合的过程，网络中的每个主体既是数据、信息和知识的消费者，也是数据、信息和知识的生产者。

数智化技术对科技人才培育体系的变革，体现在数字能力成为终身学习的重要内容、数智技术教育和科技伦理教育并重，以及数智的培养和培养的数智化相结合三方面。首先是数字能力成为终身学习的重要内容，各个领域都在探索建立基于数智技术的发展范式，需要科技人才不仅具备专业领域的知识、技能和基本的数字技能，更要具备数智化思维和运用数字知识、技能创造性解决复杂问题的能力。其次是数智技术教育和科技伦理教育并重，数智化技术发展在推动生产方式变革的同时，给人类社会带来了复杂的伦理挑战。因此应强调技术能力培养和科技伦理教育的共同推进，普及科技伦理知识，提升应对科技伦理问题的能力。最后是数智的培养和培养的数智化相结合，发展数智化需要培养具备数智化转型全过程系统性思维、能够将数据科学技能与专业领域知识紧密结合的科研人才，也需要积极推进产教融合、校企合作，培养具有扎实理论基础和丰富实践经验的技能人才。在培养的方法上，可以集合线上教育平台、虚拟课程体验等多种方式，通过数字技术提高教学效果。

四、供应链与数智化的关系

20 世纪 70 年代以来，随着精益生产的普及，应用快速反应系统的生产链条上的上下游企业在初步合作中取得收益，并且逐步加深彼此间的协作与协同，衍生出了供应链管理的思想。80 年代提出的价值链概念，将企业运营分解为战略性相关的基本活动和辅助活动，把企业价值活动联系为一个整体。进入 90 年代，供应链管理的概念逐渐成型，企业的决策视角不仅仅限于单个企业，更多的是围绕企业的上下游，通过借鉴价值链的概念，着眼于产品的整个供应链，运营管理从单个企业"点"的优化走向整个生产链条"线"的优化，供应链的成功依赖于成员的成功合作，而不是各个企业孤立地进行改进。

近 30 年来日新月异的信息与通信技术和蓬勃发展的电子商务，为供应链管理的学术理念和管理实践提供了强有力的技术与商业支撑。"供应链管理强调通过从供应商、制造商、分销商等到最终顾客的协同，打通链条上的物流、信息流和资金流，建立高速、可靠等竞争优势"。商业世界正在迅速数字智能化，打破行业壁垒，创造新的机遇，变革长期以来成功的商业模式。在供应链的各个环节，各类数字智能设备都在发挥着降低成本、增强灵活性、缩短产品上市时间、提高生产率等作用，优化了供应链效能和效率，提高了生产力和竞争力。同时，端到端的供应链管理实践产生的数据量呈指数级增长，大数据的产生、获取、组织和分析，助力行业解决供应链管理问题。随着数据可用性的增加，以及机器学习和优化方法的不断发展，数据分析在运营管理问题上的应用越来越多，利用机器学习和优化方法可以将大规模数据用于复杂决策。另外，因果推断、可解释模型、"小数据"模型、预测后优化范式等也是数据分析的重要方向。

在供应链实现数智化颠覆性过程中，全面的技术支持的变革往往比预期要长。全球化和专业化分工推动着供应链结构的变化，产品或服务的设计、生产、仓储、配送、售后服务等环节在全球范围的供应链中完成，在大数据、人工智能、云计算、物联网、区块链等数字智能技术的支持下，线性垂直供应链进一步演变为复杂、动态化、虚实结合的供应链网络。物理空间和数字空间的密集交织既对供应链管理形成了新的挑战，也从新的技术、新的视角、新的模式等方面创造了更多的机会，使供应链网络变得更加灵活。

物流系统是供应链系统的一部分，同样智慧的物流系统也是供应链的数智化系统的一个组成部分。智慧物流系统是利用人工智能、大数据、云计算、机器人等实现操作无人化、运营数字化、决策智能化，最终形成从大规模自动化应用到智能无人化发展的一个系统。因为供应链数智化是一个动态系统，包括不同环节之间持续不断的信息流、物流和资金流的变化，因此以互联网和大数据为依托，需要增强以客户价值为导向的发展方向，并通过协同、共享、创新的运作模式和人工智能等先进技术，实现产品设计、采购、生产、销售、服务等全过程高效协同的组织形态，这其中智慧物流系统会发挥重要的作用。

第二节　供应链数智化概念与发展

一、供应链数智化概念与原则

（一）供应链数智化概念

根据我国工业互联网产业联盟发布的标准《数智化供应链参考架构》（AII 026—2022），供应链数智化是以用户为中心且有效连接供应商、制造商、服务商、经销商、零售商等主体的网链结构体，应用数字化和智能化技术赋能计划、采购、制造、服务、履约、逆向等供应链全流程的业务数字化、决策智能化，实现降本增效、安全稳定、绿色低碳等价值创造。

（二）供应链数智化的原则

根据《数智化供应链参考架构》（AII 026—2022），供应链数智化的具体原则包括数智化战略驱动原则、数智化系统设计原则、数智化运营驱动原则、决策智能化原则、组织生态化原则五大原则。

数智化战略驱动原则是指从企业总体战略和供应链战略出发，制定与之相匹配的供应链数智化战略；以数字化战略为基础，以智能化战略为指引，绘制供应链数字化和智能化愿景蓝图；分阶段制定关键步骤、分析步骤优先级和关系，从而实现供应链数字化和智能化转型，支撑企业达成战略目标。

数智化系统设计原则是指规划供应链数字化和智能化顶层架构，深化系统设计的业务架构、信息架构、应用架构和技术架构，促进供应链内部的职能集成、企业内部营、销、服、供、财等领域的价值链集成，以及跨企业的生态合作伙伴产业链集成。

数智化运营驱动原则是以客户价值为导向，全面采集、处理、传递、存储供应链上下游关键环节数据，用数字化、智能化能力重塑业务，及时、有效地感知、评估与应对供应链潜在波动和风险，实现可预测、可追溯、可实时响应的供应链运营管理。通过提供差异化的供应链数据服务能力，实现供应链运营业务全流程对接和端到端集成；通过业务数字化和数字业务化提升供应链运营管理透明可视，实现数字化运营驱动供应链闭环。

决策智能化原则是采用人工智能、数字孪生等技术，精准采集工业互联网与消费互联网的数据，预测客户个性化需求，在供应链多主体的计划、采购、生产、交付、退回等业务引入智能决策机制，实现供需两端精准智能匹配，供应链多主体在物流、资金流、信息流等方面高效协同，提升供应链相关决策的智能化水平。

组织生态化原则指供应链生态网络合作伙伴共同创造价值，共同建设数智化供应链平台作为生态系统形成发展的基础纽带，连接并协调各种类型参与者在供应链各环节协同联动、共生共存，共畅生态系统中的信息流、物流和资金流，形成共享自治、能力互补和价值共创的供应链生态系统。

二、供应链数智化的发展现状

（一）供应链数智化的行业发展现状

随着信息技术等的发展和普及，数智化"赋能"企业不断提升效率，此时环境的变化以及企业的创新呈现"线性"的方式。然而各种新技术共同推动了数据、连接和智能等要素的汇聚，正在重构整个商务系统的环境和结构，带来环境变化和企业创新的"非线性"发展。企业不仅要像过去一样继续利用技术赋能提升效率，更需要借助新技术，创新商务模式，为企业和消费者创造新价值，即所谓的"使能"创新。一方面，从单纯的产品设计转型为围绕"数据－服务－产品包"进行业务设计；另一方面，运营管理决策突破了供应链的视角、需要从供应链重构和生态圈视角做出更为全局的考虑。

1. 供应链数智化"使能"创造需求

借助数智化工具，企业对顾客的历史数据进行规律挖掘，提取有价值的数据，根据既有顾客过去的消费喜好，探寻当前并没有挖掘、实现的客户需求，增加产品和服务的附加价值，促进用户消费需求。

2. 供应链数智化"使能"重新设计业务

当前，制造企业不仅仅为客户提供产品，而且基于数智化技术提供以数据为基础的服务，产品成为实现服务的载体，企业转向提供"数据－服务－产品包"，这种新型模式促使企业进行全新的业务设计。

从产品生产形式而言，由大规模制造转向了小批量、高度定制化制造。从生产组织方式而言，集中式制造向分布式制造的转型过渡。

3. 供应链数智化"使能"共创价值

数智化技术的发展和应用大幅提高了平台的信息交流效率，通过供应商、客户和利益相关者在平台上的需求互动和信息互换，整个供应链生态系统中的各个主体不再是孤立的个体，而是通过相互间的联系成为一个有机整体，促使供应链服务的价值创新。

4. 供应链数智化"使能"重构供应链

随着数智化技术的发展和应用，产品或服务的生产供应全流程在面向全球的虚拟供应链中得以实现，供应链上的多方企业都可以参与到不同的供应链情景实现价值创造。在这样的背景下，传统的"供应商 – 生产商 – 批发商 – 零售商"垂直供应链的线性结构被颠覆，来自不同行业、不同职能、不同地区的企业和个体形成基于互联网平台错综复杂的供应链网络。由此，数智化重构了供应链。

5. 供应链数智化"使能"构建生态圈

面对顾客多类型、多功能、集成式的需求，单个企业往往难以完全实现。企业基于互联网、云计算等技术实现生态圈成员的互联，实现全流程透明连接，实现客户的集成式需求。数智化催生出不同业务逻辑下的共通技术场景和价值，提高了跨产业生态体系构建的可能性。

（二）典型企业数智化供应链发展现状

1. 菜鸟

（1）数智化供应链战略。

菜鸟致力于打造遍布全国的开放式、社会化物流基础设施，本质是可以支撑日均300亿元即年约10万亿元网络零售额的中国智能骨干网络。菜鸟构建的中国智能骨干网在物流的基础上搭建一套开放、共享、社会化的基础设施平台，将通过自建、共建、合作、改造等多种模式，在全中国范围内形成一套开放的社会化仓储设施网络。同时，利用先进的互联网技术，建立开放、透明、共享的数据应用平台，为电子商务企业、物流公司、仓储企业、第三方物流服务商、供应链服务商等各类企业提供优质服务，支持物流行业向高附加值领域发展和升级。最终促使建立社会化资源高效协同机制，提升中国社会化物流服务品质，打造中国未来商业基础设施。

（2）数智化供应链特点。

菜鸟网络构建的数智化供应链具有以下三个特点：

1）整合竞争者资源，提升作业效率。菜鸟通过"智能物流骨干节点"为第三方物流企业的仓配、跨境、农村快递业务提供了整合分拨服务，将竞争者变成了合作伙伴，使物流企业车辆空驶率大幅度降低，提升了整个物流行业的作业效率和利润空间。

2）组建菜鸟驿站，解决客户痛点。菜鸟将配送终端开放，不再花大代价组织人力配送，而是联合社区、学校、超市、店铺，甚至门房组建"菜鸟驿站"，让扎根在客户周边的固定场所担任最终的配送任务，消除多数配送环节不可控因素，提高快递员的工作效率，培养用户习惯。

3）融入集团生态，实现资源互补。菜鸟的崛起，除了有庞大的金融资金支持以外，还得益于阿里巴巴闭环商业生态的资源互补与配合。菜鸟物流数据来源于淘宝、天猫、1688、聚划算以及相关电商企业，庞大的信息流需由阿里云计算作技术支撑，作业环节中资金流服务需由支付宝、余额宝、网商银行提供。

（3）数智化供应链技术创新。

菜鸟开发的菜鸟数智产品，会通过大数据分析，采用弹性计算、物流智能算法，提供供应链全链路数智产品矩阵。全链路智能硬件产品与智慧软件产品相结合，为客户和消费者提供高效、安全的数智供应链服务。

菜鸟将 IoT 通用设备接入管理服务，包含新式手持终端 LEMO-PDA、场景数字化计算终端 LEMO-CORE、可穿戴设备、LEMO-HUB、高拍仪、视频接入终端、云管理、菜鸟裹裹寄件机、蓝牙小票打印机以及 OCR❶把枪等。

菜鸟将人工智能应用于车辆路径规划、仓内智能波次规划、柜箱装载算法、机器视觉等方面。车辆路径规划服务将订单信息和可用车辆信息进行智能匹配，结合多种限制因素，给出每辆车的最优订单配送顺序和路径。仓内智能波次规划是根据订单的库位分布和仓内可用搬运资源（包括人、设备）情况，进行订单智能化规划和资源调度。箱柜装载服务普遍应用于集装箱货柜、厢式运载车辆和有特种包装防护要求的货品运输领域。满足箱柜在车辆、船只、起重设备间流转约束前提下，提升装载率。通过计算机视觉识别指定识别区域的人、车、货，用于判断是否有车辆停靠、通道占用、人员检测和货物堆积情况。

---

❶ OCR，即 Optical Character Recognition，光学字符识别技术。

菜鸟在弹性计算、大数据分析与展示、数据库存储、安全、网络与 CDN❶，以及应用运维方面采用云计算技术，开发超过 40 种的云计算产品。

2. 京东

（1）数智化供应链战略。

围绕"短链、智能、共生"，京东正在坚持"体验为本、技术驱动、效率制胜"的核心发展战略，携手社会各界共建全球智能供应链基础网络，打造以供应链为核心包含京东物流供应链、京东快递、京东快运、京东冷链、京东云仓以及国际供应链等六大核心业务在内的供应链产业平台，为客户提供全供应链服务和技术解决方案，为消费者提供"有速度更有温度"的高品质物流服务。

（2）数智化供应链特点。

京东构建的数智化供应链体系具有以下三个特点：

1）依托电商平台汇聚大数据。在智能化、信息化的时代，数据是开展业务的基础和依据，其价值不可估量。京东物流依托京东电商平台，方便获取海量用户数据，是其在智慧供应链发展过程中的优势之一。

2）利用预测技术驱动库存管理优化。京东物流将积累的采购、销售经验与技术结合，在之前积累的采销经验中融入有效的数据和智能算法，创建深入的预测技术以及优化的库存管理。这一体系能够有效地预测消费者行为，将商品在销售前以合适的时间、数量运输至离消费者最近的仓库，达到最优备货、最适仓储，进而做到商品的快速运达，提升顾客满意度。

3）提供多领域的智能解决方案。京东物流秉持以客户为中心，深耕行业与细分领域，以科技创新打造智能供应链的价值网络，面向电子、汽车、快消、能源、农产品、服装、食品、医药、家居等，提供满足不同领域需求的全方位供应链物流解决方案，持续降低社会物流成本、提升社会服务标准，一站式解决供应链各环节多种问题。

（3）数智化供应链技术创新。

京东在构建数智化供应链体系过程中使用的技术创新主要体现在以下三个方面：①京东基于供应链全链条打造各种软件系统的集成，使其成为包含仓储管理系统（Warehouse Management System，WMS）、运输管理系统（Transportation Management

---

❶ CDN，即 Content Delivery Network，内容分发网络。

System，TMS）、建筑设备管理系统（Building Management System，BMS）、内容管理系统（Content Management System，CMS）、集装箱装载计划系统（Container Loading Plan System，CLPS）、物控平台、供应链中台等多种软件系统在内的平台产品；②京东使用覆盖供应链各种场景的机器人及智能设备，其中包含自动导引车（Automated Guided Vehicle，AGV）、自主移动机器人（Autonomous Mobile Robot，AMR）、分拣机器人、工业机器人、服务机器人、无人零售、无人机、无人配送车等多种技术创新设施；③京东聚焦底层技术能力提升，使用云计算、大数据、人工智能、区块链、5G技术、物联网、机器人、地理信息系统（Geographic Information System，GIS）和边缘计算等多种技术，为物流科技产品及场景应用提供源动力。

3. 华为

（1）数智化供应链战略。

在2015年，华为的供应链战略进入新阶段，也就是供应链的数字化转型变革，简称 ISC＋（Integrated Supply Chain，集成供应链）。该战略聚焦于提升客户体验和创造价值，并以 ISC＋愿景为牵引，打造数字化主动型供应链，力争实现六大转变：①将华为当前以线下为主的业务模式转变为线下、线上并重；②将原信息串行传递式的工作方式转变为信息共享的协同并行作业方式；③将大量手工作业的工作内容转变为系统自动化处理；④将依赖个人经验和直觉判断的决策模式转变为基于统一的数据仓库和数据模型的数据分析使能的决策支持模式；⑤将原来以深圳为中心的"推"式计划分配模式转变为预测驱动的"拉"式资源分配模式；⑥将原来的集中管理方式转变为一线自主决策，总部机关提供能力支撑和监管的管理模式。

（2）数智化供应链特点。

华为数智化供应链主要具备以下三个特点：

1）构建实时、可信、一致、完整的数据底座。华为供应链充分认识到数据在生产过程中的重要价值，并从三个方面推动业务数字化，构建供应链的数据底座：①业务对象数字化，即建立对象本体在数字世界的映射；②业务过程数字化，即实现业务流程上线、作业过程的自记录；③业务规则数字化，即使用数字化的手段管理复杂场景下的规则，实现业务规则与应用解耦，使规则可配置。

2）通过流程/IT 服务化，支撑业务能力的灵活编排。传统的供应链 IT 系统随着业务增长、需求变化加快，会出现用户体验差、重复建设、响应周期长等问题，不能适应业务发展的需要。通过对复杂的单体大系统进行服务化改造，让服务化子系统融合业务要素、应用要素和数据要素，可以实现业务、数据与系统功能的衔接。目前，华为供应链共完成了 80 多个服务化子系统的改造和建设。通过将业务能力封装为服务并按场景调用和编排，可以快速响应业务的需求。

3）场景和算法赋能供应链智能化。信息流、实物流和资金流是企业经营的核心，而供应链是信息流、实物流和资金流的集成。供应链管理通过聚合信息流，指挥实物流高效运作，驱动资金流高效流转，实现公司的价值创造。华为供应链利用组合优化、统计预测、模拟仿真等技术，构建供应链核心算法模型，并应用到资源准备、供应履行、供应网络和智能运营四大核心场景中，大幅提升了供应链运作的智能化水平。

（3）数智化供应链技术创新。

华为应用区块链数据加密、共享及智能合约等技术，建立可信共享可视平台，收货人及货物实时更新，在带时间戳、不可变更的联盟链上，解决大量的 IoT 设备网络接入的确权认证。货物信息、物流信息和签收信息均需调用智能合约接口将数据写入区块链，应用智能手机及其 GIS 功能进行身份及地址位置鉴权和签收，替代原纸件签收单，实现物流交付电子签收，各项数据与交易唯一且可追溯，交付信息实时完成收入确认，自动生成电子签收单。分布式共享账本技术改善供应链的可追溯性和透明度，物流和交易信息保存在多方共识的区块链上，确保账实一致消除误差，实时结算。便于利用区块链强大的信息共享能力，使得商流、物流、信息流和资金流的履约能力都可以实时反映在全链条上，提供实时监管和货物轨迹查看功能。

第七章　国家电网公司供应链数智化发展基础

为落实响应国家强化供应链管理的要求，加强供应链管理的韧性和安全性。国家电网公司顺应技术发展趋势，积极应用数字化手段和工具对业务的管理进行转型升级。

本章主要从国家电网公司的维度，对国家电网公司数字化发展历程、管理规范和数字化基础，以及目前在供应链管理领域应用的关键技术进行介绍。作为国家电网公司供应链业务数智化建设的制度、管理和技术基础。

第一节　国家电网公司数字化发展历程

一、"十一五"（SG186）阶段

（一）建设情况

在"十一五"阶段，国家电网公司提出的发展战略就是建设"一强三优"现代公司，通过"两个转变"和"四化"，实现公司持续发展。"两个转变"是指电网发展方式的转变、公司发展方式的转变。"四化"是指集团化运作、集约化发展、精益化管理和标准化建设。通过这两个方面，首先，数字化电网的建设促进电网发展方式的转变；其次，建设信息化企业促进公司运作模式的转变；最后，建设世界一流电网和建设国际一流企业，实现建设"一强三优"现代公司的长期目标。

在"十一五"期间，2006 年国家电网公司提出了建设"SG186 工程计划"。"SG"是国家电网公司的英文缩写，"1"是构筑一体化企业级信息集成平台，"8"是建设八大业务应用，"6"是建设健全六个保障体系，最终实现信息化的纵向贯通、横向集成。

国家电网公司是一个庞大的组织，其在"十一五"之前都建立了相互独立的信息系统。"十一五"期间国家电网公司提出"SG186 工程"的目的就在于将这些信息系统进行集成整合。

"SG186 工程"总体架构的第一层次是国家电网公司总部，第二层次是网省公司，保障体系是针对整个公司的信息化保障。一体化平台是由信息网络、数据交换、数据中心、应用集成、企业门户组成的一体化企业级信息集成平台。国家电网公司的所有应用都要在一体化平台上进行开发，不能各自为战。基于同一个平台，可以建立各种业务应用，包括财务管理、营销、安全生产、协同办公、人力资源、物资管理、项目管理和综合管理等八大业务应用。最后，还要建立安全防护、标准规范、管理调控、评价考核、技术研究、人才队伍六个保障体系。

2009 年，"SG186 工程"顺利竣工，提前一年完成了"十一五"规划目标，建立了覆盖国家电网公司总部、省公司（直属单位）和地市（县）的纵向贯通、横向集成的一体化企业级信息平台、八大业务应用及六个保障体系。

（二）建设成效和成果

1. 规模最大

国家电网公司运行的信息系统设备有 6 万台，终端 46 万台，应用 22 大类，部署2300 余套。其中，22 类应用是由八大应用系统细分而来的子系统，2300 余套部署覆盖国家电网公司 27 个省公司，通过采用典型设计方式来满足差异化需求。在"十一五"期间，国家电网公司注册人数 70 万人，注册用户数 124 万人，总数据记录超过200 余亿条，营销业务用电用户 2.4 亿人，人力资源员工超过 150 万人。

2. 时间最短

国家电网公司用 4 年的时间，建成了通常需要 8～10 年的企业级大型企业信息系统，主要采取了典型设计、统一研发、整体推广等一系列的措施和方法。国家电网公司总部通过典型设计将共性内容统一组织研发，再将统一研发的成果下发到各个省公司，各个省公司根据各自差异再进行少量开发和整体推广。

3. 提升最快

"十一五"期间，国家电网公司实现从孤立系统到集成系统的转变，数据实现从分散到集中的转变。例如，"十一五"之前，国家电网公司的营销系统的数量仅有几十套，是在不同时期由不同公司建立的。到"SG186 工程"完成，营销系统实现了功能、模块和内容的统一。2009 年，针对"SG186 工程"的国家级评审开展，最终认定国家电网公司信息化整体水平达到国内领先和国际先进水平。"SG186 工程"期间，国家电网公司共申请专利 300 余项，获得省部级以上奖励和表彰 140 项。应用水平在效能、效率和效益等方面都获得很大提升。例如，固化业务流程和管理标准，业务处理周期平均缩短 30% 以上，降低库存占有资金 40%，降低运营成本，提高效益。

二、"十二五"（SG-ERP）阶段

（一）建设情况

国家电网公司在"十一五"工程的基础上，在"十二五"期间继续推进"两个转变"，进一步实现"一强三优"的企业战略目标。

国家电网公司坚持建设"一强三优"的现代公司的发展策略，促进电网发展方式及公司发展方式转变。"十二五"期间，在电网发展方式转变方面，公司将发电、输电、配电、变电、用电、调度等各环节应用进一步纳入信息化建设中。与五大发电集团不同，国家电网公司的发电环节主要用于调峰。尤其在"十二五"期间，有更多的新能源电力介入，加大了对电网的调峰压力。

国家电网公司在系统总体架构方面，通过平台集中、业务融合、决策智能、安全使用等手段，在原有 SG186 系统基础上，发展成为 SG-ERP 总体架构。两代系统有很多相似之处，但在诸多重点方面做了迭代升级。比如在信息运维上，新一代系统将其独立出来，成为一个保障支撑的应用系统，以使得系统可靠性进一步加强。

（二）建设成效和成果

1. 单位覆盖全

系统实现了总部、5 个分部、27 个省级、35 个直属单位、304 个地市、1719 个县级供电企业全覆盖。"七大五小"应用系统在直管、控股、代管三类体制县供电企业的覆盖率达到 99.9%（不含西藏）。一体化电视电话会议系统实现地市、县公司全覆盖。220kV 及以上变电站保持光纤全覆盖，110（66）kV、35kV 变电站和县公司本部光纤覆盖率分别达到了 99.2%、99%、100%。

2. 业务覆盖全

国家电网公司建成 10 大类 30 个信息系统，分级部署 972 套系统，日均生成数据 1.3TB，数据中心数据总量达到约 5PB。SG-ERP 系统管理全口径 235 万员工信息、资产卡片 2281 万余张、供应商 5.3 万余家、营销用电户 3.6 亿个。建成大容量骨干光传输网工程和骨干数据通信网扩改工程，传输网承载能力提升 40～160 倍，

数据网带宽提升 64 倍，通信业务总量在"十一五"末基础上翻番。

3. 系统规模大

国家电网公司信息系统各类硬件设备 160 万余台、注册用户总数 150 万人，日均登录 72 万人，高峰时段在线用户达 46 万人。业务系统在线管理输变电设备 9600 余万台、自动采集智能电表 3 亿只、车辆 16 万余台。公司通信设备 37.89 万台套，光缆总长度 142.5 万 km。SG－会视通联网会场超过 4500 个，每年召开视频会议超过 1.7 万场。

"十二五"期间系统的实际效用明显提升：

（1）业务支撑能力全面提升。人资管理系统完成招聘报名 136 万人次，完成竞聘报名 4 万人次，完成在线培训 474 万人次；财务管理系统日均使用 1.11 万人次，日产生凭证 5 万张，实现合并报表"一键式"生成，可从表到账穿透式查询任意单位、任意口径；物资管理系统日均登录 4.62 万人次，集中采购范围不断扩大，采购率达 98%；基建管理系统日均为 1.54 万个现场项目组使用，日处理 3000 个在建工程流程任务；生产管理系统月巡视记录 21 万条，月产生工作票和操作票 8.4 万张，保障各单位运检业务正常开展；营销管理系统月均处理抄表数据 3.1 亿条，月均收取电费 1.3 亿笔；企业门户日均登录 10.65 万人次，日待办完成总数 230.96 万笔。

（2）效率效益明显提升。国家电网公司薪资核算、劳动报表效率由周缩短至天；财务结算周期缩短 65%，财务资金归集率提高至 99%以上；物资集中采购"十二五"期间整体节约资金 1579 亿元，规划前期工作效率提高 25.7%；建设项目设计评审批复周期缩短 33%；设备资产对应率提升至 90%以上，故障抢修时间缩短了 60%；营销月电费资金到账时间平均提前 7 天。一体化电视电话会议系统每年节约会议差旅成本近 2 亿元。2014 年公司信息化后评估结果表明，国家电网公司业务处理周期平均缩短 30%，全员劳动生产率年均提升 11.56%，信息化对国家电网公司的综合贡献率为主营业务收入的 1.2%，平均投入产出比达到 1:3.36。

（3）信息安全防控能力持续提升。国家电网公司持续强化信息安全管理，构建了信息安全主动防御体系，全面提高电网安全保障水平，安全管控水平较"十一五"取得长足进步。建立信息系统全寿命周期安全管控机制。从网络边界、终端防护、主机防护、数据防护等方面细化完善电网等级保护标准，建立了具有电网特色的两级信息安全技术督查体系。"十二五"期间成功经受了多次重点活动安全保障工作考验，在国资委历次年度央企信息化水平评价中，信息安全连续排名第一。

三、"十三五"（SG–ERP2.0）阶段

（一）建设情况

国家电网公司在"十三五"阶段继承发展"十二五"信息通信建设成果，以支撑并驱动电网发展和公司发展为目标，以变革创新为动力，广泛应用"大云物移"技术，建设可靠的"宽带国网"，全面提升信息平台承载能力和业务应用水平，消除业务壁垒，实现信息化融入公司全业务、全流程，推动公司管理变革和运营模式创新，支撑电网创新发展、公司高效运作，建成数据资产集中管理、数据资源充分共享、信息服务按需获取、信息系统安全可靠的新一代国家电网一体化集团企业资源计划系统，追求信息化水平国际领先。

国家电网公司"十三五"工作重点是构建"五个一体化"，强化"四个提升"，实现"两支撑一确保"，全面建成信息化企业。

"五个一体化"指一体化信息平台、一体化业务应用系统、一体化信息安全体系、一体化运行维护体系和一体化通信网。一体化信息平台以"厚云薄端"为导向，以"大平台、微应用、组件化"为建设理念，采用"大云物移"等新技术，建设公司"一体化平台信息方舟"。一体化业务应用系统按照支撑公司管理高效协同和支撑智能电网创新发展两条主线，提升业务应用水平，实现多场景、微应用，创新业务模式，实现"三朵云"的软件即服务（SaaS）。一体化信息安全体系优化安全顶层设计，深化信息安全主动防御体系，建设统一的信息风险监控预警平台，打造智能可信的新一代安全技术防护体系。一体化运行维护体系优化高效运维架构和流程，提升科学调控、精益运检、敏捷服务核心能力，推进运维自动化，实现"可控、可视、可见、可管"的一体化高效协同运维。一体化通信网加强一体化管理和标准化建设，优化骨干网、强化接入网、提升交换网、管好数据网、控好专线网、用好支撑网，打造"优质坚强、技术先进、覆盖全面、管控高效"的宽带电力通信网。

"四个提升"指提升创新引领能力、提升业务驱动能力、提升深化应用水平、和提升专业管理水平。在提升创新引领能力方面，注重基础性与前瞻性研究，强化基层应用创新激励机制建设，加快新技术与业务应用融合，实现"互联网＋电网"新型业态的创新发展。在提升业务驱动能力方面，坚持业务导向，主网通信优化和配用电通信建设并重，强化信息平台承载能力建设，实现信息化融入公司全业务、全流程，促进公司运营绩效、服务水平提升。在提升深化应用水平方面，注重系统功能优化和数

据资产统一管理，强化基层操作与执行层面的功能建设，实现跨业务场景的数据共享和应用集成融合，改进用户体验，推进业务应用主体的信息化能力素质建设。在提升专业管理水平方面，按照"四横四纵一协调，三管两抓一确保"的总体思路，完善信息通信两级管控体系，形成"标准完备、质量可控、管控一体、协同高效"的信息通信工程建设管理体系，以及"管理集约、调控智能、运维协同、服务敏捷"的信息通信运行管理体系，打造知识结构合理、技术理念先进的信息通信管理、运行、建设、支撑四支人才队伍。

"两支撑一确保"指支撑坚强智能电网创新发展和支撑公司运营管理高效协同、确保信息系统安全稳定运行。在支撑智能电网核心业务持续提升方面，开展"发、输、变、配、用、调"六环节一体化协同管理，实现电源网荷一体化协调统筹，促进坚强智能电网创新发展。在支撑公司运营管理高效协同方面，以职责、流程、制度、标准、考核与信息系统"六位一体"为基础，推进业务系统建设由职能管理向流程管理转型，按业务流程升级改造应用，助力公司管理方式转变。在确保信息系统安全稳定运行方面，构建精益高效的信息安全管理内控体系，打造"可控可信、协同高效、灵活智能"的信息安全技术防护体系，健全运行维护组织体系，夯实运行基础，提升科学调控、精益运检，实现信息安全，确保信息系统稳定运行，保障智能电网安全运行。

（二）建设成效和成果

本阶段探索构建企业级业务中台，初步建成电网资源、客户服务业务中台，共形成共享中心 35 个，共享服务 902 个，支撑业务场景 135 个，交叉赋能价值初步显现。有力保障电网生产运行，推进电网资产统一身份编码，完成 1700 万台设备数据溯源，打造"规划、建设、运行"三态联动的"网上电网"，构建"电网一张图"，为电网精准感知夯实基础；建设新一代调度自动化系统和生产控制云，打造基建全过程综合数字化管理、安全生产风险管控等平台，建成设备精益管理、配电自动化、供电服务指挥等系统，实现基建管理、设备运维、抢修作业等的过程精益化管控，提升业务运行效率；推进工程数字化移交，深化同期线损监测治理，加强设备精益化管理，服务电网运行提质增效。全面提升企业精益管理水平，推动人力资源在线管理，实现全公司超过 160 万员工在线管理，网络大学年均开展线上培训超过 1000 万课时。提升业务精益化管控水平，基本建成多维精益管理体系，核心业务融合率基本达到 100%。初步建成现代智慧供应链，实现物资业务全过程在线办理，投标成本降低 70%，库存储备降低约 80 亿元，每年为供应商降低成本超过 10 亿元。打造数字化办公体验，提升在线办公系统，服务 55.8 万内部用户，日均活跃用户 10.5 万人，日均处理文件 3 万余份；整合移动终端 6.8 万台，改造移动应用 216 套，基本解决"一人多终端"问题；开展党建、智慧后勤、数字化审计等系统建设，推动综合管理业务提质增效。大力提升客户优质服务水平，在营销客服方面，持续开展营配贯通优化提升，营配贯通率提升至 83.1%，大幅压减故障检修时间；完成"网上国网"推广与运营，整合线上渠道，实现客户一次注册、全渠道应用，累计注册用户过亿，实现 16 项业务"一次都不跑"，优化电力营商环境。在电力交易方面，完成新一代电力交易平台省间功能部署，支撑电力现货市场试点建设，注册市场主体超过 14 万家，实现电力交易 95%业务线上化。

四、"十四五"企业中台阶段

（一）建设情况

国家电网公司的信息化建设与运营的综合水平在央企中处于领先位置。其中，国家电网公司连续 4 年被国资委评为央企信息化水平第一，荣获"两化融合示范单位"和"十大最具影响力大数据企业"等称号，并在公安部举办的历届全国网络攻防演习中蝉联央企第一名。国家电网公司的信息化建设成果满足了公司规模性增长与集约化管理的需求，解决了数据获取从无到有、信息从分散向集中、业务从线下向线上转化等问题，为进一步能源互联网建设奠定了坚实的数字化发展基础。

建立在信息化基础上，国家电网公司也快速推动数字化建设。在"十四五"期间，国家电网公司全力打造"163"数字化赋能体系，即"一个基础、六大核心、三个保障"，包括 10 大任务，如图 7-1 所示。"1"指一个基础，即打造新型数字基础设施。"6"指六大核心，即打造企业中台、释放数据价值、赋能电网生产、赋能企业经营、赋能客户服务、赋能新兴产业。"3"指三个保障，即强化安全防护、强化技术创新、强化运营支撑。

国家电网公司也以"三融三化"为主要思路，推动能源业务与数字技术融合创新应用，主动融入电网升级、融入企业转型、融入产业升级，并推进架构中台化、数据价值化、业务智能化三方面内容，支撑公司战略目标落地实施。

架构中台化：着力推进公司共性业务、数据和技术中台化，实现全局共享和开放服务，支撑前端业务快速创新，逐步推动业务和组织架构中台化演进。

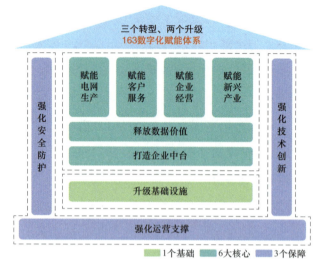

图 7-1 "163" 数字化赋能体系

数据价值化：着力用好数据生产要素，挖掘公司海量数据资源，以实用实效为目标，强化数据管理挖掘潜在价值，释放数据对公司提质增效和业务创新的放大、叠加、倍增作用。

业务智能化：着力推动人、设备、数据互联和在线交互，增强电网、客户全息感知、移动互联和智能处理能力，为业务赋能、为员工赋能，提升作业、管理和服务效率效益水平。

建立在数字化基础上，国家电网公司也推动生产、经营、客户服务三方面数字化转型。其一，在电网生产数字化转型方面，国家电网公司实现"电网一张图、数据一个源、业务一条线"，使得源网荷储智能互动能力大幅提升；其二，在企业经营数字化转型方面，国家电网公司实现电网核心业务智能精准洞察和人财物等核心资源科学高效配置，使得企业级决策支持能力大幅提升；其三，在客户服务数字化转型方面，国家电网公司实现线上线下智能服务全渠道融合，使得多元化、互动化、个性化服务能力大幅提升。

建立在数字化基础上，国家电网公司也推动新兴产业和能力两方面升级。首先，在新兴产业升级方面，技术密集型和高附加值产业营收比重显著提高，规模增长、价值贡献和产业带动效应明显，形成互利共赢能源互联网生态圈，推动公司整体产业转型升级；其次，在支撑能力升级方面，数字化连接感知、高效处理和共享服务能力大幅提升，企业级数据管理和应用水平成熟稳健，形成以用户为中心、安全高效的数字化运营体系，推动公司核心业务向赋能型数字化架构转型升级。

（二）建设成效和成果

到"十四五"末，国家电网公司已基本建成覆盖电能生产、传输、转换、消费、结算各环节全场景的能源互联网信息支撑体系，深度融入价值创造体系，有力支撑能源网架体系。目前，国家电网公司整体的新型数字基础设施能力完备，数据要素价值作用充分发挥，电网生产、企业经营、客户服务数字化创新应用全面构筑，能源互联网战略性新兴产业集群基本形成，初步实现"三个转型、两个升级"。公司数字化综合效益贡献率超过 40%，新兴产业年产值接近 3000 亿元，数字化发展指数基本达到国际领先水平。

国家电网公司已经打造"云网融合、电力互联、灵活高效、开放共享"的新型数字基础设施，建成满足能源互联网全场景需求的智慧物联体系和信息通信网络，建成"资源全域调配、业务敏捷支撑、开发运维一体"的国网云平台。这进一步推动公司内外部、各专业、各类型终端和采集量测数据统一接入、在线管控和共享应用，实现电网感知测控体系向电源侧、客户侧和供应链延伸，实现企业管理云、公共服务云及生产控制云资源全域调配和业务敏捷支撑，为传统电网向能源互联网跨越升级，电网企业向能源互联网企业转型升级奠定坚实的数字化基础。

第二节　国家电网公司数字化管理规范

一、数字化架构管理

数字化架构是指从业务、应用、数据、技术、安全五个方面定义的数字化架构设计，实现公司战略和数字化的有效衔接，建立业务与信息技术的统一规范和共同语言。

（一）架构资产

架构资产包括架构设计资产、架构管控资产、架构支撑性资产。架构设计资产包括业务、应用、数据、技术和安全五类，每类架构设计资产包括架构现状、架构设计蓝图、架构演进路线等。架构管控资产包括架构原则、架构管理办法和架构规范等。架构支撑性资产包括设计实践、业务模型、开发框架、参考架构、实施范例、架构能力素质模型、架构管理工具等。

架构设计资产全公司唯一，由公司统一维护和管理。架构现状、架构演进路线由总部和各单位分别维护，总部统一管理。

架构管控资产由总部统一维护和管理。架构原则包括架构管控原则、业务架构原则、应用架构原则、数据架构原则、技术架构原则、安全架构原则，为架构资产设计、维护、评审、遵从提供依据。架构管理办法以架构原则为指导，描述架构管控的组织架构、管理职责、架构资产、管理流程和考核要求。架构规范是架构管理办法的标准化和细化，须在总体架构和系统架构设计、技术路线及产品选型的全过程严格遵从。

架构支撑性资产是公司数字化建设经验的沉淀、数字化研究的成果、典型设计的总结，由总部和各单位分别维护，总部统一管理。

（二）架构设计

总体架构设计包括业务、应用、数据、技术、安全架构五类架构设计内容。系统架构设计是总体架构在具体信息系统中的细化，其设计可参照软件工程相关方法，设计内容须满足业务需求、信通技术政策及公司架构资产对系统架构的要求，架构设计的过程管理和深度要求依据《国家电网公司信息系统研发与实施管理办法》《国家电网公司信息系统设计管理细则》等相关管理办法执行。数字化项目须根据项目规模、复杂性等因素配置相应数量的架构师，重要项目须配置专职架构师。

1. 业务架构设计

业务架构设计的内容包括：分析公司业务、数字化发展目标；基于业务、数字化发展目标，参照最佳实践，以结构化的方式，分析和梳理业务架构设计需求及提升点；基于业务架构设计需求及提升点，编制业务架构蓝图，定义公司业务域、业务职能、业务流程、业务活动、业务步骤以及业务信息，明确业务流程间的协作关系。

2. 应用架构设计

应用架构设计包括应用功能识别、应用边界划分、应用交互识别、中台服务抽取等内容。应用功能识别。依据业务流程和业务需求，抽取关键用例，分析并识别相关功能，将功能按业务和数据相关性进行聚合。对于移动应用和桌面应用要区分标识。应用边界划分。基于业务相关性，对功能进行逻辑组合，形成应用，并明确应用间的边界。应用交互识别。基于应用边界，识别应用间的信息交互，明确交互内容。中台服务抽取。对于能够实现跨专业统筹共用的基础功能、业务处理和数据分析逻辑，以中台服务形式进行识别，并开展企业级统一管理。

3. 数据架构设计

数据架构设计包括数据模型设计、数据分布、数据流转、数据存储、数据质量等内容。设计过程须遵循国家电网公司统一数据信息模型（SG－CIM）、企业级主数据管理体系、数据中台等相关标准及要求。

（1）数据模型设计用于建立公司统一数据视图，形成公司数据资产，支撑业务应用。数据模型设计要识别出数据主题域和主要数据实体，给出主题域、实体、关键属性定义，明确主题域之间、实体之间关系，其输入源于业务需求，并须考虑一定前瞻性。

（2）数据分布设计用于确定可信数据源，确定数据的逻辑分布和物理分布，并确定数据在业务中台、业务系统、数据中台间的分布。

（3）数据流转设计用于明确数据在业务系统、业务中台、数据中台之间的流转过程，以及所需的数据处理功能和技术。数据流转设计须保证公司主数据的全局唯一性，利用公司统一的 MDM 实现主数据的管理、整合、清洗和分发；基于数据中台开展数据共享，内容须满足 SG－CIM 要求，并秉持基于中台计算、结果应用方式，减少明细数据直接交换。

（4）数据存储设计用于规范结构化数据、非结构化数据等存储方式。

（5）数据质量设计用于建立数据质量管理的长效机制，保证数据准确性、一致性、完整性、可用性。数据质量设计要从组织、流程、工具等各方面，强化数据质量的源头管控，并确定同步的管理措施。

4. 技术架构设计

技术架构设计包括信息系统（含业务应用系统和平台系统）设计、技术架构蓝图创建等内容。

（1）信息系统设计。基于应用、数据架构的设计输入，定义技术领域，设计信息系统、中台服务，定义应用、服务能力和协作关系。

（2）平台组件设计。以云平台、技术中台为基础，开展业务系统功能规划与设计，定义所使用的平台组件在业务系统中的应用场景。

（3）创建技术架构蓝图。基于应用、数据架构蓝图，划分业务应用系统的边界，定义业务应用技术实现方案，确定业务应用系统和平台间的集成方式。

5. 安全架构设计

安全架构设计包括边界安全、应用安全、数据安全、主机安全、网络安全、终端安全等。

（1）边界安全。针对信息外网第三方边界、信息外网横向域边界、信息内外网边界、信息内网纵向安全边界和信息内网横向域间边界等提出满足公司安全防护要求的防护措施。

（2）应用安全。针对身份认证、授权、输入输出验证、配置管理、会话管理、加密技术、参数操作、异常管理、日志及审计等方面提出满足公司安全防护要求的防护措施。

（3）数据安全。从数据安全模型的机密性、完整性和可用性方面开展设计，确保数据不发生篡改、丢失、泄露。

（4）主机安全。从主机访问控制、主机安全加固、主机入侵检测、主机内容安全、病毒防范、主机身份鉴别、数据加密、主机监控审计、备份恢复、资源控制等方面落实主机安全防护措施。

（5）网络安全。从网络设备安全、网络基础服务安全、网络传输安全等方面落实网络安全防护措施。

（6）终端安全。将终端分为办公计算机终端、移动作业终端、信息采集类终端、内网控制类终端等，须针对具体终端的类型、应用环境以及通信方式等制定相应的终端防护措施。

（三）架构管控

1. 架构管控资产管理

架构原则和管理办法编制管理。公司数字化工作领导小组办公室定期评估架构原则及相关管理办法的适应性、完备性，明确须完善或新增的架构原则，制定计划并落实，并基于更新后的架构原则调整相关管理办法。

架构规范编制管理。公司数字化工作领导小组办公室定期评估架构规范的先进性、适应性和完备性，明确须完善或新增的架构规范，制订计划并组织具有相应资质的单位开展编制工作。

2. 架构设计资产管理

公司数字化工作领导小组办公室基于业务、数字化战略和规划，发起并组织公司架构设计资产编制。公司数字化工作领导小组审查架构设计资产，由公司数字化工作领导小组办公室发布。

各单位数字化工作领导小组办公室依据架构设计蓝图组织分析本单位数字化架构现状，制定本单位数字化架构演进路线，报本单位数字化工作领导小组审查。审查通过后，由本单位数字化工作领导小组办公室报公司数字化工作领导小组办公室组织评审。重大架构调整决策报公司数字化工作领导小组审查。

公司数字化工作领导小组办公室收集架构设计变更需求，组织变更需求评审。评审通过后，开展架构资产变更设计，报公司数字化工作领导小组审查通过后正式发布。

各单位数字化工作领导小组办公室收集本单位架构设计变更需求，组织变更需求评审。评审通过后，开展架构变更设计，报公司数字化工作领导小组办公室。

公司数字化工作领导小组办公室根据业务需求和信息技术发展趋势，编制新技术跟踪目录和行动计划，并组织各单位和研发单位进行新技术跟踪和应用研究。新技术需经相关决策程序后方可采用。公司数字化工作领导小组办公室基于新技术研究、试点应用结果，确定技术组件更新、退出时机。对于计划退出的技术组件，在新建项目中须及时停止使用，已经建成业务应用须减少其后续投入，并制定替换方案。

3. 架构支撑性资产管理

公司数字化工作领导小组办公室定期评估数字化项目的建设成果，按统一要求收集数字化项目实践经验，提炼典型、重要的设计主题，组织编制参考架构、业务模型、技术框架等支撑性资产，服务数字化项目的设计和建设。

公司数字化工作领导小组办公室组织公司统一的架构管控工具的建设和管理，支撑总体架构管理相关组织架构、架构资产体系、架构管理流程等管控要素。

公司数字化工作领导小组办公室构建公司架构师能力素质模型，支撑公司架构师体系的建立和持续完善。

各单位数字化工作领导小组办公室基于本单位数字化项目的建设成果，整理、编制本单位的架构支撑性资产，经总部组织评估后纳入公司统一的架构资产库。

二、数字化建设管理

国家电网公司数字化项目是指电网数字化领域内的咨询设计，信息系统开发实施、优化改造、更新升级、综合评估，数据资源接入、处理和应用，网络安全服务，配套软硬件和数据产品购置等相关项目，范围涵盖基础设施、企业中台、业务应用、数据价值、全场景安全运行等方面。电网数字化项目按照组织建设方式分为公司统一组织建设项目和各单位独立组织建设项目，实行分级负责。公司统一组织建设项目是指由公司统筹共性需求，统一提出建设要求，统一组织开展项目立项、建设等工作的项目。各单位独立组织建设项目是指按照公司统一要求，为满足个性化需求，由各单位独立组织开展项目立项、建设等工作的项目。

电网数字化项目的建设管理共包括三个阶段，分别是项目储备立项阶段、项目设计阶段、项目建设实施阶段。电网数字化项目的建设管理过程由物资部和数字化部进行业务和技术双牵头共同推进。

（一）项目储备立项阶段

国家电网公司储备项目包括：国家电网公司数字化规划所确定的属于电网数字化专项投资范围内的项目任务；国家电网公司部署的电网数字化重点工作项目；由专业管理部门出具需求说明，并经需求统筹，明确需要建设的项目。项目储备立项阶段主要分为项目储备及可研（可行性研究报告）编写、招投标、合同签订 3 个重要阶段。

1. 项目储备及可研编写

项目储备的流程制度为：国家电网公司数字化部每年组织编制下一年的电网数字化项目储备指南，各分部和公司各单位据此编制本单位储备指南，用以指导项目储备工作；电网数字化项目储备须收集业务需求，分析统筹形成建设需求，依据建设需求编制项目可研，通过评审后的项目纳入电网数字化项目储备库，并同步纳入公司综合计划项目储备库；专业管理部门在广泛征集基层单位业务需求基础上编制业务需求报告，数字化职能管理部门予以协助。涉及跨专业业务需求，由数字化职能管理部门组织需求协调；基于业务需求报告，数字化职能管理部门组织统筹并编制建设需求报告，优先将基层反应强烈、有利于提升效率和用户体验的需求纳入建设需求报告。输出的文档主要有：数字化储备项目需求简表、业务需求报告。

可研编写的流程制度为：由数字化职能管理部门委托符合资质要求或具备能力的单位（机构）开展项目可研编制；由数字化职能管理部门委托符合资质要求或具备能力的单位（机构）开展项目可研评审；根据项目规模、专业等特征，组织可行性研究报告（项目说明书）评审，出具评审意见；通过可研评审的项目，方可纳入储备库；电网数字化储备项目下达计划前，须完成可研批复；限上项目由国网数字化部负责批复，限下项目由各单位数字化职能管理部门负责批复。输出文档主要有：可行性研究报告、可行性研究报告评审意见。

2. 招投标

招投标的流程制度为：电网数字化项目依据国家电网公司有关采购管理办法开展

采购工作。属于公司总部一级集中采购目录范围内的电网数字化项目物资类和服务类采购需求由公司总部组织实施，总部一级集中采购目录范围外的采购需求，由各单位组织实施；业务应用相关的项目由相关专业管理部门和数字化部职能管理部门共同配合采购管理部门开展采购工作；其余电网数字化项目，由数字化部职能管理部门配合采购管理部门开展采购工作；按照国家法律法规开展招标、投标工作，投标人根据招标内容编写投标材料，按照招标时间进行投标。输出文档主要有：招标文件、投标文件、中标通知书。

3. 合同签订

合同签订的流程制度为：国家电网公司合同部门承办人联系中标人开展合同签订工作；电网数字化项目合同的订立、履行、变更等工作应严格遵守国家电网公司合同管理有关规定，执行公司统一合同文本；项目合同签订单位按要求及时完成项目合同签订，并监督供应商合同履行情况；中标通知书下达 30 日内需完成合同签订；供应商合同履行情况纳入电网数字化厂商服务质量评价，评价结果应用于电网数字化采购工作中，形成闭环管理。输出文档主要有合同。

（二）项目设计阶段

1. 需求分析阶段

需求分析阶段主要包括需求调研和需求评审两个阶段。

（1）需求调研。需求调研的流程制度为：在项目设计前，应进行项目需求调研，包含对业务和数据的需求调研与现状分析，整理形成业务需求规格说明书和软件需求规格说明书，并提交数字化职能管理部门评审。最终形成的文档主要有：需求调研报告、业务需求规格说明书、软件需求规格说明书。

（2）需求评审。需求评审的流程制度为：在完成业务需求规格说明书编制后，国家电网公司数字化部会同相关专业管理部门组织召开关于业务需求规格说明书的评审会，由评审专家提出评审意见，并签字确认；在完成软件需求规格说明书编制后，国家电网公司数字化部和业务所属部门组织召开关于软件需求规格说明书评审会，由评审专家提出评审意见，并签字确认。最终输出文档主要有：业务需求规格说明书评审意见、软件需求规格说明书评审意见。

2. 系统设计阶段

项目的设计包括概要设计（初步设计）、详细设计，应以可研、需求说明书等项目资料为依据。国家电网公司数字化部负责组织评审公司统一组织的建设项目的设计或概要设计方案。

（1）概要设计。编制概要设计说明书的流程制度为：概要设计（初步设计）、详细设计，应以可研、需求说明书等项目资料为依据。最终输出文档主要为《概要设计说明书》。

（2）设计方案评审。设计方案评审的流程制度为：国家电网公司数字化部负责组织评审公司统一组织的建设项目和总部独立组织建设项目的初步设计或概要设计方案。各单位数字化职能管理部门负责组织评审本单位独立组织建设项目的初步设计或概要设计方案。最终输出文档主要为概要设计说明书评审意见。

（三）项目建设实施阶段

1. 项目建设阶段

项目建设阶段包括项目研发、出厂测试、用户确认测试、第三方测试等。

（1）项目研发。项目研发的流程制度为：开发工作应严格遵循评审通过的设计方案，并符合软件工程有关规范，如有重大变动应履行设计变更程序。输出文档主要有：数据字典或数据库设计说明书、接口规范、程序实现记录、联调报告、部署指南、用户指南、系统安装指南。

（2）出厂测试。出厂测试的流程制度为：项目承建单位完成信息化系统研发后需按照国家电网公司制定的技术路线、设计方案开展出厂测试。输出文档主要有出厂测试申请表。

（3）用户确认测试。用户确认测试的流程制度为：项目承建单位完成信息化系统研发后需按照国家电网公司制定的信息化系统上下线管理办法要求，组织用户确认测试。输出文档主要有用户确认测试报告。

（4）第三方测试。第三方测试的流程制度为：项目承建单位委托具备资质的第三方机构进行第三方测试，包括功能与非功能测试、源代码测试、安全测试等。输出文档主要有第三方测试报告。

2. 项目实施阶段

项目实施阶段包括项目实施部署、上线试运行、上线试运行验收和竣工验收。

（1）项目实施部署。项目实施部署的流程制度为：国家电网公司数字化部会同相关专业管理部门组织项目建设单位编制实施部署方案，明确项目实施目标、实施范围、实施计划、项目人员组织、沟通机制等内容。电网数字化项目实施重点开展差异分析及方案设计、数据收集及处理、系统部署及配置、系统测试、培训等工作。输出文档主要有：项目调研记录、需求差异分析报告、需求差异分析报告、系统部署方案、系统部署方案评审意见、数据治理和数据迁移的方案计划、培训方案、培训签到表、用户培训记录。

（2）上线试运行。上线试运行的流程制度为：电网数字化项目建设完成后，项目承建单位通过第三方测试后，提交上线试运行申请，开展上线试运行工作；系统上线试运行前，项目承建单位须进行项目源代码、文档等资料移交和知识转移。如在试运行阶段发生系统变更或软件代码调整，须及时更新和移交有关技术资料；系统上线试运行前，数字化职能管理部门、项目建设单位应组织项目承建单位开展系统用户及运行维护人员的培训工作，使相关人员熟练使用和维护系统。同时，数字化职能管理部门应组织运维单位和项目承建单位编制运行技术文档，明确运行要求，落实运维责任，防止重大事故发生。系统在上线试运行期间，运维单位会同项目承建单位按照系统正式运行的要求进行管理，严格执行公司关于系统运行维护、安全管理及数据管理的有关规定，保证系统及用户数据的安全，整改发现的问题，及时完成建转运工作；系统正式运行后，严格按照公司信息系统运行维护、安全管理及数据管理等相关规定进行日常管理。输出文档主要有：上线试运行计划、运维责任界定会议纪要、客服接入确认邮件。

（3）上线试运行验收。上线试运行验收的流程制度为：系统在上线试运行三个月后，经项目承建单位向国网信通公司提交上线试运行验收申请。输出文档主要有：用户使用反馈报告、系统试运行总结报告、客服业务受理常见问题及解决方案、客服知识库条目、试运行验收申请单、国家电网三线中心信息系统试运行验收确认单、信息系统上线试运行验收检查表、上线试运行报告。

（4）竣工验收。验收申请的流程制度为：国家电网公司统一组织建设的开发实施类中的设计开发部分、咨询设计类项目，由国家电网公司数字化部会同相关业务部门统一组织或安排相关单位验收；各单位承担的统一组织建设的开发实施类中的实施部分、业务运营类、数据工程类、产品购置类项目，以及独立组织建设项目由该单位数字化部职能管理部门组织验收。

项目验收工作主要包括验收申请与受理、制定验收方案、项目审查、形成验收结论等内容。电网数字化项目完成合同规定的目标和任务，并经用户认可后，项目建设单位或承建单位方可提出项目验收申请。

数字化部职能管理部门对验收申请进行受理，审核验收资料，确定项目是否具备验收条件；验收申请受理通过后，由数字化部职能管理部门会同相关专业管理部门制定验收方案，确定验收方式，明确验收内容，制定验收计划。

电网数字化项目验收应根据需要成立验收委员会或验收工作组，对项目的完成情况、实现功能和性能、质量控制、档案完整性、系统应用情况、技术政策遵从、数据质量、项目取得的成果及主要技术经济指标等进行全面总结和评价，并形成验收结论，形成项目验收报告。

项目通过验收后一个月内，数字化职能管理部门组织项目建设单位开展结算工作，根据国家和公司的相关规定，以项目合同为依据，对项目前期、设计、开发、实施、咨询、技术服务、设备材料、项目管理等费用进行结算；对于资本性投入项目，数字化职能管理部门配合财务部门开展项目竣工决算和转资工作。项目竣工决算报告由项目建设单位内部审计机构或财务部门委托的中介机构进行审计。输出文档主要有：项目验收申请单、验收方案、项目验收报告。

三、数字化运行管理

电网数字化项目完成竣工验收后，进入系统运行维护阶段，需要负责保障所建系统的安全稳定，国家电网公司构建"两级调度、三层运检、一体化运营"的运维模式。公司总部、各省（市）电力公司设置两级调度，公司总部、省（市）电力公司、地（市）供电公司设置三层运检，公司总部、省（市）电力公司共同构建一体化运营，形成"总部－省－地（市）"纵向联动，"调度、运检、运营"横向协同的运维模式。电网数字化项目中的信息系统运行维护分为系统运维、业务运维、客户服务。

（一）系统运维

系统运维是指针对信息系统运行相关的面向基础设施、硬件设备、基础平台、基础软件等方面的运维工作。基础设施包括机房、不间断电源（Uninterruptible Power Supply，UPS）、空调等，硬件设备包括主机设备、存储设备、备份设备、网络设备、安全设备等，基础平台包括虚拟资源池、云平台、数据中台、技术中台、业务中台等，基础软件包括操作系统、数据库、中间件、应用软件等。

信息系统的系统运维工作内容主要包括：运行监控、巡检、故障处置、检修、缺陷管理、资源分配等。系统运维单位应制定信息系统运行监控方案，包括监控对象、监控点、告警阈值等。监控对象应包括主机使用情况、云组件使用情况、网络使用情况、存储使用情况、隔离装置性能状况、系统集成通道及业务应用各个功能模块的运行状况等。应通过监控工具对系统运行情况进行实时监控，监控记录及监控系统日志数据保存时间不得少于 6 个月。系统运维单位应制定信息系统巡检方案，规范巡检对象、时间、频率、巡检操作及巡检记录等内容。在遇到重大活动保障、恶劣天气、设备异常、系统负载过高、临近运行阈值时，应增加巡检频率。

系统运维单位在信息系统及相关设备发生异常、故障时，应立即向国家电网公司信息调度报告，组织开展排查、处置，并对异常、故障信息及处理情况进行分析总结；应定期组织开展信息系统应急演练和应急预案修编。系统运维单位应根据运行工作需要，对信息系统进行部署、接入、迁移、维护、升级、消缺、变更、调试、测试、数据归档等检修工作，合理安排并执行检修计划。系统运维单位应通过运行监控、巡检、预警排查、专项排查等方式及时发现可能影响系统安全稳定运行的缺陷、隐患，并落实缺陷、隐患的消缺整改工作。系统运维单位应制定资源分配策略，并合理分配系统运行所需计算、存储、网络、安全、云平台、机柜、机房供电等基础资源。

（二）业务运维

业务运维是指针对信息系统业务使用方面的运维工作。本细则中的业务运维分为一级业务运维、两级业务运维两种类型。一级业务运维由总部业务运维单位负责业务运维工作；两级业务运维由总部业务运维单位负责总部侧（总部和受托直属单位）业务运维工作，由省侧业务运维单位负责本单位的业务运维工作。

信息系统的业务运维工作内容主要包括：应用监测与巡检、应用问题处理、账号权限管理、配置信息维护、基础数据维护、业务应用分析等。系统业务数据录入、前台业务数据导入导出、业务事务处理不包括在信息系统业务运维工作中。

业务运维单位应通过监控工具、脚本等手段对系统访问量、业务可用性、关键业务指标等应用情况进行实时监测。不具备实时监测能力的，应开展日常应用巡检，制定巡检制度，规范日常巡检对象、时间、频率、巡检操作及巡检记录等内容。业务运维单位应根据信息客服工单，开展应用问题处理工作，解决用户在业务应用中所遇到的异常情况。

业务运维单位应开展账号权限管理工作，包括，账号管理：按业务部门需求申请进行用户账号的创建、变更、注销等系统操作维护工作；权限管理：配合业务部门进行权限变更系统操作维护工作。

业务运维单位应根据业务需求，开展应用操作、图表显示等方面的配置信息维护相关工作，制定配置方案，新增或更改配置信息以满足业务变化的需要。业务运维单位应协助业务主管部门开展基础数据维护工作，统一创建和管理需集中管控的主数据。

总部业务运维单位应开展业务应用分析工作，包括，应用效果分析：对业务应用的频度、业务量、业务指标等应用效果进行分析，提出应用优化建议以推动应用实用化工作；系统优化分析：对系统功能满足业务程度和系统现存缺陷进行统计、分析，提出系统优化建议以推动系统优化工作；运维情况分析：提供业务运维服务情况统计分析与工作建议，提升运维能力。

（三）客户服务

客户服务是指对信息系统用户服务请求的受理、处理及过程跟踪等工作。信息系统的客户服务工作内容主要包括：应用咨询解答、故障申报受理、信息发布、服务目录发布、知识管理、满意度管理等。信息客服通过电话、网站、邮件、移动应用等多渠道受理用户服务请求。服务请求属地化受理，采用"首问负责制"，首位受理业务的客服人员负责全过程跟踪工作进度，实现闭环管理。信息客服对用户的服务请求进行受理、解答和创建工单，依托信息客服知识库，完成系统操作指导、业务流程咨询等应用咨询。信息客服将无法解决的问题以工单形式转派至业务运维，并及时向用户反馈问题解决进度。信息客服将影响系统正常运行的故障报告至信息调度报告，并做好用户解释工作。信息客服应多渠道向用户发布系统检修公告、业务指南、网络安全提醒等信息。

四、数字化数据管理

数据是指国家电网公司经营管理过程中，通过计算机信息系统存储和管理的数据。国家电网公司数据管理坚持"统一管理、分级负责、集中共享、服务应用、夯实基础、持续推行"的原则。上述介绍的数据架构设计包含在数据管理中。

（一）数据标准管理

国家电网公司数据标准主要包括统一数据模型、企业级主数据和参考数据标准。统一数据模型，主要包括概念模型、逻辑模型和物理模型。统一数据模型管理：国网数字化部和业务部门建立数据模型管理维护机制，国家电网公司大数据中心承担数据模型设计。统一数据模型维护：结合业务发展情况，以及各单位在模型应用中发现的问题，国家电网公司大数据中心组织开展模型优化完善和维护。统一数据模型应用：各单位在数字化建设过程中，应遵从统一逻辑模型开展物理模型设计，国网数字化部组织、国家电网公司大数据中心支撑开展模型遵从度审查，确保统一数据模型有效落地。

数据是用来描述国家电网公司核心业务实体的数据，是各业务应用和各系统之间进行信息交互的基础。数据管理和维护：国网数字化部和业务部门共同建立数据管理规范和要求，国家电网公司大数据中心和相关专业支撑机构具体承担主数据的维护，国家电网公司大数据中心承担数据组件建设。数据应用：各信息系统通过数据管理组件实现跨系统主数据共享，国网数字化部组织对数据应用情况进行监测校核，确保数据在国家电网公司范围内共享和一致。

参考数据管理。参考数据是对特定数据项允许取值集合的名称、代码值、含义、用途的规范定义。参考数据的管理和维护是由国网数字化部和业务部门梳理形成公司参考数据标准，国网大数据中心具体承担参考数据的新增和修订工作。

参考数据应用。各信息系统应按照参考数据标准生成数据，国网数字化部结合数据质量核查等工作，组织开展参考数据标准的监测核查，确保参考数据的规范和一致。

（二）数据质量管理

国家电网公司数据质量管理主要包括数据质量规则管理、数据质量核查、数据问题整改和数据质量评估。

数据质量核查规则。国网数字化部和业务部门结合企业级数据应用和数据质量需求，制定年度数据质量核查治理计划，确定重点领域数据核查治理范围和内容。国网大数据中心按照核查计划，制定数据质量核查规则，建立数据质量规则库。

数据质量核查。按照年度数据质量核查计划，国网大数据中心提供数据质量核查的技术工具支撑，基于确定的数据质量核查范围和数据质量规则，开展数据质量核查，定期形成数据质量报告和数据质量问题清单。

数据问题整改。结合国家电网公司整体数据目录体系，国网大数据中心建立数据责任清单，明确数据质量责任。按照数据质量核查情况，各业务部门确认本专业数据质量问题并组织问题整改，所有问题应在限期范围内反馈处理结果，确保问题闭环。对于跨专业的典型数据质量问题，国网数字化部协同相关业务部门，共同组织开展数据质量专项整治，推动重点领域数据问题整改。

数据质量评估。根据数据质量核查和治理情况，国网数字化部对数据质量问题发生数、整改及时率、整改完成率等进行评估和通报，促进国家电网公司整体数据质量水平提升。

（三）数据共享管理

数据共享管理主要包括数据目录、数据共享需求清单、数据共享负面清单和数据归集管理。

数据目录管理。主要包括专业数据库表目录和国家电网公司整体数据目录体系。专业数据库表目录：大数据中心结合业务信息系统的数据情况，抽取业务信息系统的数据库表结构，完善数据库表和字段的准确描述信息，形成各专业数据库表目录，并组织开展专业数据库表目录动态维护。国家电网公司整体数据目录体系：在形成专业数据库表目录的基础上，国网大数据中心承担国家电网公司整体数据目录体系梳理工作。国网数字化部组织对公司数据目录进行集中管理、统一发布、动态更新、共享使用，支撑快捷查询和定位数据。

建立数据共享需求清单。基于业务部门数据共享需求，国网大数据中心形成数据共享需求清单。数据共享需求清单在公司范围内统一发布、定期更新。

建立数据共享负面清单。坚持"以共享为原则、不共享为例外"，建立国家电网公司数据共享负面清单制度。业务部门提出本专业数据共享负面清单，对列入负面清单的数据应详细说明原因，经网络安全和信息化领导小组审议通过后，由国网大数据中心负责编制国家电网公司数据负面清单。数据负面清单经国家电网公司决策后统一发布、定期更新。原则上除列入负面清单的数据外，其余数据均可在国家电网公司内部共享使用。

数据归集共享。依托全业务统一数据中心和数据中台，将分散在不同业务信息系统的数据进行整合汇聚，形成统一的数据资源中心。按照"数据一个源"的要求，实现公司数据的一次采集、多处使用。国网大数据中心根据国家电网公司有关要求，推进外部数据统一纳管。

（四）数据需求管理

数据需求分为业务信息系统数据需求、基于全业务统一数据中心和数据中台的分析应用类数据需求。

业务信息系统数据需求管理。在信息化项目立项申报时，相关建设部门或单位应提出涉及的数据内容、数据来源等信息，并将数据需求纳入信息系统可行性研究和初步设计评审内容，避免数据多源、重复录入等问题。

分析应用类数据需求管理。新增涉及跨专业数据计算汇总的报表、指标等分析应用需求，原则上基于全业务统一数据中心和数据中台实现；当前基于业务信息系统建设的分析应用类需求，具备条件后逐步迁移至全业务统一数据中心和数据中台。分析应用类需求建设实施过程中，应按照"一源多用"的原则，开展数据需求审查，避免重复建设。

（五）大数据应用管理

大数据应用分为跨专业综合类大数据应用和专业类大数据应用。

大数据应用基础条件。基于全业务统一数据中心和数据中台，实现业务数据归集，为大数据应用提供统一数据源。构建支撑从数据获取到分析展示的一站式大数据应用环境，提供数据采集、清洗转换、分析建模、应用展示、数据管理等技术工具，支撑数据的在线获取、在线应用。

综合类大数据应用管理。主要包括应用需求、分析应用和成果管理，由国网数字化部统一组织开展。需求确定：国网大数据中心具体收集各部门、各单位大数大数据应用分为跨专业综合类大数据应用和专业类大数据应用。据应用需求情况，确定公司综合类大数据应用需求。分析应用：国网大数据中心根据工作开展需要，具体承接大数据应用任务，组织开展大数据分析应用，形成应用成果。

专业类大数据应用管理。业务部门组织确定应用需求，国网大数据中心和相关单位根据需要具体承接大数据应用工作，形成应用成果，并提交国网数字化部备案。大数据应用成果管理由国网数字化部组织开展大数据应用成果评估，组织典型大数据应用成果的推广。

（六）数据安全管理

数据安全管理是通过制定和实施相关安全策略和措施，确保数据在收集、传输、存储、处理、使用和销毁各环节的安全与合规。按照"谁主管谁负责，谁运行谁负责，谁使用谁负责"的总体原则，明确职责分工，落实数据安全责任。

数据对内使用。结合国家电网公司商业秘密和工作秘密清单，进一步完善数据共享负面清单。负面清单数据授权审批：对纳入数据共享负面清单的数据，国网数字化部组织制定数据使用审批程序，数据使用方提出申请，经数据责任部门审批授权后方可使用。数据使用安全管理：应基于全业务统一数据中心和数据中台提供的内部受控环境，开展数据的在线查询和在线应用，不得自行将数据拷贝和提供他人。

数据对外使用。数据增值变现等业务涉及的数据对外使用，应严格按照有关数据安全、隐私保护和国家电网公司保密要求，履行对外提供数据的审批，且在采取重要数据保护措施下对外提供，确保公司数据对外使用安全。

第三节　国家电网公司数字化的基础能力

国家电网公司应用"大、云、物、移、智、链"等现代信息技术和先进通信技术，计划实现电力系统各个环节万物互联、人机交互，打造状态全面感知、信息高效处理、应用便捷灵活的电力物联网，共同构成能源流、业务流、数据流"三流合一"的能源互联网。同时，国家电网公司要运用人工智能、边缘计算、区块链、5G 等新技术，构建智慧物联体系。

一、能力体系

（一）数字化能力的内涵

数字化转型中业务流程、管理模式和作业方式都在发生深刻的变革。数字化建设要高效、便捷、经济地满足业务快速变化的需求，并持续提升企业级建设水平。因此要改变从"零"开始搭建的模式，采用组合复用已有能力并按需扩展的模式，将数字化建设从"冷启动"转变为"热启动"。数字化能力（见图 7-2）是企业级沉淀的共性、基础、稳定、可复用的能力集合，通过能力单独、组合及扩充等应用模式支撑业务应用高效、灵活构建。

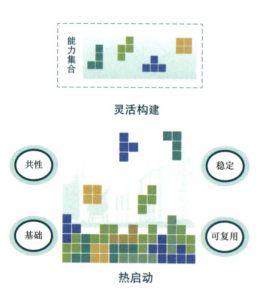

图 7-2　数字化能力

（二）数字化能力体系

国家电网公司数字化能力体系由"一基础，三核心，两保障"构成，如图 7-3 所示。"一基础"是基础设施支撑能力，定位于提供数字化物理设备部署、网络连接、云计算和物联管理等新型数字基础设施服务。"三核心"包括通用技术服务能力、数据价值创造能力和业务应用构建能力。通用技术服务能力定位于提供共性的时空、视频、人工智能、权限、移动互联、区块链等基础性技术服务；数据价值创造能力定位于提供企业级数据汇聚、资源管理、数据应用等数据要素服务；业务应用构建能力定位于提供电网资源、客户服务、项目管理、财务管理等企业级业务共享服务。"两保障"包括网络安全保障能力和运行服务保障能力,定位于提供保障公司数字化设备、网络、数据、系统等安全、稳定、便捷、高效运转服务。

图 7-3 数字化能力体系

二、能力概览

（一）基础设施支撑能力

基础设施支撑能力包括:通信网络、国网云以及智慧物联 3 项一级能力,机房资源、统一运营、边缘算力管理等 17 项二级能力、55 项三级能力、213 项四级能力以及 392 项末端公共支撑能力,诸多基础设施支撑能力作用下初步建成"云网融合、智慧互联、灵活高效、开放共享"的新型数字基础设施,如图 7-4 所示。

1. 数据中心

数据中心为国家电网公司数字化提供承载能力,覆盖国网云、数字化系统和应用,服务于电网生产、公司运营及企业管理各个环节,如图 7-5 所示。

2. 通信网络

电力专用通信网络为国家电网公司数字化提供连接能力,整体通信网络覆盖省际、省级和地市三个层级,构建高速互联、安全可靠的管理信息网络,服务于公司各级办公、作业场所,满足公司管理和业务需求,如图 7-6 所示。

图 7-4 基础设施支撑能力

数据中心

建成总部（北京、上海、西安）、省公司两级数据中心，三地数据中心之间数据通信网主备各20GB，外网业务承载网带宽主备各10GB，以9%的机房面积承载23%的服务器数量。

信息机房

公司信息机房共1000余个，面积约18万m²，安装机柜约3万面。推行绿色机房，北京数据中心机房PUE能耗降低至1.25，国网安徽电力、国网河南电力、国网江西电力、国网蒙东电力、国网甘肃电力、国网青海电力、国网新疆电力7家PUE能耗控制在1.5以下。

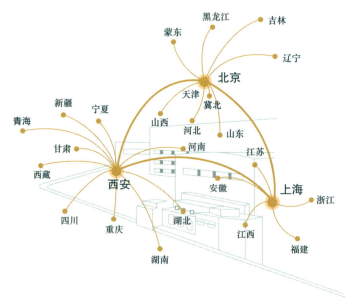

硬件设备

公司信息机房服务器约6万台，提供算力资源超200万核、内存约900万GB。

集中式运维

通过技术手段实现以少量运维人员远程监管全量服务器，集中式机房高效运维优势明显。

图 7-5 数据中心

骨干通信网

骨干通信网以特高压及500kV及以上电网为基础呈环型结构，光纤双路由覆盖率达100%。

终端通信网

终端通信网的远程通信主要以光纤通信、无线专网和无线公网三种方式为主，中压载波、卫星通信等作为补充。

省际传输网

已形成"九纵十二横"的整体光缆网架，地市公司、县公司、地调直调厂站以及供电所（营业厅）全覆盖。

通信光缆

长度190余万km，电网通信设备总量60余万台。

图 7-6　通信网络

3. 国网云

国网云是国家电网公司数字化基础平台底座。提供的能力支持包括资源按需供给、应用快速发布、云上统一运营、系统故障自愈、应用容灾备份 5 项二级能力、17 项三级能力以及 101 项末端能力，满足了公司所有系统云化部署需求，为公司业务系统提供弹性、可靠的云资源服务。

4. 数据中台

数据中台是企业级数据能力共享平台。各专业、各单位提供数据共享和分析应用服务，根据数据共享和分析应用需求，沉淀共性数据服务能力，通过数据服务满足横向跨专业、纵向不同层级间数据共享、分析挖掘和融通需求。

5. 智慧物联

智慧物联是管理和运维国家电网公司各类物联网设备的基础平台，包含设备远程运维、统一接入管理、即插即用适配、边缘算力管理、应用开发管理、数据一收多发等 6 项二级能力、17 项三级能力、51 项四级能力以及 66 项末端能力，推动公司感知资源和采集量测数据共享共用，如图 7-7 所示。

设备远程运维

实现对物联网设备的批量远程配置下发、App和固件版本升级。

统一接入管理

提供物联网设备的统一接入、认证及管理，实现协议自动适配、各类型物联网设备即插即用，降低接入成本。

即插即用适配

提供协议自动适配，实现各类型物联网设备即插即用。

边缘算力管理

利用边缘算力进行数据分析，支撑各专业就地开展业务处理。

应用开发管理

提供标准数据服务和统一管理接口，支撑物联应用快速构建。

数据一收多发

按需分发各类采集数据，实现跨专业数据共享。

感知终端 **558万**个

日均采集数据 **393亿**条

部署各专业App **272**个

小贴士

 通过公司数字化能力开放平台智慧物联微门户获取相关产品能力详细说明和技术支持。

技术要点

 所有通过管理信息大区和互联网大区接入的物联感知设备，必须统一接入物联管理平台。

图 7-7 智慧物联

（二）通用技术服务能力

1. 时空服务（电力北斗）

电力北斗平台是国家电网公司一体化时空地理信息服务平台，包含定位导航、应急短报文、精准授时授频3项二级能力、7项三级能力、18项四级能力以及59项末端能力，支持现场作业、精准导航、专题图应用分析，助力电网安全生产保障和专业工作效率提高，如图 7-8 所示。

定位导航

依托北斗电力精准位置服务，
实现各类终端定位导航。

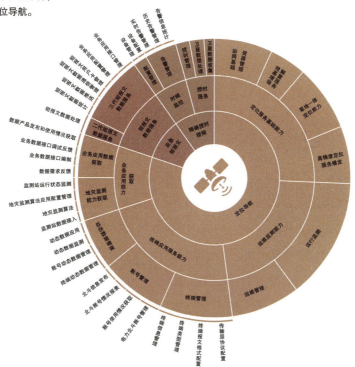

应急短报文

提供无公网环境下短报文通信
和设备状态传输服务。

精准授时授频

为设备提供纳秒级时间同步服务，
实现设备时间同源。

电力北斗基准站数
1200+座
基本覆盖公司经营范围

北斗终端接入
40000+个

小贴士

通过公司数字化能力开放平台电力北斗微门户
获取相关产品能力详细说明和技术支持。

技术要点

公司所有电力北斗基准站及高精度终端应用
均需基于电力北斗综合服务平台开展。

图 7-8　电力北斗平台

2. 时空服务（电网 GIS）

电网 GIS 平台是提供统一位置服务和电网资源的结构化管理服务平台，包含数据汇聚管理、可视化服务、GIS 空间分析、地图服务、专业图层管理 5 项二级能力、10

项三级能力以及 51 项末端能力，满足国家电网公司各类业务应用对地图、位置服务、可视化数据资源的管理需求，如图 7-9 所示。

数据汇聚管理

提供电网图形管理、空间数据中心等数据汇聚服务。

可视化服务

提供二三维电网、周边环境及通道站房可视化服务。

GIS分析服务

提供拓扑关系、电源追溯、空间检测等空间分析服务。

地图服务

提供地图服务，支持灾害预警、输电通道等专题图层服务。

移动GIS服务

提供移动端GIS浏览查询定位等功能。

集成地图服务系统累计
890+ 套

管理电网资源空间数据
20亿+ 台套

GIS服务月调用
15亿+ 次

小贴士

通过公司数字化能力开放平台电网GIS微门户获取相关产品能力详细说明和技术支持。

技术要点

涉及空间位置的应用，应基于公司电网GIS平台构建，禁止重复建设GIS平台相关能力。

图 7-9　电网 GIS 平台

3. 统一视频

统一视频平台是国家电网公司视频设备与数据的统一管理平台，提供视频设备接入、视频调阅控制、视图分析管理等 6 项二级能力、19 项三级能力以及 76 项末端能力，实现作业现场、站线资源、营业厅等场所的视频统一接入和共享应用，如图7-10所示。

视频设备接入

支持摄像机、监拍设备、移动布控球、执法记录仪、无人机、手机等设备接入，兼容企标、国际协议。

视频调阅控制

支持电脑、移动、大屏端调阅控制变电站等场所视频。

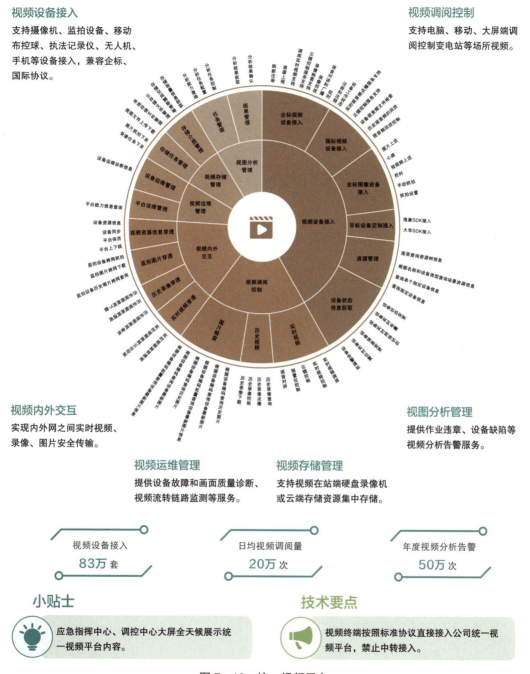

视频内外交互

实现内外网之间实时视频、录像、图片安全传输。

视图分析管理

提供作业违章、设备缺陷等视频分析告警服务。

视频运维管理

提供设备故障和画面质量诊断、视频流转链路监测等服务。

视频存储管理

支持视频在站端硬盘录像机或云端存储资源集中存储。

视频设备接入
83万 套

日均视频调阅量
20万 次

年度视频分析告警
50万 次

小贴士

应急指挥中心、调控中心大屏全天候展示统一视频平台内容。

技术要点

视频终端按照标准协议直接接入公司统一视频平台，禁止中转接入。

图7-10　统一视频平台

4. 人工智能

国家电网公司人工智能平台是面向电力人工智能应用的电力人工智能平台，提供人脸识别、图文识别、自然语言处理等 9 项二级能力、56 项三级能力以及 178 项末端能力，实现在营业厅办电、巡检作业等领域大量重复工作的替代，减轻一线人员工作量，如图 7-11 所示。

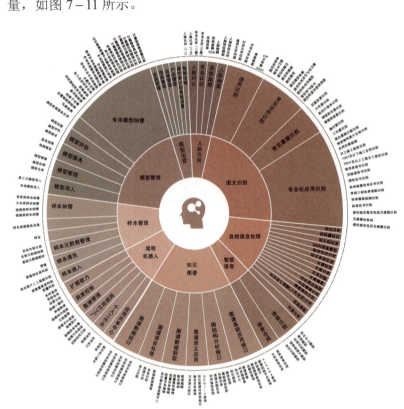

人脸识别
提供人脸比对、人脸搜索、人脸检测等通用服务能力。

图文识别
提供身份证、发票等证件票据文字信息提取识别能力，转换为可编辑文本。

自然语言处理
提供语义理解、语音分析等能力，支撑文章摘要、问答机器人、文档比对等业务应用。

智能语音
提供不同业务场景下的实时语音识别、录音识别及语音合成等技术能力。

知识图谱
通过知识标注、定制化模型训练等服务，支撑设备知识精益检索、营销智能客服等应用。

流程机器人
为各专业提供统一的流程设计、运行和管控服务，代替或辅助完成重复性、规律性计算机操作。

样本管理
提供多样化样本接入、清洗、标识、纳管等能力。

模型管理
提供模型构建、存储、训练、共享、评估和纳管等能力。

模型运营
提供资源管理、服务管理、审计监控、运营服务等。

累计服务用户	模型调用	累计支撑业务场景
100万+ 人次	**3亿+ 次**	**4000+ 个**

技术要点

 涉及人工智能应用场景应统一基于公司人工智能平台构建。

图 7-11 人工智能平台

5. 统一权限

统一权限是国家电网公司用户安全管理平台，提供身份服务、认证管理、权限控制等 7 项二级功能、15 项三级能力以及 57 项末端能力，实现对公司内、外部用户（含员工、供应商、合作伙伴、政府机构、社会个人等）的集中管理，提升访问效率及网络安全水平，如图 7－12 所示。

身份服务
提供各类用户账号的统一注册、维护、注销等服务。

认证管理
提供统一的密码、短信、人脸、指纹、扫码认证服务。

权限控制
提供语义理解、语音分析等能力，支撑文章摘要、问答机器人、文档比对等业务应用。

用户行为审计
提供各系统登录和使用情况审计监测、告警等服务。

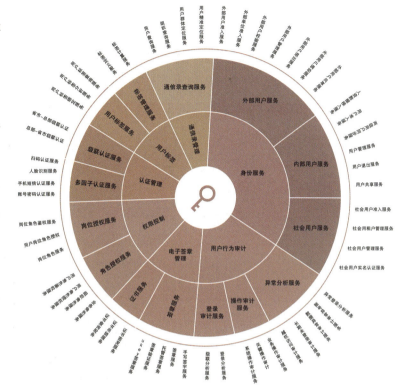

用户标签
提供全量用户标签定义、绑定、分析、查询等服务。

通讯录管理
提供单位通讯录实时更新、查询、分组管理等服务。

电子签章管理
提供线上证书签发、签章验证、手写签字等服务。

外部用户
120万+人

内部用户数
200万+人

服务日均调用次数
4000万+次

小贴士

 通过公司数字化能力开放平台统一权限微门户获取相关介绍并进行接入申请。

技术要点

 通过统一权限获取用户、认证、权限信息，禁止私自存储和管理用户权限信息。

图 7－12　统一权限

6. 移动互联

移动互联是国家电网公司移动应用的统一入口，为各专业、各单位外网移动应用提供即时通信、音视频会议、个人应用管理、自助快捷服务等 8 项二级能力、31 项三级能力、97 项四级能力以及 181 项末端能力，实现应用归集、统一入口、统一防护，服务于国家电网公司内部员工和外部协作人员，连接用电客户、上下游企业及政府机构，如图 7-13 所示。

即时通信

提供即时通信能力，支持多样消息类型。

音视频会议

支持各种会议场景，打破会议环境、地域的限制。

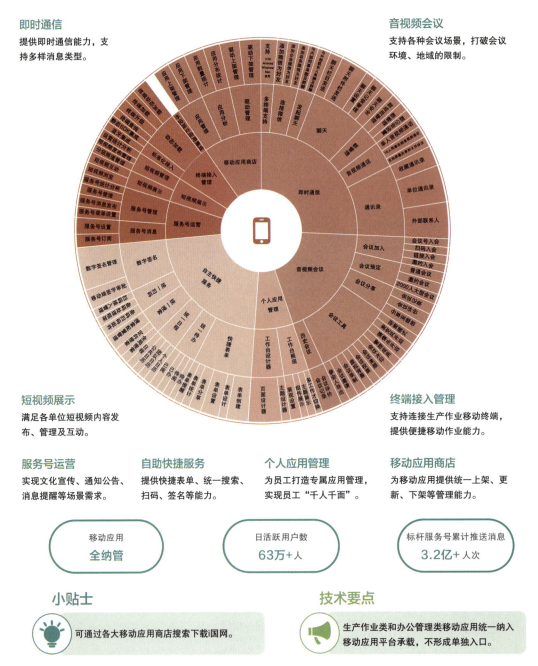

短视频展示

满足各单位短视频内容发布、管理及互动。

终端接入管理

支持连接生产作业移动终端，提供便捷移动作业能力。

服务号运营

实现文化宣传、通知公告、消息提醒等场景需求。

自助快捷服务

提供快捷表单、统一搜索、扫码、签名等能力。

个人应用管理

为员工打造专属应用管理，实现员工"千人千面"。

移动应用商店

为移动应用提供统一上架、更新、下架等管理能力。

移动应用
全纳管

日活跃用户数
63万+人

标杆服务号累计推送消息
3.2亿+人次

小贴士

可通过各大移动应用商店搜索下载i国网。

技术要点

生产作业类和办公管理类移动应用统一纳入移动应用平台承载，不形成单独入口。

图 7-13　移动互联

7. 国网链

国网链是支撑能源电力行业上下游企业数据可信流通、共享共治的新型基础设施，包含司法鉴定、身份认证、可信存证等 6 项二级能力、32 项三级能力、128 项四级能力以及 209 项末端能力，为能源数据资源的确权、开放、流通、交易和溯源各环节提供信任基础，在绿电交易、能源计量以及冬奥绿电溯源等场景发挥重要作用，如图 7-14 所示。

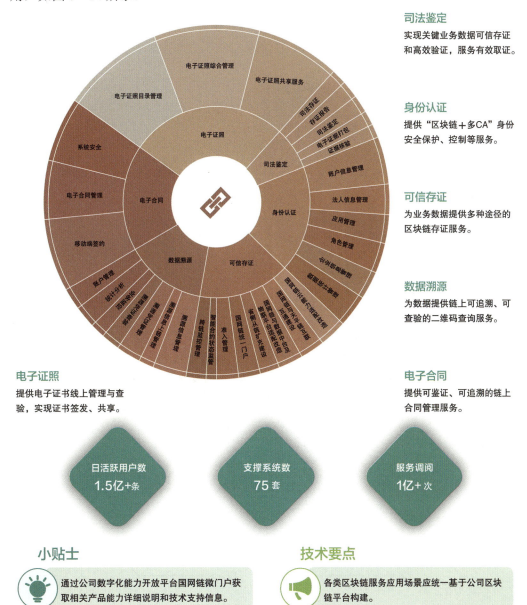

图 7-14 国网链

（三）数据价值创造能力

数据价值创造能力包括：数据资源、数据模型、数据管理、数据服务 4 项一级能力，数据目录、报表管理、能源大数据等 11 项二级能力、101 项三级能力、92 项四级能力以及 213 项末端能力，依靠这些能力来满足公司数据规范化、体系化管理，促进国家电网公司数据的检索与共享。

1. 数据资源

数据资源包括国家电网公司信息系统内积累的海量数据，涵盖结构化、非结构化、量测 3 种类型数据，统筹归集气象、工商、经济等 12 大类外部数据，如图 7—15 所示。

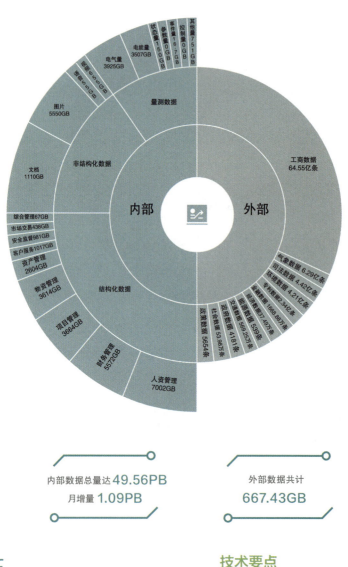

小贴士

针对国网内部数据，可通过数据资源共享平台进行信息检索与申请使用。

技术要点

外部数据可通过总部数据资源目录申请，使用方式包括一级数据下发、总部API数据服务两种。

图 7—15 数据资源

2. 数据模型

国家电网公司统一数据模型（SG-CIM）是企业核心数据资产，是打通企业核心业务流和数据流的重要支撑手段。基于数据模型落地应用，可以有效支撑业务处理、信息交互、数据分析三类应用建设，充分发挥数据模型在业务协同、数据共享、业务创新、数据增值四方面的作用价值，满足国家电网公司在电网生产、经营管理、优质服务等方面的管理提升和业务创新需求，如图 7-16 所示。

业务协同

支撑实现客户服务多渠道融合、业务申请"一网通办"。

数据共享

支撑实现业务应用数据汇聚整合、共享共用，支撑跨专业大数据分析。

业务创新

对标国际标准，借鉴行业经验，促进多能互补、新能源利用、综合能源服务等业务创新发展。

数据增值

规范数据分类，明确数据定义，建立数据连接，挖掘数据价值，实现数据增值。

综合 **10** 个主题域
数据表 **8000+** 张，字段 **28万+** 条

支撑营销、设备等
19 个专业 **46** 个系统

小贴士

 统一数据模型（SG-CIM）与业务端数据对应关系可通过数据资源共享平台获取相关信息。

技术要点

 统推业务应用，为保障推广应用效果，应按要求使用统一数据模型（SG-CIM）。

图 7-16　数据模型

3. 数据管理

数据管理包含数据资源管理、数据目录检索、数据图谱构建 3 项二级能力，16 项三级能力、38 项四级能力以及 59 项末端能力，实现国家电网公司数据规范化、体系化管理，促进公司数据的检索与共享，如图 7-17 所示。

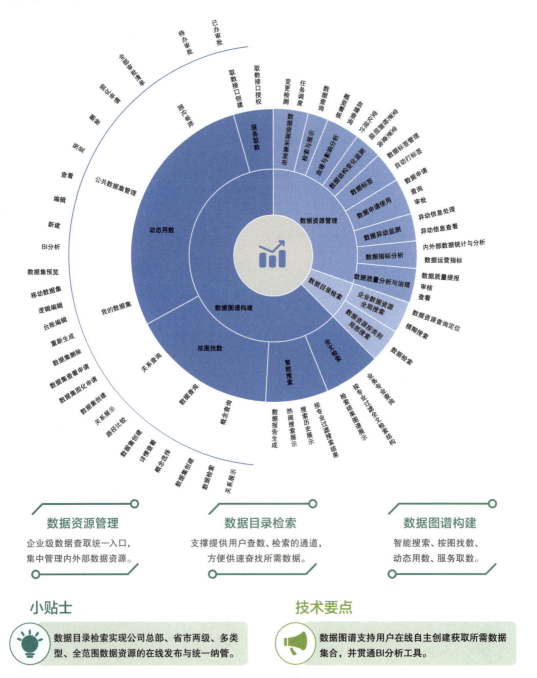

数据资源管理
企业级数据查取统一入口，集中管理内外部数据资源。

数据目录检索
支撑提供用户查数、检索的通道，方便供速奋找所需数据。

数据图谱构建
智能搜索、按图找数、动态用数、服务取数。

小贴士
数据目录检索实现公司总部、省市两级、多类型、全范围数据资源的在线发布与统一纳管。

技术要点
数据图谱支持用户在线自主创建获取所需数据集合，并贯通BI分析工具。

图 7-17 数据管理

4. 数据服务

数据服务包含指标中心、报表中心、标签中心以及数据两级贯通等 8 项二级能力，85 项三级能力、92 项四级能力以及 152 项末端能力，实现横向跨专业、纵向不同层级间数据共享和分析挖掘，支撑国家电网公司业务创新和优化，如图 7－18 所示。

指标管理
提供指标计算生产服务、指标数据分析服务、场景快速构建服务等能力。

报表管理
提供灵活自助分析服务、多元模版构建服务、数据图表展示服务等能力。

标签管理
归集纳管全公司标签资产，具备标签构建服务、画像应用服务、标签检索服务等能力。

基层数据服务
总部、省公司面向基层打造的"一站式"数据服务门户。

数据两级贯通
提供数据接入、服务调用等能力，并为业务中台提供批量数据查询和大数据计算分析服务。

能源大数据中心
能源数据汇聚、分析、处理和挖掘的数字服务平台，面向政府、行业、企业提供数据、产品和平台等类型服务。

非结构化数据
汇聚办公文档、气象数据、图像，提供全文检索、安全共享、规范性检查等能力。

可视化分析
提供数据分析服务调用、数据分析服务监管、数据分析服务应用分析等能力，解决数据"存、通、用"难题。

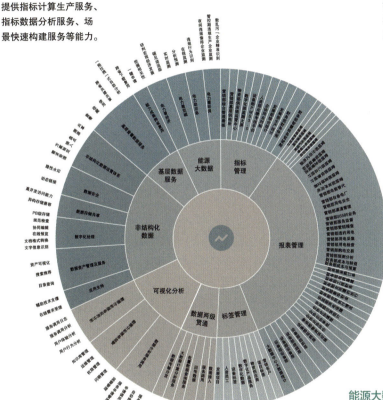

技术要点

 数据三中心以总部-省两级数据服务专区为载体，开展两级常态运营，共享发布可推广复用的共性数据集。

图 7－18　数据服务

三、能力实践

到"十四五"末，建成坚强可靠的"算力""数力"和"智力"基础设施，数据要素价值全面释放，人工智能在典型场景实现规模化应用，国家电网公司全业务在数字空间高效运转，基本实现"电网一张图、数据一个源、业务一条线、设备一本账、采集一终端、生态一链通"，驱动业务流程、管理模式、生产方式变革，基本实现物理电网和数字化支撑"同步规划、同步建设、同步投运、同步维护"，电网智慧运行、规划建设质效、设备精益管理、客户优质服务和经营高效管理水平全面跃升，全面提升电网"气候弹性""安全韧性"和"调节柔性"，有效支撑新型电力系统建设和公司高质量发展，有力推动电网向能源互联网、公司向能源互联网企业升级，助力世界一流企业建设，服务新型能源体系和数字中国战略落地。

（一）电网一张图

在全电压等级静态电网一张图的基础上，进一步拓展规划态、建设态，融合实时运行、三维空间、气象环境及业务活动等数据，形成具有"时间－空间－状态"多维度、多时态特征的电网全景视图，电网多时态数实一致率、状态及时同步率基本达到100%。

（二）数据一个源

在企业中台已实现数据统一汇聚、共享应用的基础上，完善数据模型，强化刚性管理，确认权威源头，落实数据主人，明确质量标准，全面实现"一数一源、一源一责、一处录入、处处使用"，数据同源维护率基本达到100%。

（三）业务一条线

在现有业务贯通基础上，聚焦电网生产核心业务，在更高层面、更深程度实现业务协同和数据贯通，跨专业业务协同线上率基本达到100%。

（四）设备一本账

在设备资源、资产台账基础上，拓展深化实物 ID 应用，将规划、建设、运检、物资、财务等环节数据整合汇聚，实现设备管理全过程数据贯通、业务优化、价值提升，设备全过程数据实时共享率基本达到100%。

（五）采集一终端

坚持"最小化精准采集＋数字系统计算推演"，优化国家电网公司采集感知布局，实现跨专业感知层资源共建共享，同类感知终端不重复部署、同一数据只采集一次，同一点位"一终端、一次采、多处用",降低建设成本。

（六）生态一链通

在现有服务渠道和平台基础上,进一步发挥客户、数据、品牌等资源优势,以电为中心延伸价值链,实现全渠道融通,拓展能源数字服务,推动平台整合,提升平台效益,带动上下游产业链供应链协同发展,服务政府和行业治理。

第四节　国家电网公司数字化的关键技术

一、大数据技术

（一）大数据的定义和特点

1. 大数据的定义

智库百科给出的大数据（Big Data）概念为:大数据是指无法在一定时间内用常规软件工具对其内容进行抓取、管理和处理的数据集合。大数据技术是指从各种各样类型的数据中,快速获得有价值信息的能力。具体包括:大规模并行处理（Massively Parallel Processing,MPP）数据库、数据挖掘、分布式文件系统、分布式数据库、云计算平台、互联网及可扩展的存储系统。

维基百科上给出的大数据概念为:巨量资料,指的是传统数据处理应用软件不足以处理它们的、大或复杂的数据集。此外,大数据也可以定义为各种来源的大量非结构化和结构化数据。大数据通常包含的数据量超出了传统软件在人们可接受的时间内进行处理的能力。

国家标准 GB/T 35295—2017《信息技术　大数据　术语》中对大数据的定义是:大数据是指具有体量巨大、来源多样、生成极快、多变等特征并且难以用传统数据体系结构有效处理的包含大量数据集的数据。

从这些大数据定义的共同点可以看出,大数据技术与传统数据管理在数据规模、数据类型、数据处理模式、数据处理工具等方面存在较为明显的差异。这些差异表现为:数据集的复杂度和处理难度上升;技术范围覆盖更广,包括数据采集、存储、搜索、共享、传输、分析和可视化等。

2. 大数据的特点

全球最大的信息技术和业务解决方案公司 IBM 曾经运用"5V"来描述大数据。

这"5V"分别是：Volume（大量）、Velocity（高速）、Variety（多样）、Value（低价值密度）和 Veracity（真实性）。其中，Volume（大量）指的是数据量大，包括采集、存储和计算的量都非常大。Velocity（高速）表明数据增长速度快，处理速度也快，时效性要求高，这是大数据区别于传统数据挖掘的显著特征。Variety（多样）说明大数据的种类和来源多样化，包括结构化、半结构化和非结构化数据，多类型的数据对数据的处理能力提出了更高的要求。Value（低价值密度）表明大数据的价值密度相对较低，海量数据繁冗复杂，如何从中筛选出有效信息是大数据时代最需要解决的问题。Veracity（真实性）代表大数据技术要保证数据的准确性和可信赖度，即数据的质量。5V 特点归纳总结如表 7-1 所示。

表 7-1 大数据的"5V"特点

特点	描述
Volume（大量）	数据量大，包括采集、存储和计算的量都非常大
Velocity（高速）	数据增长速度快，处理速度也快，时效性要求高
Variety（多样）	数据的种类和来源多样化
Value（低价值密度）	数据的价值密度相对较低
Veracity（真实性）	数据的准确性和可信赖度，即数据的质量

结合"5V"特点，可以看出大数据绝不仅仅是字面意义上的"大量数据"或"海量数据"，而是对大量数据处理的过程和能力。掌握大数据技术的主要困难来自海量数据繁杂与有效信息提取。大数据的主要来源是大街小巷、工作场所、港口场站和楼层通道等各种生活场景中大量微小且带有处理功能的传感器，由此获得的数据数量巨大、种类多样且随时间动态变化。相较于企业 ERP 的数据库中纯净的企业业务数据，传感器记录下来的数据需要经过大量的转换、清洗、抽取和集成工作，通过相关性关联与聚合，采用一致性的结构来存储抽取，才能形成有效数据。因此，由于数据量太大，往往缺乏对所有数据的分布特点的认知，使得设计算法评价目标具有一定的难度。

（二）大数据技术的关键技术

大数据的关键技术主要服务于四项任务，包括数据生成、数据存储、数据处理和数据应用。为了完成这四项任务，需要计算机的不同结构提供支持。在 IT 硬件方面，需要物联网系统中的采集设备、存储设备和服务器的支持；在基础软件方面，提供支持的计算机结构为数据库软件系统、分布式系统；在应用软件方面，需要采集、检测软件，智能搜索与分析软件提供支持；最后是信息服务方面，如需求预测分析、客户流向分析、物流资源调度分析等，需要计算机的集成系统等结构进行技术支持。在上述计算机结构的支持下，大数据的四项关键技术得以有效开展，为海量数据的数据生成、数据存储、数据处理和数据应用提供支持。四项关键技术总结如表 7-2 所示。

表 7-2　　　　　　　　　　　　大数据中的关键技术

技　术	具体实现的方面
大数据预处理技术	（1）数据采集； （2）数据存取； （3）基础架构支持； （4）计算结果展现
大数据存储技术	（1）存储基础设施应保证存储的持久性和可靠性； （2）提供可伸缩的访问接口供用户查询和分析海量数据； （3）提供高效的查询、统计、更新结构化和非结构化数据等操作
大数据分析技术	（1）数据处理； （2）统计和分析； （3）数据挖掘； （4）模型预测
大数据计算技术	（1）能够高效处理非结构化和半结构化数据； （2）在不同的数据类型中进行交叉计算； （3）针对大容量、静态的数据集进行批处理计算； （4）针对随时进入的数据进行流处理计算

1. 大数据预处理技术

大数据预处理技术包括数据采集、数据存取、基础架构支持与计算结果展现四项内容。

数据采集：数据采集被广泛应用于互联网及分布式领域。ETL（Extract-Transform-Load）技术是较为常用的技术，是指通过某种装置（如摄像头，麦克风），将数据从来源端通过抽取（Extract）、转换（Transform）与加载（Load）至目的端的过程。

数据存取：常采用关系型数据库，如结构化查询语言（Structured Query Language，SQL）对数据进行存储。

基础架构支持：采用云存储、分布式文件系统等来支持大数据的存入、取出及其他计算工作。

计算结果展现：运用云计算、标签云（关键词的视觉化描述，用来汇总用户生成的标签）、关系图等对大数据的计算结果进行形象展示，以便用户决策应用。

2. 大数据存储技术

数据存储技术通过基本信息的查找，依照某种格式，将数据记录和存储在计算机外部存储介质和内部存储介质上。数据存储技术主要应用对象是临时文件在加工过程中形成的数据流，该项技术需要根据相关信息特征进行命名，通过数据流的形式同步呈现静态数据特征和动态数据特征。

大数据存储技术需同时满足三点要求：提供可伸缩的访问接口供用户查询和分析海量数据，存储基础设施应能持久和可靠地存储数据，对于结构化数据和非结构化的海量数据要能够提供高效的查询、统计、更新等操作。

3. 大数据分析技术

大数据分析技术是应对大数据的结构复杂性的关键技术，用于处理数据构成中传统数据库管理系统难以处理的非结构化数据，主要包括数据处理、数据挖掘、统计和分析、模型预测。

数据处理：主要采用自然语言处理技术、多媒体内容识别技术、图文转换技术和地理信息技术等来处理各种数据。

数据挖掘：常采用诸如关联规则分析、分类与聚类分析、智能优化算法等。

统计和分析：包括应用文本情感分析技术、语义分析技术、A/B test 方法、top N 排行榜算法、地域占比等技术来实施分析。

模型预测：诸如各类预测模型、机器学习模型、建模仿真工具及其模式识别技术等。

在大数据分析技术方面，交通是应用较为广泛的领域。目前，交通的大数据分析应用主要在两个方面，一方面可以利用大数据传感器数据来了解车辆通行密度，合理进行道路规划包括单行线路规划。另一方面可以利用大数据来实现即时信号灯调度，提高已有线路运行能力。科学的安排信号灯是一个复杂的系统工程，必须利用大数据分析技术才能给出一个较为合理的方案。科学的信号灯安排将会提高已有道路的通行能力。例如，在美国，政府依据某一路段的交通事故信息来增设信号灯，降低了50%以上的交通事故率。机场的航班起降依靠大数据将会提高航班管理的效率，航空公司利用大数据可以提高上座率，降低运行成本。铁路利用大数据可以有效安排客运和货运列车，提高效率、降低成本。

4. 大数据计算技术

目前采集到的大数据85%以上是非结构化和半结构化数据。与大数据分析技术类似，大数据计算技术也是相对于不能处理非结构化和半结构化数据的传统关系型数据库提出的创新计算技术。如何能够在不同的数据类型中，进行交叉计算，是大数据计算技术要解决的核心问题。

大数据计算技术可分为批处理计算和流处理计算，批处理计算主要操作大容量、静态的数据集，并在计算过程完成后返回结果，适用于需要计算全部数据后才能完成的计算工作；而流处理计算无须对整个数据集执行操作，而是对通过传输的每个数据项执行操作，对随时进入的数据进行计算，处理结果立刻可用，并会随着新数据的抵达继续更新结果。

以金融银行业的大数据计算为例，在金融银行领域的日常运营过程中，往往会产生大量数据，这些数据的时效性往往较短。因此，金融银行领域是大数据流式计算最典型的应用场景之一，也是大数据流式计算最早的应用领域。在金融银行系统内部，每时每刻都有大量的往往是结构化的数据在各个系统间流动，并需要实时计算。同时，金融银行系统与其他系统也有着大量的数据流动，这些数据不仅有结构化数据，也会有半结构化和非结构化数据。通过对这些大数据的流式计算，发现隐含于其中的内在特征，可以帮助金融银行系统进行实时决策。在金融银行的实时监控场景中，大数据流式计算往往体现出了自身的优势。如：风险管理，包括信用卡诈骗、保险诈骗、证券交易诈骗、程序交易等，需要实时跟踪发现；营销管理，根据客户信用卡消费记录，掌握客户的消费习惯和偏好，预测客户未来的消费需求，并为其推荐个性化的金融产品和服务；商业智能，掌握金融银行系统内部各系统的实时数据，实现对全局状态的监控和优化，并提供决策支持。

二、云计算技术

（一）云计算技术的定义和特点

1. 云计算的定义

随着计算机技术的不断发展，云计算已经成为推动社会生产力变革的新生力量。目前有一种流行的说法来解释"云计算"为何被称为"云"计算：在互联网技术刚刚兴起的时候，人们画图时习惯用一朵云来表示互联网，因此在选择一个名词来表示这种基于互联网的新一代计算方式的时候就选择了"云计算"这个名词。

2. 云计算的特点

美国国家标准与技术实验室（National Institute of Standards and Technology，NIST）提出，对于最终用户而言，一个标准的云计算具备五个基本特征，分别是按需自助服务、广泛的网络访问形式、资源池化、快速可伸缩性和可度量的服务。

按需自助服务（On-Demand Self-Service）：云计算具有快速提供资源和服务的能力，用户可以根据自身实际需求，通过网络方便地进行计算能力的申请、配置和调用，而不需要与服务商进行人工交互，获得了更加快捷、高效的体验。同时，服务供应商也可以及时进行资源的分配和回收。

广泛的网络访问方式（Broad Network Access）：用户不需要部署相关的复杂硬件设施和应用软件，也不需要了解所使用资源的物理位置和配置等信息，可以直接通过多种多样的客户端（如移动电话、笔记本电脑、平板电脑和工作站等），以统一标准的机制（如相同的 API❶，浏览器等）访问，获取云中的计算资源。

资源池化（Resource Pooling）：服务供应商的计算资源被集中起来，以多租户模式将不同的物理和虚拟资源动态分配多个用户。用户一般不需要了解所使用的资源的确切地理位置，但在需要的时候用户可以指定要求资源的位置（如国家、数据中心等）。

快速可伸缩性（Rapid Elasticity）：资源和服务可以被迅速、弹性地提供和释放。对用户来说，资源和服务可以是无限的，可以在任何时间占用任意数量的资源，并按资源的使用量计费。对服务供应商来说，可以快速地添加新设备到资源池中，满足不断增长的需求。

可度量的服务（Measured Service）：系统可以根据服务类型（如存储空间、CPU运算时间、网络带宽、用户账号的使用率高低等）提供相应的计量方式，还可以监测、控制和管理资源使用过程，从而优化资源的使用效率。

（二）云计算技术的服务和部署模式

1. 云计算技术的服务模式

云计算作为一种资源分配和获取方式，其提供的资源按照系统层次的不同，可以分为基础设施层、平台层及应用层。与此对应大数据的三种核心服务形式包括：基础设施即服务（Infrastructure as a Service，IaaS）、平台即服务（Platform as a Service，PaaS）和软件即服务（Software as a Service，SaaS），如图 7−19 所示。

基础设施即服务（IaaS）：IaaS 位于资源层次的最底层，为用户按需提供实体或虚拟的计算、存储和网络资源的服务。为了优化硬件资源的分配，IaaS 层引用虚拟化技术，借助于 Xen、KVM、VMware 等虚拟化工具，提供可靠性高、可定制性强、规模可扩展的 IaaS 层服务。

---

❶ API，即 Application Programming Interface，应用程序编程接口。

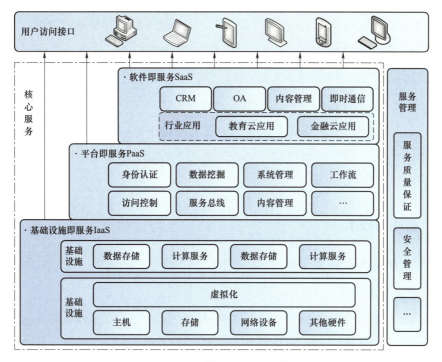

图 7-19 云计算的服务模式

平台即服务（PaaS）：PaaS 位于资源层次的中间层，是云计算应用程序运行环境，提供应用程序部署与管理服务。应用程序开发者通过 PaaS 层的软件工具和开发语言，不必关心底层的网络、存储、操作系统的管理问题，可以将更多的精力投入到业务软件的开发中。

软件即服务（SaaS）：SaaS 位于资源层次的最上层，是基于云计算基础平台所开发的应用程序，为企业和需要软件应用的用户提供基于互联网的软件应用服务和用户交互接口等。对于普通用户来讲，SaaS 层服务将桌面应用程序迁移到互联网，可实现应用程序的泛在访问。对于企业来讲，可以通过租用 SaaS 层服务解决企业信息化问题。

2. 云计算技术的部署模式

按照云计算服务的运营和使用对象不同，云计算有 4 种部署模式，分别为公有云、私有云、社区云和混合云。

公有云：云基础设施被一个销售云计算服务的组织所拥有，该组织将云计算服务销售给一般大众或公共群体。公有云一般规模较大，规模共享经济性较好，但公有云的安全性较低，且可用性不受使用者控制。

私有云：云基础设施被某一组织拥有或租用，如政府机关、企事业单位、学校等内部使用的云平台。私有云可提供对数据安全性和服务质量的最有效控制。

社区云：云基础设施被多个组织共享，并服务于在政策、安全、任务和准则等方面有共同特征的大机构服务或社区。

混合云：云基础设施由两种或两种以上的云形式的组合。同单独的公有云、私有云或社区云相比，混合云可以让业务系统在多云环境中进行灵活的迁移，具有更大的灵活性和可扩展性，但不同的云平台之间数据和应用程序的互通和整合也是一个不小的挑战。

三、物联网技术

（一）物联网技术的定义和特点

1. 物联网技术的定义

物联网概念最早出现在比尔·盖茨 1995 年的书籍《未来之路》，随后在 1998 年，美国麻省理工学院创造性地提出被称作 EPC❶系统的"物联网"构想。美国麻省理工学院在 1999 年建立了自动识别中心（Auto – ID Labs），提出网络无线射频识别（RFID）系统，即把所有物品通过射频识别等信息传感设备与互联网连接起来，实现智能化识别和管理。早期的物联网是以物流系统为背景提出的，以射频识别技术作为条码识别的替代品，实现对物流系统进行智能化管理。

我国中科院在 1999 年就启动了传感网的研究，并已取得一些科研成果，建立了一些适用的传感网。同年，在美国召开的移动计算和网络国际会议提出了，"传感网是下一个世纪人类面临的又一个发展机遇"。2003 年，美国《技术评论》提出传感网络技术将是未来改变人们生活的十大技术之首。随着技术和应用的发展，物联网的内涵已发生了较大变化。2005 年 ITU 在突尼斯举行的信息社会世界峰会（World Summit on the Information Society，WSIS）上正式确定了"物联网"的概念，并随后发布了《ITU Internet Reports 2005：The Internet of Things》，介绍了物联网的特征、相关的技术、面临的挑战和未来的市场机遇。ITU 在报告中指出，我们正站在一个新的通信时代的边缘，信息与通信技术（ICT）的目标已经从满足人与人之间的沟通，发展到实现人与物、物与物之间的连接，无所不在的物联网通信时代即将来临。2006 年 3 月，欧盟召开会议"From RFID to the Internet of Things"，对物联网做了进一步的描述，并于

---

❶ EPC，即 Electronic Product Code，产品电子代码。

2009 年制定了物联网研究策略的路线图。2008 年起，已经发展为世界范围内多个研究机构组成的 Auto－ID 联合实验室组织了"Internet of Things"国际年会。2009 年，IBM 首席执行官 Samuel J.Palmisano 提出了"智慧地球"（Smart－Planet）的概念，把传感器嵌入和装备到电网、铁路、桥梁、隧道、公路、建筑、供水系统、大坝、油气管道等各种应用中，并且通过智能处理，达到智慧状态。

目前关于物联网的定义，有很多个。比如，物联网是未来网络的整合部分，它是以标准、互通的通信协议为基础，具有自我配置能力的全球性动态网络设施，在这个网络中，所有实质和虚拟的物品都有特定的编码和物理特性，通过智能界面无缝链接，实现信息共享。或者是，物联网是由具有标识、虚拟个性的物体/对象所组成的网络，这些标识和个性运行在智能空间，使用智慧的接口与用户、社会和环境的上下文进行连接和通信。

也就是说，物联网指通过信息传感设备，按照约定的协议，把任何物品与互联网连接起来，进行信息交换和通信，以实现智能化识别、定位、跟踪、监控和管理的一种网络。它是在互联网基础上延伸和扩展的网络。事实上，狭义上的物联网指连接物品到物品的网络，实现物品的智能化识别和管理。广义上的物联网则可以看作是信息空间与物理空间的融合，将一切事物数字化、网络化，在物品之间、物品与人之间、人与现实环境之间实现高效信息交互方式，并通过新的服务模式使各种信息技术融入社会行为，是信息化在人类社会综合应用达到的更高境界。

2. 物联网技术的特点

考虑通信对象和过程，物与物、人与物之间的信息交互是物联网的核心。因此，物联网的基本特征主要有三点。①整体感知：可以利用 RFID、二维码、智能传感器等感知设备感知获取客观实体的各类信息。②可靠传输：通过对互联网、无线网络的融合，将客观实体的信息实时、准确地传送，以便信息交流、分享。③智能处理：使用各种智能技术，对感知和传送到的数据、信息进行分析处理，实现监测与控制的智能化。

根据物联网的特征，可以得出物联网处理信息的以下功能。①获取信息的功能：主要是信息的感知、识别，信息的感知是指对事物属性状态及其变化方式的知觉和敏感；信息的识别指能把所感受到的事物状态用一定方式表示出来。②传送信息的功能：主要是信息发送、传输、接收等环节，最后把获取的事物状态信息及其变化的方式从时间（或空间）上的一点传送到另一点的任务，这就是常说的通信过程。处理信息的功能：是指信息的加工过程，利用已有的信息或感知的信息产生新的信息，实际是制定决策的过程。实施信息的功能：指信息最终发挥效用的过程，有很多的表现形式，比较重要的是通过调节对象事物的状态及其变换方式，始终使对象处于预先设计的状态。

（二）物联网技术的关键技术

根据国际电信联盟的建议，物联网技术的体系可以分为四层，如图 7−20 所示。

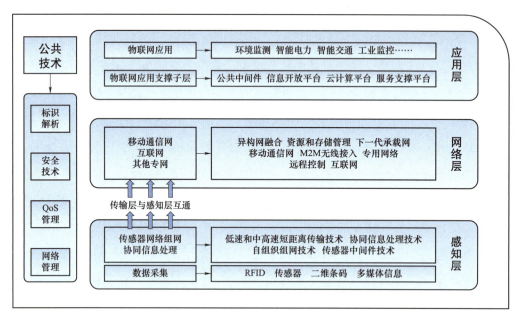

图 7−20 物联网的四层次技术架构

1. 感知层的技术

感知层主要采集包括各类物理量、标识、音频和视频数据等在内的物理世界中发生的事件和数据。在该技术层次上，物联网的数据采集涉及传感器、RFID、二维码、实时定位和多媒体信息感知等技术，采集后的数据则通过短距离传输、自组织组网进行局域传递，并通常使用多个传感器对数据采集过程进行协同处理。例如，在 RFID 网络中，安装在设备上的 RFID 标签和用来识别 RFID 信息的扫描仪、感应器属于物联网的感知层。

2. 网络层的技术

网络层的技术实现更广泛的信息互联与传递功能，可以把感知到的所有信息进行高可靠性、无障碍、高安全性地传送。一般物联网使用的网络技术是把传感器网络、移动通信技术与互联网技术三者相融合。当前广泛使用的移动通信与互联网等技术基本上都可以满足物联网数据传输的需要。如物联网通过各种接入设备实现和移动通信网及其互联网相连接，来完成采集信息的传递。例如，手机付费系统中，内置于手机的 RFID 信息在由刷卡设备采集后，可以上传连入互联网，经网络层传递到后台，再由后台完成鉴权认证并从银行网络中划账。因此，在产业链应用中物联网网络层将由网络运营商占据重要的地位。

3. 应用层的技术

应用层包括应用支撑服务子层和物联网应用服务子层。其中应用支撑服务子层主要是支撑跨行业、跨应用、跨系统之间的信息协同、共享、互通的功能。应用服务子层包括智能交通、智能医疗、智能家居、智能物流、智能电力等行业上的应用。

4. 公共层的技术

公共层的技术包括标识与解析、安全技术、网络管理和服务质量（Quality of Service，QoS）管理等，不属于任何层次的公共技术，即会被应用于物联网技术架构三层次的任何层次。

四、移动互联网技术

（一）移动互联网技术的定义和特点

1. 移动互联网技术的定义

移动互联网是互联网发展的结果，它是以移动网络作为接入网络的互联网及服务，是互联网技术、平台、商业模式和应用及其与移动通信技术相结合并实践的总称。移动互联网包括三大要素：移动终端、移动网络和应用服务，如图 7-21 所示。

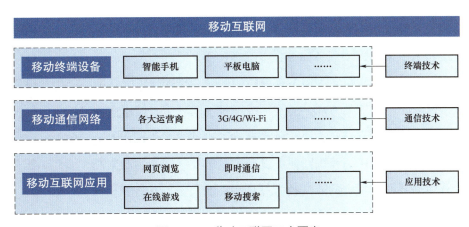

图 7-21　移动互联网三大要素

移动互联网将互联网与移动通信网络有效融合，使终端用户通过移动通信网络（如 3G、4G、5G 网络和 WLAN❶等）来接入互联网。结合终端的移动性、可定位、便携性等特点，移动互联网提供数量众多的新型应用服务和应用业务，为移动用户随时随地提供具有个性化、多样化的服务。

2. 移动互联网技术的特点

移动互联网将移动通信与互联网结合成一体，从而继承了移动通信的随时、随地、随身及其互联网的开放、分享、互动优势。与传统互联网相比，移动互联网具有的以下特点：

交互性：用户可以随时随地应用移动终端，在移动状态下接入并使用移动互联网服务。目前从智能手机到平板电脑，人们随时随地可以用语音、图文、视频解决沟通问题，大大提高了用户与移动互联网的交互性。

便携性：移动终端小巧轻便、可随身携带，使得用户在任意场合都可接入网络。因此，用户获取娱乐、生活、商务相关信息，以及进行支付、查找周边位置等操作变得很便捷。

隐私性：移动终端设备的隐私性远高于台式机器，数据共享时既可以保障认证客户的有效性，也可以保证信息的安全性。

定位性：移动互联网有别于传统互联网的典型应用是位置服务应用。移动互联网通过基站定位、GPS 定位或混合定位，在手机终端可以获取使用者的位置，采集周边环境信息，如感知温度、触碰感、嗅觉等，从而提供个性化的服务。如基于位置围栏的用户监控及消息通知服务，基于位置的娱乐和电子商务应用及其基于位置的用户换机上下文感知及信息服务等。

多样性：表现在终端的种类繁多、一个终端能同时运行多种应用、接入网络支持多种无线接入手段、应用服务的种类多种多样等。

局限性：移动互联网应用服务在便捷的同时，也受到了来自网络能力和终端硬件能力的限制。在网络能力方面，受到无线网络传输环境、技术能力等因素限制；在终端硬件能力方面，受到终端大小、处理能力、电池容量等的限制。

强关联性：由于移动互联网业务受到了网络及终端能力的限制，因此，其业务内容和形式也需要匹配特定的网络技术规格和终端类型，具有强关联性。

---

❶ WLAN，即 Wireless Local Area Network，无线局域网。

身份统一性：这种身份统一是指移动互联用户自然身份、社会身份、交易身份、支付身份通过移动互联网平台得以统一。信息本来是分散到各处的，互联网逐渐发展、基础平台逐渐完善之后，各处的身份信息将得到统一。

（二）移动互联网技术的关键技术

移动互联网的技术体系主要包括：下层的移动智能终端软件平台技术、移动智能终端硬件平台技术、移动智能终端原材料元器件技术；中层的面向移动互联网的网络平台技术；上层的移动互联网关键应用服务平台技术及公共的移动互联网安全控制技术，如图 7－22 所示。在移动互联网的整体架构中，终端占了举足轻重的地位，这是由于移动终端的个性化、移动性、融合性的诸多特点，本身就是移动互联网发展创新的根本驱动力，对移动互联网的研究不可能绕开终端而仅关注移动互联网业务和服务。不仅如此，终端的软、硬件也是移动互联网研究的最重要部分之一。

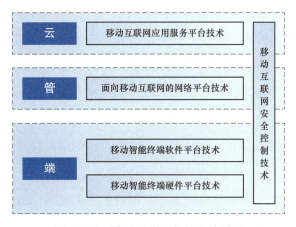

图 7－22　移动互联网的技术体系图

五、人工智能技术

（一）人工智能技术的定义和特点

1. 人工智能技术的定义

近年来，人工智能（Artificial Intelligence，AI）技术蓬勃发展且已经在各行各业广泛应用。那什么是智能？基于韦氏大词典，智能就是学习和求解问题的能力。智能并不是人类独有的，很多动物和一些机器也都会表现出不同程度的智能。而 AI 就是具有解决新问题、理性行动与像人一样行动的能力。AI 的提出最早是在 1956 年，由麦卡锡召集来自若干著名大学和企业、实验室，如麻省理工学院、哈佛大学、贝尔实验室和 IBM 公司等学者和研究人员召开达特茅斯会议，第一次提出了"人工智能"的概念。

虽然 60 多年来，学术界对此有着不同的说法和定义，其中维基百科对人工智能的定义为：人工智能（AI）也被称为机器智能，是指由人制造出来的机器所表现出来的智能。通常人工智能是指通过普通计算机程序的手段实现的类人智能技术。该词同时也指研究这样的智能系统是否能够实现，以及如何实现的科学领域。从其本质来讲，人工智能是指能够模拟人类智能活动的智能机器或智能系统，研究领域涉及非常广泛，从数据挖掘、智能识别到机器学习、人工智能平台等，其中许多技术已经应用到经济生活之中。

2. 人工智能技术的特点

从人工智能的技术特点来看，其技术创新发展主要分为模仿人脑的神经结构网络的发展与实现智能功能的发展。模仿人脑的技术创新，由于在各个时代遇到数据、硬件、运算能力等种种限制，虽然在图像、语音、自然语言处理（Natural Language Processing，NLP）等领域都取得了领先成果，但其所需的训练成本、调参复杂度等问题仍备受诟病。实现智能功能的技术创新，是一种建立在统计基础上的、以实现人类智能功能为目的的浅层学习算法，在 20 世纪 80、90 年代，这种技术便已经取得了统计分类、回归分析以及脸部识别和检测等方面的广泛应用和良好表现，成为人们最青睐的人工智能发展路径。

技术层面上，人工智能被分为弱人工智能、强人工智能和超人工智能。弱人工智能也被称为限制领域人工智能或应用型人工智能，一般专注于且只能解决特定领域的问题，通过无监督学习、监督学习和强化学习等浅层学习形成。强人工智能是一种可以胜任人类所有工作的人工智能，也叫通用人工智能或完全人工智能。人们一般认为深度学习是通向强人工智能的钥匙。与浅层学习不同，深度学习使用了更多的参数，模型也更复杂，从而使得模型对数据的理解更加深入，也更加智能。除此之外，还有一种存在于人们想象中的超人工智能，它可以比世界上最聪明、最有天赋的人类还聪明。迄今为止，所有人工智能算法和应用，都还属于弱人工智能范畴。由于其采用了完全不同于人脑的作用机制，且仅能够在部分功能上模仿人脑，所以其在技术上具有人工操作性、功能限制性等特点，是一种非自主性、非系统性的人工智能。

从人工智能的行业解决方案的应用特点来看，人工智能有以下特征：

首先，人工智能是一种通用技术，具有基础设施的外溢性特征。作为推动第四次工业革命的通用技术，习近平总书记在 2018 年在中共中央政治局第九次集体学习上的讲话强调，"人工智能是引领这一轮科技革命和产业变革的战略性技术，具有溢出带动性很强的'头雁'效应"。当前，全球主要经济大国均把人工智能视为赢得国家科技竞争力的重要抓手，提升到了国家战略规划的高度，投入大量资金用于人工智能研发。

其次，人工智能将深刻改变传统生产方式，但本质上对劳动或资本都可能产生偏向的替代性。据估计，2030 年对人工智能和自动化等领域的技术投资将在全球增加 2000 万到 5000 万个职位需求；人工智能在未来 20 年对我国就业的净影响可能将创造 12%的净增岗位，相当于增加 9000 万个就业岗位。

最后，人工智能在不同产业的应用前景并不相同，所催生的新业态和新模式将推动产业结构转型升级。在移动互联网、大数据、超级计算、传感网、脑科学等新理论和新技术的驱动下，当前人工智能已经呈现出深度学习、跨界融合、人机协同、群智开放、自主操控等新特征。从具体行业看，人工智能在数字政府、金融、医疗、汽车、零售、高端制造等领域都有广阔的应用前景。

（二）人工智能技术的关键技术

人工智能应用的组成部分包括作为"学习结果"的各种计算机技术，包含计算机视觉、机器学习、自然语言处理应用、语音识别与算力等五项具有代表性的关键技术。

1. 计算机视觉

人们对世界的认识来源的91%通过视觉来实现。同样，计算机视觉的最终目标就是让计算机能够像人一样通过视觉来认识和了解世界，它主要是通过算法对图像进行识别分析，目前计算机视觉最广泛的应用是人脸识别和图像识别。在图像分类领域，深度学习使得一些算法可以实现实时检测并得出结果。

2. 机器学习

机器学习的基本思想是通过计算机对数据的学习来提升自身性能的算法。机器学习中需要解决的最重要的 4 类问题是预测、聚类、分类和降维。机器学习按照学习方法分类可分为：监督学习、无监督学习、半监督学习和强化学习。其中监督学习和无监督学习应用较为广泛，半监督学习较为理想化，在实践中应用不多。

3. 自然语言处理应用

自然语言处理（NLP）是指计算机拥有识别理解人类文本语言的能力，是计算机科学与人类语言学的交叉学科。自然语言是人与动物之间的最大区别，人类的思维建立在语言之上，所以自然语言处理也就代表了人工智能的最终目标。机器若想实现真正的智能自然语言处理是必不可少的一环。自然语言处理分为语法语义分析、信息抽取、文本挖掘、信息检索、机器翻译、问答系统和对话系统等方向。

4. 语音识别系统

现在人类对机器的运用已经到了一个极高的状态，所以人们对于机器运用的便捷化也有了依赖。采用语言支配机器的方式是一种十分便捷的形式。

语音识别技术是将人类的语音输入转换为一种机器可以理解的语言，或者转换为自然语言的一种过程。人类的声音信号经过话筒接收以后，转变成为电信号并作为语音识别系统的输入，然后系统对传入信号进行处理，再进行特征抽取，提取特征参数，从而提取出特征。将特征与原有数据库进行对比，最终输出识别出的语言结果。

语音识别的难点主要集中在噪声处理、鲁棒性和语音模型上。在输入语音时总是可能出现各种各样的噪声，提高对噪声的处理是提高识别准确率的重要一环。对于鲁棒性，现有的语音识别系统对环境的依赖性偏高，不同的环境中识别的准确性可能会有较大差别。语音模型的优化也是面临的一个重大问题，语言的复杂性毋庸置疑，语言的语义、情绪及语速等都会影响到语音的真实意义，所以优化语音模型，优化语音模型的基础就是需要大量的数据。

5. 算力

在计算机中，一切信息可以通过数据来表示，包括语音数据、文本数据、图像数据、压力数据、温度数据等，人工智能就是通过海量数据对计算机进行驯化，来实现计算机模仿，具备或超出人的能力。因此，海量数据的采集、清洗、存储、标注、处理、传播成为关键，人工智能的发展需要高水平算力作为支撑，反映在对高端人才、芯片和数据传输网络的强依赖性。算力代表了对数据的处理能力，是数字经济时代的核心生产力。以云计算为核心的新型计算体系，正在带来重大变革，云和端加速融合，算力从端转移上云，未来万物皆是计算机。

从世界上第一台电子计算机 ENIAC 诞生起，算力的载体经历了从大型机、小型机、PC、移动终端以及云计算的演变，但算力的终极形态远未到来，科技企业仍在向新的技术发起挑战。面向未来的新型算力技术，阿里巴巴在算力领域取得一系列突破。

2009 年，阿里巴巴成立阿里云，并投入研发自研云操作系统"飞天"，这是阿里巴巴探索算力的起点，拉开了中国自研云计算操作系统的序幕，不仅解决了阿里巴巴业务高速发展带来的算力挑战，也让算力成为一种可在线获取的公共服务。2013年，阿里云在全球范围内首次突破单一集群5000台服务器规模（飞天5K），并率先对外提供这一能力。2017年，阿里云发布首个云原生数据库PolarDB，计算能力最高可扩展至1000核以上，性能比开源MySQL高6倍。近几年，阿里云连续进入Gartner全球数据库领导者象限。2017年，阿里云推出第一代神龙架构，通过软硬一体化技术来提高云计算的性能输出，实现了性能的0损耗，首次让云计算的算力潜力彻底释放。这一架构已升级为全新的云基础设施处理器CIPU，可替代CPU来管理和加速计算、存储和网络资源，在飞天和CIPU的加持下，PolarDB数据库的全局一致性读性能提升10倍。这些核心技术也加速了智能计算的发展。2022年，阿里云推出"飞天智算"平台，基于底层网络、计算等核心技术的突破，可以为人工智能、生命科学、医疗制药、自动驾驶等领域的企业提供更高效的智能计算服务。数据显示，飞天智算可将计算资源利用率提高3倍以上，AI训练效率提升11倍，推理效率提升6倍。此外，2022年，阿里巴巴公布了自研算力体系新进展，其自研CPU倚天710已经在数据中心大规模部署，并以云的形式服务阿里巴巴和多家互联网科技公司，成为中国首个云上大规模应用的自研CPU，实现算力攻坚重大突破。未来2年，阿里云20%的新增算力将使用自研CPU。

6. ChatGPT

ChatGPT（Chat Generative Pre-trained Transformer）是美国OpenAI研发的聊天机器人程序，于2022年11月30日正式发布。ChatGPT是人工智能技术驱动的自然语言处理工具，使用了Transformer神经网络架构。这是一种用于处理序列数据的模型，拥有语言理解和文本生成能力，尤其是它会通过连接大量的语料库来训练模型，这些语料库包含了真实世界中的对话，使得ChatGPT具备上知天文下知地理，还能根据聊天的上下文进行互动的能力，做到与真正人类几乎无异的聊天场景进行交流。ChatGPT不单是聊天机器人，还能进行撰写邮件、视频脚本、文案、翻译、代码等任务。

ChatGPT受到关注的重要原因是引入新技术RLHF（Reinforcement Learning with Human Feedback，即基于人类反馈的强化学习）。RLHF解决了生成模型的一个核心问题，即如何让人工智能模型的产出和人类的常识、认知、需求、价值观保持一致。ChatGPT是AIGC（AI-Generated Content，人工智能生成内容）技术进展的成果。该模型能够促进利用人工智能进行内容创作、提升内容生产效率与丰富度。

作为一种先进的人工智能技术，ChatGPT对社会的影响是非常广泛的。以下是一些可能的影响：

促进社会交流和沟通：ChatGPT 的存在使得人与人之间的交流和沟通更加方便和便捷。无论是在个人层面还是商业层面，ChatGPT 都可以帮助人们更好地相互交流和理解，从而促进人与人之间的合作和互动。

提高工作效率和生产力：ChatGPT 可以在很多领域应用，例如客服、销售、客户关系管理等，可以通过自动化和智能化的方式，提高工作效率和生产力。这种智能技术可以为企业带来更高的效益和更好的业务成果。

提高教育质量和普及率：ChatGPT 可以应用在教育领域，例如教学辅助、智能答题等。这种技术可以使得教育资源更加普及和平等，为学生提供更好的学习体验和更高的教育质量。

促进文化交流和多元化：ChatGPT 可以帮助人们跨越语言和文化的障碍，促进不同国家和地区的人们之间的交流和沟通。这种技术可以在文化交流和多元化方面发挥重要作用，帮助人们更好地了解不同的文化和风俗。

革新人机交互方式：ChatGPT 的出现，也让人机交互的方式得到了革新。人们可以更自然和便捷地与计算机交互，使得计算机的使用更加普及和易于接受。

总的来说，ChatGPT 对社会的影响是多方面的，可以帮助人们更好地相互交流和理解，提高工作效率和生产力，提高教育质量和普及率，促进文化交流和多元化，革新人机交互方式等等。这些影响都是非常积极和有益的，对于促进社会的进步和发展有着重要的作用。

然而，ChatGPT 的使用上还有局限性，模型仍有优化空间。ChatGPT 模型的能力上限是由奖励模型决定，该模型需要巨量的语料来拟合真实世界，对标注员的工作量以及综合素质要求较高。ChatGPT 可能会出现创造不存在的知识，或者主观猜测提问者的意图等问题，模型的优化将是一个持续的过程。若 AI 技术迭代不及预期，NLP 模型优化受限，则相关产业发展进度会受到影响。此外，ChatGPT 盈利模式尚处于探索阶段，后续商业化落地进展有待观察。

六、区块链技术

（一）区块链技术的定义和特点

1. 区块链技术的定义

区块链技术起源于中本聪（Satoshi Nakamoto）在 2008 年发表的奠基性论文《比

特币：一种点对点电子现金系统》，当比特币诞生后，国内外各大金融机构争相研究比特币的底层技术——区块链，并寻求区块链的实际应用。在近10年的发展过程中，区块链已经完成了对比特币的"脱离"，作为底层技术被发掘和推广，形成有币区块链和无币区块链。由于其去中心化、不可篡改、公开透明、分布式存储等特性，区块链技术不仅被用于数字货币，还在金融交易及清算、公证、溯源和防伪等领域得到了大量的实践和应用。

至今为止，区块链技术大致经历了3个发展阶段。区块链1.0应用以比特币为代表。在这一阶段，区块链以比特币的底层技术出现在大众视野里，构建了一种全新的、去中心化的数字支付系统，完成无时间无国界交易，并降低了中心化体系的成本。区块链1.0解决货币和支付手段的去中心化，那么区块链2.0就是将智能合约与货币相结合。以以太坊为代表的有智能合约功能的公共区块链平台，利用程序算法替代人执行合同，实现点对点的操作，避免了第三方的介入，使得区块链拓展到金融的应用领域。区块链2.0通过智能合约来彻底颠覆了传统货币和支付的概念，而区块链3.0则是将区块链技术的应用领域拓展到金融领域之外，实现区块链在非金融货币领域中的价值。显然，区块链1.0是区块链技术的萌芽，区块链2.0是区块链在金融、智能合约方向的技术落地。而区块链3.0是为了解决各行各业的互信问题与数据传递安全性的技术落地与实现。

区块链并不是单一信息技术，而是一种技术组合，从而实现以往没有实现的功能。中国区块链技术和产业发展论坛编写的《中国区块链技术和应用发展白皮书》将区块链定义为：分布式数据存储、点对点传输、共识机制、加密算法等计算机技术的新型应用模式。其实质是一个由许多不同节点所共同参与运营的分布式数据库系统，也是一个开放式的账簿系统。

2. 区块链技术的特点

区块链具有去中心化、开放性、自治性、信息不可篡改、匿名性等特征。

去中心化：由于使用分布式核算和存储，不存在中心化的硬件或管理机构，系统中的数据块由整个系统中具有维护功能的节点来共同维护，各个节点实现了信息自我验证、传递和管理，是区块链最突出最本质的特征。

开放性：区块链技术基础是开源的，除了交易各方的私有信息被加密外，区块链的数据对所有人公开，任何人都可以通过公开的接口查询区块链数据和开发相关应用，因此整个系统信息高度透明。

自治性：区块链采用基于协商一致的规范和协议（比如一套公开透明的算法），使得整个系统不依赖其他第三方，所有节点能够在去信任的环境自由安全地交换数据，不需要任何人为的干预。

信息不可篡改：一旦信息经过验证并添加至区块链，就会永久地存储起来，除非能够同时控制住系统中超过51%的节点，否则单个节点上对数据库的修改是无效的，这使区块链本身变得相对安全，避免了主观人为的数据变更。

匿名性：由于节点之间的交换遵循固定的算法，其数据交互是无需信任的，各区块节点的身份信息不需要公开或验证。

以京东物流为例，京东物流基于区块链的供应链物流单证服务平台能够解决传统纸质单据签收不及时、易丢失、易篡改，管理成本高的问题。数字签名技术让单据异常及时处理不再是难题，在物流配送过程中发现异常后能及时修正，并实时将修改的数据上链，双方运营结算人员可以及时获取准确的数据，实现单据流与信息流合一，也为监管机构提供了便利。利用联盟链技术和物流供应链核心企业优势，京东还衍生出更多的应用场景，如利用区块链上可信的单据与交易数据，为供应链金融提供保理服务，解决中小企业融资难，融资成本高的问题。对消费者而言，区块链结合物联网、RFID、LBS❶等技术能充分确保商品物流状态的真实性、完整性、可靠性，将进一步减少包裹丢失、调包等物流异常问题的发生，大幅提升快递收寄体验。此外，单据的数字化运营也为物流行业实现"碳中和"提供技术支持。据了解，每少使用1万张纸约等于少砍伐3棵树。国家邮政局公布的数据显示，2022年中国快递业务量完成1105.8亿件，每年千亿的快递量至少会产生千亿张纸质单据，而使用链上签产品实现无纸化运营后，将真正实现"零碳"电子回单，根据《快递业温室气体测算方法》预计可减少超过75万t碳排放量，同时还能避免回单的二次物流快递碳排放量，有效地保护植被面积，增加森林碳汇。

（二）区块链技术的核心技术

区块链的核心技术主要包括分布式存储、非对称加密、共识机制和智能合约等。

1. 分布式存储

分布式存储是指区块链数据的物理存储形式。和集中式系统不同，区块链是通过构建分布式的存储体系和开源协议，让网络中所有的区块链节点都参与数据的存储和

---

❶ LBS，即 Location Based Services，基于位置服务。

验证。每个区块链节点都有各自独立的、完整的数据存储，从而极大地提高数据存储的可靠性。

2. 非对称加密

非对称加密指存储在区块链上的交易信息是公开的，但是账户身份信息是高度加密的，只有在数据拥有者授权的情况下才能访问到，从而保证了数据和交易的安全以及用户的隐私。

3. 共识机制

共识是指多方参与的节点在预设规则下，通过多个节点交互对某些数据、行为或流程达成一致的过程。而共识机制就是所有记账节点认定一个记录的有效性的认定的手段，从而防止篡改。区块链中常见的共识机制包括 PoW❶、PoS❷、DPoS❸、PBFT❹等。

4. 智能合约

智能合约是基于这些可信的不可篡改的数据，可以自动化地执行一些预先定义好的规则和条款。智能合约的引入极大地拓展了区块链的应用前景，它可以嵌入到区块链中永久保存。当满足条件时，这些智能合约将被自动执行，从而可以在没有第三方的情况下可靠地进行预定义的合同协议。

---

❶ PoW，即 Proof of Work，（工作量证明）共识机制。

❷ PoS，即 Proof of Stake，（权益证明）共识机制。

❸ DPoS，即 Delegated Proof of Stake，（权益授权证明）共识机制。

❹ PBFT，即 Practical Byzantine Fault Tolerance，一种应用于分布式系统的容错算法。

第八章 国家电网公司 供应链数智化发展现状

在国家电网公司数字化转型发展的总体框架下，物资专业积极推动供应链数智化能力建设。通过十余年的建设历程，逐步形成了"创新、协同、共赢、开放、绿色"的绿色现代数智供应链理论、管理与技术体系。在建设历程中，通过不断地总结归纳，沉淀出具有国家电网公司特色的供应链数智化建设方法和供应链数智化运营模式。

本章首先对国家电网公司供应链数智化发展历程进行介绍，包括各阶段供应链发展的历程、建设的内容、建设的成效和特征，然后对国家电网公司供应链数智化构建方法、国家电网公司供应链数智化运营模式分别进行介绍，以期通过国家电网公司经验为其他企业的供应链数智化建设提供参考。

第一节 国家电网公司供应链数智化发展历程

一、物资集约化

（一）发展历程

自 2002 年国家电网公司成立后，将物资管理从分散向集约转变，将"单一招标采购"向"供应链"全过程管理转变，先后经历了集中规模招标和物资集约化管理两个阶段。

2005—2009 年，实施总部和省公司两级集中规模招标采购，建立了 SG186 工程的第一个业务系统——招投标管理信息系统，通过集中规模招标采购，形成规模采购优势，降低采购成本，提高采购效率效益。

2009—2011 年，全面开展物资集约化管理，通过组织架构变革、管理模式创新、业务流程优化，实施物资需求计划、招标采购、合同签约履约、质量监督、仓储配送、供应商关系等供应链全过程的集中管理，提升了电网物资供应的效率效益。

（二）建设内容

1. 物资集约化管理模式

国家电网公司围绕建设"一强三优"（电网坚强，资产优良、服务优质和业绩优秀）现代公司目标，全面推进"两个转变"（转变电网发展方式、转变公司发展方式），全面实施物资集约化管理，通过价值观念、组织体系、业务体系、管理手段、作风形象的变革，将原先多头分散的物资资源进行全面整合升级，建立集中、统一的物资集约化管理体系。

（1）管理理念的转变。公司实施物资集约化后，重新定位物资管理的价值、作用，实现物资管理从边缘专业到公司核心业务的转变。在物资管理中，引入供应链、资产全寿命周期管理等先进理念，实现从单一的招标采购向需求计划、寻源采购、合同、仓储配送的全过程供应链管理转变。采购不仅是一项活动，更是一项系统工程，对内强调企业的"综合资源管理"，强调采购与合同、仓储配送业务协同，对外强调与供应商的"合作共赢"，实现整个供应链上物流、资金流和信息流的统筹协调和协同运作。

（2）组织机构的转变。整合公司系统物资管理机构和人力资源，建立了精简高效的"两级物资管理部门、三级物资供应公司"的组织架构。两级物资部（总部、省）负责物资管理职能的统一归口管理，监督、指导各级物资供应公司开展具体实施工作。三级物资供应公司（总部、省、地市）在物资部的指导下提供物资管理支撑，负责需求计划收集、合同签约履约、设备催交催运、现场服务、仓储管理等具体业务实施工作。

（3）管理体系的转变。过去单一重视招标采购的管理方式，建立包括需求计划、招标采购、合同管理、质量监督、仓储管理、配送管理、供应商管理、废旧物资和应急物资九大关键业务体系编制相应的规章制度、业务流程、工作手册，加强全过程管控，形成全覆盖的业务管理体系。

（4）管理手段的转变。充分运用标准化和信息化两大主要管理手段，为物资集约化管理体系的顺畅运转，提供管理基础和支撑平台。

2. 物资集约化信息化支撑

物资信息化是提升管理效率、规范管理行为的有效手段。物资信息管理系统是物资管理高效运作的重要支撑平台。自物资集约化管理工作开展以来，国网物资部大力推进物资信息系统建设。建立物资主数据平台，统一物料主数据、供应商主数据和专家主数据，彻底改变了过去各单位自成体系、数据编码不一致的局面；建立 ERP 系统物资模块，搭建了各类物资相关业务数据横向集成、纵向贯通的自由交换平台；建设一级部署的电子商务平台所有采购商平台，构建以 ERP 内网为主，电子商务平台外网为辅、内外集成、相辅相成的物资集约化信息系统固化管理流程、提高管理效率、减少人为干预、规范管理行为，实现了业务功能的全面信息化应用。

（三）建设成效

贯彻"资源最优化配置、资产全寿命周期管理、供应链全过程管控和社会责任充分履行"四项基本理念，利用公司集团优势和品牌优势，应用先进管理理念，以供应链为依托，推进物资集约化管理，整合公司系统内外部资源，实现资源最优化配置，提高效率效益，服务于公司发展和电网发展。

强化各环节的业务衔接和管理成果关联互动，优化策略、提高效率，实现需求计划、采购、合同、仓储、配送、质量监督、废旧物资处置、供应商管理等的全过程闭环管理；同时建立各环节的绩效指标，实施全过程督察和考核，实现物资供应链全过程的集约化管理。

二、物力集约化

（一）发展历程

2011 年，国家电网公司做出了加快建设"三集五大"管理体系的重要部署，对物力集约化管理信息系统建设提出了更高的要求，通过打造"国内领先、国际一流"的物资供应链管理体系，提升国网物力集约化管理的水平。

2011—2015 年，在已有信息化成果的基础上，以集约化管理为核心，建设涵盖物资管理全过程、以 ERP 系统物资模块和电子商务平台为核心的物力集约化管理信息系统。

2016 年，物资系统以"三全五依"❶从严治理、持续提升物力集约化管理水平为主线，不断提高集中采购水平。

（二）建设内容

1. 物力集约化管理模式

物力集约化要进一步扩大集中采购范围，国家电网公司采购全部纳入统一的电子

---

❶ 三全五依：即按照全员守法、全面覆盖、全程管控的总体要求，实施依法治理、依法决策、依法运营、依法监督、依法维权的法制企业内涵。

商务平台实施。严格物资计划合规性管理，建成项目审批与物资需求对接机制，规范大修、日常运维需求计划报送流程，杜绝先实施后走流程的做法；全面推行物资标准化，实现电网设备通用互换；完善先利库后采购机制，巩固清仓利库成果；建立项目物资代表机制，提升物资供应保障能力。

（1）深化计划管理协同管控机制，提升物资管理水平。严格项目合规性检查，在核对项目核准文件、设计批复、综合计划的基础上，进一步与国网财务部、国网发策部、国网基建部等部门联系，统筹考虑预算下达、项目调整、里程碑计划执行等情况，确保项目各方面条件成熟，减少招标后项目发生变更，保证合同业务规范，提高物资到货率。加强需求计划调控，超前掌握项目计划和实施情况，强化物资和专业协同配合，完善需求计划申报管控手段，为后续采购、合同履约等高效开展创造条件。提高协议库存等多种采购方式的需求计划管理水平，加强需求预估与实际应用的闭环管理，引导需求单位做好需求预测和应用工作，兼顾供需双方的利益，保证多种采购方式的健康发展。

（2）深化招标采购定标结果应用，提高合同履约管理水平。物资采购招标全面纳入国家电网公司两级招标采购管理体系，地市供电公司无权组织招标采购，只收集批次定标结果及合同，负责从需求计划表中按定标结果的条目核销并转入合同履约表。物资合同履约管理包括物资供应计划管理，物资生产阶段管理、物资运输过程管理、物资交付与检验管理、物资投运与质保管理以及对应的资金支付与结算管理等业务，重点是发挥计划管理龙头作用，制定物资供应计划，加强物资到货需求管理，及时掌控物资生产运输和交货情况，科学评价供应商履约行为，实现物资供应与物资到货需求的有机衔接，确保物资及时、准确到货。

（3）深化物资供应保障机制建设，完善物资配送服务。要大力深化供应保障机制建设，对于基建类物资，建立"提前介入、动态预警、主动协调、全程跟踪"供应模式。对于运维类物资，建立"定额储备、按需领用、动态周转、定期补库"的供应模式。推行储备定额管理，建立"先利库后采购"的常态机制。建立科学的仓储管理体系，优化仓储网络，实时掌控库存，提高作业效率，为保证运维类物资供应和周转提供支撑。履行物资管理配送服务工作，配合"五大"建设，在完善各项物资管理制度和考核制度的同时，着力构建完善物资配送及现场服务体系。努力实现物流专业化管理，确保电网建设、技术改造、大修及农网工程等项目物资的准确及时供应和配送服务工作。对于供应配送过程中出现的问题积极与省公司物资部门沟通协调，及时消缺补缺，做好售后服务支持，不断强化以电网建设为重点、以时间为核心的服务理念。构建科学物资配送服务体系，根据项目建设的实际情况和要求，实行项目物资配送服务负责制，依据合同条款制定催交、催运工作方案和配送计划。全面、实时掌握生产进度、交货和配送情况。针对影响工作进度的关键性物资，及时安排驻厂催交。加强与建设管理、设计、施工、监理、供应商等项目建设各相关单位的沟通、协调，及时解决物资采购配送过程中存在的问题，切实做到物资配送的可控、能控、在控，实现物资配送与工程施工进度的有序衔接。

2. 物力集约化信息化支撑

物力集约化管理信息系统由 ERP 系统物资模块、电子商务平台、物资主数据平台以及物资辅助决策系统构成。

（1）ERP 系统物资模块。ERP 系统物资模块定位于国家电网公司物资供应链各环节的内部管控，实现与发策、基建、运检等上下游业务的协同。其中计划管理功能实现了对物资和服务采购的全面计划管理，所有计划通过两级 ERP 系统全部上传至电子商务平台实施采购。采购订单及仓储管理功能实现了对物资供应信息（包括合同签订、履行、结算、库存、仓库等）的全方位管控，保障了采购结果的刚性执行。合同结算管理实现与财务模块对接，根据付款条件及付款触发要求，发起付款申请、发票验审等环节，联动财务阶段，保障付款结算准确、及时。

（2）电子商务平台。电子商务平台定位于物资供应链各环节的内外交互与协同，实现了与设计院、供应商等外部用户的业务协同。主要涵盖采购标准管理、采购管理、合同管理、供应商关系管理、产品质量监督管理、废旧物资竞价和专家管理等应用。采购标准管理实现了招投标相关文件的结构化管理。采购管理实现了采购项目从招标文件发售、投标文件递交、开评标、公示、投诉异议受理的全过程电子化。合同管理利用供应商协同功能，与招标和采购环节紧密衔接，结合 ERP 系统，构建覆盖合同签订到履约、结算全过程管控的系统平台。供应商关系管理实现不良行为信息管理、绩效评价管理、资质能力核实等功能，提高管控力度，加强管控成效。产品质量监督管理通过建立合同物资全过程、全覆盖管理的流程、管控体系及系统支撑，实现质量监督的流程化、标准化、和常态化管理全面加强。废旧物资竞价管理包括回收商信息管理、废旧物资计划管理、废旧物资竞价管理、废旧物资销售合同签订、废旧物资违约履约管理功能，实现废旧物资处置管理流程优化、过程可控、安全易用、性能优良。专家管理包括专家信息管理、专家抽取管理、专家评价管理、专家培训管理等功能，并与人资系统进行联动，动态开展日常评价和年度综合评价，支持总部、省公司两级抽取使用及远程异地评标需求。

（3）物资主数据平台。国家电网公司主数据管理系统 MDM 是基础系统，负责国家电网公司各专业主数据的统一管控，各系统通过与 MDM 的集成，实现系统间主数据的一致性。其中，物资业务主数据包含物料主数据、供应商主数据、仓库主数据等。基于物料主数据，在电子商务平台中形成产品目录，作为供应商关系管理的基准线；在 ERP 系统中形成采购目录，用于确定物资适用的采购层级和采购方式。

（4）辅助决策系统。辅助决策系统通过抽取各业务应用系统的数据，满足各级管理人员的统计分析需求。在覆盖供应链全过程内容的基础上，以"内部管控、外部监督"为需求导向，深化主题分析内容，进一步增加供应链管理的透明度，实现对于关键业务事件、业务规范情况、公司物力资源以及管理效能的统计、分析与展示。

（三）建设成效

制定以集约化管控为目标的物资信息化建设方案，通过统一部署和管理物资主数据，将一体化平台和数据集联，实现公司总部与省公司、直属单位的纵向贯通，达到数据共享，流程互通，门户集成，强化物资管理的集团化监控目的。

通过物力集约提升物资管理水平。深化全面计划管理和计划协同管控机制，提升采购计划管理水平；深化招标采购定标结果应用，提高合同履约管理。深化采购机制建设，不断优化采购策略，加强集中招标采购管控，提升集中采购效率效益；深化物资供应保障机制建设，完善物资配送服务；加强物资供应保障，以物资调配为核心，以仓储配送为支撑，打造全公司系统现代物流体系，实现公司物资资源的科学调配和高效利用；深化质量监督管控机制建设，提升质量管控水平。深化物资质量监督管理，强化质量监督协同工作机制，将全寿命周期理念落实在质量监督全过程，不断提升质量管控水平；加强供应商关系管理，深化供应商资质能力核实，强化供应商绩效评价；深化物资仓储配送工作机制，强化信息系统管理等方面取得了显著管理成效。

构建快捷高效现代化的物流体系网络。深化调配机制建设，完善信息化系统，运用现代物流技术，全面提升物资供应保障能力，建成国内领先、国际一流的物资供应体系，为建设一流企业提供坚强保障，需要我们进一步坚定集约化管理信念，转变观念、变革理念，在工作中善于发现新情况、解决新问题、探索新方法，理清管理思路和业务流程，不断优化系统功能，理顺、优化管理链条，大力加强精益化管理，提高管理效率和效能。

三、现代智慧供应链

（一）发展历程

2017 年 10 月，国务院办公厅印发《关于积极推进供应链创新与应用的指导意见》；11 月，国家电网公司积极探索现代智慧供应链体系建设思路和工作措施。

2018 年 5 月，国家电网公司全面启动现代智慧供应链建设；10 月，首个智慧业务场景在 ERP 系统落地；11 月，国家电网公司以能源组排名第一的成绩获得试点企业资格。

2019 年 6 月，新一代电子商务平台（ECP 2.0）正式上线；9 月，"e 物资"发布；11 月，"EIP 电工装备智联平台"发布。

2020 年 6 月，"ELP 一站式物流解决方案"形成；8 月，"ESC 供应链运营调控指挥中心"发布；9 月，国家商务部发布全国供应链创新与应用试点企业中期评估结果，国家电网公司中期评估为"优"。

2021 年 7 月，国家电网公司入选首批供应链创新与应用示范企业。

（二）建设内容

1. 现代智慧供应链管理体系

物资智慧业务链是基础，旨在提升物资专业运营能力，更好服务国家电网公司发展和电网建设。内外高效协同是关键，强化公司内部各专业间的协同，旨在实现跨专业一体化贯通，更好为公司最终用户提供优质服务；强化公司与供应链上下游各方的协同，旨在打造供应链生态系统，更好促进能源行业产业升级。智慧决策中心是核心，旨在提高供应链全过程数据的价值创造能力，更好为公司、政府和社会提供决策支撑。

（1）物资智慧业务链。创新物资业务运作模式，以采购、供应、质控为核心构建三个智慧业务链。三大业务链相互支撑、协同运作、互联发展，实现其计划、执行、标准、资源四位一体的高效运营。在智能采购业务链方面，以物资采购全过程为主线，整合采购标准、计划、采购、专家管理等业务，重点应用大数据与人工智能技术，智能开展需求精准预测、计划科学安排、采购高效实施、标准全程贯通、专家资源统筹利用等核心业务创新，实现采购时效性更强、经济性更优、合规性更高。在数字物流业务链方面，以物资供应全过程为主线，整合合同、仓储、配送、应急、废旧等业务，重点应用物联网、移动互联等技术，智能开展供需精准匹配、计划滚动编制、物流全程可视、标准动态优化、资源全局调配等业务创新，实现物资供应可视化更全、精准度更高、敏捷性更强。在全景质控业务链方面，贯彻全寿命周期管理理念，围绕供应商管理、质量监督业务，重点应用大数据、物联网、移动互联等技术，智能开展质量问题精准预判、检测计划精益管理、质量检测数据全程贯通、评价标准分级分类、检测能力合理布局等核心业务创新，实现质量信息评价面更广、追溯力度更大、适用性更强。

（2）内外高效协同。秉承"开放、共享"理念，公司内部各专业间主动协同，能源行业供应链上下游企业高效协作，形成一个自发性高、获得感强、活力充沛、良性发展的供应链生态圈，实现和谐共赢。在内部跨专业协同方面，根据公司"数字国网"顶层设计，将发展、建设、运检、营销、财务、人资等专业与智慧供应链紧密相关的信息接入全业务统一数据中心，开展业务流程再造，优化相关信息系统，实现跨专业网络化共享。在外部生态圈协同方面，充分发挥公司在能源行业供应链生态圈的主导作用，带动供应商、设计单位、第三物流等供应链伙伴积极开展信息集成、业务协作和资源共享；对接公共服务、社会诚信、原材料价格等社会平台，提升供应链对外服务价值。

（3）智慧决策中心。依托全业务统一数据中心，全面应用大数据、人工智能等新技术，构建运作过程全景可视、管理策略自动优化、战略决策有效支撑、数据服务全面精准的智慧决策中心，具备强大的资源智能调配、风险自动感知、全局实时监控的指挥能力，促进供应链高效运营和内外部的高效协同，为公司战略决策提供智慧支持，为国家和社会发展提供优质信息服务。在统一指挥物资智慧业务链运营方面，在供应链全景可视、数据互联、协同共享的基础上，实现多维分析、业务预测、风险预警、定向推送、策略优化，快速响应业务变化，提高物资智慧业务链运作质量和效益。在高效支撑公司和电网发展方面，充分发挥智慧决策中心价值创造能力，全面支撑公司建设具有卓越竞争力的世界一流能源互联网企业。研究采购供应新业务模式，推动公司其他专业工作模式配套调整，快速响应客户用电需求，助力公司提供高效、快捷的电力接入服务，打造"以客户为中心"的电力营商环境和一流现代化配电网。开展设备质量全方位评价，联动研究电网规划分级分类、设备分级分类、供应商分级分类，助力公司实施精准投资策略，打造本质安全电网。深入分析各业务环节时间耗用，开展基于量化数据驱动的精益管理提升，助力公司管理转型升级。配合公司产业单位开展制造成本、产品质量、市场定位等经营活动分析，帮助其降低制造成本、提高产品质量、提升市场竞争力，助力公司打造世界一流的能源互联网产业集群。配合公司金融单位开展供应商大数据分析，创新产融结合服务模式，为能源行业供应链上供应商提供全方位、多层次的金融服务，助力公司拓展市场化业务新的利润增长点，有效对接供应商融资需求，保障工程建设物资供应，提升产业链整体运营效率。在用心服务国家和社会发展方面，落实十九大提出的"必须坚持质量第一，效益优先""质量强国"的基本方针，协助供应商提升产品质量，不断提升行业服务水平，实现行业协同发展；对社会开放供应链信用、设备质量安全等领域数据，助力社会信用平台建设，促进开放共享；积极构建绿色供应链，大力推行绿色流通，推动绿色供应链发展；带动能源行业走出国门，助力推进"一带一路"国家战略实施；不断创新突破，优化完善能源行业供应链本质内涵和特征，促进供应链生态圈和谐、共赢。

2. 现代智慧供应链信息化支撑

现代（智慧）供应链体系建设的本质是供应链业务与现代信息技术深度融合的过程，通过创新构建以"e链国网"为门户的"五E一中心"供应链平台，打造了智能采购、数字物流、全景质控三大业务链融合贯通，合规监督贯穿始终、智慧运营为核心的供应链业务体系，促进内部跨专业深度协作、外部供应链高效协同，实现物资业务智慧决策。

（1）企业资源管理系统（ERP）：国家电网公司统一资源管理平台，包括财务、人资、物资、项目、设备五大模块，其中 ERP 物资管理模块作为物资领域的核心系统，内部专业与 ECP、ELP 等紧密集成，跨专业与经法系统、财务管控系统、人员绩效管理系统等有效集成，配合多个 ERP 辅助工具，实现采购订单、库存物资、资金结算等企业资源统筹管控。

（2）电子商务平台（E-Commercial Platform，ECP）：国家电网公司招投标及供应商统一管理平台，集成了技术标准、专家管理、物资及服务招投标、供应商管理及服务、合同签订及履约、质量监督、废旧物资处置等业务执行及管理。由于 ECP 1.0 难以全面支撑物资业务在新时代的发展要求，为了更好地支撑采购、供应商管理等供应链业务，国家电网公司自主研发了新一代电子商务平台（ECP 2.0），采用"微服务、微应用"的设计思路，基于更先进的开发框架，覆盖更全面的业务流程，全方位支撑现代智慧供应链建设。ECP 作为电子招标投标交易系统，与国家电子招标投标公共服务系统实现对接联通，并按规定交换信息，是公共资源交易平台的组成部分，是国家电网公司采购活动实施的统一平台。ECP 对外与国家公共服务平台进行数据集成，获取征信数据、天气数据和价格数据等公共信息，对内与 ERP、EIP 和 ELP 等系统进行数据集成，实现订单、合同、供应商生产等信息的交互，其业务数据接入数据中台，并接收 ESC 的业务指令，执行相关任务。

（3）电工装备智慧物联平台（Electrical Equipment Intelligent IoT Platform，EIP）：利用物联技术打通供需双方的数据壁垒，通过采集供应商生产环节数据，实现供应商生产环节的质量在线监控及进度管控，促进供应商生产工艺优化和生产质量水平提升；同时通过 5G、视频等技术为供需双方提供实时互动平台，提高响应速度，降低供应商售后成本。EIP 对外与供应商生产系统进行数据集成，获取供应商生产、试验、销售订单等信息，对内与 ECP、ELP 等系统数据集成，实现订单、合同、生产、质量监督、物流等信息的交互。其业务数据会接入数据中台，并接收 ESC 的业务指令，执行相关任务。

（4）电力物流服务平台（Electrical Logistics Platform，ELP）：在重点物资可视化、仓储管理系统和物流管理系统的基础上，聚合内外部的物力资源、仓储资源、服务资源和信息资源，构建的一个面向全社会的第三方物流服务平台。ELP 应用开放性的互联网平台思维，释放物流数据资源和专业管控能力价值，向社会提供供应链增值服务，促进运输环节的供需对接，通过平台降低电力物资供应链的物流成本。ELP 对外与第三方物流系统、仓储系统和第三方金融机构进行数据集成，获取仓储、物流、保险等信息，对内与 ERP、EIP 等系统进行数据集成，实现订单、仓储、物流等信息的交互。其业务数据会接入数据中台，并接收 ESC 的业务指令，执行相关任务。

（5）掌上应用"e 物资"：现代智慧供应链物资业务的一体化移动应用，以业务为导向实现 ECP、EIP、ELP、ESC 及多种辅助工具等作业系统的移动聚合，实现计划、采购、物流、质控、评价、监察模块互动业务在手机终端一键办理，促进物资管理作业方式向互联网、无纸化办公模式延伸，为基层和供应商减负。"e 物资"作为移动终端，主要是通过数据推送和业务链接实现 ERP、ECP、EIP、ELP、ESC 的一站式移动服务。

（6）供应链运营调控指挥中心（Enterprise Supply Chain Center，ESC）：现代智慧供应链的大脑中枢，为了提升供应链的业务分析能力和科学决策能力，加强数据服务能效，在原物资辅助决策和物资调配平台的基础上，以数据中台为数据源，以大数据分析工具、人工智能技术为手段构建现代化智慧化的供应链运营调控指挥中心，建设运营分析决策、资源优化配置、风险监控预警、应急调度指挥、数据资产应用五大功能，发挥供应链资源配置枢纽优势，推动国家电网公司高质量发展，服务电工装备和电力物流两大生态圈。ESC 从数据中台获取各作业系统的常态化历史业务数据，从各作业系统获取高时效业务数据，通过数据分析、挖掘和预测向各作业系统下发指令，提升供应链运营效率。

（7）"e 链国网"：现代智慧供应链的综合服务门户，旨在打造一个面向国家电网公司内部用户、供应链上下游伙伴、社会公众的供应链全景信息、全量业务窗口。"e 链国网"以"五 E 一中心"系统提供的既有信息化业务处理能力为支撑，面向服务对象聚合各类业务信息，贴合用户业务习惯，对各业务核心功能进行分类集中，实现供应链业务"一网通办"；通过用户集成和账户映射，"e 链国网"实现用户在总部、省公司供应链体系多业务系统间的单点登录，最大限度地为供应链内外部用户提供最精准的信息推送，最快捷的业务办理，提升用户体验，优化营商环境。

（三）建设成效

国家电网公司把握新时代发展新机遇，作出"打造现代智慧供应链体系，保障采购供应高质量物资"的工作部署，有力支撑建设具有中国特色国际领先的能源互联网企业的战略目标。

（1）推动电网高质量发展。坚持"质量优先"，推动电网高质量发展。围绕战略目标，国家电网公司践行"质量强网"理念，一方面坚持质量优先，确保采购设备"好中选优、选优选强"，加快推动电网装备迈向中高端，促进电工装备提档升级，支撑坚强智能电网建设，推动电网高质量发展；另一方面要突出服务理念，适应国家电网公司和电网发展新形势，以服务为中心，以需求为导向，强化前端融合，主动对接各方物资服务需求，提升物资供应质量和效率，灵活高效为公司和电网发展提供可靠物资保障。

（2）推动上下游企业提档升级。建设"两个生态圈"，推动上下游企业提档升级。国家电网公司积极发挥其在电工装备制造企业的枢纽优势，利用现代信息技术打造透明工厂，与电工装备制造企业共建互信数据交换平台，实时发现处理生产质量问题，通过全寿命周期质量分析、同业对标，带动装备企业优化生产工艺、提升设备质量，构建和谐共赢"电工装备生态圈"；建设电力物流服务平台，实现重点物资运输全程可视化，为电力企业、制造企业、物流承运商提供专业化电力特种设备运载服务，同时向社会公众提供运力共享、储力共享、服务共享、数据共享，共建电力物流生态圈，实现供应链全环节的信息贯通。

（3）促进营商环境持续优化提升。创造良好营商环境，为国民经济发展提供坚强保障。国家电网公司始终坚持"公开、公平、公正"原则，持续推进集中采购、公开采购和电子化采购，营造平等竞争的市场环境，为广大供应商，特别是民营企业提供广阔的发展空间。建设坚强智能电网，国家电网公司把满足人民群众美好生活的用电需求作为根本出发点，为保障安全供电，围绕全寿命周期管理理念，建设现代智慧供应链体系，实现设备的万物互联和数字信息的全面且深度融通，实现为传统业务赋能转型，推动采购设备质量迈向中高端，使高质量成为制造企业提升市场竞争力的关键，成为国民经济持续健康发展的坚实基础。

四、绿色现代数智供应链

（一）发展历程

2020年9月，"双碳"目标首次提出，要求2030年前达到碳峰值，努力争取2060年实现碳中和。

2021年3月，中央财经委员会第九次会议上指出要构建清洁低碳安全高效的能源体系，深化电力体制改革，构建以新能源为主体的新型电力系统。

2022年9月，国家电网公司发布《绿色现代数智供应链发展行动方案》。

2023年2月，国务院国资委印发《关于中央企业在建设世界一流企业中加强供应链管理的指导意见》。

2023年6月，国家电网公司发布《在建设世界一流企业中加强绿色现代数智供应链管理体系建设的实施意见》。

2024年7月，党中央二十届三中全会审议通过的《中共中央关于进一步全面深化改革、推进中国式现代化的决定》，为国家电网公司供应链管理加快推进改革攻坚提供了科学指南和重要遵循。

（二）建设目的

以习近平新时代中国特色社会主义思想为指导，全面贯彻党的二十大精神及二十届三中全会精神，贯彻创新、协调、绿色、开放、共享的新发展理念，落实国资委《关于中央企业在建设世界一流企业建设中加强供应链管理的指导意见》（国资发改革规〔2023〕22号），坚持以服务公司和电网高质量发展为目标、聚焦新型电力系统建设推动电网数字化智能化发展等工作要求，强化战略思维、系统思维、创新思维和链式思维，坚持"质量第一、价格合理、诚信共赢、绿色发展"采购理念。以建设现代化经济体系，提升产业链供应链韧性和安全水平为主线，以平台升级为着力点、采购为切入点、专业化协同整合为突破点，聚焦提升供应链发展支撑力、行业带动力、风险防控力、价值创造力和效率、效益、效能，构建绿色现代数智供应链管理体系，建设协同化、智慧化、精益化、绿色化、国际化的现代供应链，加快公司供应链平台与服务升级、绿色和数智升级。形成"标准引领、需求驱动、数智运营、平台服务"的供应链绿色数智发展新业态，供应链平台由企业级向行业级发展，供应链服务向产业链供应链全过程发展，供应链体系向绿色化数智化创新发展，供应链生态向市场需求主导牵引发展，实现产业链、供应链、创新链、资金链、人才链与价值链融合。对内提升发展的支撑力、提高物资保障、质量管控、价值创造能力，对外提升行业的带动力，增强链上企业数字赋能、绿色低碳、科技创新能力，全面提升风险的防控力，服务公司和经济社会高质量发展。

（三）建设内容

1. 绿色现代数智供应链管理体系

承继公司现代智慧供应链建设成果，持续深化发展，制定供应链链主生态引领、规范透明化阳光采购、全寿命周期好中选优、建现代物流增效保供、绿色低碳可持续发展、创新固链保安全稳定、数智化运营塑链赋能、全面强基创国际领先等 8 方面建设重点任务，全面构建绿色现代数智供应链。

（1）供应链链主生态引领。以公司现有标准体系为基础，围绕"绿色、数智、行业"发展方向，建立供应链统一标准体系。以"五 E 一中心"和公司级数字化基础设施为依托，打造行业级供应链公共服务平台。基于数据中台贯通汇聚供应链全过程、设备全寿命周期数据资产，构建供应链基础大数据库。升级迭代数据分析手段，系统性构建高端智库。推动公司各专业、供应链上中下游及相关利益方专业化整合协作，服务公司和供应链上下游企业高质量发展。

（2）规范透明化阳光采购。强化供应链全面计划协同，提升计划统筹管理效能。坚持营造"公开、公正、公平"、阳光透明的市场交易环境，引领央企智能采购方向。运用数智化新技术实现全供应链业务"线上办、防篡改、可追溯"，提升全链风险数智管控能力，持续优化营商环境。

（3）全寿命周期好中选优。坚持设备质量全寿命周期监督管理，推动检测资源向国家层面升级共享。强化质量追溯，联合产学研用多方对影响电网安全运行的设备故障问题、质量缺陷隐患等诊断治理。发挥实物 ID 流程贯通和数据共享纽带作用，归集设备全寿命周期质量和成本信息，建立链上企业全息数据库和多维量化评价体系，强化采购设备性价比选，推动采购设备"好中选优"，提升电网本质安全。

（4）建现代物流增效保供。推进电网物力资源供应链现代物流体系建设，深化实物资源精益管理，盘活存量资产和低效资产，强化供应链资源"一盘棋"统筹共享。物资应急保障深度融入应急体系，增强供应链韧性，提升物流增效保供能力。推动合同全链条协同管控，实施供应链数字化交付，建立全域合同管理体系。

（5）绿色低碳可持续发展。汇聚链上企业绿色信息，推动企业碳核算、碳足迹跟踪，推动绿色信息收集与披露。强化绿色评价和绿色采购导向作用，推动设计制造、采购供应、施工建设、运行维护、回收利用等供应链全过程、全环节绿色低碳可持续发展，推动电力装备体系绿色升级，推进绿色供应链转型。

（6）创新固链保安全稳定。基于超大规模采购的应用驱动、需求牵引，助力建立链上企业创新能力市场评价体系、创新激励机制，推广应用模式创新。协同制定企业参与新型电力系统技术科技攻关的贡献度评价策略，加大力度遴选创新能力强、业绩好的优秀企业。发挥链主主导作用，组织链上企业开展联合创新、集成创新、跨专业跨领域创新，服务安全可靠产品多元替代，提升产业链供应链安全性、稳定性。

（7）数智化运营塑链赋能。拓展供应链数据业务标准表库，提升数据分析应用基础能力，构建供应链数智化"六统一"❶运营体系。应用5G、人工智能、物联网、大数据、区块链、数字孪生等新技术，数字人民币等新业务，强化关键业务场景协同交互，推动电力装备网络化智能化转型发展，为供应链赋能赋效。以"五个围绕"为目标，丰富供应链数智化指标体系，深挖供应链数据价值。

（8）全面强基创国际领先。完善供应链制度、知识、人才等软实力，加强硬件基础设施建设，提升公司供应链发展保障能力，支撑绿色现代数智供应链发展目标实现。

2. 绿色现代数智供应链信息化支撑

绿色现代数智供应链，通过"一码贯通、双流驱动、三大平台底座"数字化转型路径服务供应链九大环节全面贯通，链上企业融通协同，形成链主理论带动、采购需求引领、云上平台赋能、评价指标推动、合作互利共赢的能源电力供应链生态圈。

（1）一码贯通：健全完善以实物ID为纽带的物联网络体系。

对每一个实物设备赋予唯一的"身份证编码"，作为其在供应链上下游、电网建设运营各环节终生ID。统一公司级赋码规则，提升设备资产源头精细化管理水平。进一步深化资产全寿命周期管理理念，统一各专业和各单位对实物、资产的管理口径，在电网一次设备全覆盖的基础上，研究构建材料类的"批次赋码"规则，主设备与关键组部件的"主子赋码"规则，全面拓展实物ID赋码范围。目标实现35个物料大类、301个物料中类、4281个物料小类全覆盖，专业系统全面应用，扫码作业全流程执行，供应链上下游信息全线上记录，真正发挥实物ID的数据纽带作用，实现供应链全链条、设备资产全寿命周期"一码贯通"。同时，将实物ID与全国统一物联标识Ecode编码进行关联，延伸到设备制造商的上游，实现实物ID由企业级标准上升为国家级标准。

---

❶ 六统一是指统一数据基础、统一分析工具、统一业务报表、统一指标体系、统一分析模型、统一运营管理。

依托实物 ID 为纽带，"一码贯八码"（项目编码、WBS 编码、物料编码、实物 ID、设备编码、资产编码、调度编码和废旧物资编码），打通供应链上下游所有业务系统，贯通全寿命周期数据，打造实物 ID "一码贯通"数据底座。实物 ID "一码贯八码"结构如图 8-1 所示。

依托实物 ID "一码贯通"数据底座，围绕各专业实际业务需求，站在公司设备资产全寿命周期管理高度，共同开展业务架构、数据需求设计，建立高阶数据模型，进一步推动业务数字化智能化转型，加快形成基于数据驱动的供应链发展新模式新业态以及基于数据协同的电网生产作业和管理新模式，提高公司全要素生产率。

在需求计划环节，通过实物 ID 进行平衡利库智能管控，解决库存物资长期积压问题；在招标采购环节，对设备的全寿命周期质量和成本进行汇总分析，实现供应商精准评价，设备"好中选优"；在生产制造环节，通过供应链工单中心汇聚内外部历史数据，对供应商制造质量保证体系开展智能评估；在产品交付环节，贯通实物 ID 与项目编码，以项目里程碑计划、调度停电计划、开工投产计划等时间节点，精准编制形成物资供应里程碑计划；在履约执行环节，根据不同的物资需求特性开展智能库存定额分析，在满足物资供应保障率的前提下，对每类物资研究后汇总形成仓库定额，以此提升需求预测精准度及物资供应时效性；在工程建设与转资环节，通过实物 ID 对现场物资进行核查盘点、设备质量验收记录在线生成，实现工程物资在线精准转资、智能建账、投运设备一键移交运检部门；在运行维护环节，构建设备全寿命周期质量和成本画像，通过实物 ID 关联历史采购、安装调试、运行故障等信息，对问题设备开展家族性缺陷分析，实现对隐患设备进行精准定位、问题排查、状态检测、大修等设备管理策略优化。促进国家电网公司设备资产管理和供应链发展深度融合，服务"选好""招好""用好"设备，坚持标准引领，推动实物 ID 编码向行业、国家标准发展。物资 LCC 采购（全寿命周期成本采购）场景示意如图 8-2 所示。

（2）双流驱动：通过企业级工单实现实物流、业务流贯通融合。

建立企业级工单中心，促进各专业信息共享。以企业级统筹各专业的需求，综合考虑其他专业的各项需求，将每个作业场景全面数字化，提炼出标准的"企业级工单"，实现设备资产全寿命周期"九大环节"作业的标准化，让收集的数据精准匹配到单体设备，统筹指导各专业的作业过程数字化。通过企业级工单与实物 ID 强关联，实现作业即记录、记录即数据，规划设计、招标采购、施工安装、运行维护、技改大修、设备质量、财务转资、调度运行等数据随业务无感伴生，在数据中台汇聚形成设备全息数据库，实现"实物流""业务流"的贯通。供应链企业级工单示意如图 8-3 所示。

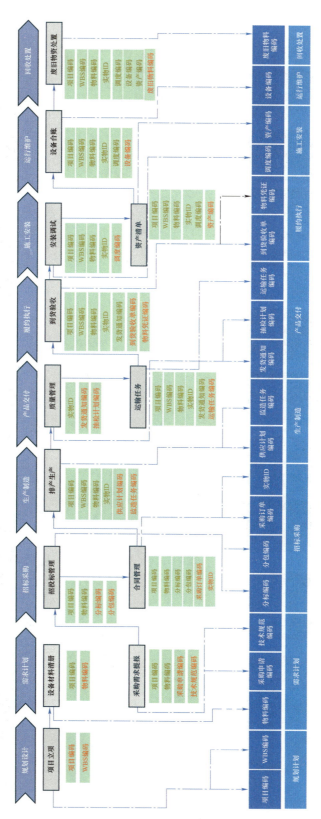

图 8 - 1　实物 ID 一码贯八码结构

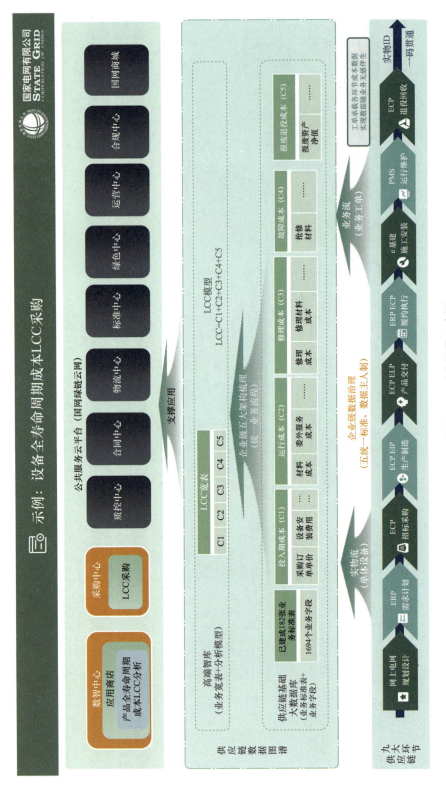

图 8-2 物资 LCC 采购场景示意图

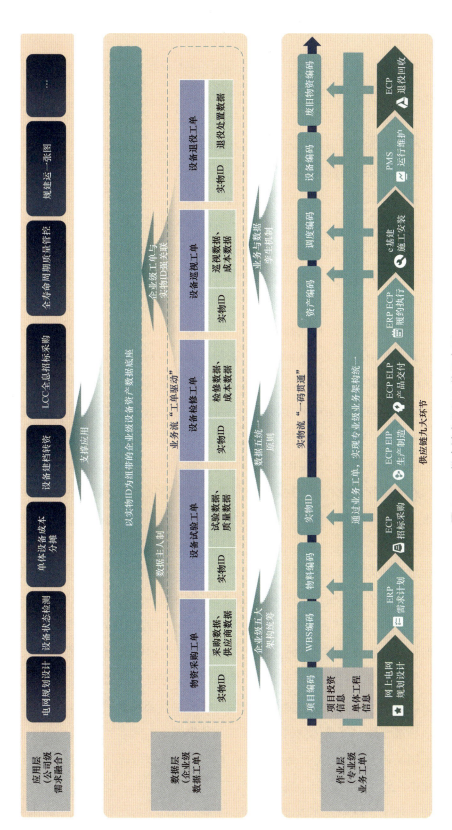

图 8-3 供应链企业级工单示意图

（3）三大平台底座：打造行业级"一平台两库"。

打造行业级公共服务平台。充分发挥公司在能源电力领域的战略影响力和生态引领力，提供行业级产业链供应链服务。平台将以"五E一中心"为基础，对当前线上承载的业务和功能应用优化整合，进行迭代升级，打通供应链九大业务环节全链线上协同，推动公司供应链平台由企业内部平台升级为具有"一网通办、新兴业务、全程智能、开放生态"四大特色的行业级供应链公共服务平台。一网通办方面，整合内外部用户的各类供应链服务，定制流程图谱，构建待办中心，形成供应商咨询、运维、问题、服务的统一渠道，为链上企业提供"一网通办"服务。新兴业务方面，面向链上企业、合作单位、政府机构，提供绿色采购指南、绿色供应链标准，提供设备全寿命周期质量与成本相关标准和解决方案，支撑 LCC 采购。开展绿色金融服务，面向产业链上下游供应商提供绿色账户、咨询、金融、技术一体化服务。探索检测资源、仓储资源对外共享，提供供应履约协同管理、产品协同质控、智能监造抽检等服务，为企业产品质量保驾护航。全程智能方面，运用机器人流程自动化（Robotic Process Automation，RPA）、区块链等技术与供应链业务的深度融合，在招标采购、合同签约等业务中规划六大系列共百余项分项机器人，将常规性、重复性工作进行机器替代，实现业务 7×24 小时自动化，智能化办理，全程在线可追溯。此外，我们还将基于公司的通用大模型，打造国网绿链 GPT。开放生态方面。打造"组装式"低代码开发平台，开展共性业务服务、技术组件封装，并依托公司数字化能力开放平台和行业先进技术，实现热插拔的应用商店模式的场景，所有用户均可通过拖拉拽的方式开发自己的定制化功能。

打造行业级基础大数据库。依托公司数据中台、能源大数据中心等基础设施，按照供应链全链条、设备全寿命、资产全价值、流程全贯通、品类全覆盖、层级全穿透"六全"原则，推动跨专业、跨层级、跨企业、跨行业、跨政府部门的数据贯通、全面汇聚，开展行业级的数据资产管理。基于"五统一"数据标准原则和数据主人制建立行业级业务数据宽表，利用区块链技术提供去中心化数据共享服务，消除相关企业关于数据安全、数据产权的担忧，全量的数据资源汇聚到公司数据中台，经整合、清洗转化，形成标准一致、质量优良的行业级工业数据湖。

构建行业级高端智库。一是打造国网绿链 GPT，依托公司统一人工智能平台和算力资源，构建供应链"智慧大脑（高端智库）"，实现智能客服、监造报告、采购文件智能编制、智能评审，供应链智能运营分析。未来，面向供应链领域多元应用场景，我们将不断丰富供应链领域知识库、模型库，通过 AI 自主学习，迭代升级国网绿链 GPT，形成快速检索问答能力、智能决策分析能力、文本智能生成及识别三大能力，推动国网绿链 GPT 向行业级高端智库深层次发展应用。二是建设应用商店（包括数据商店、工具商店），数据商店方面，平台支持各类用户利用平台提供的数据资源、结合个性化需求，开发等系列数据产品。例如我们将开放"供应商数智驾驶舱"，提供年度规模市场预测、产品质量评价查询、合同履约进度等服务，发布在数据应用商店。工具商店方面，我们鼓励公司内部用户、供应商，政府部门、链上企业、合作机构基于平台技术底座，自定义开发适用性微应用、小工具，发布在应用工具商店，支持各类用户下载使用，形成媲美"华为链""苹果链"的开放技术生态圈。

（四）关键特征

1. 形态特征

发展绿色现代数智供应链，就是以构建"创新、协同、共赢、开放、绿色"的电网物力资源供应链生态圈为最终目标，充分发挥链长的引领作用，以采购为切入点，以国家政策、市场导向为牵引力，以数智化和绿色化为双引擎，将现代的理论、统一的标准、可靠的信息、科学的算法、合理的评价、创新的机制、阳光的流程、严密的制度，运用前沿的技术嵌入供应链、感知供应链、运营供应链，贯通链条、优化布局、引领发展、占领高地，成为供应链的"支撑者"、"引领者"和"协同者"。

2. 功能特征

发展绿色现代数智供应链，是以公司产业基础规模和资源优势，创新引领电网物力资源供应链管理能力、治理水平提升，推动供应链从单节点发力、单个环节突破、局部优化向全链协同发力、全面的突破、整体优化转变。以公司在能源电力领域的主导力和影响力优势，基于采购交易与供应链深度融合，形成统一的供应链标准体系、高水平的市场竞争规则，推动链上企业向数字化、智能化、绿色化转变。以公司丰富的应用场景和数据优势，深化电力技术与数智技术融合、数据网络化结构化互联互通，创新培育新业态新模式，推动由单个企业、局部协作、松散式的生产制造业竞争，向上下游企业、大规模协同、紧耦合式的生产服务业竞争转变。

3. 技术特征

发展绿色现代数智供应链，是基于供应链基础大数据统一集中赋能，用数据要素驱动全供应链资源跨层级、跨领域专业整合优化，用数字技术驱动全供应链竞争力精准快速创新迭代提升，用数智协同驱动向全体系性改进、全周期性改进、全生态性改进转变，形成阳光运作、自我进化、绿色发展、数智运营的供应链生态，将绿色低碳循环发展的生产服务体系贯穿电网物力资源供应链全寿命周期，减少对自然环境的损害，改进自然资源状况，助推能源绿色低碳转型。

第二节　国家电网公司供应链数智化构建方法

一、架构管理

（一）国家电网公司供应链业务架构的基本情况

国家电网公司数字化架构始于 2011 年，围绕"三集五大"和"平台"等方面建设要求，提出数字化架构设计、管理工作安排，并基于 TOGAF-ADM❶架构方法论开展架构管控。2013 年国家电网公司基于 TOGAF 架构方法论正式发布信息化架构框架（SG－EA），提出从业务架构、应用架构、数据架构、技术架构和安全架构等五方面，构建由策略层、管理层、设计层到实施层的"四横五纵"的新框架，实现架构管理从谋划、管理到落地的全过程管控。

业务架构的设计和管控由业务部门牵头负责，数字化职能管理部门配合；应用和安全架构的设计和管控由数字化职能管理部门牵头负责，业务部门配合；数据和技术架构的设计和管控由数字化职能管理部门牵头负责，业务部门协同推进。

为进一步指引业务发展，国网物资部作为国家电网公司的物资业务职能管理部门，从 2019 年开始梳理供应链业务架构，业务架构是桥梁，下接信息化项目的建设，对国家电网公司物资业务战略落地提供指导和依据，同时，业务架构可对未来企业信息化项目的建设进行规划，指导信息化投资和决策。

（二）供应链业务架构盘点

1. 现代智慧供应链阶段业务架构梳理

2019 年，在现代智慧供应链建设的前期规划阶段，为加快推进物资业务的数字化建设进程，优化提升物资专业数据感知能力，国家物资部组织开展了供应链业务架构梳理工作，包括应链感知层业务流、数据流梳理和图册编制。以现行业务为基础，结合现代（智慧）供应链体系建设目前设计成果（场景业务卡片、业务需求报告、业务需

---

❶ TOGAF-ADM：一个行业标准的体系架构–架构开发方法。

求规格说明书等），分专业细化业务流程，按照流程节点梳理输入业务数据的来源、输出业务数据的流向。通过梳理物资专业各环节业务流程，厘清各业务流程环节的来源业务数据及产生的业务数据，明确各业务数据的来源及流向，标记当前业务数据的生成采集方式，绘制数据及业务流向图，作为电力物联网数据感知层智能化提升的基础依据。

依照现代（智慧）供应链场景设计的工作组织，业务数据梳理工作组分为统筹领导、标准化、计划、招标、供应、质控、监察，并加入电商交易专区，形成 8 个工作小组，具体由国网物资部统一组织和领导。各专业分组开展工作，遵循统一标准，梳理业务活动及业务数据，绘制业务数据流向图（见图 8-4）；工作过程中，国网物资部各业务处室对各阶段结果进行审核和确认。

通过梳理和分析，共计绘制业务数据流向图 100 张，其中全业务链总体业务数据流向图 1 张，各专业总体流向图 12 张，末级业务数据流向图 87 张。梳理编制了现代（智慧）供应链业务流、数据流对照表，厘清了物资业务应用和产生的 1011 个业务数据，并对每一个业务数据进行了定源，作为实现供应链业务"数据一个源"的目标基础，同时对每一个业务数据的生成方式进行了归集，为下一步实现数据感知层的智慧提升，实现数据的"实时感知、及时获取"做准备。

分专业分析产生核心业务数据的业务活动，按照业务活动梳理来源业务数据和产生业务数据，以及数据的应用系统和采集方式。按照梳理成果填写现代（智慧）供应链业务流、数据流对照关系表，如图 8-5 所示。

2. 绿色现代数智供应链阶段业务架构梳理

国家电网绿色现代数智供应链数字化架构的设计和管控由国网物资部牵头，国网数字化部协同配合，根据《国家电网绿色现代数智供应链发展行动方案》关于"加强绿色现代数智供应链体系建设涉及的相关专业组织协调，建立常态沟通协调和业务统筹机制"要求，经研究，成立绿色现代数智供应链架构管控工作组，以数字化"四统一"建设为原则，强化数字化"五大架构"（业务架构、应用架构、数据架构、技术架构、安全架构）管控，具体由国网物资公司提供管理支撑，国网山东、上海、江苏、浙江电力等单位组成架构设计柔性专家团队，国网信通产业集团提供数字化专业支撑，结合国家电网公司数字化总体架构优化设计，开展智能采购、全景质控、数字物流、合规监督等业务架构、应用架构、数据架构的梳理完善工作，以业务需求为依据，实现系统架构设计的标准规范、科学创新、安全可靠，保证公司总体架构的落地和架构资产的全局收敛、一致。

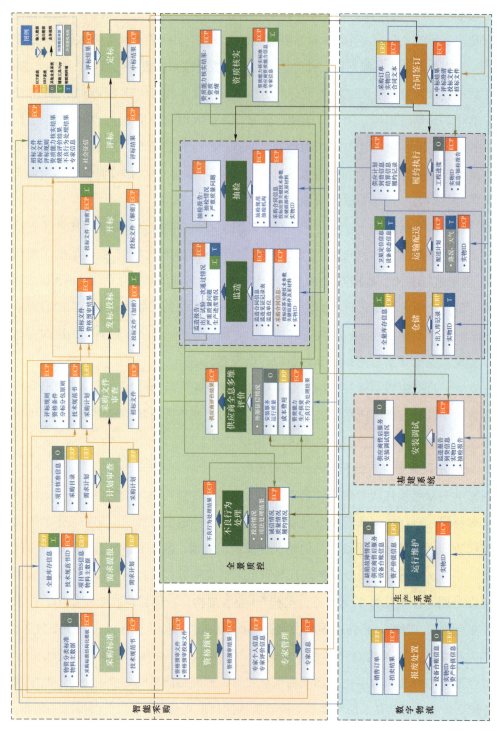

图 8 - 4　全业务链总体业务数据流向图

专业	流程名称	业务活动编号	业务活动名称	执行岗位	活动描述	来源数据	产生数据	输入数据来源编号
计划	批次采购计划申报数据流向图	JH-001	下发计划编制工作要求	国网物资部计划专责	将该采购批次编制工作要求下发给省公司物资部	采购批次/ERP	计划编制工作要求文件/线下	JH-016
计划	批次采购计划申报数据流向图	JH-002	提出本单位采购计划编制具体要求并下发	省公司物资部计划专责	结合总部下发的计划编制工作要求文件，提出本单位采购计划编制的具体要求，并下发	计划编制工作要求文件/线下	省公司计划编制具体要求文件/线下	
计划	批次采购计划申报数据流向图	JH-003	编制物资需求计划	需求单位项目经理/设计单位	设计单位设计人员开展项目物资清册编制工作，需求单位项目经理进行汇总	省公司计划编制具体要求文件/线下		
						物资需求计划储备库需求计划/辅助工具		JH-040
						项目信息/ERP		ERP项目模块
						国家电网公司一级采购目录/辅助工具	需求计划初稿/ERP（录入）	JH-032
						省公司二级采购目录/辅助工具		JH-033
						自编技术规范书/ECP		BZ-025
						总部固化ID对应关系表/ECP		BZ-021
						省公司固化ID对应关系表/ECP		BZ-023
						总部细化采购ID对应关系表/ECP	物料细化采购批次信息/ERP	BZ-021

图8-5　业务流、数据流对照关系表

国家电网绿色现代数智供应链数字化架构定位是 3.0 版供应链［电子商务平台（国网绿链云网）］的规划，成果将支撑后续平台架构、多维数据库、运营智库、供应链标准、生态圈互联、数字赋能、技术保障等应用场景的升级，覆盖未来 3～5 年业务发展规划，引领央企阳光采购、质量监督在线监控，打造数据驱动、智慧运营、平台服务的供应链业态。同时对标国内外先进的供应链管理理论和实践，持续深化公司供应链创新实践，发展构建一套具有国家电网特色的卓越供应链管理体系，形成国际领先的面向能源电力产业链供应链的绿色现代数智供应链战略规划，形成具有行业特色的贯通电网规划设计、全面计划、招标采购、生产制造、产品交付、安装调试、合同执行、运行维护、回收利用的绿色现代数智供应链运营体系，形成符合能源互联网企业特点的涵盖制度流程、技术标准、绩效评估、风险管控、组织机构的绿色现代数智供应链保障体制机制。

电子商务平台（国网绿链云网）的业务架构是需求统筹的基线，应用到未来需求建设管理中，从行动方案四级任务清单、二级向一级融合、线下转线上、制度未覆盖、监察探针及跨业务等方面提炼的优化点将作为电子商务平台（国网绿链云网）建设需求的源头。按照国网数字化部 SG-EA 设计思路，定位于绿色现代数智供应链管理发展目标，首次提出跨专业业务能力视图，绘制未来三年（2023—2025 年）业务架构蓝图（见图 8-6），并梳理形成业务架构流程图，其中业务架构包括数字经济、高端智库、战略规划管理、业务运营管理、支持保障五个方面的 26 个一级业务能力，91 个二级业务能力。

基于业务架构梳理电子商务平台（国网绿链云网）的业务流程，形成跨专业协同能力视图（见图 8-7）、业务流程总图（见图 8-8）、三级业务流程 62 个、四级业务流程 300 个。

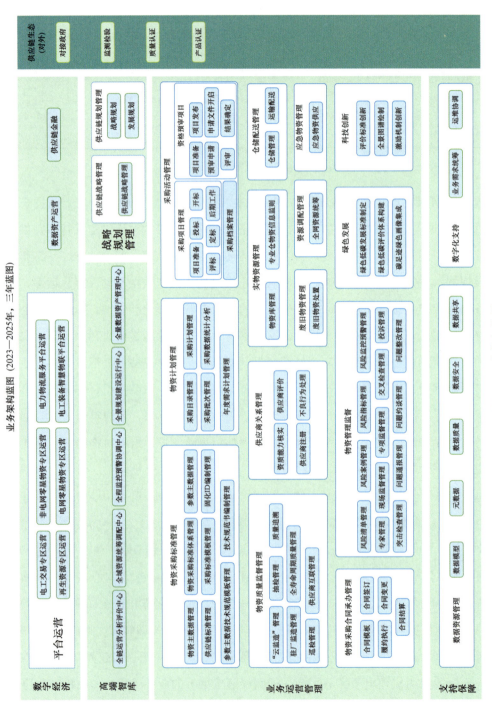

图 8-6 业务架构图

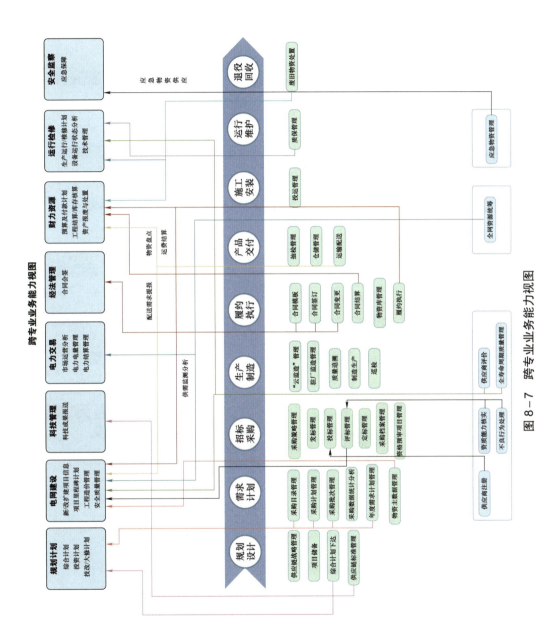

图 8-7　跨专业业务能力视图

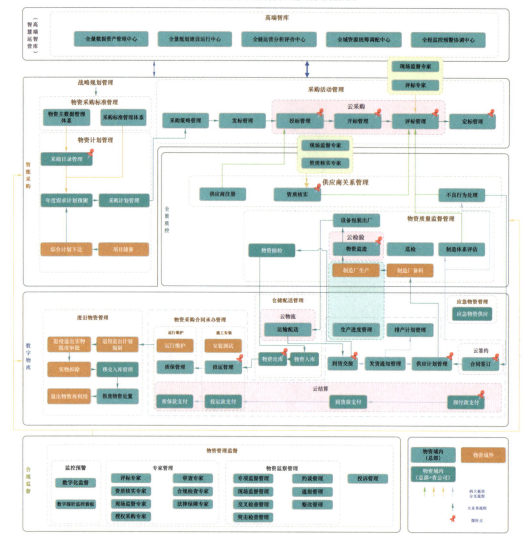

图 8-8　业务流程总图

（三）供应链业务架构规范管理

业务架构本质上是跨系统规划，就大的方面而言：业务功能定义企业做什么，组织结构定义谁来做，业务流程定义怎么做，业务数据提供必要支撑。因此，业务功能、组织结构、业务流程、业务数据构成了业务架构蓝图的核心。商业模式作为现代工具，也是业务架构蓝图的必须规划项。就小的方面而言：组织结构是围绕部门、角色、职能展开的，而组织结构、业务渠道、合作伙伴是紧密相关的。因此在梳理组织结构的同时，应结合渠道战略和合作伙伴战略，定义业务渠道规划，定义合作伙伴规划，

2023 年，基于绿色现代数智供应链建设的大背景下，业务架构的规范管理被纳入

重点工作。按照价值链模型定义业务流程，设计业务架构资产模板价值链模型是对一个企业所有生产经营活动的总体描述，是规划业务架构蓝图时的必做项目；业务流程＝主干流程＋分支流程＋业务规则。

遵从五级业务架构设计埋念，优化完善国网物资域业务架构。首先顶层价值链的设计，需参考行业标准，设定符合企业发展的顶层价值链，如计划管理、采购管理、合同管理等。第二级业务阶段，定义各价值链环节的细分，可以结合业务领域进行横切，结合业务领域定义价值链环节的细分，如计划管理阶段中的采购计划管理、采购批次管理、年度需求计划管理；合同管理阶段中合同签订、合同变更及合同履约等。第三级业务活动，识别出相对独立的业务活动，明确企业价值活动之间的关联和边界，也可以是多个业务活动的集合，如采购批次管理中的批次下发、批次编制、批次审查和备案等业务活动；合同签订管理中的总部直管工程合同、省公司标准批次合同及协议库存合同等。第四级任务，定义业务活动中不同岗位的具体职责，如计划管理岗负责采购计划管理、年度需求计划管理等。第五级步骤，确定业务规则及具体执行顺序。

通过架构资产模块实现业务流程、系统应用关联映射，体现需求所在业务节点和系统状态，为数字化需求论证提供可靠依据。分析后建议采用五级业务架构思路管理架构资产，业务架构映射清单记录五级业务层级关系，如图 8-9 所示；业务流程图体现三级活动、四级任务的流程关系，如图 8-10 所示；步骤卡片将四级任务和五级步骤关联，以此实现流程和架构绑定，如图 8-11 所示。

						业务架构映射清单				
序号	价值链	阶段	活动	任务	步骤	业务职能状态（新增/继承/完善）	业务流程	流程是否跨专业	跨专业名称	跨专业交互流程说明
A01-1-1	合同管理	合同签订	总部直管工程合同	合同模板维护	合同模板起草	继承	合同签订	否	/	/

图 8-9　业务架构映射清单

（四）供应链业务架构优化治理

业务架构是对企业能力规划结果的结构化展示，是未来基于业务视角而统一企业级设计目标和认知，当架构梳理清晰后，就进入了架构的应用阶段，也进入通过架构对流程进行优化提升的阶段。

图 8-10 业务流程图

步骤描述A01-2-1：工程前期准备工作　（对应分流程图的流程A01-2）

工作简述		合同承办人了解工程前期工作进度，收集建管文件、联系出资单位落实签订事项
岗位角色		合同承办人
对应职责		1. 跟踪特高压工程项目核准进程，收集工程相关文件； 2. 与出资单位进行前期沟通、业务对接； 3. 进行系统应用前期准备工作
流程描述	步骤1	定期与项目管理部门、国网物资部以及公司计划、招标、供应部门沟通，了解工程项目前期工作进度，收集工程建管文件、工程建设及物资供应踏勘情况、招标采购方案等重要信息
	步骤2	工程项目核准文件下发后，对接工程涉及的各出资省公司业务部门，配合项目管理部门宣贯工程建设管理模式、建立工作联系渠道，明确各项工作的分工界面及人员安排、明确合同签约信息和合同份数
	步骤3	首标准批次合同签约前，完成系统相关的签约准备，包括督促相关方进行ECP电子签章钥匙申请、权限账号开通、经法系统合同授权协办等工作
业务规则		—
时限要求		首标准批次合同签约前完成前期准备工作
相关制度	提交时限	—
	提交形式	—
	保管要求	—
考核指标		—
内控指标		—
关键数据字段		—
形成资料		买方信息表、合同其他约定
单据模板		—

图 8-11　步骤卡片

电子商务平台（国网绿链云网）的五级架构逐渐清晰后需要不断迭代，不仅要定义出目标结构，还要识别出需要增强的架构能力，为后续的实施工作做准备，包括业务功能变化与增量、业务流程变化与增量，业务数据变化与增量。在国网数字化转型的大背景下，基于架构的业务流程再造，通过规范、优化、监控和改进流程，提高企业的运营效率和竞争力，可以实现业务流程的扁平化管理以及业务线上化，理顺流程流转关系，提高员工的数字化水平及工作效率。最终达到提高客户满意度、降低运营成本、提升运营效率和竞争力的目的。

架构优化的意义，对业务：作为结构化蓝图，指导流程体系梳理诊断、聚焦流程优化重点、并帮助定义运营标准化或集约化的分布与程度。对组织：指导组织架构设计即先定义："干什么"、再定义"由谁干"，帮助企业建立流程化组织。对数字化：对数字化架构的建设提供关键指导，尤其是应用系统架构及数据架构，即先定义"干什么"、再定义"有哪些数据支持和系统支持"。

流程框架的关键要素如下。

业务覆盖全面：覆盖企业运营的不同层次（如国家电网公司总部、省公司及直属单位）；覆盖业务运营的不同领域（如业务价值链、管理管控职能）。

体系结构严谨：如流程模块之间有必要的层级与逻辑关系，流程模块之间而全覆盖没有交集。

反映业务逻辑：价值链的业务总体顺序与关系；运营领域内的寿命周期；业务开展的逻辑方法。

体现业务差异：对于业务价值链流程，各种业务场景模式下需要不同的业务能力/流程模块。

（五）供应链业务架构落地应用

业务架构是推动业务与技术深度融合的重要方法，前面的章节也曾讲到过，其目的是要尽可能地推广架构的使用和对应业务流程的思维方式，以促进"通用语言"的建立。为了能够长期维持"通用语言"，业务架构还有一项很重要的工作内容，那就是使用既有架构去管理新需求，建立企业级业务架构的长期应用机制。因此国家电网在央企中率先开展以供应链业务架构引领的需求管理机制建设和实践创新。

业务架构是需求统筹的基线，在绿色现代数智供应链架构梳理过程中，从绿链行动方案、省公司二级向总部一级融合清单、线下业务转线上、现有制度未覆盖、监察探针及跨专业流程等几方面提炼的优化点形成的架构资产将作为供应链3.0建设需求的源头。建立架构管理与需求审核的联动机制，优化需求审查纬度，在数字化需求评审要点中增加对于架构的影响评估，在论证和统筹中增加迭代计划，实现架构动态及时更新维护发布，通过架构规划未来发展。后续，线上部署需求分析应用功能，将业务架构主数据嵌入系统中，并定期更新维护，物资专业数字化需求的提报、审批、建设都将基于总体业务架构开展。各专业业务流程动态配置到系统中并与需求提报系统集成，实现业务流程线上可视化，可监控，可审计及可持续优化，结合业务架构的需求管控，更加敏捷的适应各业务处室提出的各种业务需求。

通过架构管理提升员工数字化能力（见图8-12），着力打造和培养架构团队，使员工同时拥有"业务"和"技术"能力，形成数字化建设全过程的架构管控队伍和流程机制，开展架构管控工作，提高架构管控精益化水平。

图 8-12 架构团队能力

（六）供应链业务架构延伸

1. 数智化供应链五大架构

总体架构是国家电网公司重要的数字化战略资产，是信息系统建设的重要依据和指导蓝图，是信息系统的顶层设计，是实现公司战略和数字化的有效衔接，是建立业务与信息技术的统一规范和共同语言。国家电网公司的数字化架构基本情况已在第一节介绍，除业务架构外，应用架构、数据架构、技术架构、安全架构都是基于业务架构开展，各个架构之间又相互关联。

业务架构：基于业务发展目标和需求，定义符合国家电网公司发展和创新所要求的业务目标、组织单元、业务职能和业务流程等要素，为应用架构和数据架构提供关键输入，体现结构化的业务剖析。

应用架构：基于业务架构和数字化需求，定义业务应用以及业务应用所包含的功能和共享服务集合，描述对业务逻辑的功能支撑、功能层级关系、功能间交互及组织上分布等，体现数字化的功能逻辑。

数据架构：基于业务架构和数字化需求，从跨组织、业务的视角描述企业级的数据组织和管理，包括数据采集、传输、存储、处理、转换、利用的流转、建模和策略，描述公司数据资产的逻辑结构和数据管理资源等，体现规范化的数据建模。

技术架构：定义支持应用架构、数据架构的信息技术实现。描述支撑应用架构和数据架构所需的基础设施逻辑能力，定义信息系统/技术组件之间的关系以及信息系统/技术组件与应用和数据的关系，为应用和数据提供一个可实现的基础架构。

安全架构：支持应用架构、数据架构、业务架构的安全技术和管理实现方式，描述系统安全等级、安全防护能力、安全技防体系、安全管理体系、安全防护逻辑、安全防护物理内容及相互之间的关系。

国网物资部于 2022 年开展的供应链架构梳理工作，在业务架构的基础上，完善供应链领域的其他四个架构，成果将支撑后续平台架构、多维数据库、运营智库、供应链标准、生态圈互联、数字赋能、技术保障等应用场景的升级。

其中，应用架构：给出供应链 3.0 各系统定位、支撑的业务范围，指导后续需求落地系统的审核，规划最优实现路径，规避功能重复建设，减少反复调整。

数据架构：统计首次产生的业务字段数量，明确数据主人，结合"一库两字典"形成的业务宽表应用到后续拖拉拽式的数据分析，可以自动组合实现字段共用、共享，助推数字赋能场景升级。

技术架构：基于技术中台、国网云、物联管理平台、企业中台等提取的公共组件（微服务、数据中台组件）、应用集成技术路线图，指导后续平台架构、生态圈互联的升级，提前识别技术路线风险，规避实施过程中遇到难克服等问题。

安全架构：基于面向新型电力系统优化的安全架构，应用到与外部应用平台的安全防护，提供安全技术服务保障。

2. 案例分享：全域采购合同管理平台架构设计

为响应国务院《数字中国建设整体布局规划》要求，促进数字经济和实体经济深度融合，国家电网公司落实全域采购合同一体化管理体系架构要求，进行全域采购合同管理平台深化建设，以合同管理推动产业链供应链绿色化、现代化、数智化发展。

全域采购合同管理平台以"四统一"（统一规划、统一设计、统一建设、统一运维）为指导，总体遵循不改变各专业主体职责，不新建烟囱，不大拆大建，依托现有"五 E 一中心"成熟架构体系，以"架构遵从、业务引领、问题导向、成果复用"为原则，开展全域采购合同管理平台五大架构（业务架构、应用架构、数据架构、技术架构、安全架构）设计。

（1）业务架构设计。

1）业务蓝图规划。

基于全域采购合同业务及服务范畴，以物资类合同管理丰富实践为基础，面向物资类合同管理提升、服务类合同支撑服务等，提炼合同签订、变更、履约、结算核心场景和关键环节，打通跨专业数据共享链路，绘制全域采购合同管理业务蓝图。

按照物资类"执行＋管控"，服务类"服务＋支撑"双模式，平台不改变现有职能和职责界面，规划物资域、其他专业域的采购合同业务内容。并规划分析层、执行层、运营层三层业务内容，覆盖全域合同业务的执行、分析与平台运营三方面。平台业务蓝图如图8－13所示。

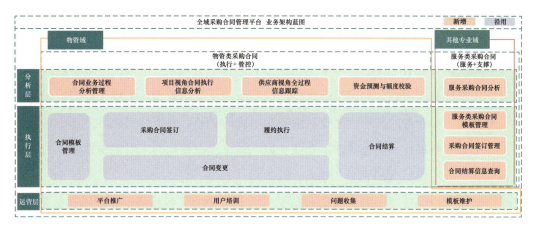

图8－13　全域采购合同管理平台业务蓝图

对于物资域，主要业务内容包括执行层内对于物资类采购合同全过程的业务执行管理、分析层内面向合同过程的管控与分析，以及运营层内对于合同业务运营。对于其他专业域主要业务内容包括执行层内对合同签订、结算信息查询，以及分析层内对于服务类采购合同的信息分析业务。

分析层业务，是基于合同业务执行全过程的事前规则标准设定、事中过程提醒与督办，以及必要的合同业务过程监控和分析。对于物资类合同，规划以全域采购合同平台，强化合同业务过程分析管理、项目视角合同执行信息管理、供应商视角合同全过程信息跟踪、资金预测与额度校验。对于服务类合同，平台提供基础的服务采购合同分析，其他专业领域按需使用、自行管理。

执行层业务，覆盖物资类、服务类采购合同管理与执行过程。物资类涵盖模板管理、合同签订、变更、履约、结算的全过程；服务类涵盖模板管理、合同签订、结算结果查询等关键环节。执行层主要是面向业务执行过程的业务操作，通过平台建设优化，丰富线上化场景、打通业务断点难点堵点、提升内嵌管控能力、实现业务数据贯通。

运营层业务，为面向电子商务平台物资类采购合同管理平台的平台推广、用户培训、问题收集、模板维护等业务。通过增加运营层，对全域合同管理平台的运营工作进行定义，补充完善全域合同管理涉及的全部业务能力。

2）业务架构设计。

遵循国网（信息/4）199—2022《国家电网有限公司数字化架构管理办法》，参考物资域现有架构资产，统筹考虑业务提升需求和系统设计要求，形成全域采购合同管理平台业务架构图，覆盖物资类采购合同管理、服务类采购合同支撑两部分，平台业务架构如图 8-14 所示。

（2）应用架构设计。

全域采购合同管理平台应用架构基于平台总体业务架构，从系统应用功能的角度定义应用功能、应用划分和应用分布，形成系统应用架构蓝图，承接业务架构设计内容，根据对核心业务的需求，通过对业务需求点的总结、分析和归纳，提炼出对应的功能，形成业务操作、业务管理、企业支撑、系统支撑管理的应用架构视图，为后续数据架构设计提供必要的指导和输入。

全域采购合同管理平台应用架构基于"五E一中心"各系统现有应用架构基础，从集约化管理，可视化管控，协同化作业三方面进行业务优化设计，将线下业务转移到线上系统支撑，高价值功能由省公司二级系统迁移到总部一级电子商务平台系统，从实际业务出发，全面收集跨平台、跨专业对接需求，基于中台理念在架构设计中全面考虑与基建、财务、经法等系统的对接，规划和设计关键环节的信息传输接口，实现合同管理全流程透明、可视、预警管控，受控物资合同履约全程的数字化跟踪，提升业务处理效率，避免信息流交互断点，提升合同履约预警能力和事前风险管控能力。平台应用架构如图 8-15 所示。

（3）数据架构设计。

数据架构设计承接业务架构、应用架构设计成果，对全域采购合同管理平台所涉及数据的概念模型、数据分类等内容进行设计规划，为后续的技术架构设计提供输入。

全域采购合同管理平台根据物资合同管理的应用功能定位，提炼合同签订、变更、履约、结算核心场景和关键环节，打通数据共享链路、赋能业务管理，打造行业领先的合同服务平台。为实现以上各类应用功能，需要不同类型数据的支撑。第一类是合同业务基础数据，包括合同、变更记录、合同审批、条款、订单、预付款申请、到货计划、履约记录、投运单、到货验收单、质保单、重要物资合同等业务数据；第二类是系统支撑数据，包括组织机构、人员、权限、角色、流程管理、任务管理、计划管理、系统参数等。平台数据架构如图 8-16 所示。

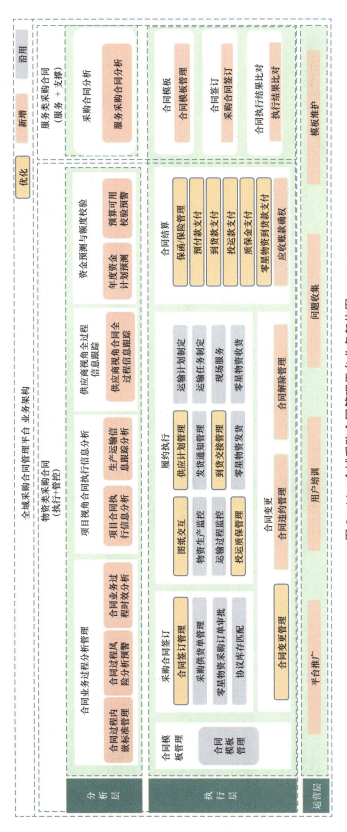

图 8-14　全域采购合同管理平台业务架构图

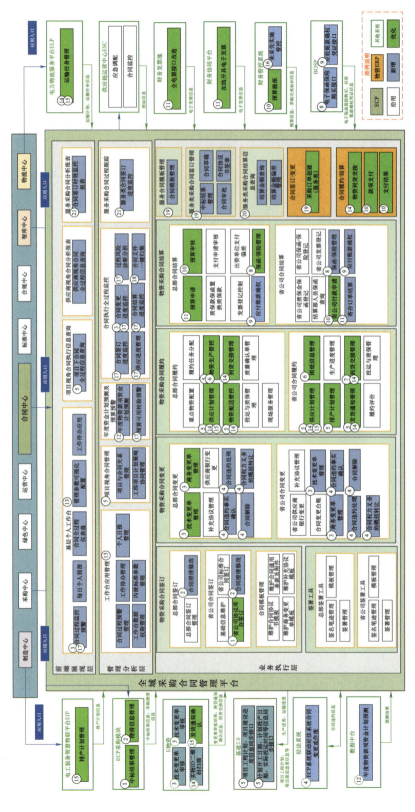

图 8-15　全域采购合同管理平台应用架构图

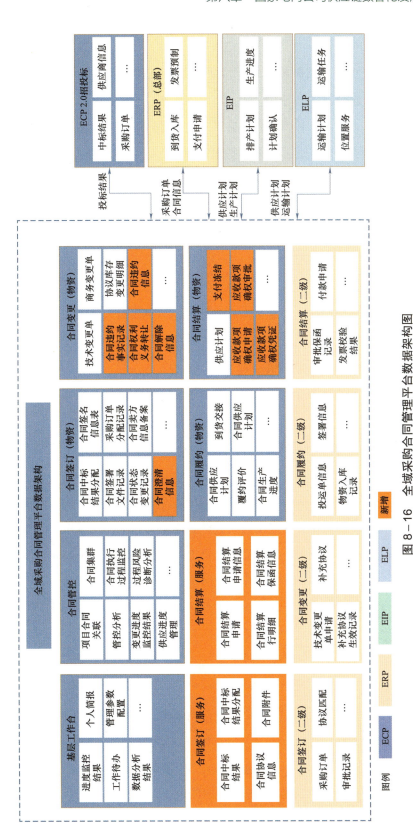

图8-16　全域采购合同管理平台数据架构图

（4）技术架构设计。

根据应用架构和数据架构的设计成果，设计支撑应用架构和数据架构的技术架构，为技术平台建设提供指导。

平台遵从"一平台、多场景、微应用"技术路线和内外网安全隔离标准，按照公司三级系统设计防护措施进行安全防护设计，同时借鉴成熟的互联网业务发展沉淀的技术，采用"薄应用、强后台"的架构思想指导设计从而实现业务融通、数据共享、创新支撑的建设目标，同时通过平台业务 + 数据驱动赋能的方式，为面向客户服务的前台业务应用输出持续沉淀的核心业务能力。

平台借鉴国内外先进架构经验，基于国网阿里云平台和数据中台，利用国家电网公司公共基础平台，以强大的计算能力、网络通道和安全防护为基础，统筹供应链合同管理全环节、全要素感知和连接，并参考 Pace-Layered Application Strategy 架构体系，将平台主要分为基础资源层、中台层、服务层、服务接入层、支撑层（云组件、支撑平台）。平台技术架构如图 8-17 所示。

基础资源层：主要包括计算资源、存储资源、网络资源、负载均衡资源等，采用统一的云平台提供服务。

中台层：主要包括总部业务中台和数据中台，系统与部分第三方平台进行数据交换主要依托数据中台实现。

服务层：主要包括四部分：基础技术服务、原子业务服务、组合业务服务、网关服务。其中基础技术服务主要提供系统公共技术能力，如：文件上传下载服务、消息队列服务、短信服务等；原子业务服务主要指采购类合同和服务类合同各业务环节原子功能服务；组合业务服务主要指根据业务流程组装而来的应用服务，此类服务暴露给上层应用展示层进行调用；网关服务主要包含系统鉴权、审计日志、限流降级、能力开放等核心服务能力。

服务接入层：主要提供服务请求的统一接入、协议转换、界面资源、负载均衡等服务。

支撑层：支撑层包括云组件和支撑平台两部分。云组件主要包括：OSS 非结构化存储组件、Redis 缓存数据组件、RocketMQ 消息队列组件、SchedulerX2.0 任务调度组件、K8S 容器管理组件、Docker 容器组件等；支撑平台主要包括：国网 ISC 统一权限平台、国网短信平台、国网邮件系统、国网 I6000 运行监控系统、i 国网 App 门户、SG-UAP 国网统一开发平台等。

图 8-17 全域采购合同管理平台技术架构图

（5）安全架构设计。

信息安全是保证全域采购合同管理平台安全稳定运行的关键，国家电网公司已经建设了完善的信息安全主动防御体系和信息安全治理体系。全域采购合同管理平台信息安全将作为整个国家电网公司安全体系的一部分进行考虑，它将融入现有的安全架构中，遵循相关安全规范和安全策略。全域采购合同管理平台的总体安全防护方案参照等级保护要求中第三级系统安全要求进行设计（其等级将根据等级保护定级最终结果确定），包括：数据安全、应用安全、主机安全、网络安全、物理安全和安全管理六个方面。平台整体安全方案如图 8–18 所示。

全域采购合同管理平台按照国家电网公司信息安全等级保护体系要求规划，部署于信息内网和信息外网三级系统域内。与信息内网其他系统域和内网桌面系统域通过防火墙进行隔离，与信息外网通过逻辑强隔离装置进行隔离。平台安全架构如图 8–19 所示。

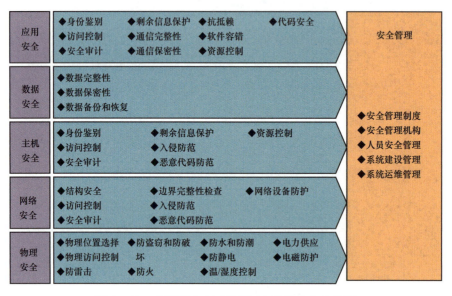

图 8–18　全域采购合同管理平台整体安全方案图

图 8–19　全域采购合同管理平台安全架构图

二、需求统筹及建设管理

（一）需求统筹管理

为贯彻国家电网公司建设具有国网特色行业领先的平台型供应链服务企业战略目标，落实公司战略对数字化转型的要求，进一步规范公司供应链数字化需求管理工作，提升业务数字化产品核心能力，基于绿链云网统一架构，实现需求精准提报、统筹设计、系统有序建设。由国网物资部组织对各专业需求材料进行专项审查，并完整涵盖绿链行动方案三级任务清单建设内容及各专业发展方向，确保需求目标合理、任务口径适度、内容描述准确、材料格式规范。数字化需求提报单位包括国家电网公司总部和省公司，需求统筹按年度需求和日常需求统筹开展。其中统一组织建设项目所涉及需求为总部需求，各省（市）电力公司（直属单位）自行组织建设项目所涉及需求为各省（市）电力公司和各直属单位需求。需求统筹管理工作流程如图8-20所示。

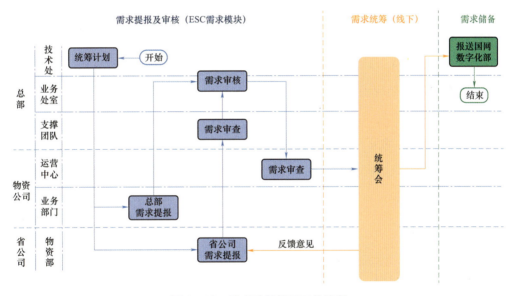

图8-20 需求统筹管理工作流程

1. 年度需求统筹

数字化需求的年度提报是指依照国网数字化部相关要求，开展电网数字化项目需求储备。由国网物资部统筹组织，各省（市）电力公司及各直属单位根据统一工作安排，提出本部门（公司）供应链下一年度业务储备需求，包括业务应用及基础平台类（所属各公司）、业务应用类（总部各部门）、咨询设计类、业务运营类、数据管理类（含数据标准化、盘点、质量治理等）及产品购置类需求。总部需求经审查会审查后组织形成报告，报送至国网数字化部。省公司提出的需求经审查会审查后，由国网物资部组织回复审查意见。年度需求统筹主要分为需求提报、需求初审、年度需求内审、年度需求审查四个主要阶段。

（1）总部年度需求统筹。

1）第一阶段：需求提报。各单位对要储备的总部年度业务需求进行线上提报，提报需求分新增和功能优化两类，新增需求是指原有信息系统新增功能模块的软件开发（含移动应用），功能优化是指对信息系统已有功能的优化。新增需求需提交日常需求的需求申请单和业务需求报告，功能优化类需求仅需提交需求申请单。

2）第二阶段：年度需求初审。由国网物资部安排国网物资公司受理总部和国网物资公司各部门提报的业务需求申请单及业务需求报告，并进行初审，保障需求材料质量。受理需求时注意以下要点：

（a）需求申请单及业务需求报告应提交可编辑电子版。

（b）国网物资部归口管理处室和国网物资公司需求提报部门均需线上审核，其中国网物资部归口管理处室审核人可为处长或专责，国网物资公司需求提报部门审核人为主要负责人或分管信息化负责人。

国网物资公司架构团队在收到需求后了解需求内容，并对需求进行内部线下初审，线下给出初审意见。

3）第三阶段：需求内审。国网物资部组织国网物资公司各专业对拟纳入年度储备的需求开展公司范围内的专业内审。重点审查完整性、必要性、合规性，以及涉及年度重点工作、跨专业协同、需求整合等的情况。

专业内审以线下会议的形式开展，根据年度重点工作等划分专业组和专题组，各组牵头部门根据内审安排组织完成内审工作，编写内审报告。物资公司组织召开会议，各组牵头部门向公司领导汇报内审情况，各专业按照内审结果优化年度储备需求。

各牵头部门根据分组安排完成本组年度需求内审工作，并提交内审报告。对通过内审的年度需求提交国网物资部进行年度需求集中统筹。

4）第四阶段：年度需求审查。总部年度需求审查要点如表8-1所示。

（a）国网物资部在收到国网数字化部关于开展年度需求储备的通知后，明确需求统筹会具体安排及工作要求。

（b）组建审查专家团队，包括国网物资部负责人、各处相关人员，国网数字化部相关人员，国网绿链建设协调组、绿链学习型组织相关人员，国网物资公司各专业部门（公司）人员及各有关专家。

（c）审查会会期约一周，审查专家分组对年度储备需求进行论证，重点结合业务合理性、前瞻性等要求，合理判断是否重复建设、落地系统、数据标准、技术路线、安全风险等，评估对现有系统的功能性和非功能性的影响。针对跨专业、跨系统、涉及技术路线调整等复杂的需求，组织专项沟通。

表 8-1　　　　　　　　　　　　　总部年度需求审查要点

	审查要点
形式审查	（1）模板审查：审查需求简表、需求报告是否一致，选用模板是否恰当，是否符合公司数字化需求储备材料模板规范，并不存在自行修改模板、章节内容缺漏等情况； （2）格式审查：审查需求内容是否存在表述或文字错误等情况，是否存在章节、字体、段落及图表等格式不规范情况
质量审查	（1）重复性审查：审查需求是否与往期可研需求存在重复，以及本次提报需求中是否与系统中现有功能重复情况； （2）完整性审查：审查需求是否涵盖各专业在往期可研范围外已提出的日常新增需求，是否涵盖各专业已提报的数字化建设安排，是否涵盖公司已规划部署的工作任务； （3）关联性审查：对于涉及多系统协同的需求，审查各系统需求内容中是否考虑了对应的集成工作内容； （4）颗粒度审查：审查需求项的表述口径，是否存在过细的情况，例如将某功能界面的显示字段、查询条件等细节调整作为单项需求提出等；是否存在过粗的情况，例如对某大型工作任务，未适度细化列出重点工作子项等； （5）内容质量审查：审查需求当前的建设现状是否与实际情况相符，需求内容表述是否清晰准确。对于涉及多系统协同的需求，审查各系统需求内容是否明确，建设可行性审查等
架构审查	（1）按照各专业已梳理完成的业务架构成果，进行分类归集，避免颗粒度过细或过粗的情况。重点审核总部及各单位所提需求是否超出现有业务架构，是否属于新增业务架构范围，架构变动是否合理。若发生超出业务架构范围情况，经审查会决议采纳后，由国网物资公司提请总部绿链建设工作例会审定，通过后由供应链运营调控指挥中心协同协调组组织相关单位修订架构成果； （2）对于涉及业务处室协同的需求，审查需求内容是否与相关专业处室达成一致意见； （3）涉及跨部门的需求，由需求提报部门与相关部门对需求内容、建设计划等达成一致意见

（2）省公司（直属单位）年度需求统筹。

1）第一阶段：需求内审。各省（市）电力公司、各直属单位物资部或物资相关职能管理部门，组织各专业对拟纳入年度储备的需求开展公司范围内的专业内审，此需求为各单位自行组织建设项目所涉及的需求。重点审查完整性、必要性、合规性，以及涉及年度重点工作、跨专业协同、需求整合等的情况。

专业内审以线下会议的形式开展，根据年度重点工作等划分专业组和专题组，各组牵头部门根据内审安排组织完成内审工作，编写内审报告。各公司物资部组织召开会议，各组牵头部门向各公司领导汇报内审情况，各专业按照内审结果优化年度储备需求。

各牵头部门根据分组安排完成本组年度需求内审工作，并提交内审报告。对通过内审的年度需求提交国网物资部进行年度需求集中统筹。

2）第二阶段：需求提报。各省（市）电力公司及直属单位的年度业务需求储备进行线上需求提报，提报需求分新增和功能优化两类，新增需求是指原有信息系统新增功能模块的软件开发（含移动应用），功能优化是指对信息系统已有功能优化。新增需求需提交日常需求的需求申请单和业务需求报告，功能优化类需求仅需提交需求申请单。

3）第三阶段：年度需求初审。各省（市）电力公司、直属单位提报的需求由总部安排的专门团队受理，并支撑国网物资部对口专业处室进行初审。受理需求时注意以下要点：

（a）需求申请单及业务需求报告应提交可编辑电子版。

（b）国网物资部归口管理处室和物资公司需求提报部门均需线上审核，其中国网物资部归口管理处室审核人可为处长或专责，国网物资公司需求提报部门审核人为主要负责人或分管信息化负责人。

4）第四阶段：年度需求审查会，省公司需求给出统筹意见。省公司年度需求审查要点如表8-2所示。

表8-2　　　　　　　　　省公司年度需求审查要点

审查要点	
形式审查	（1）模板审查：审查需求简表、需求报告是否一致，选用模板是否恰当，是否符合公司数字化需求储备材料模板规范，并不存在自行修改模板、章节内容缺漏等情况； （2）格式审查：审查需求内容是否存在表述或文字错误等情况，是否存在章节、字体、段落及图表等格式不规范情况
质量审查	（1）重复性审查：审查需求是否与往期可研需求存在重复，以及本次提报需求中是否与系统中现有功能重复情况。 （2）完整性审查：审查需求是否涵盖各专业在往期可研范围外已提出的日常新增需求，是否涵盖各专业已提报的数字化建设安排，是否涵盖公司已规划部署的工作任务。 （3）关联性审查：对于涉及多系统协同的需求，审查各系统需求内容中是否考虑了对应的集成工作内容。 （4）颗粒度审查：审查需求项的表述口径，是否存在过细的情况，例如将某功能界面的显示字段、查询条件等细节调整作为单项需求提出等；是否存在过粗的情况，例如对某大型工作任务，未适度细化列出重点工作子项等。 （5）内容质量审查：审查需求当前的建设现状是否与实际情况相符，需求内容表述是否清晰准确。对于涉及多系统协同的需求，审查各系统需求内容是否明确，建设可行性审查等
架构审查	（1）按照各专业已梳理完成的业务架构成果，进行分类归集，避免颗粒度过细或过粗的情况。重点审核总部及各单位所提需求是否超出现有业务架构，是否属于新增业务架构范围，架构变动是否合理。若发生超出业务架构范围情况，经审查会决议采纳后，由国网物资公司提请总部绿链建设工作例会审定，通过后由供应链运营调控指挥中心协同协调组组织相关单位修订架构成果。 （2）对于涉及业务处室协同的需求，审查需求内容是否与相关专业处室达成一致意见。 （3）涉及跨部门的需求，由需求提报部门与相关部门对需求内容、建设计划等达成一致意见

（a）国网物资部在收到国网数字化部关于开展年度需求储备的通知后，明确需求统筹会具体安排及工作要求。

（b）组建审查专家团队，包括国网物资部负责人、各处相关人员，国网数字化部相关人员，国网绿链建设协调组、绿链学习组组织全体人员，国网物资公司各专业部门（公司）人员及有关专家。

（c）审查会会期约一周，审查专家分组对年度储备需求进行论证，重点结合业务合理性、前瞻性等要求，合理判断是否重复建设、落地系统、数据标准、技术路线、安全风险等，评估对现有系统的功能性和非功能性的影响。针对跨专业、跨系统、涉及技术路线调整等复杂的需求，组织专项沟通。

2. 日常需求统筹

数字化需求的日常提报是指在年度统一组织需求储备之外，随需提出数字化需求。在提交完成后需履行需求初审、需求论证、需求评审等程序。国网物资公司各部门及所属公司配合国网物资部各处室按专业汇总各省（市）电力公司、直属单位、系统外部用户（供应商等）提出的国网统一组织的日常需求，开展规范性、必要性、通用性等方面的分析。

日常需求提报后开展需求初审、需求论证、需求评审等工作。

（1）第一阶段：需求提报。各单位（部门）的日常需求进行线上提报，经本部门（单位）负责人审批后提交物资部归口处室审核，审核通过后由组织论证。省公司需求经业务主管部门审核后提报。

提报需求分新增和功能优化两类，新增需求是指原有信息系统新增功能模块的软件开发（含移动应用），功能优化是指对信息系统已有功能的优化。新增需求需提交需求申请单和业务需求报告，功能优化类需求仅需提交需求申请单。

需求申请单应基于现有系统功能说明需求建设背景、目标、必要性及建设内容，并提出预期的上线要求。业务需求报告应详细阐释业务需求，包括业务岗位职责、流程步骤与逻辑关系、业务规则、业务数据流向、数据计算方法、用户范围、业务影响范围及系统应用影响范围等要素。

各对于涉及跨专业、业务复杂、重大技术路线调整等复杂的信息系统建设需求可先行提出架构咨询的需求。

涉及跨专业协同的数字化需求，物资专业内的需物资部对口处室审核和物资公司相关部门会签；物资专业外的需提前与相关部门（单位）沟通需求建设意向，并开展技术对接。

（2）第二阶段：需求初审。国网物资公司架构管控团队开展需求初审，审核要点如下：

1）判断需求是新增需求还是优化需求，是否提交正确的需求材料附件。新增需求需要提报，用户提交业需报告和需求申请单，优化需求提交需求申请单即可。日常需求审查要点如表 8-3 所示。

表 8-3　　　　　　　　　　　　　　日常需求审查要点

优化需求		新增需求	
优化需求主要指基于已有功能的简单改动	页面样式调整、字段等内容补充优化	新增需求主要指现有系统没有对应功能且需要新增建设或者对原有功能的复杂改造	业务流程的变更或新增
	校验提示和操作提示优化		应用功能模块的新增
	查询条件补充		涉及复杂的业务逻辑变更和新增
	报表列表简单优化		涉及复杂数据逻辑变更和新增
	增加导出、下载按钮等小的操作功能点优化		…

2）审核需求报告内容的完整性，对包括建设背景、目标、必要性、建设内容等提出审查意见。检查内容是否缺失，不能为空。

3）法律合规风险提示，特别是对涉及开标、否决、授标等重点环节存在法律风险的需求，建议业务部门与法律部沟通获得法律意见书。对存在合规风险的需求，建议业务部门与法律部沟通获得合规性审查意见。

4）涉及跨专业协同和系统集成需求，同提报需求用户核对是否提前与相关单位、部门完成业务协同。

（3）第三阶段：需求论证（省公司无论证环节）。需求初审完成后，国网物资公司架构团队和有关项目组团队沟通并详细论证需求，给出论证意见。合理判断落地系统、技术路线、安全风险等，评估对现有系统的功能性和非功能性影响。

1）论证注意事项如下：

（a）对于涉及总部和各单位两级协同、跨专业协同、业务复杂、重大技术路线调整的需求，应编制《业务需求论证报告》。

（b）针对跨专业、跨系统、涉及技术路线调整等复杂的需求，架构管控团队依据实际情况组织业务部门进行沟通协商，确保论证工作正常完成。

2）论证参考要点如下：

（a）标准论证要点：①判断需求是否重复提报；②现有系统功能是否满足需求；③合理判断落地系统；④评估技术路线；⑤对涉及数据安全风险的进行评估；⑥评估需求对现有系统功能的影响；⑦跨专业协调需求技术合理性评估。

（b）报表类需求，设置 4 项论证要点：①数据计算方法是否可以实现；②报表涉及的用户范围是否明确，包括用户层级、岗位；③基于用户范围，明确权限设置需求；④有图表展示需求的，要明确数据展示要求。

（c）功能类需求，设置 8 项论证要点：①业务流程步骤与逻辑关系；②具体业务规则；③业务数据流向；④数据计算方法；⑤用户范围；⑥业务影响范围；⑦权限设置需求；⑧界面设置需求。

（d）集成类需求，设置 7 项论证要点，按应用集成和数据集成两种需求类型，分别设置专项审查内容。

（e）应用集成需求，设置 4 项论证要点：①技术路线是否满足使用频率；②系统是否满足性能要求；③接口对应功能的界面设计需求；④权限控制需求评估。

（f）数据集成需求，设置 3 项论证要点：①数据流向是否明确；②数据传输频率是否明确；③按数据量和传输频率评估接口压力。

（4）第四阶段：需求统筹会。国网物资部组织开展需求评审。按照全年需求统筹计划定期召开需求统筹会，对数字化需求论证情况进行审定，国网绿链学习型组织、国网建设协调组具体开展，集中对各专业需求开展专项统筹及审查。

审查分组：按计划、技术、供应、质量、招标、监察和综合 6 大专业逐项开展需求审查。具体划分如表 8−4 所示。

表 8−4 　　　　　　　　　　审 查 分 组

专业	主管处室	9 中心 1 商城
计划	计划处	计划中心、绿色中心、数智中心（运营管理）
技术	技术处	标准中心、高端智库服务（协同创新、解决方案、应用商店）、绿链 GPT、智能客服、数智中心（供应链基础大数据库）、平台运行服务（运行支持）、供应链数字化项目监理
供应	物资供应处	合同中心、物流中心、高端智库服务（供应链金融）
质量	质量监督处	质控中心、平台运行服务（服务指南）
招标	招投标工作一处、招投标工作二处、招投标工作三处、	采购中心、国网商城
监察	监察处	合规中心、高端智库服务（供应链知识）、行业动态

小组成员：组长由绿链协调组、学习型组织人员担任（绿链云网指挥部组长），负责组织组内专家按照审查要点要求开展质量审查和架构审查，并形成审查意见进行汇报。物资部各处、物资公司对口总部各处室各专业部门及供应链运营调控指挥中心架构组、业务组、设计组等参与对口专业需求审查。审查要点如表 8-5 所示。

审查会结束后，国网物资部技术处组织将需求统筹通过的数字化需求编制物资专业数字化专项业务需求报告，并报送国网数字化部。

表 8-5 　　　　　　　　　　审　查　要　点

	审查要点
形式审查	（1）模板审查：审查需求简表、需求报告是否一致，选用模板是否恰当，是否符合公司数字化需求储备材料模板规范，并不存在自行修改模板、章节内容缺漏等情况； （2）格式审查：审查需求内容是否存在表述或文字错误等情况，是否存在章节、字体、段落及图表等格式不规范情况
质量审查	（1）重复性审查：审查需求是否与往期可研需求存在重复，以及本次提报需求中是否与系统中现有功能重复情况。 （2）完整性审查：审查需求是否涵盖各专业在往期可研范围外已提出的日常新增需求，是否涵盖各专业已提报的数字化建设安排，是否涵盖公司已规划部署的工作任务。 （3）关联性审查：对于涉及多系统协同的需求，审查各系统需求内容中是否考虑了对应的集成工作内容。 （4）颗粒度审查：审查需求项的表述口径，是否存在过细的情况，例如将某功能界面的显示字段、查询条件等细节调整作为单项需求提出等；是否存在过粗的情况，例如对某大型工作任务，未适度细化列出重点工作子项等。 （5）内容质量审查：审查需求当前的建设现状是否与实际情况相符，需求内容表述是否清晰准确。对于涉及多系统协同的需求，审查各系统需求内容是否明确，建设可行性审查等
架构审查	（1）按照各专业已梳理完成的业务架构成果，进行分类归集，避免颗粒度过细或过粗的情况。重点审核总部及各单位所提需求是否超出现有业务架构，是否属于新增业务架构范围，架构变动是否合理。若发生超出业务架构范围情况，经审查会会议采纳后，由国网物资公司提请总部绿链建设工作例会审定，通过后由供应链运营调控指挥中心协同协调组组织相关单位修订架构成果。 （2）对于涉及业务处室协同的需求，审查需求内容是否与相关专业处室达成一致意见。 （3）涉及跨部门的需求，由需求提报部门与相关部门对需求内容、建设计划等达成一致意见

3. 案例分享：计划专业年度需求计划的需求

2020 年初，国网物资部要求在年度需求计划管控方面，深化现代智慧供应链场景深化应用。当时，年度需求计划是依靠人工经验编制，通过线下收集、手工汇总，同时未与投资计划、项目里程碑进度集成。在可研阶段及初设阶段，各专业部门需根据已下达的年度综合计划及初设批复情况对年度需求计划进行滚动更新。系统不支持年度需求计划滚动更新。年度需求计划报告生成及相关分析功能依赖业务人员进行线下手工处理；同时由于数据质量不高无法对物资需求精准预测。年度需求计划与采购计划的对比工作主要依靠人工计算，无信息化手段支撑，及时性、准确性较差。采购目录方面，一级采购目录由国网物资公司线下编制并下发给各省公司；二级采购目录及授权采购目录由各省（市）电力公司线下编制并提交至国网物资公司，并未实现线上结构化，对采购范围的审查依赖人工核对；采购计划审查方面，业务人员结合每批次的计划审查要点，审查要点的规则仅部分实现线上结构化，大部分仍需要线下人工审核。

国网物资公司收到需求后，组织公司业务部门和"五E一中心"项目组开展"需求计划储备库"业务需求的论证工作，全面梳理了需求计划提报业务流程、系统功能和数据状态。论证期间组织会议12次，时长22.6小时，共计约80余人次。在业务架构论证过程中对需求抽丝剥茧，业务细节逐步充实，从最初的"需求计划储备库"需求，扩展为以年度需求计划编制为核心建立跨专业、跨区域、跨层级的年度需求计划管控系统。在论证过程中，以物资管理计划源头为切入点，结合公司数字化转型的历史机遇，实现年度需求计划与采购计划、平衡利库等后续业务的纵向打通，财务、发展、基建、设备专业的横向贯通。在应用架构论证过程中，充分利用19年国家电网公司现代智慧供应链建设成果，利用构建需求计划储备库、合理安排里程碑计划、采购价格水平信息对外发布、基于工程物资周期精准预测预算等场景建设成果，对年度需求计划进行科学编制和滚动更新，实现年度需求计划的精准预测、智能提报、多维分析，从源头推进计划智慧管理升级。

在需求论证过程中，将原有搭建新平台的思路，转换为结合20年系统现状，遵循总部"不大拆大建"的要求，规划技术路线。业务功能确定落地在总分部ERP、省公司ERP系统和ESC系统。集成方面，通过对数据量和业务场景分析，最终确定采用两级ESB实现两级ERP数据实时交互，通过两级数据中台实现ESC分析数据汇集。在建设规划方面，考虑到年度需求计划提报为物资全口径业务范围，涉及业务广，单位多，建议通过"先试点、后推广；先应用、再优化"的实施方式；考虑到主要物资采购单位为27家省（市）电力公司，建议优先试点上线，直属单位后续推广上线，2020年完成试点和推广，2021年完成应用优化提升。以上内容形成分析和论据充实的业务需求论证报告，顺利通过国网数字化部评审，为后续年度需求计划数字化建设工作打下基础。

（二）需求建设管理

需求建设管理是指对纳入供应链平台建设内容的需求开展管控，确保功能如期上线。根据国网（信息/2）118—2020《国家电网有限公司电网数字化建设管理办法》，电网数字化建设管理包括对数字化规划，电网数字化项目储备、专项计划、采购、建设实施、材料归档和项目后评估的全过程管理。电网数字化项目按照组织建设方式分为公司统一组织建设项目和各单位福利组织建设项目，实行分级负责：国家电网公司统一组织建设项目是指由公司统筹共性需求，统一提出建设要求，统一组织开展项目立项、建设等工作的项目；各单位独立组织建设项目是指按照公司统一要求，为满足个性化需求，由各单位独立组织开展项目立项、建设等工作的项目。供应链平台中ERP系统为两级部署［总部、各分部、国网天津、冀北、甘肃、蒙东、西藏电力为一级部署，其他省（市）电力公司和直属单位为二级部署］部署，其他系统均为总部统一建设、一级部署。

供应链平台建设由国网数字化部和国网物资部双牵头管理，提供"业务＋技术"指导。根据国网（信息/2）118—2020《国家电网有限公司电网数字化建设管理办法》，国网数字化部是国家电网公司电网数字化建设工作的归口管理部门，负责制定管理制度和标准规范、编制公司数字化规划、提出年度计划和预算建议、全面管理并推进公司电网数字化建设并进行全过程管理等；国网物资部作为业务管理部门，负责梳理和制定业务应用需求及建设目标，统一组织研究并确定业务流程、业务需求及数据需求；协同国网数字化部做好项目实施组织、推广和应用；国网物资公司作为支撑国网物资部的建设管理单位，协助国网物资部负责管理并推进电网数字化建设。各承建单位，承担平台设计开发和部署实施工作。

1. 项目建设实施管理

建设实施阶段，由国网数字化部会同国网物资部，按照"业务＋技术"双牵头模式，组织成立跨专业联合工作组和管控组，召开项目启动会，明确设计、研发、测试、实施各环节任务目标、责任分工和计划安排，开展全过程管控。

（1）项目设计管理工作内容主要包括：项目设计前，应进行项目需求分析，包含业务和数据方面的需求调研与现状分析，形成业务需求规格说明书和软件需求规格说明书，并提交数字化部组织评审，相关专业管理部门参与。电网数字化项目的设计方案包括概要设计（初步设计）、详细设计，由承建单位编制。国网数字化部负责组织公司统一组织建设项目的初步设计或概要设计方案评审。

（2）项目研发管理：按照"业务＋技术"双牵头模式，国网数字化部会同国网物资部成立项目管控组，开展研发全过程管控。实时跟踪项目研发进度及缺陷，按季度组织开展研发质量和安全巡检，对各项目研发周期、消缺周期、测试轮次、缺陷率进行评价和督导。开发工作应严格遵循评审通过的设计方案，并符合软件工程有关规范，如有重大变动应履行设计变更程序。

（3）系统测试管理：项目承建单位负责组织出厂测试。国网物资部会同国网数字化部组织用户确认测试。项目承建单位委托具备资质的第三方机构进行第三方测试，包括功能与非功能测试、源代码测试、安全测试等。国网物资公司作为供应链平台建设单位，支撑总部督促承建单位在系统应用程序变更时，对系统进行全面测试，确保系统安全稳定；在系统上线和版本升级时，配合运维单位开展系统的联调测试和实施部署。国网信通公司作为运维单位在系统上线和版本升级时，负责组织开展与生产环境的适应性测试和实施部署。

2. 合同执行管理

合同执行管理是指对同供应链平台建设相关合同签订、进度跟进、支付等工作。

供应链平台需求在纳入储备后，经总部评审立项及采购后，以中标结果形式下达各单位执行合同。总部供应链统一组织建设系统项目合同目前主要下达给物资公司作为合同甲方，开展签订及出资工作。

供应链平台统一组织建设合同往往分四笔支付，第一笔为预付款，为合同签订后即可支付；第二笔为上线款，为合同中所列功能完成上线手续后支付；第三笔为验收款，为合同中所列功能通过总部验收后支付；第四笔为质保款，一般在验收通过一年内结合功能应用情况支付。

为保障合同执行可控，物资公司作为合同甲方，积极开展相应措施确保合同执行完毕。第一是积极汇报总部，推动项目及时完成上线及验收手续。第二是及时敦促项目单位提前准备支付材料，提前开展材料审核，缩短款项申请周期。第三是加强合同支付工作中的协同配合沟通，充分协同财务、法律等多项目组，提高线上支付单据的流转速度。对于不具备当年支付条件的，根据管理要求及时完成挂账等财务手续。

3. 用户确认测试管理

用户确认测试管理是指在系统上线前，依据业务需求规格说明书等相关要求，国网物资公司等单位支撑国网物资部开展的供应链系统功能符合性测试。用户测试的主要目的，是通过实际使用系统的业务人员在上线前的实操测试，来判断是否达到用户需求并提前加以改进。目前供应链平台的主要用户测试群体，以国网物资公司各专业部门人员为主、同时辅以部分省公司用户、部分外部用户（按需）。

为进一步促进供应链平台建设质量，国网物资公司作为国网物资部专业支撑单位，建立了用户测试工作规定，从测试整体原则、用例管理、测试过程管理、外部用户测试管理等方面进一步细化工作流程、要求及各方职责，从而提升整个测试工作的规范性。

（1）用户测试的主要工作要求。

在开展用户测试工作时，应该遵循以下要求：第一是系统功能部署前，原则上都要开展用户测试。第二是测试结果要符合业务需求，如何判断符合，主要从功能完整性、逆向和异常业务流程全面性、界面提示信息完备性及友好性等内容方面界定。测试结果不满足上线要求的，关键用户应在项目承建单位修复缺陷后继续测试，直至满足要求后方可确认测试通过。第三是对于紧急缺陷处理，如时间上确不具备用户测试的，业务用户在上线应用后开展验证工作。第四是对于涉及上下游业务环节的功能测试，在用户测试时除开展本功能模块的测试外，还要对上下游业务环节开展必要的业务贯通测试。项目承建单位要结合系统设计及建设实际情况，提前说明系统层面所涉及的贯通测试范围。第五是对于需要一定数据量才可满足用户测试的，由项目承建单位准备相应的测试数据，业务人员做好配合。

（2）用户测试人员安排的相关要求。

关键用户人员是测试的主体，测试人员选择的适宜与否直接关乎测试的质量。各专业测试人员名单要由物资公司各业务部门配合总部物资部对口业务处室确认，包括公司内部用户以及外部用户。

内部测试人员要安排熟悉所测试功能及对应需求的人员参与，原则上用户测试人员应同需求提报人员、功能上线后验证人员保持一致，必要时脱产开展测试工作。测试关键用户组长应为相关业务的牵头人或负责人，熟悉测试工作并具备组织协调能力。测试关键用户组员在测试过程中要服从组长的工作安排，严格按照测试用例执行正向、反向全量功能测试，对测试过程中发现问题按要求进行详细记录并及时反馈项目组对口业务组。

外部测试人员方面，业务部门要选择具备不同业务特点的典型外部用户参加测试。

（3）用户测试用例管理。

用户测试用例可以作为测试的"脚本"或"参考指南"，是指由测试输入、输出、测试数据、执行条件、预期结果等要素组成，体现测试方案、方法及操作步骤的文档，作为用户测试验证系统功能的依据。

测试用例由项目承建单位起草编制，编制内容主要包括测试输入、输出、测试数据、执行条件、预期结果等内容。在软件需求规格说明书确认后的两周内，项目承建单位要启动对应功能的测试用例的编制完善，编制完善后交关键用户审核补充及确认。关键用户要重点审核并组织完善测试用例对于业务需求的覆盖度和准确性，主要包括测试用例中业务流程对于业务场景的覆盖全面性、测试数据覆盖全面性、输入输出结果与业务实际需要的一致性等。

（4）测试过程管理。

测试过程管理是对于用户测试过程中的各方工作开展协调管理，以保障用户测试顺利执行。

测试计划安排方面，由项目承建单位结合版本上线以及业务部门重点工作安排向总部物资部、数字化部提出计划，最好要避开业务部门的大批次开评标、资质能力核实、大批次签约等工作。测试时间及名单确认后，由总部物资部统一面向全网下发关键用户测试通知。

测试前，项目承建单位要编制好测试方案应做好环境资源准备、完成测试数据收集、梳理与录入。在测试工作开始前结合公司关键用户人员名单组织完成测试账号准备并配置相应角色、权限。

测试期间，关键用户组长要统筹本组用户测试工作，组织组内关键用户做好本组测试问题记录并反馈项目组对口业务组、把控测试进度及质量，做好各项测试工作执行。关键用户组员应按用户组长分工要求，结合测试用例逐项进行测试工作。项目承建单位要及时解决测试过程中遇到的问题，支撑完成用户测试工作。

测试完成后，项目承建单位组织关键用户编制用户测试报告，对于上线功能根据测试结果形成"通过"或"不通过"的结论。用户测试报告应由测试组全部关键用户签字确认。对于出现的质量问题，以及无法如期上线的功能等情况，项目承建单位应配合系及时开展消缺及整改等工作。

功能正式上线后，业务部门人员要在后第一次开展业务时同步开展生产环境验证工作。

4. 重点功能建设协调管理

重点功能建设协调管理是指对供应链平台建设中存在进度问题、质量问题，并会引发业务应用受到较大影响的功能所开展的协调及管理工作。

在国网数字化部对建设过程全面管控的基础上，国网物资部、国网物资公司对于已明确排定计划的需求建设内容进行深入跟进。定期开展周例会及专项研讨会机制：为达到项目建设目标，将定期或临时召集各类会议，主要包括双周例会、专项研讨会等，对重点建设的协调管控，从业务管理的视角指导系统的功能建设。

（1）双周例会。项目管控组每双周组织召开周例会，总结本周工作完成情况，协调解决存在的问题并制定下周工作计划，每周工作内容向管控组领导汇报。

（2）专项研讨调会。针对项目建设过程中的重大事项，项目管控组将召开专项协调会，研究、制定并下发解决方案；对于技术实施难度较大的功能或者跨专业协同难度较大的功能，由国网物资部、数字化部组织专项协调会议，沟通并明确技术路线。

（3）周报机制。项目组每周向管控组提交周报，说明本周重点工作进展，存在问题及下周工作安排等。领导小组将领导小组审阅意见下达至管控组，由管控组分发各相关工作组督办执行。

（4）沟通协调。通过构建完善的沟通组织架构，严格执行沟通交流机制，保证用户的需求得到及时、准确、有效的反馈。对于进度明显滞后于计划的由物资公司敦促项目承建单位加快建设，并强化业务层面跟进力度；对于进度严重滞后的由国网物资部、国网数字化部组织专项会议协调敦促，安排项目承建单位专人负责，建立专项沟通群，通过日报、周报等方式跟进进展。

三、运行协调管理

供应链平台运行协调管理是通过建立配套的组织机构、机制，更好地发挥业务、技术协同作用，对供应链平台业务应用过程中存在的问题进行有效处理解决，确保各项业务顺利开展的过程。根据国网（信息/4）432—2017《国家电网公司集中部署信息系统运维管理细则》，信息系统业务运维模式分为一级运维模式、二级运维模式两种。根据系统实际应用情况，标准化程度较高的系统适用于一级运维模式；各单位差异化应用需求较多，本地支持要求较高的系统适用于二级运维模式。二级运维模式由各单位自行负责运维工作。

国家电网公司供应链平台属于一级运维模式。根据国网（信息/4）432—2017《国家电网公司集中部署信息系统运维管理细则》，国网数字化部是系统运行维护工作的归口管理部门，负责管理制度和标准规范制定、检修计划和备灾业务管理、组织相关协调、监督、检查、评价和考核工作；国网物资部作为业务管理部门，负责总体协调处理业务应用工作，制定业务规则、流程，组织用户培训等；国网信通公司作为运维单位，负责系统生产环境、灾备应急环境的系统运维工作，负责系统的客户服务和业务运维工作；国网物资公司作为国网物资部的支撑单位，协助总部组织开展本单位管理范围内业务应用支持工作，督促系统开发承建单位完成系统业务需求设计、系统升级完善、配合运维单位开展消缺、调优等工作；各承建单位，负责三线技术支持工作。

目前运维管理方面主要工作包括供应链平台日常问题处理、开评标现场驻场保障、供应链运维专班管理、平台运行监控、应急保障等工作。通过上述工作开展,不断促进提升平台稳定运行能力。

(一)供应链运维专班管理

供应链运维专班管理是指采购并建立专属运维团队并加以管理,从而为供应链平台提升专属的运维保障能力。2022 年,国网数字化部、物资部联合下发了《国网数字化工作部、物资管理部关于组建新一代电子商务平台运维专班的通知》,创新性地构建了 ECP 运维专班,提升运维保障能力。由国网信通公司组建团队队伍,由国网物资公司每年出资、费用支撑运维专班团队运转,费用在每年千万级。

按现有组织架构,运维专班主要分为管控组和运维组,其中管控组由国网数字化部、物资部为组长,国网信通公司、国网物资公司等为组员,制定运维专班总体规划、指导决策运维专班整体工作方向;对重点工作进行跟进与督导、监督、检查各项重点任务执行情况和工作成果等;运维组主要由国网信通公司、国网物资公司、供应链平台承建单位等为组员,包括系统运维、应用运维、应用分析三个具体工作组,开展运维执行工作,落实优化系统性能、强化业务感知、提升运维质量,并按要求编制工作报告,定期向管控组汇报工作进展、重要问题解决情况等;此外需落实 ECP2.0 系统特殊时期或专项保障任务,并开展系统应急处置工作。

当前,运维专班主要实行国网物资部、数字化部双牵头管理模式,国网物资公司作为出资方从业务层面推动国网信通公司加强协同,提升运维工作效率。通过运维专班工作,有效实现了供应链平台从设备运维向业务运维转变,推动物资业务与数字化技术融合发展,进一步夯实 ECP2.0 系统运行基础,优化用户体验,提高业务支撑精度和力度,保障公司招标采购、合同管理等物资专业重要任务开展。

(二)供应链平台运行监控

供应链平台运行监控是指通过建设相应监控模型,依托大屏形式,对供应链关键业务环节开展监控,提前预警并主动开展预控。平台运行监控为国网物资公司协同国网信通公司,在供应链平台运转阶段所摸索出的创新举措。目前主要构建的监控模型及内容如下。

(1)开标超大项目监控:主要是对 ECP2.0 总部、各省(市)电力公司及直属单位每日超大评标项目情况进行监控。提前预置超大项目判定依据,并通过全国地图，依据不同颜色展示各单位每日超大项目数量差异，实现对全网本周、下周各单位的开标超大项目情况直观展示，全面、提前了解各单位超大项目情况。运维人员可据此提前评估系统资源情况，提前强化运维保障安排。同时若某天开标超大项目过多，运维人员可提前同该省公司用户沟通，采用错峰的方式，提前进行疏导，减少项目阻塞风险，保障解密过程有序开展。应用此功能后，整体评标解密速率提升约 3 倍。

（2）合同签章情况监控：主要是对 ECP 2.0 总部、各省（市）电力公司及直属单位每日合同签订情况进行监控。并通过全国地图，依据不同颜色展示各单位当日签章情况。便于运维人员提前掌握合同签订失败情况，及时开展相关模块的后台服务资源支撑、检查，做好用户的提前对接，避免出现全网范围内的合同签章问题。

（3）解密失败监控：主要是采集当日全网评标项目解密失败情况，对于出现解密失败的项目，可直接展示解密失败的单位及项目信息，便于运维人员提前主动开展沟通，做好相应的处置工作。

（4）逾期工单监控：主要对超过 7 天未处理的逾期工单数目可点击进行数据采集及展示，敦促客服及时对工单处理解决。

依托于平台运行监控，加强了对于重点业务环节的业务监测，可以更加快速、有效掌握 ECP 关键业务环节运行情况，强化事前协调保障能力，达到了"主动预防"的目的。

（三）供应链平台日常问题管理

供应链平台日常问题管理依托于信通公司三线运维体系开展。

对于各单位提报至国网信通公司一线客服的日常问题，由国网信通公司一线流转二线后，组织三线人员针对一线未解决问题及时记录并形成问题台账，按专业、按日更新并跟进问题处理进展，确保各类问题及时完成处理。

对于供应链业务工作中的关键环节，是容易产生重点问题的地带，为此专门建立了重点业务专项沟通保障群，将业务、研发、运维、管理等人员均纳入沟通群中，在总部合同签订、总部大批次保障、总部资质能力年度核实等关键阶段开展专项保障工作，通过群内多方协同交流，加强问题的收集、共享及沟通，提升问题的处置效率。

对于问题成因较为复杂、短时间难以彻底修复的，收集后由运维人员及时转报强身健体机制专项解决。

（四）供应链平台应急保障

供应链平台应急保障是指对可能严重影响平台业务应用的事件或情况，在机制、措施等方面开展的有效的应对工作。

对于疾病防控下造成人员无法到岗情况建立应急保障机制。根据严重程度，创新构建了人员分类管控及轮班机制，确保人员满足保障需要，业务"不中断、不掉线"。其中，一线方面可将客服热线设置至个人手机，实现远程接听；二线方面因为涉及后台操作，可在机房办公区设置集中封闭办公区域，周期性轮班，确保脚本操作、日志查询工作正常开展。三线方面可远程通过微信群、电话等开展信息接收及问题协调。

对于典型系统故障建立应急响应机制。包括平台计划上报异常、离线投标工具故障等典型场景，结合处理经验，建立典型案例问题集，形成固化的处理操作方案，并制定对应的应急预案，明确应急工作开展时相关单位工作职责及故障处置流程，确保同类或近似问题出现时可快速处置。

对于重要事件建立相应保障机制。针对重要节假日、国家或电网公司重大活动期间，恶劣天气突发时，明确各方职责及应急流程，确保重大活动期间供应链平台平稳运行。特别是作为运维单位的信通公司，在出现此类应急事件时，主要应急处置流程如下：

（1）当业务应用部门反映新一代电子商务平台系统或部分功能不能正常使用，或国网信通调度监控发现系统运行异常后，按照应急预案，调控中心牵头组织各方开展应急处置工作。

（2）开展应急处置工作前，国网信通调度对处理过程及影响范围进行评估，将处置简要过程及可能对业务的影响通过电话会议系统向国网数字化部、国网物资部、国网物资公司进行通报。

（3）对于可能造成业务工作延迟、中断的重大应急处置措施，由国网信通调度向国网数字化部、国网物资部汇报，获批后组织开展应急处置工作。

（4）异常排除后，调控中心组织运检中心对所有业务应用恢复情况进行验证确认，并向国网数字化部、国网物资部、国网物资公司开标现场通报，按照及时汇报制度要求上报事件处理结果。

应急处置过程中，国网信通调度值长作为保障工作技术方面的协调指挥人，与物资公司保障工作业务方面的协调指挥人就系统性能与业务情况进行横向协同。

（五）开评标现场驻场保障

开评标现场驻场保障工作为国网物资公司配合总部构建，作为国网信通公司一二三线运维工作的补充，基于"贴近现场服务"的原则，通过采购并派遣研发单位专职人员（驻场保障人员）赴指定的开评标现场（或评标基地），为评标业务人员操作电子商务平台提供"面对面"沟通及保障服务。

驻场运维人员作为评标现场场内外沟通的"桥梁"或"纽带"，主要工作包括：用户操作指导，用以解决用户关于电子商务平台使用方面的问题或咨询，包括客户端安装、操作指导等；应用问题处置，在开评标现场收集用户反馈的应用问题，分析引起问题的原因，与场外运维人员沟通，协调解决问题，并在评标结束后对问题进行汇总、归纳、总结。

为进一步促进开评标驻场保障人员工作流程化、标准化、规范化，国网物资公司牵头编制了《驻场保障人员工作指南》，该指南是驻场保障人员在总部项目开评标期间，提供服务支持与保障的工作依据，有力支撑开评标各项工作有序开展。主要流程及要求包括如下：

1. 开标阶段

开标当日，驻场保障人员提前 20min 到达开标现场就位，按要求签订廉洁保密承诺书。

2. 评标入场阶段

驻场保障人员达到评标现场后，主动向评标现场负责人报到，保障后续同评标委员会等沟通渠道通畅顺利。

3. 评标阶段

驻场保障人员在指定的技术支持室内待命，领取对讲机，做好随时响应业务人员问题请求的准备。对于受理的问题应按标准格式做好记录；对于协助业务人员提报至信通的问题，内网邮件应标明"评标现场"，邮件内容应写明项目名称、编号、问题详述、操作时间等，确保信息准确传递。

如现场发生平台业务阻断性问题，驻场保障人员应充分做好场内外沟通联络，密切跟进问题处置进展，每 30min 向现场反馈处置情况，直至问题解决或形成处置方案。

4. 总结阶段

评标现场工作结束后，驻场保障人员需请评标现场负责人填写考核评价表，作为保障人员考评的重要参照。

评标结束后三个工作日内，驻场保障人员应编制驻场保障总结报告，并由信通公司、研发单位针对报告中的问题开展进一步研究分析，制定问题消缺计划。

通过驻场保障工作，对于总部开评标现场出现的问题实现了快速对接响应、全程跟进处置，紧急问题已实现了小时级解决，保障总部开评标工作顺利进行。

鉴于驻场保障工作达到的良好效果，2022年下半年起，相关工作机制及经验逐步面向全网开展推广。国网物资部也向全网下发了《关于做好2023年电子商务平台（二级应用）驻场运维服务计划报送工作的通知》，推动省公司进一步加强省侧评标现场保障力量，与总部形成有效联动，从而提升全网层面对于供应链平台的应用保障能力。

（六）运维案例："强身健体"专项工作

随着供应链平台的不断深化应用，为保障供应链平台实现从企业级到行业级的转型升级，国家电网公司以"系统抓、抓系统"为理念，提升供应链平台健壮性、易用性专、优化用户体验为目标，对平台中体验不佳、稳定性差、易误操作的功能应用进行全面的梳理，在全网范围内开展供应链平台"强身健体"专项工作。

1. 工作原则

问题导向，以解决问题根源为出发点，通过组织各研发单位之间的协作配合，形成全面、高效的问题解决方案。

标准统一，实现对工作各环节机制、流程规范的标准统一，确保业务及技术对业务需求理解的一致性。

多方协同，提高沟通效果，问题描述清晰，消缺方案规范完整，适时采用集中工作的方式，保证工作质量。

闭环管控，确保问题消缺工作从提报、分析、测试、上线、验证全链条闭环管理。

2. 组织架构

根据供应链平台用户范围广、业务覆盖面广、技术应用复杂的特点，为保证"强身健体"专项工作有序推进，国家电网公司汇集全网各单位，统筹组织，分级管理，分层实施，构建了以国家电网公司业务主管部门、支撑单位、运维单位、各省（市）电力公司和直属单位全面参与工作的多层次组织构架。

国网物资部、国网数字化部负责统筹牵头开展"强身健体"专项工作，对重大事项、跨专业、跨部门事项进行协调；国网物资公司作为业务支撑单位负责牵头组织开展问题收集汇总、问题解决方案编制、用户测试等相关工作；国网信通公司作为供应链平台运维单位负责组织系统问题消缺、供应商问题汇总、组织跨专业疑难问题的多方会诊等工作；供应链平台各研发单位负责完成平台缺陷问题整改开发部署；各省（市）电力公司/直属单位负责及时提报供应链平台使用过程中出现的系统问题，并配合开展相关用户测试验证等工作。

"强身健体"专项工作组织架构，自上而下，业数协同，全网调动，充分发挥了业务部门在供应链平台应用时的主观能动性，以及数字化职能管理部门在技术方面的专业技术素养，使"强身健体"专项工作在国家电网公司得到全面开展，发挥业务＋数字的合力效应。

3. 工作机制

结合供应链平台往期应用情况，国家电网公司从问题收集、问题分析、消缺排期、用户测试以及疑难问题处置等方面进行了全面的梳理及优化。

（1）问题收集。由国网信通公司与国网物资公司协同，覆盖全网各类用户和全业务版块开展内外部用户问题收集，全面建立"常态化渠道、绿色通道、紧急通道"三条收集渠道，保证供应链平台问题的全量收集统计。对于部分对时效性要求较高的重点场景问题，提供绿色通道电话、邮箱、微信群多种方式报送，加快问题解决时效。

（2）问题分析。强化问题分类管理，对于收集的问题进行全面梳理，根据时效性要求、严重程度对问题进行分类，第一时间启动应急处置预案，优先解决"重大阻断类"问题，对于"严重类"和"一般类"问题，结合业务紧迫度和问题处置难度有序消缺。对于接收的阻断类问题，优先处理解决。

（3）版本排期。进一步优化问题消缺与系统开发版本排期，增加系统消缺版本数量，每月均安排消缺版本，制定排期协调沟通机制，由业务部门和技术部门共同全面梳理问题消缺与功能开发时序，根据问题严重程度和功能开发的紧急程度，共同完成排期计划的编制，并定期公布排期计划表，消除业务和技术对于排期信息的差异性，形成协同合力。

（4）用户测试。进一步发挥用户测试在供应链平台建设过程中的作用，推动业务部门在研发单位内部测试阶段提前介入，加强测试场景把关及生产部署验证，更好地检验需求实现效果。在测试用例编制阶段，由业务部门与技术部门协同，全面统筹考虑各类业务场景，提升测试场景覆盖的完整性。加强用户测试人员管理，提出问题业务责任人概念，由问题提出人负责对问题进行上线前的用户测试，保证问题测试及上线后与实际业务需求相符。增设测试总结会对于测试过程中出现的问题进行汇总并逐一分析，针对未通过测试的问题给出后续处置建议，重新排期计划等，减少对业务的影响。

（5）生产环境验证及反馈。增加生产环境验证及反馈环节，在系统消缺部署上线后，由业务关键用户在生产环境开展问题消缺验证工作，完成问题处置闭环管理。

（6）疑难问题处理。供应链平台技术应用复杂，随着业务的发展，应用的不断深入，对于跨系统集成、跨平台数据导出、底层技术控件等疑难问题，国家电网公司创新制定疑难问题"揭榜"机制，由国网信通公司作为运维单位组织开展疑难问题多方会诊，组织相关专家共同开展疑难问题解决方案的制定，选择合适问题开展疑难问题"揭榜"工作，部分底层技术问题，则由国家电网公司统筹以专项优化项目等方式组织专项资源集中处理。

（7）问题反馈。完善问题反馈渠道，提供人工反馈、系统公告反馈以及重点阻断问题专项反馈多种反馈方式，切实落实问题闭环管理。

4. 保障措施

针对"强身健体"专项工作，国家电网公司配备"强身健体"工作专项消缺资源，保障推进"强身健体"及平台建设工作的协同推进，编制长期常态工作规范化文件和工作手册，明确各单位职责分工、工作流程以及协同工作机制，不断提升工作规范化水平。

5. 工作成果

自 2022 年年底开始，依托"强身健体"专项工作强化各方协同，长期常态化工作机制运行稳定，问题消缺量达到往年同期问题消缺量的 5 倍，应急问题的响应及处置能力得到进一步提升，平均解决时长缩短 47%，大幅提升用户应用感受，提升平台健壮性，为公司建设国家电网公司特色行业领先的平台型供应链服务企业进一步夯实了根基。

四、数据管理

随着绿链工作稳步推进，数据已成为重要因素日益凸显。数据管理不单是技术问题，也是业务问题，为保证数据的准确、可靠、安全和合规使用，需要全面、系统的方法从标准、质量、共享、安全、应用等进行管理和使用。

国家电网公司作为连接能源电力产业链供应链上下游企业和用户的关键节点，拥有丰富全面的行业应用场景和全寿命周期数据，涉及链条长、覆盖面广、参与主体多、业务场景复杂。一切数据管理工作应遵循公司统一数据信息模型（SG–CIM）、企业级主数据管理体系、数据中台等相关标准及要求，通过构建"盘、归、治、用"科学高效的数据管理体系，对于供应链海量的数据资产进行多方面管理，提升供应链整体效率效益和效能，带动链上企业数字赋能和创新发展。

（一）数据价值评估

物资专业经过多年信息化建设，总部及省公司已存在众多应用系统，由于数据分散在各个应用系统中，缺乏统一的数据标准，数据质量层次不齐、标准不一，且存在敏感数据。通过数据资产盘点，对数据资源进行全面梳理，"摸清家底"形成供应链"一本账"，明确数据主人，厘清各专业数据分布及内容，评估数据重要程度及价值，才能让数据更好地服务于企业的业务应用。

企业的数据资产盘点，以数据主人为主导，以数据价值为导向，以统一标准为核心。通过数据相关权属认责、标准定义、价值发现、分级分类、资产目录构建等方法和步骤进行落实。

（1）权属认责，通过部门间沟通沟通、业务关联性、存储对象关联性等方式，通过权威源对数据资产的业务归属和责任进行认定，明确数据的来源和流转、明确相关责任归属，为跨业务的数据使用、数据关联分析、数据分类保护等提供目标和责任依据。

（2）标准定义，由于数据来源于多个业务系统，而对应数据来源、定义和价值标准可能存在极大的差别，这数据的整合、全局管理和使用是一种挑战。因此，根据企业所在行业的相关标准和企业自身的业务情况构建数据标准，形成全局统一的数据定义和数据价值体系至关重要，为后续盘点工作提供依据。

（3）价值发现，数据量的积累随着业务开展呈指数上升，且分散在各个系统。从全局出发，系统性的梳理企业内的数据资产，确定数据存储位置、形式、存增量情况等信息，明确数据的组织结构，形成库–表–字段的数据框架，结合数据价值发现的成果，绘制数据资产地图。此过程核心在于全面、系统地盘点并清晰的进行呈现，避免遗漏价值数据。

（4）分级分类，基于业务价值在数据标准指导下进行。通过数据的分类分级，结合业务处室和负面清单管理办法要求对数据进行数据价值、重要性及敏感性层面的全面梳理，为数据使用、价值挖掘、数据保护提供价值依据。

（5）数据资产目录，数据资产目录是数据资产盘点的最终成果，也是数据资产管理的重要步骤。通过将企业内的所有价值数据进行汇总，构建出一张全局的数据地图，清晰的展现出企业拥有的数据内容、数据量、数据价值、数据存储位置以及数据归属和责任人，帮助企业掌握其拥有的所有数据及数据价值，为企业进行数据使用、数据价值挖掘以及数据保护提供指导依据，并结合数据中台数据接入，开展面向各专业业务人员的数据资源共享与分发模式研究。

（二）数据价值归集

总部按照"六全"❶原则，协同数字化部推动跨专业、跨层级、跨企业、跨行业、跨政府部门的数据贯通、全面汇聚，全量的数据资源汇聚到公司数据中台，实现了内外部数据广泛互联，并按照"五统一"❷原则开展行业级业务标准表建设，形成标准一致、质量可靠、覆盖供应链核心业务全环节的行业级国网绿链数据底座。

在现有数据中台的接入基础上，针对各类外部数据来源、内外网存储方式、不同更新频率的数据需求，针对外部数据接入技术方式与链路，接入标准及机制，优化完善数据接入实施流程，支撑链上数据广泛接入，并对供应链上下游数据进行统一管控，推动数据价值提炼、标准表封装、系统化治理、组件化应用与规范化共享。

在数据汇聚过程主要遵守以下原则：

（1）广泛互联，按照绿链云网建设目标广泛汇集公司内外部数据，通过平台采集、API接口、系统直连等方式实现各类数据接入，打通跨专业、跨企业数据壁垒，实现供应链上下游数据的统一归集。

（2）统一标准，建设供应链行业级互联互通的业务标准表，对全部接入数据进行规范化整合封装，统一标准化内容与结构化格式，基于标准表开展数据应用与共享，保障数据的标准性、规范性和易用性。

（3）高效运营，建立行业级供应链数据常态化运营机制，实现全量数据的有序接入、集中管理、敏捷应用和规范共享，打造便捷数据服务，支撑内外部链上企业共享应用，满足行业级需求。

（三）数据价值提升

通过构建科学高效的数据管理体系，对供应链海量的数据资产进行多方面能力建设，包括数据治理体系、数据标准体系、数据治理能力、数据共享服务能力等，进一步实现数据开放、共享、融合与创新应用，提升企业的数据分析、挖掘和洞察能力，

---

❶ 六全：供应链全链条、全寿命周期、全资产价值、全流程贯通、全目录全品类管控、纵向全层级。

❷ 五统一：统一名称、统一定义、统一口径、统一来源、统一参照体系。

以数据驱动企业高质量发展。

1. 供应链数据治理体系建设

健全供应链数据质量管理组织，强化各级物资部门数据质量归口管理职能和各级业务部门数据质量管理职能，组织推进各级物资部门健全供应链数据管理岗位、明确岗位职责，明确各级业务部门业务管理与数据管理的"一岗双责"，压实"管业务必须管数据"的主体责任，打造全员数据质量责任体系，加强物资专业数据质量考核，确保数据质量责任追溯到个人，助力提升全员数据质量意识，全面提升供应链数据质量管理能力。

组织认定供应链数据主人，数据主人认定包括业务主人和生产主人，其中：业主主人是本业务领域的管理者，承担本业务领域数据质量管理责任，生产主人是数据的生产者，承担数据质量直接责任。按照"谁业务谁负责，谁产生谁负责"的原则，结合权威数据源清单与实际业务开展情况，组织开展物资专业总部及省公司本业务领域数据的两级数据主人认定，并由总部和省公司物资部各业务处室业务主人牵头，最终编制形成《供应链数据主人清单》。

强化供应链数据质量管理工作协同，通过深化各级物资部与数字化部间的横向协同，物资专业数据管理部门与业务部门间的横向协同，物资专业各级数据管理部门和各级业务部门的纵向联动等协作模式，不断提升数据管理协同质效，实现全网供应链数据质量管理工作的两级协同。

建立供应链数据质量管理工作规范，通过落实国家电网公司《关于全面推行数据主人制的实施意见》，结合物资专业特点，以供应链业务标准表为抓手，制定供应链数据主人认定工作规范。同时，根据数据主人认定结果，按照"五统一"原则，制定供应链权威数据源管理工作规范，从而明确管理工作中涉及的认定原则、工作流程、工作内容及更新维护与应用管控机制。最后，围绕数据质量核查规则制定、问题排查分析、数据质量治理、进度闭环反馈等环节细化工作流程，形成供应链数据质量管理工作规范。

2. 供应链数据标准体系建设

供应链数据标准管理工作依托供应链业务数据标准表（以下简称"业务标准表"）开展。业务标准表按照"统一名称、统一定义、统一口径、统一来源、统一参照体系"原则，针对供应链核心关键业务环节建设的系统性数据模型。"五统一"标准见表8-6。

表 8-6　　　　　　　　　　　　　"五 统 一"标 准

名称	定义
统一命名	统一命名规则，同名同义
统一定义	业务含义与业务场景一致
统一口径	业务规则加工口径保持一致
统一度量	使用统一的度量单位、标准和计算方法
统一依据	遵循统一外部标准、规章制度

通过业务标准表明确源端系统底表业务释义，将源端复杂数据转换为业务人员"能看懂"、开发人员"易处理"的数据，同时实现对源端信息系统库表变更的"敏捷感知"和对后端数据应用需求的"敏捷响应"，统一业务字段应用，统一取数逻辑，同步减少数据问题发生环节，从根本上提升公司的数据管控和应用能力。

业务标准表采用"一级统一管理、两级分层建设、多方规范应用"的运营机制。总部组织编制统一的业务标准表，总部、省侧按系统部署层级分别开展建设工作，并在两级数据中台共享层交互贯通，保持数据规范统一。通过规范业务标准表涉及的设计、溯源、开发、检测等工作流程，提升标准表建设质效。

业务标准表体系的建立使得业务与技术深度融合，打通了专业壁垒、系统壁垒，不仅可以在中台共享层实现基于标准表的表级共享，更可以通过逻辑关系在中台分析层实现行级、字段级数据共享，真实意义上实现了跨专业的精准共享、按需共享，真正实现各专业对业务数据的"可控、能控、在控"。

3. 供应链数据治理能力建设

组织开展供应链数据质量核查，基于供应链数据质量管理体系和数据主人管理体系组织数据质量规则库建设，包括国家法律法规、公司物资专业相关制度要求、数据分析场景建设需求等业务规则和两级数据中台在数据传输、存储、整合、应用等方面数据质量技术要求等技术规则。同时，推进数据质量核查规则落地应用，采用样例数据核查、统计指标核查、ELK❶监测核查（链路一致性监控）、规则对比核查、人工抽样核查、场景应用核查等方式，多措并举排查数据质量问题，从而实现供应链数据质量核查规则常态化、规范化管理。

组织开展数据问题治理，针对技术类和业务类存量数据问题开展治理工作。技术类问题治理主要包括：通过数据重新抽取、优化配置、调整链路等方式开展的中台传

---

❶ ELK：一种日志分析管理系统。

输链路问题治理和开展二次溯源、优化取数逻辑、代码修正等方式开展的业务标准表数据溯源错误、取数逻辑错误、代码开发错误等问题治理。业务类存量问题治理主要包括：通过系统运维单方式和基于中台构建数据修正表方式，在严格履行审批手续后分别在源端系统和中台分析层进行修正（确保修正可追溯）。同时，推动修正数据应用。按照"一处修正、多处应用"的原则，组织推进修正数据应用，实现修正前后数据的有机融合，以用促建、以用促治，确保数据应用质量。

加强增量源端数据管控，采用制定数据质量规范和源端系统数据质量校验及管控功能加强源头数据录入的规范性管理。两级业务主人结合业务的标准化、规范性要求，组织制定本业务领域的数据质量规范，指导和监督本业务领域的数据生产主人落实数据质量要求，强化对源头数据录入质量的规范性管理。同时，针对应用比较成熟的数据质量核查规则，提出源端系统功能升级改造需求，在源端数据录入环节增加数据质量校验管控功能，实现源端系统数据的"边录入边校验"，杜绝数据"带病入库"。

强化物资专业数据质量管理工作考核与评价，围绕供应链业务标准表建设及应用情况、数据质量问题发生情况、数据质量治理完成情况等方面，构建面向各单位、各业务部门的数据质量管理工作评价指标，客观量化评价物资专业各单位、各业务部门数据质量管理工作质效。同时，常态化数据质量管理工作考核评价，以评促治、以评提质，将考核评价结果作为同业对标、评优评先的依据，激励担当作为，确保数据质量管理工作落到实处。

4. 供应链数据共享服务能力建设

在数据共享服务方面，公司不断深化数据共享与开放应用，通过构建广泛互联、标准统一、布局合理、管理统筹、安全可靠且具有公信力的外网数据中台，实现外部数据的可靠接入、高效处理和灵活应用，消除外部企业对数据安全的担忧，真正发挥行业级数据服务能力。围绕供应链领域核心业务，提供满足公司内部、链上企业、政府部门的灵活数据服务，为供应链高端智库建设打造全面、高效、可靠的数据底座，为链上企业提供可视、可用、可信的数据应用服务。

公司依据各专业数据的不同类型及不同安全等级要求，防范数据泄露、不当使用违规风险，制定数据共享负面清单管理细则。在技术防护、安全监测等方面全面强化供应链数据安全，保障数据使用安全，进一步打通专业壁垒，实现数据汇聚、融合和共享，充分发挥数据价值。

主要方法包括：①利用中台原生组件数据保护伞制定敏感数据识别，脱敏等安全策略，保障供应链敏感数据安全。②采用数据中台安全监测预警工具及云桌面等加强明细数据违规流转、数据非法操作等数据安全监测及远程查看中台数据时的安全防护。③利用数据中台接口监测工具加强中台服务接口的异常访问和违规调用的安全监测，确保数据服务接口使用安全；针对监测发现的数据安全风险，及时组织开展风险排查，确保各类安全风险及时完成闭环整改。④探索利用隐私计算技术开展绿色供应链数据与政府、企业等多方数据融合共享，实现"原始数据不出域、数据可用不可见"的安全要求。

（四）数据价值释放

以数据为核心，承上启下。对下是基于负面清单、定源成果，加载数据内容；对上按照应用需求，构建业务标准表，提供数据支撑，输出数据服务，针对数据应用需求的数据，开展数据主人制等工作，通过数据质量的提升，更好的支撑应用。各专业按需探索构建各类应用分析；通过建立以数据说话、优胜劣汰的运营机制，不断沉淀出高价值应用，实现数据快速共享。

结合物资供应链分析应用具体业务需求，以业务标准表为基础开展各专业分析模型的开发和部署，并通过数据大屏、数据报表、自主分析等多种模式进行开展数据查询、分析服务等应用形式对中台数据开展应用。

依托于两级数据中台，并结合负面清单管理办法，按照数据中台固化流程，实现数据在线申请、审批和授权等数据共享流程。公司数据共享流程分为负面清单外数据共享流程和负面清单内数据共享流程两类，在保证数据安全使用前提下，最大的释放数据价值。

服务方式：基于数据中台，以 API 服务、微服务的形式最小化稳定的向需求方提供数据支持，使数据资产充分参与到业务运营中，打通数据价值实现的最后一公里。通过业务的实现，体现出数据资产的价值，从而实现数据资产业务化。

（五）实施案例

1. 设备全过程贯通

电网设备全寿命周期涵盖电力物资从设计、采购、生产、运输、安装、运行到报废全过程，涉及公司内部跨专业部门、外部链上企业、合作机构等单位。

具体包括电网规划环节的发展项目数据、履约环节的经法系统合同数据、生产制造环节的企业生产数据、验收环节的设备质量数据、产品交付环节的检测认证数据、物资运输环节的物流轨迹数据、施工安装环节的基建安装数据、设备运行环节的运行监测数据、退役回收环节的报废处置数据等。

物资专业根据需求，设计并优化完善业务标准表，以跨专业业务场景应用为核心，以数据贯通带动业务流程贯通和优化，带动设备全局数据应用价值的发挥，推动设备全过程设备相关数据标准化、结构化、线上化，实物 ID 赋码全覆盖、设备基础信息全贯通、设备数据模型全统一工作，实现数据"一处生成、全局应用"，支撑在规划设计环节"选好设备"，物资采购环节"招好设备"和"造好设备"，工程建设环节"装好设备"和运行维护环节"用好设备"等"五好"工作。

在数据标准方面，充分考虑物资、基建、设备专业业务实际，借鉴 IEC－CIM（国际电工委员会统一数据信息模型）、遵循 SG－CIM 模型和物资专业业务标准表，开展统一设备物理参数和试验参数等模型设计，规范物资、基建、设备专业间业务描述语法、语义，确保各专业间业务术语一致，夯实设备全过程贯通基础、提升数据关联和贯通效率，实现设备技术参数和试验标准的企业级共享共用，支撑跨专业场景应用建设。

数据归集方面，通过两级中台数据链路的搭建，实现了 ECP、ELP 系统的监造、抽检数据及中标采购信息、供应计划信息、物资运输信息接入总部数据中台并下发至省公司。同时，一次设备物理参数信息接入总部电网资源业务中台并下发至省公司。

2. 质量专业两库建设

随着绿色数智供应链建设稳步推进，绿链云网中已汇集了核实、采购、供应、质量、评价、处理等各环节供应商结构化数据资产。依托"两级"数据中台，以业务标准表为载体，明确各类物资的统计细度、信息范围及结构化模式，同时加强数据源头治理，按照"先物资域内统一，再全寿命周期贯通"的原则，以物资域数据为基础，逐步涵盖财务、基建、设备、发策等业务数据，通过"供应商＋物资分类"和实物 ID 不断挖掘数据资产价值，实现供应商全寿命周期数据资产价值和设备质量的全链条监管，进一步提升质量发展创新动能。

数据归集方面，通过两级数据中台，基于业务标准表、SG－CIM 模型对供应商在各信息平台中存储的企业注册、核实、采购、供应、质量、评价、处理各环节汇集的海量结构化数据资产进行归集，解决了多部门、多专业、多系统的问题，同时在数据交互、获取、存储等方面保障了数据安全和共享等问题。

模型设计方面，围绕物资质量专业需求，对需求计划、招标采购、合同履约、生产供货、安装调试、运行维护、退役处置 7 个阶段涉及的业务环节，按照"五统一"的数据标准，对本专业及跨专业数据进行统一数据模型设计，并汇入供应链基础大数据库。

数据应用方面，围绕质量专业指标项目和数据结构现状，开展包含供应商、物资类别、实物 ID 和质量问题等维度的数据进行分析应用，从不同维度统计展示设备全寿命周期各阶段信息。同时，重构供应商全量数据资产信息，为供应商画像、价值创造、管理决策提供多维支撑。推动供应商全量数据信息深化应用，助力招标采购"好中选优"，服务公司"质量强网"战略。

第三节　国家电网公司供应链平台运营模式

一、运营模式建设背景

从国家角度，国家战略要求加快国有企业数字化转型，促进供应链服务平台生态建设。党的二十大提出"要加快发展数字经济，促进数字经济和实体经济深度融合，推动制造业高端化、智能化、绿色化发展"。除此之外，党中央要求大力提升产业链供应链现代化水平，分行业做好供应链战略设计和精准施策，推动全产业链优化升级，推动传统产业高端化、智能化、绿色化发展，加快推进服务业数字化转型。

从行业角度，能源电力产业链供应链协同发展趋势，促使公司应加快供应链公共服务平台运营模式转型升级。随着能源电力产业链上下游环节的不断紧密联系，供应链的协同效应日益凸显，不仅要求供应链上各环节之间的高效协同，也需要将资源优化配置和风险管理纳入整个供应链的考虑范围。这样的发展趋势使得供应链平台开展运营变得尤为重要。

从公司角度，公司应充分发挥产业链供应链核心企业作用，全力服务电网建设和链上企业高质量发展。作为关系国家能源安全和国民经济命脉的特大型国有重点骨干企业，国家电网公司应深入贯彻落实党中央、国务院决策部署，充分发挥供应链"链主"带动作用，建设绿色现代数智供应链，推动供应链平台从企业级向行业级转型升级。开展平台运营工作，有助于对内提高支撑能力，对外提高服务能力，带动上下游企业高质量发展。

从业务角度，开展供应链平台运营工作有助于业务多元化经营和长期发展，丰富平台业务，提高平台服务能力。依托于平台运营工作，可提升平台的决策能力和运营效率。高效开展数字化建设统筹，打造供应链"高端智库"，发挥行业级大脑中枢作用，促进提升物资采购全流程响应，强化跨专业协同，更好地满足供应链业务发展的长期需要。

国内外相关文献在运营的概念、范围、主要方法等方面进行了一定的研究。实践方面，对国内相关行业的平台运营情况进行调研，重点选取了同电网行业特点相近的能源、钢铁、航空等中大型国资背景企业所建设运营的平台。经分析，根据平台建设运营特点大致可分为两类，一类为"集团建设、独立运营"，指集团统一组织出资建设，由集团委托子公司或成立独立公司运营，平台运营重大决策仍需集团决策；另一类为"独立建设，独立决策"是指集团统一规划，并由专门合资公司（一般为子公司）开展平台建设运营，集团仅对运营情况进行政策指导和整体考核，不参与运营具体工作。

二、供应链平台运营模式现状及分析

（一）各平台运营现状整体梳理

2023年9月，国家电网公司物资部下发《国家电网公司绿色现代数智供应链发展行动方案》，明确打造供应链公共服务平台作为公司的重点工作任务。结合上述要求，总部物资部、数字化部积极组织推动行业级公共服务平台建设，建设电子商务平台（国网绿链云网），通过"九中心一商城"的方式，封装集成"五E一中心"ECP（含电工交易专区、再生资源交易等专区）、ELP、EIP、ERP、ESC等原有系统，更加高效、便捷地以"链主"身份为链上企业提供供应链全链条服务。

电子商务平台（国网绿链云网）整体由国网物资公司牵头支撑总部运营。对集成于绿链云网上的各平台，全面梳理其运营模式现状。具体如下：

电子商务平台（ECP），ECP为国家电网公司统一的招投标平台，是供应链核心业务系统。国网物资公司作为平台应用用户按采购、供应商管理、合同、供应等专业开展业务应用。为确保ECP主业系统承载业务运行的公信力，国网物资公司已组织取得ECP主业系统电子招投标系统认证证书，该证书主要是由第三方认证机构（中国网络安全审查技术与认证中心）对平台的招投标功能进行检测认证。目前ECP平台主要投入来源为电网数字化综合计划投入以及运维投入。

ECP电工交易专区，该专区面向国家电网公司系统内装备制造单位和省管产业单位等提供全流程电子化在线服务，于2020年5月上线，根据国网产业部、物资部产业综〔2021〕27 号《关于省管产业单位应用新一代电子商务平台开展采购活动的通知》等要求，专区由国网物资公司全资子公司中电国际货运代理有限责任公司（货代公司）负责运营。目前已完成 ICP、EDI 许可证办理并正式投入运营。主要工作包括支撑省管产业全流程、同质化管理、建立健全客户服务体系，对上支撑总部管理，对下服务平台用户业务开展，持续推动专区向行业用户拓展。目前平台主要投入为电网数字化综合计划项目、运维、技术服务类项目（运营支持、培训等）。平台的取费模式为向招标代理机构用户（未委托代理机构自行采购的向招标人）收取平台使用费。收取规则为：针对计费周期内开标项目，按标包中标/预估金额（有固定中标金额的常规项目按中标金额；无固定中标金额的框架类项目按预估金额）的万分之十计算收取，对于每标包平台使用费不足 100 元人民币的情形，按 100 元人民币收取；对于每标包平台使用费超过 5000 元人民币的情形，按 5000 元人民币收取。

ECP 再生资源交易专区，该专区是目前全网最大的电力废旧物资交易平台，为系统内各单位及回收商用户提供"一站式"报废物资处置线上交易服务。该平台按照物资综〔2020〕14 号《国网物资部关于开展新一代电子商务平台（ECP2.0）再生资源交易专区全面应用的通知》等要求，由国网物资公司全资子公司北京国网拍卖有限公司作为运营机构，目前已完成 ICP、EDI 许可证办理并正式投入运营。主要运营内容有专区用户信息审核及发布、平台业务支持保障、用户操作指导、平台服务费收取等工作。目前平台主要投入为电网数字化综合计划项目、技术服务类项目（客服、运营支持等）。平台的取费模式为按平台成交额的 5‰ 向竞价代理机构收取平台使用费（拍卖公司代理的省公司不收取）。

ECP 电网零星物资选购专区，该专区为国家电网公司系统内各单位提供零星物资在线选购服务，2020 年 8 月上线，已在 27 家省（市）电力公司推广应用，由国网物资公司按照国网（物资/4）1039—2020《国家电网有限公司零星物资及办公用品选购专区管理细则（试行）》要求负责运营，主要运营工作包括需求建设、培训答疑服务、总部管理支撑、联合采购、统计分析等工作。目前平台主要投入为电网数字化综合计划项目投入及运维投入。该专区目前尚未形成明确的运营盈利模式。

电工装备智慧物联平台（EIP），依据国家电网公司发布的国家电网物资〔2021〕636 号《电工装备智慧物联平台运营方案（试行）的通知》，国网物资公司为平台运营实施单位，负责成立质量监督中心、组建平台运营团队，支撑国网物资部开展平台业务运营和专业管理工作。品类中心牵头省公司是品类运营实施单位，组建品类运营团队，负责品类业务运营实施和总部业务运营支撑，从而形成"总部＋品类中心"两级运营管理体系，目前 EIP 平台已全面进入实用化应用阶段，平台主要投入为电网数字化综合计划项目投入及技术服务投入，平台目前尚未形成明确的运营盈利模式。

电力物流服务平台（ELP），平台由国网物资公司支撑总部开展 ELP 业务管理工作，下属中电货代公司开展终端管理、客服热线服务等工作支撑。目前，运输监控、配送规划两大核心功能已上线应用，运输监控模块已在全网实用化应用推广。目前平台主要投入为电网数字化综合计划项目、终端购置费用等。ELP 目前尚未形成明确的运营盈利模式。

供应链运营调控指挥中心（ESC），按照国网（物资/4）1089—2022《国家电网有限公司供应链运营管理办法》要求，国网物资公司是总部供应链建设运营单位，在国网物资部业务指导下，开展公司供应链建设及运营工作，主要职责为组织开展总部供应链运营平台运营，实施业务运营、功能建设及数据管理。主要运营工作包括支撑平台日常运营、支撑业务需求统筹管理、支撑平台推广应用、支撑用户开展分析模型的设计，支撑平台迭代升级，支撑供应链平台顶层规划、设计。目前平台主要投入为电网数字化综合计划项目、成本金－业务运营及数据治理投入。该专区目前尚未形成明确的运营盈利模式。

企业资源管理系统（ERP），自 2008 年开始建设，是国家电网公司统一资源管理平台，包括财务、物资、设备、工程、人力五大模块，其中物资管理模块作为物资领域的核心系统，配合多个 ERP 辅助工具，实现计划提报、采购订单、库存物资、资金结算等企业资源统筹管控，为公司内部人员使用。目前 ERP 物资模块主要投入来源为电网数字化综合计划投入以及运维投入。

一体化移动应用（e 物资），是国网绿色现代数智供应链中物资业务的一体化移动应用，通过 ECP2.0、ELP、EIP、电商采购专区等系统的移动整合，为总部及各省公司内外部用户提供一套完整的、统一的移动应用解决方案。转变传统物资作业模式，将计划、采购、物流、质控、评价、监察六大模块互动业务在手机终端一键办理，物资作业人员和供应商可以随时随地完成物资业务的操作。目前 e 物资尚未形成明确的运营盈利模式。

办公用品及非电网零星物资选购专区，2015 年 11 月试点上线，2016 年 9 月完成全网推广应用，由国网物资部归口管理，国网数科控股公司建设运营。选购专区面向国家电网公司各单位提供办公类及非电网零星物资电商化履约服务，提供入驻、培训、商品上架、订单流转、物流过程管控、在线客服、线上结算等服务，具备网页端及移动端。选购专区以物资精益管理、深度管控为核心，通过夯实物资标准化管理基础，支撑价格精准管控，全面强化供应链支撑服务能力。

（二）ECP 电工交易专区运营模式

运行案例：专区创新开展现场运维服务

随着"所有采购上平台"工作的持续和高效开展，电工交易专区应用进一步深化，业务规模不断上涨，开评标业务频率高、项目数量多、物理位置分散的特点愈发凸显，基层用户对于提高问题处置效率、进一步强化业务现场保障的需求更为迫切。专区坚持以用户为中心，基于"提升采购服务满意度"的原则，在企业微信群、电话、邮件等服务方式的基础上，创新性的新增了用户现场保障服务，由运营机构选派经验丰富的运维工程师赴开评标现场，为用户现场操作提供指导，协助用户快速开展规范化运维流程，采用"用户申请－运营机构审批－项目组实施－用户评价"四步闭环管理模式，年均保障采购项目 200 多个，涉及项目概算金额百亿级，用户评分 97.9 分，进一步完善了专区"远程＋现场"运维体系，有效加强贴近用户一线的服务能力，保障更敏捷高效，用户获得感和满意度进一步提升。

以下将是采购中心对主业外单位提供运营服务的专区进行运营模式介绍：

1. 专区基本情况介绍

采购中心电工交易专区（以下简称专区）于 2019 年 9 月启动建设，2020 年 5 月正式上线，主要服务于国家电网公司省级单位所属省管产业单位，国网南瑞集团、国网信产集团等直属装备单位，省公司所属全资、控股子公司，以及中国电气装备集团的采购业务。积极发挥国网供应链建设经验优势，带动电工装备上下游标准化、数智化水平提升，助力涵养和谐共赢电工装备生态圈，助推电网高质量发展。专区取得电子招投标法检测三星级认证，对接国家电子招标投标公共服务系统并按规定交换信息，被国家发改委认定为公共资源交易平台体系的组成部分，具有 ICP 备案、公网安备，取得 ICP（信息业务服务）以及 EDI（在线数据处理及交易处理业务）许可证等完备的运营资质，作为独立的第三方电子招投标平台，面向市场提供运营服务。

2. 专区系统功能架构

专区涵盖采购计划、采购标准、采购管理、供应商关系管理、运营管理等业务板块，具备轻量化采购管理（非招）功能，并与 ERP 系统、省管 CY－ERP 系统实现数据集成、业务贯通，支撑用户实现采购全流程数字化。采购中心电工交易专区功能总览如图 8−21 所示。

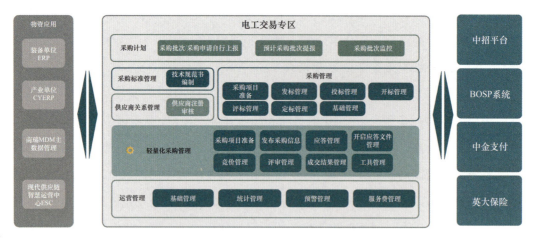

图 8−21 采购中心电工交易专区功能总览

其中，为了适应省管产业单位需求频高、采购时间紧、非依法必须招标项目多等采购特点，以非招标采购业务为抓手，依据"精简且轻量"的核心设计思路，有针对性开发了"流程短、角色少、效率高"的轻量化非招标采购功能模块，独立划为一个模块，与原有的采购管理、采购标准管理等模块相平行，涵盖询价采购、竞价采购、单一来源、竞争性谈判等采购方式，进一步优化采购流程，简化业务操作环节，优化系统角色数量，便于用户角色申请；增加引导式菜单栏、内嵌式提示等功能，显著减少招标人和招标代理机构、投标人的系统操作量，取得了良好应用成效。采购中心电工交易专区轻量化采购功能框架如图 8−22 所示。

图 8−22 采购中心电工交易专区轻量化采购功能框架

同时，为了更有针对性地支撑专区系统功能优化迭代，专区建立了多条需求收集渠道，充分吸纳主业完善优化内容，逐条分析，分类施策，形成适用于电工交易专区的需求，与主业需求常态化同步。每月组织开展用户需求收集工作，通过运营公告、企业微信群等渠道发布通知需求收集通知，对于具备条件的需求，按照优先级，纳入开发计划。

3. 专区运营服务体系

专区为了提升运营效果、效率和效益，建立了组织保障、机制保障、沟通培训、用户知识、运维保障"五位一体"的运营服务体系（见图8-23），实施全天候、全流程客户运营服务。

图8-23　"五位一体"的运营服务体系

（1）组织保障体系。国网物资公司下属中电货代公司作为运营机构，在专区建设初期，以柔性团队先行开展运营工作，随后正式设立平台运营中心，承担客户关系维护、供应商注册服务、用户培训服务、平台系统功能优化、数据统计分析、取费组织等运营工作，以及配合国网物资公司本部做好省管产业物资主数据、评标专家库、物资计划等同质化管理支撑工作，随着运营业务的不断拓展，同步完善组织建设，并与中国招标投标协会、中国电力企业联合会建立了良好的合作关系，智慧运营推进专区良性可持续发展。

（2）机制保障体系。结合运营业务实践，先后出台1项补充制度、8项运营机制，包括：《中电货代公司电工交易专区运营管理办法》（2023年底完成修订，进一步增补了数字化工作内容），以及《大项目保障工作机制》《信息发布管理机制》《微信群答疑工作机制》《培训工作机制》《线下培训工作机制》《与平台项目组工作机制》《现场管理工作机制》《与信通一二线运维工作机制》等一系列制度、机制，实现重点运营业务流程全覆盖，保障运营服务标准化、合规化开展。

（3）用户知识体系。根据系统功能、针对不同用户和采购方式，编写流程手册和操作手册。开发视频课程，包括全流程视频课程、关键节点短视频课程、系统规范操作视频、常见问题解决视频。编制共性问题案例集，定期搜集、汇总、梳理用户在系统使用过程中遇到的问题及解决方式，形成《用户百问百答》共性案例集，在每次培训后集中答疑环节进行交流宣贯，便于用户间相互借鉴、共同提高。

（4）沟通培训体系。按照"系统化＋差异化"思路，沟通方面，针对省管产业管理公司，建立一对一沟通服务团队，保持常态化沟通联络，及时收集意见建议，推动问题解决；实施大项目保证机制，针对存在分包总量多、单个大包多、潜在投标人多等情况的项目，跟进开评标等关键节点，提供全天候服务保障，必要时进行现场保障。另外，开通400服务热线，及时回复供应商注册审核、取费等咨询服务。培训方面，专区通过"线上＋线下"等方式为用户提供免费培训服务，建立常态化培训机制，培训思路，针对招标人、招标代理机构以及供应商，开发专业化培训课程，搭建仿真培训环境，供用户模拟开展全流程实操培训。面向招标人、招标代理机构用户，每年选择华北、华东、华中、东北、西北、西南区域的一个省份实施一次线下实操培训，提供仿真培训系统、师资、会场，在此基础上，为有特殊需求的省份提供专项培训。培训内容包括：集约化采购功能（含招标采购功能、非招标采购功能）、特有的轻量化非招标采购功能、采购申请提报、实操练习、问题收集和答疑。面向招标人、招标代理机构、供应商用户，高频次组织线上实操培训和线上视频培训，重点培训采购功能、投标功能等内容。面向所有用户，聘请总部集中采购法律顾问，开展招标采购法律合规培训和答疑，促进用户合规意识和合规水平提升。

（5）运维保障体系。专区作为一级部署数字化平台，由国网信通公司负责一线、二线运维，接听用户电话，处置运维问题；平台承建单位负责三线运维，配合一线受理排查解决运维问题。由于电工交易专区业务规模保持高位运行，用户活跃度高，存在大量系统外招标代理机构，对运维响应效率提出了很高要求。因此，在国网信通公司运维的基础上，中电货代公司有效补位，贴近一线终端用户建立了"远程＋现场"服务体系，创新了一系列做法：由运营机构承担专区整体运维费用，在用户操作指导、应用问题处置、用户现场保障等方面按需补充专职运维人员，为专区的运维保障力量提供有效补充；建立多个企业微信群，开通开评标紧急联络电话，结合采购业务敏感性，形成运维问题快速处置白名单，对采购项目进行全天候、全流程在线保障，发挥了直达一线用户，推动问题解决的绿色通道作用，畅通运维服务联络渠道，提高了沟通解决效率；基于数据分析结果，设定提供现场运维服务条件标准，结合用户服务需求，派员赴项目开评标现场提供运维服务，保证用户系统操作问题当下解决，系统运维问题加快解决，协助用户第一时间研判问题根源，推进运维流程合规快速开展，进一步深化与一线用户沟通，提升用户获得感；组织研发、运维团队驻场办公，实现运营团队与数字化团队实现一体化管控，运营机构深度参与需求分析、功能设计、用户测试，在提升了研发过程管控和运维问题处置管控质效的同时，也为运营机构培养了复合型人才队伍；参加"五 E 一中心"总部运行保障群，推动紧急问题快速协同处置。与 CYERP 团队建立联合工作组，推动建立省管产业信息化运行保障一体化运作机制，用户问题实现首问负责制，推动集成问题高效解决。

4. 数据统计分析工作

数据统计分析工作应适应物资管理模式、管控深度要求。基于目前省管产业物资管理"效率优先，效益至上"的要求，专区的数据统计分析工作侧重于夯实主数据基础、监控两级集中采购率、辅助管理决策三个方面。

支撑省管产业物资主数据管理方面，建立健全主数据常态化管理机制，加强主数据入库审核和治理力度，参照电网主业主数据"月度批次＋批次外"审查会议组织模式，对四万余条存量主数据进行压减；编制《主数据管理工作手册》，对省公司主数据申请材料和评审会议组织情况进行严格检查，开展新增主数据标准化审核，省管产业主数据实现有序增长，新增数据质量显著提高，整体提升了省管产业物资主数据标准化水平。

促进两级集中采购方面，针对省管产业框架采购大量存在、采购数据精确性不够、操作谨慎性不足等难点问题，中电货代公司花费了大量精力与产业管理公司、招标人、招标代理机构层层沟通，反复确认，尽量提升数据准确性。同时，开发数智运营助手，优化电工交易专区运营月报，强化采购数据多维分析，对数据填报不准确的情况进行通报督促，推动省市两级集中采购比例进一步提升。

辅助管理决策方面，不断优化统计分析功能，结合省管产业单位物资管理需要和用户意见建议，已在省市层面实现按采购方式、招标单位、招标代理机构、标包、项目类型、批次、年度等维度的统计分析功能，为省管产业管理决策提供数据支撑。

5. 未来展望

随着绿色现代数智供应链建设提速推进，专区将着力推进平台和服务升级、绿色和数智升级，分阶段分步走构建和提升业数融合水平，全力支撑绿链发展行动方案落地见效。

做好业务规划。战略架构方面，积极带动电工装备产业链融入供应链链主生态。深化与电工装备制造产业链的战略合作关系，促进电工装备生态圈高质量发展。数智化发展方面，加快成本投入向用户满意度的转化，快速度、高质量满足日益提升的一线用户体验需求。完善研发、运行和运营单位，以及跨系统团队之间的协同机制，推进 1＋1＋N 运营能力建设，挖掘数据价值，为客户赋能赋效。智慧化运营方面，加快构建合规支撑保障体系，加大外部法律力量引入，持续构建健全完善的风险防控体系。加强行业协同，与中国招标投标协会、中国电力企业联合会等行业组织建立常态化沟通机制，积极参与法律法规、行业标准和企业标准制定，全力支撑绿链发展。

做好时间规划。第一阶段：夯实自主规划和设计能力。开展业务和数字化融合能力建设。内外轮动、多渠道多层次引入专业化的数字化项目管理、业务顾问和运营人力资源，打造稳定、高质量和自主可控的顶层规划、产品设计和运营能力，形成平台型企业核心资产，有效降低对乙方研发单位的依赖性，为下一步具备完整解决方案能力奠定基础。第二阶段：培育完整解决方案能力。开展企业研发资质建设，取得研发业务必备的行业资质和认证，逐步培育完整的管理咨询、信息系统建设、运行和运营能力，持续推动向"建运一体化"完整解决方案提供能力发展，平台面向行业和社会更大范围用户提供服务，形成引领行业发展和生态圈建设的典型案例。第三阶段：打造行业知名平台型供应链服务企业。推动国家电网公司供应链管理和技术经验的大范围输出，带动供应链上下游协同发展，深度参与国家法律法规和行业标准制定工作，并起到引领作用，充分践行供应链"链主"责任，实现国网领先和行业知名的平台型供应链服务企业发展目标。

（三）ECP 再生资源交易专区运营模式

1. 物流中心再生资源交易专区介绍

物流中心再生资源交易专区（以下简称专区）是国家电网公司统一建设推广的报废物资处置业务专业处置平台，为系统内单位及社会用户提供"一站式"报废物资处置及在线交易相关服务。专区积极响应国家发展循环经济要求，坚决执行国网"双碳"战略，全力打造数字化"废""旧"物资智慧交易中心，是目前全国最大电力废旧物资交易平台。

国家电网公司自 2011 年开展报废物资处置平台建设，历经 ECP1.0 阶段、ECP2.0 阶段以及物流中心再生资源交易专区三个发展阶段，经过多年的发展与更新迭代，充分利用大数据、移动应用、人工智能等数智化成功，实现了全业务流程的线上应用及全场景数据的融通共享，为国家电网公司报废物资处置业务的管理提供了重要支撑，为实现绿色循环经济战略奠定了坚实基础，在提升全业务链规范化管理，落实环保责任，促进国有资产保值增值等方面均发挥了重要的作用。

2. 物流中心再生资源交易专区系统构建

（1）平台架构。物流中心再生资源交易严格贯彻国家电网公司绿色数智供应链整体设计思路，在物流中心再生资源交易专区侧实现报废物资处置主业务流程，并分别与财务管理 ERP 系统、经济法律审批系统、贯通、主数据管理 MDM 系统、运营单位自行组织建设 BOSP 系统，实现与各专业模块的协同管理。同时，物流中心再生资源交易专区也在 e 物资 App 中实现移动端应用。物流中心再生资源交易专区平台协同管理交互界面如图 8－24 所示。

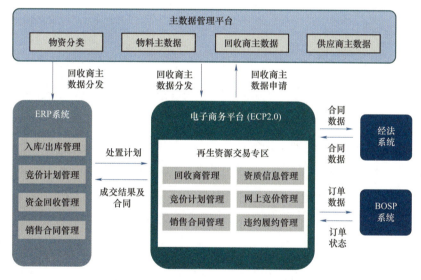

图 8－24　物流中心再生资源交易专区平台协同管理交互界面

（2）平台主要功能。物流中心再生资源交易专区建设设计综合考虑到业务、管理、运营于一体的数智化方向，一方面考虑充分利用线上操作优势，将业务实体标准化、数据化，减少各业务环节繁琐操作，大幅提高业务效率。另一方面通过丰富、人性化的设计，积极构造公开、公平、公正的营商环境，吸引回收企业入驻平台，建设规范成熟的线上交易市场。

功能包括报废物资现场核实管理、回收商管理、回收商资质审核、竞价计划管理、竞价前准备、竞价事件管理、销售合同管理、违约处理、履约评价和平台服务费管理等 9 个功能模块。物流中心再生资源交易专区功能模块架构图如图 8-25 所示。

图 8-25　物流中心再生资源交易专区功能模块架构图

3. 平台运营模式

（1）运营模式：物流中心再生资源交易专区网站基本运营模式采用 B2B 模式，主要用户包括报废物资处置单位、代理机构、回收商企业。运营单位通过"平台＋业务"优势以及行业影响力，为交易各单位提供专业优质的服务。专区目前核心服务主要有平台使用服务与拍卖代理服务。

（2）平台运营服务：平台使用服务是通过为报废物资处置用户或代理机构用户提供全流程报废物资处置功能，用户可在平台自行开展本报废物资处置，主要包括平台回收商管理、计划管理、网上竞价、中标分配等业务模块功能，自行开展报废物资处置活动，专区运营单位按照"覆盖成本，平稳运营"的原则，以成交金额 0.5% 的比例向竞价代理机构收取平台使用服务费。专区设置用户客服中心，为各类平台用户提供客户服务，客服中心可提供系统操作问题咨询、业务及功能培训、用户建议投诉受理等各项服务。客服中心坚持秉持"用心沟通、服务优先"的服务理念，为用户提供专业的服务。

（3）拍卖代理服务：拍卖代理服务是运营单位除平台使用外，提供的另一项主要服务，是向没有报废物资处置能力的单位提供"一揽子"的报废物资处置全流程服务。服务内容主要包括计划收集、现场踏勘、文件编制、公告发布、组织拍卖会及回收商管理等。平台代理服务不向处置委托单位收费，按照处置金额一定比例约定向中选回收商进行收费。

4. 平台运营服务特色

（1）全流程线上应用，大幅提升用户体验。实现了计划申报、网上竞价、合同管理、回收商管理等业务的全流程线上应用，进而实现了全业务链条的数字化应用和管理，同时结合互联网和数字技术开发了一键分包、远程回收商资质信息审查、移动端应用等实用功能，大幅提升用户体验，报废物资线上处置更加高效、智能、便捷。

（2）丰富的回收商库资源，大幅提升处置效益效率。专区具有丰富的回收商资源，统一回收商库数量 600 余家，处置范围涉及电网变电站设备、生产线设备、电缆电线等线路材料，办公用品、电脑电话等 IT 产品、固定资产报废等，良好的营商环境，对回收商参与具有很强吸引力，规模效应显著，解决了地域限制，竞价不充分等问题，处置效益效率均高于市场平均水平。

（3）规范化的拍卖代理服务，大幅降低廉政风险。专区建立了回收商、委托单位、标的物之间的"三隔离"廉政管控机制，彻底杜绝回收商集中看货时与仓库保管人员的接触，大幅降低委托单位的廉政风险。"三隔离"机制特别适合规模较大、对廉政风险防控要求严格的央企，使用平台拍卖代理服务的各地省公司及装备制造单位均未在报废物资处置领域发现廉政风险。

（4）拥有专业的报废物资现场踏勘团队，实现精准化处置。平台运营单位拥有一支专业的报废物资现场核实团队，为委托单位提供标的物现场核验服务，通过标的核验，大幅减少了因为计划不准确、仓库管理不规范带来的纠纷、扯皮现象，为委托单位提供了有效的管理支撑。

5. 未来展望

（1）打造行业级供应链公共服务平台。目前物流中心再生资源交易专区初步实现了绿色智慧供应链设计目标，通过平台规范并提升了国家电网系统整体报废物资处置和管理水平。未来，平台将升级再生资源专区平台架构，以国家电网公司废旧物资处置业务管理经验为基石，以电力设备回收商库为重要平台资源，以电工装备制造业为发展抓手，推进再生资源交易专区系统功能建设，不断提升全流程、全业务、全场景服务能力，打造行业级领先的对外服务能源电工装备竞价平台。一是针对央国企管理特点建设标准化废旧物资处置服务平台，实现央国企报废物资处置"即来即用"的"一站式"服务。二是面向自有系统的外部企业用户，提供模块化应用服务（SaaS 服务），例如物资处置线上竞拍模块，回收商库管理模块等。三是针对有系统建设需求的用户，在平台建设该公司或集团的"竞价专区",针对该用户特点在平台量体建设专属平台模块。

（2）构建全网统一回收商库。为贯彻国家关于加快建设全国统一大市场意见,落实国家电网公司电网高质量发展战略,深化绿色现代数智供应链建设运营,物流中心再生资源交易专区加快统一回收商库建设与管理,优化回收商分类,加强回收商注册和资质审核,强化竞价协议、保证金集中统一管理,规范各单位履约及评价管理,强化回收商违约管理,推进国家电网公司回收商库"六统一"管理,实现回收商"一次注册、统一审核、全网通用、随到随竞"。推进主业、产业报废物资同质化管理,推进产业单位报废物资竞价"进专区、上平台"。

（四）国网商城运营模式

1. 基本情况介绍

国网商城通过整合优化国家电网公司供应链资源,以零星物资选购专区、电力工业品商城、个人专区等为核心业务板块,建设成为服务公司内外部的统一物资电商化窗口。零星物资选购专区作为国家电网公司对内服务的窗口实现了从采购到履约的全流程线上化贯通,为用户提供优质服务、辅助各单位规范化管理。个人专区将利用集中采购优势部署的优质低价商品共享给个人用户。电力工业品商城作为公司对外服务的窗口,将国家电网公司优质的采购结果、成熟的供应链管理经验、规范的采购和技术标准等向产业链、供应链上下游输出,打造专业化、市场化、服务型垂直电商平台,带动能源电力产业链供应链协同发展。国网商城业务架构图如图 8-26 所示。

2. 系统架构支撑体系

国网商城通过系统迭代升级,应用商户服务、商品服务、订单服务等业务组件,API 网关、搜索中心、BI 分析❶等技术组件,支撑国网商城统一的商户入驻、线上化合同签署、标准化商品、合同履约管控等,优化用户选购履约体验,提升服务效率效益。国网商城系统架构支撑体系如图 8-27 所示。

3. 服务支撑体系

国网商城充分发挥多年积累的电商交易优势,逐步形成成熟的"平台+运营+属地"电商化服务支撑体系,不断提升运营服务能力、持续输出增值服务,深化规范管控、强化数智升级、智慧财务结算、深耕属地服务,全力支撑供应链全链条管理提升。

---

❶ BI 分析:商业智能分析（Business Intelligence）。

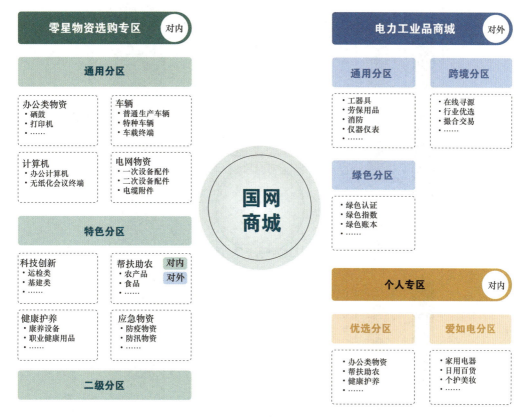

图 8-26　国网商城业务架构图

（1）深化规范管控。将合同执行、质量控制、验收交付、货款支付等管理要求嵌入系统，全流程线上化履约，并对履约供货关键节点进行监控预警；应用"一单一评"及多维评价体系，提供履约质检在线管控服务，并通过在线质检模块强化质控结果应用，严格质量监督，健全供应链质量管理体系。

（2）强化数智升级。将大数据建模及分析技术应用于电商物资管理各业务场景，构建多维分析模型，辅助各单位风险提示预警及闭环管控，提升采购决策及管理水平，驱动国网商城数智化转型升级。

（3）智慧财务结算。建设线上自动清分结算体系，并建立货款催付系统机制，监控订单支付状态，大幅减少应付账款拖欠，助力供应商缩短账期、提高资金流动性。

（4）深耕属地服务。搭建覆盖全网各层级的属地服务团队，组织供应商入驻开店，提供多场景培训，拓展电商化采购的物料范围，梳理中标合同及商品信息并做好上架部署准备，收集问题建议并跟进处理进度，开展用户履约协调等，持续推动服务质效提升。

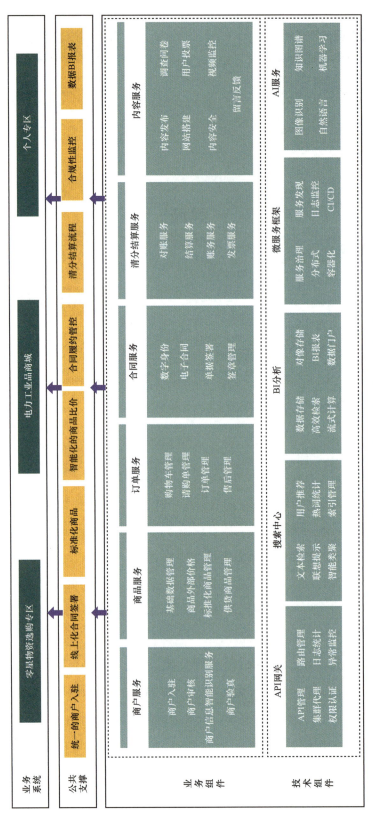

图 8-27　国网商城系统架构支撑体系

4. 未来展望

未来国网商城将沿着规范化、精益化、数智化方向深化管理提升，进一步发挥电商交易价值，支撑公司绿色现代数智供应链建设。

（1）通过调研、交流、分析等方式，排查电商化价格管控、选购履约中的潜在风险点。借鉴外部电商平台、内部各单位的典型做法经验，建立工作机制、制定优化措施、形成解决方案，分步分阶段推进落地，进一步提升价格管控、履约规范管理水平。

（2）建设国网商城运营分中心。建立用户行为分析模型，针对重点履约场景数据可视化呈现，将模型分析成果、数据运营看板分阶段建设部署，实现电商化板块各环节内容的全景可视、动态监控，提升电商交易运营管理规范化水平。

（3）开展智能匹配模型建设。应用大数据、人工智能技术，基于价格、履约等数据，设计框架协议智能匹配模型；搭建配额均衡选购智能引擎，隐藏供应商信息，根据用户的预选需求和系统预设的匹配策略，智能匹配生成请购单，实现智能化均衡选购，提升各单位选购过程规范管控。

三、供应链公共服务平台整体运营模式设计

电子商务平台（国网绿链云网）是能源电力行业级的供应链管理平台，封装ECP、EIP、ELP等平台，为链上企业提供涵盖规划设计、需求计划、招标采购、生产制造、产品交付、履约执行、施工安装、运行维护、退役回收九大环节的供应链全过程管理，构建"九中心一商城"模式。同时，平台能够支撑能源电力产业链供应链的绿色发展、科技创新、协同合作、资源共享等管理，推动能源电力产业链供应链贯通融合，帮助实现上下游企业各环节、产品全寿命周期的有效衔接、高效运转，提升供应链的系统性、整体性、协同性，利于重塑产业生态价值链。

为推动国家电网公司对外服务平台高质量发展，国家电网公司2024年下发《关于规范公司对外服务平台建设应用的意见》，对平台规范性建设提出要求。对外服务平台是公司面向社会提供服务的重要渠道和载体，按照支撑业务性质不同，将对外服务平台分为市场化业务类、管理服务类、受政府委托类三类。根据要求，电子商务平台（国网绿链云网）国网商城归类为市场化业务类平台，支撑公司市场化业务发展。除此之外，电子商务平台（国网绿链云网）其他部分归类为管理服务类平台，支撑公司各专业对外管理及客户服务。国网物资部是平台业务管理部门，国网物资公司为平台建设运营单位，国网信通公司为平台运维单位。

（一）业务运营

业务运营由本专业业务人员负责，通过有效的资源配置和过程管理，优化流程、降低成本、提升产品质量和客户满意度，确保企业能够高效地生产或提供优质的产品或服务，对内提高支撑能力，对外提高服务能力，支撑企业高质量发展。电子商务平台（国网绿链云网）"九中心一商城"由本专业业务人员负责提供业务运营服务。

1. 计划中心

计划中心深化全网采购需求统一管控，动态优化采购目录，科学编制采购批次，强化全网采购数据运营分析，全面提升计划源头管控效能。该中心主要以支撑采购需求计划提报、审批、采购目录修编等内容为主，由国网物资公司物资计划专业业务人员统一负责业务运营。

2. 采购中心

采购中心是供应链招采的供应链招采业务窗口，国家电网公司数字化转型升级的重要依托，有效保障总部集招及全网共享共用，规范采购全流程，提供招标采购、非招标采购、资格预审等企业物资采购和服务采购管理相关服务能力。该中心以支撑招标采购等内容为主，由国网物资公司招标采购专业业务人员统一负责业务运营。

采购中心电工交易专区面向国家电网公司系统内装备制造单位、省管产业单位等提供招标采购、非招标采购等全流程电子化在线服务。该专区由国网物资公司下属中电货代公司统一负责业务运营。

3. 合同中心

合同中心为公司物资专业内外部用户提供各类合同签订、变更、履约、结算全流程服务，支撑合同管理标准化和规范化，同时为基建、设备、营销等有关专业提供合同签订、协议库存签订、技术变更管理协同支持。该中心主要以支撑物资类、服务类合同的签订、审批、履约和结算等内容为主，由国网物资公司合同结算专业业务人员统一负责业务运营。

4. 质控中心

质控中心定位为构建开放共享的物联体系，打造"透明工厂"，构筑供应链供需协同、数据共生共享的新生态。平台面向国家电网公司各下属单位、电工装备制造商、第三方服务机构等单位，提供质量监督管理、供应商关系管理、订单跟踪、智能监造、产能分析、在线支持、质量评价、行业对标、产融融合等服务。该中心主要以支撑内部管理为主，由国网物资公司质量监督专业业务人员统一负责业务运营。

5. 物流中心

物流中心定位为通过数字化赋能物资精准配送，打造物资运输全程可视化管理。平台面向国家电网公司各单位，设备承运商、供应商，物流仓储公司、技术服务提供商提供运输监控、配送规划等服务。该中心主要以支撑内部管理为主，由国网物资公司物资供应专业业务人员统一负责业务运营。

物流中心再生资源交易专区定位为统一的大规模报废物资处置平台，提供一套规范化的服务和管理标准、绿色安全的再生资源处置方案。专区面向全网资产处置单位，包括总部及各省（市）电力公司、各直属单位、部分省管产业单位及回收商，提供包括回收商管理、竞价计划管理、竞价前准备、竞价事件管理、销售合同管理等服务。该中心由国网物资公司下属北京国网拍卖有限公司统一负责业务运营。

6. 标准中心

标准中心是供应链标准交流共享窗口，提供能源电力产业链供应链技术标准、数据标准和管理标准等相关服务。该中心由国网物资部统一建设。该中心主要以支撑标准资源、供应链标准制修订、供应链标准线上管理等内部管理为主，由物资公司标准化专业业务人员统一负责业务运营。

7. 合规中心

合规中心为供应链业务提供支撑保障服务，规避违法违规经营风险，达到护航供应链高效合规运行的目的。建立事前预防、事中监督、事后督办闭关管理机制，并提供了监控预警平台、风险知识库、风险标准库服务，为业务开展提供有效支撑。该中心主要以支撑监督和专家等内部管理为主，由国网物资公司合规专业业务人员统一负责业务运营。

8. 数智中心

数智中心依托数据中台构建运营分析、风险监控、资源统筹调配等全链业务分析模型，建设兼具"五全""六统一"运营体系，打造供应链"大脑中枢"。加强与政府部门、链上企业、合作单位数据归集，实现跨专业、跨系统业务和数据互通共享。该中心主要以运营分析、风险监控等为主，由国网物资公司数智专业业务人员统一负责业务运营。

9. 绿色中心

绿色中心聚焦电工装备、电工装备生产企业两个维度，建设"绿色低碳因子库、绿色低碳模型库、绿色低碳评价要素库、绿色采购评审细则库"。服务国家电网公司绿色现代数智供应链高质量发展，以实际应用带动产业链上下游绿色低碳可持续发展。该中心主要以绿色采购等内容为主，由国网物资公司绿色专业业务人员统一负责业务运营。

10. 国网商城

国网商城作为国家电网公司电商化采购在线交易平台，提供零星物资选购专区、电力工业品商城、个人专区等服务能力。该中心主要以支撑办公用品、电网/非电网零星物资、电力工业品等选购下单履约内容为主，由国网数科控股公司统一负责业务运营。

（二）数字化运营

数字化运营是指通过构建协同、高效、可视化的供应链管理系统，整合物流、信息流、单证流、商流和资金流等各个环节以促进交易和信息流动，为用户提供高质量的服务和优质的用户体验，实现平台生态系统的协同发展。依据《国家电网有限公司电网数字化建设管理办法》《国家电网有限公司电网数字化项目工作量度量规范》等相关要求，以"满足客户需求，推动信息系统平台的可持续发展"为数字化运营目标，按照"资源盘点、运营统筹、业务赋能"的体系方法，明确统一的数字化运营服务内容，探索实现满足物资公司实际的业数融合运营模式。

为全面提升各专业数字化能力，要求专业部门与数字化管理部门"双向奔赴"，构建业务工作与数字化能力的双生驱动力，让专业人员更懂数字化、数字化人员更懂业务，以实现"将数字化能力建在业务上"的目标。

1. 设立"专业哨兵"，提升专业数字化能力

业务人员在日常业务运营的基础上，负责参与本专业数字化建设全过程。注重内部数字化人才培养，建设"1+N"的资源配备模式，联合专业支撑单位优势资源，组合形成各专业数字化"哨兵"，负责全面落实架构、数据、流程和管控等工作任务，培养一批既懂业务又懂数字化的复合型人才。通过内外部资源的充分磨合，帮助各专业自有人员沉淀数字化能力，逐步培养成为高端的数字化人才，推动各专业由信息化向数字化的快速转型发展。

（1）沉淀内部数字化能力。根据业务特点各专业内部分解为 N 个板块，配备 1 个数字化总监和 N 个数字化专责。数字化总监需要全面掌握本专业全局的架构、流程、数据等数字化能力，具备本专业业务流、数据流的全局思维，有很强的数字化内驱力；数字化专责是按照专业板块配备，需要掌握本板块的架构、流程、数据等数字化能力，

支撑数字化总监全面做好各专业的项目管控工作。

（2）内嵌外部资源，牵引业务数字化工作。作为业务与技术的"桥梁纽带"，资源都是来自支撑单位的中高端人才，以驻场形式，支撑各专业业务人员开展业务架构、需求分析、数据分析、业务管控等数字化工作，能够发挥积极带动作用，并与建设运营工作有效衔接。

（3）自采专业支撑，保障业务常态化运营。由各专业部门根据业务工作需要，自行采购人员，常态支撑运营业务工作。

2. 孵化"数字引擎"，探索平台型运营模式

数字化管理部门作为国家电网公司数字化建设与运营主要牵头部门，将数字化能力向专业部门渗透，把控专业部门的需求和业务痛点，站位供应链全局和全寿命周期的数字化管理要求，对全部的数字化能力进行"整装"，提供统一的、动态适配的数字化运营服务。通过搭建数据管理、运维管理、客户服务、安全管理和数字化运营的"4＋1"积木，为公司物资供应链数字化建设与运营提供动力引擎。随时了解并学习数字化发展方向，掌握大数据、人工智能等数字技术的快速更替，迭代升级公司数字化能力创新动能。

（1）强化数据管理，夯实数字化数据基底。数据管理数据运营分析的基础，主要开展数据标准化、数据质量治理、数据资产管理等一些数据管理工作，如业务标准表设计、数据质量规则制定、问题分析与治理、数据资产盘点等。

（2）强化运维管理，全面做好建转运服务。覆盖系统层面的运维工作，如 CPU负荷分配、I/O 监控、存储容量调配，系统故障诊断等。

（3）强化客户服务，提升外部用户满意度。通过建立统一的客户服务团队，协同专业部门为投标商、物流商、回收商等外部客户提供支持服务，推进公司各平台系统自主产品及商业模式的策划，全面提升外部用户的满意度。

（4）强化安全管理，保障安全运行规范化。开展安全合规评估、风险评估和安全防护等系统级安全工作，是数字化运营的底线和红线。

（5）强化数字化运营，发挥数字化统筹效能。数字化运营公司运营工作的关键与核心，参照数字化管理运营要求，结合日常运营管理工作，归纳为总体架构管控、项目整体管控、常态运营分析等 7 个方面的重点运营内容。

（三）自主运营

自主运营专区涵盖电工交易专区、再生资源交易专区、电网零星物资选购专区三

个专区，采取自主运营模式，在数字化管理部门统一指导下，按照数字化建设与运营需求，参照资源池设置动态配备资源。

（四）人才资源池

为全面支撑好专业部门、数字化管理部门的数字化工作，统筹汇聚架构设计、数字化运营、项目建设等重要环节及岗位人才，形成一个数字化人才资源池，由数字化管理部门进行整体管理，并按照专业业务需要统筹资源的采购与分配。资源池涵盖了架构资源圈、运营资源圈、建设资源圈的高级专家、资深经理、技术支持等各类型人才。

（1）构建架构资源圈，撑起数字化"骨架"。以外派驻场形式，全面支撑专业部门开展业务架构设计、业数融合驱动、业务建设管控、专业能力增值等工作，按照"一拖三"形式配备资源，即业务架构与需求分析、数据分析、业务管控搭配，并按照专业业务需求体量采购相应数量的资源。

（2）构建运营资源圈，疏通数字化"经络"。以数字化管理部门数字化运营管理工作为基础，对专业业务架构工作进行把控，开展运营成效分析、客户价值服务、数据挖掘创新、数据基础管理、安全稳定运行等运营工作。

（3）构建建设资源圈，填充数字化"血肉"。参照《电网数字化项目建设管理办法》规范要求，重点关注需求分析、架构设计、软件设计、上线测试和项目验收 5 个数字化建设过程，按照专业部门建设管理要求，全面做好数字业务建设、技术迭代升级、架构支持实施等支撑工作。架构资源圈对业务方面的建设内容进行管控，运营资源圈管控涉及数据标准、数据资产等建设内容，根据需求，动态配备架构实施、系统研发、基础优化、系统实施等建设资源。

（五）企业内部市场化管理

企业内部市场化管理是一种管理方式和运行机制，是指企业通过划小内部核算单元，引入价格机制、供求机制和竞争机制，以模拟市场交易的方式替代原有的分工协作或行政隶属关系，组织开展内部生产经营活动的一种经营管理模式。这种方式可以充分挖掘企业潜力，增强企业活力，在提高企业市场运作效率的同时提高企业的整体经济效益。

第九章　供应链数智化未来展望

随着新业态的不断涌现、管理模式的持续优化和技术的创新发展，未来供应链业务必将向着更加数智化、更加高效化、更加灵活化的方向发展，发挥电力、新能源等行业"链主"企业带动作用，打造工业互联网平台，带动产业链上下游广大企业普遍接入，实现全产业链上下游数据互通，有效提升供应链协同效率、准时交货率、供货速度和库存周转率等。

本章从全球战略科技对供应链发展趋势的影响入手，对未来供应链发展的关键技术进行识别，对关键技术可能引起的变革进行分析。然后，基于技术的发展变革对供应链数智化发展未来趋势进行研判和展望，为国家电网未来的供应链发展提供初步的方向指引。国家电网作为新型电力系统产业链链长，打造国网绿链云网工业互联网，发挥央企政治、经济、社会责任，打通行业、领域工业平台的垂直壁垒，带动产业链供应链高质量协同发展。

第一节　全球战略科技对供应链发展趋势影响

基于对未来重要战略科技趋势的梳理，本节分别从超级自动化、下一代机器人技术、数字孪生技术以及生态系统合作技术等四个重要战略科技技术视角探讨其对供应链变革的重要影响。

一、超级自动化对供应链变革的影响

超级自动化从 2022 年开始，上升为 2.0。超级自动化是一种业务驱动的方法，组织通过协调使用多种技术（例如人工智能和机器学习）来快速识别、审查和自动化尽可能多的业务和 IT 流程。超级自动化 2.0 超越了最初对人工智能和机器学习的关注，并集成了技术组合中的其他技术和工具。超级自动化 2.0 将成为仓储、运输、生产等

领域举措的一部分。解决方案将包括仓库或堆场管理领域的智能远程履行网络和个性化电子商务应用程序。超级自动化进化变革如图9-1所示。

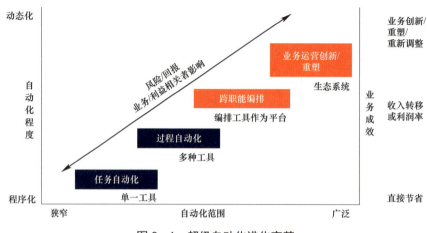

图9-1 超级自动化进化变革

二、下一代机器人技术对供应链变革的影响

以企业为中心的下一代机器人正迅速从科幻空间转移到现实生活中的生产平台，改变着各行各业。这些机器人更加灵活和自适应，并已可以应用于各种任务。未来，公司将拥有异构的机器人车队，其中必须在不同机器人之间协调工作——这意味着机器人必须相互交互，并且需要与电梯、门等其他类型的自动化设备进行通信。

下一代机器人以移动性、感官感知和自适应学习为中心的能力整合-利用人工智能自动化以前由人类执行的功能。随着技术的不断进步，下一代机器人也在不断进步。这些机器人带来了更快的速度、准确性和可重复性。下一代工业机器人可以真正为生产线带来更高水平的生产力，并为公司节省时间和金钱。

与传统工业机器人相比，下一代机器人更易于配置和使用。技术进步，包括机器人定位系统、嵌入式视觉系统和复杂的行为软件，使工人能够训练机器人。例如，可以通过移动它们并指示它们预期去哪里或执行不同任务来进行机器人训练。

很少有新一代机器人是敏捷的。机器学习和计算机视觉等技术帮助这些机器人识别物体并训练它们。高敏捷性正在广泛被应用到仓储和配送、手术和食品加工中。

三、数字孪生技术对供应链变革的影响

数字供应链孪生（DSCT）是数字主题的一部分，它描述了数字世界和物理世界的日益融合。物理供应链是指从原材料采购开始，经过生产加工，到最终产品通过销售网络送达消费者手中的整个过程中，所涉及的所有物流活动和环节。而数字供应链孪生是物理供应链的数字化表现，它从整个供应链及其运行环境的所有相关数据中派生。它是本地和端到端（E2E）决策制定的基础，可确保所有决策在整个供应链中横向和纵向一致。通过与现实世界的连接，态势感知能力大大增强，决策可以更快、更准确。

数字供应链孪生是数字供应链战略性的新基建。按照 Gartner 对新兴供应链技术的预测，到 2026 年，约 80%的组织将因未能整合其数字供应链孪生和控制塔计划而遭受重大价值损失。对寻求数字增长的供应链组织，数字供应链孪生已经不是可有可无的、有更好的，而是必须拥有的能力。

中国数字化领先的企业都正在或已经采用这项战略性技术来改造传统的供应链。今天的供应链正变得复杂而脆弱。因此，供应链管理者需要创造和释放智能供应链的价值。智能供应链需要连接性、可见性和敏捷性，并且需要集成化和智能化。数字孪生概念满足了这些要求。因此，数字孪生驱动的供应链可作为智能供应链的创新和集成解决方案。

四、生态系统合作技术对供应链变革的影响

生态系统协作工具是数字技术和服务，可为人们创造协作工作环境并产生新的、持续的共享价值机会。许多企业的供应链没有与关键利益相关者建立基本的通信或数字连接，例如多层供应网络或包装网络——这对决策产生了影响。生态系统协作解决方案和服务建立了基础网络可视化和映射工具，以支持持续成熟，以推进跨人员、数据、机器、系统、流程和事物的实时数字连接。

传统的客户和供应商之间的单一联系在危机情况下通常没有足够的弹性，因此供应链领导者必须通过增加更多合作伙伴和建立生态系统来应对这一挑战。然而生态系统提高供应链弹性和创造战略价值的关键是生态系统的合作和协作，因为它有助于提高供应保证、预测准确率、库存管理合理性，减少订单履约异常、提升流程合规性并提供对潜在供应链中断的可见性，从而极大提高供应链弹性。

第二节　供应链数智化发展趋势及未来展望

一、供应链数智化发展趋势

（一）供应链数智化发展的时代要求

国务院国资委研究中心发布的《央企高质量发展报告（2021）》指出，中央企业要加快推动数字化转型，近 60 家中央企业设立了数字产业公司，以 5G 通信网络、IDC（数据中心）为代表的新基建明显加快，中央企业在数字化转型赋能高质量发展方面取得了显著成绩。随着 5G、大数据、云计算、人工智能、区块链等新技术的广泛应用，当今社会已经全面进入数字化时代，中央企业纷纷寻求数字化转型发展道路，推动企业走上高质量发展的快车道。

除政策要求外，随着新经济、新时代的发展，市场也对企业提出了诸多新要求，主要体现在多元交互更精、创新力度更大、普惠辐射更广、开放链接更深、有序治理更强、减碳能力更高等六方面。

（1）多元交互更精：更加安全可靠，强调供应链数智化发展中的工具性。我国供应链数智化转型获取有效的信息，需要通过有精度的"多元交互"加速成为多元业务驱动、多元行业赋能的供应链重构和数字化转型超级入口，实现快速、及时获得安全数据，有效保障供应链安全稳定可靠。

（2）创新力度更大：更加智慧高效，强调供应链数智化发展中的智能化。我国供应链数智化发展实现优化决策，需要通过有力度的"创新驱动"引导供应链利用新兴信息通信技术步入高效竞争力发展方向，实现供应链重构和数字化转型价值赋能和价值反哺。

（3）普惠辐射更广：更加协调顺畅，强调供应链数智化发展中的相关性。我国供应链数智化发展实现层次高度连接，需要将不同"市场运营主体""商业运作平台"和"资源配置平台"3 个层次通过新兴信息通信技术形成相互关联、相互依存的网络关系。通过有广度的"普惠辐射"在持续创新的过程中实现蝶变，为供应链数智化发展中更多元的群体提供更加普惠、更有温度的协同新通道。

（4）开放链接更深：更加高附加值，强调供应链数智化发展中的整合性。我国供应链数智化发展实现整链协同合作，需要通过有深度的"开放链接"推动我国供应链走出去成为叙述中国故事更好的描绘新方式。

（5）有序治理更强：更加公平公正，强调供应链数智化发展中的自动化。我国供应链数智化发展实现信息化驱动，需要通过有强度的"有序治理"防控信息不对称和机会主义的道德风险，为供应链数智化发展提供了更加有序、更加公平、更多元化的治理新平台。

（6）减碳能力更高：更加可持续，强调供应链数智化发展中的创新性。我国供应链数智化发展能够推动全链的创新，我国制造业全球供应链重构和数字化转型就是将结合社会责任的"底线要求""合理期望"和"贡献优势"3个层级，通过全新的方式创造新价值实现经济社会可持续高质量发展。通过有高度的"减碳担当"持续加大我国供应链的生态系统建设，绿色发展已经成为供应链数智化发展的健康新标签。

（二）供应链初级数智化

1. 供应链初级数智化概述

在供应链初级数智化情况下，企业采购与供应链数字化领域具有支撑业务操作或采购管理的1个或若干个信息系统，但采购信息系统陆续、分散建立，未实现信息系统集成；未建成采购与供应链数字平台或即使建立了也未得到全面应用；无法实现采购数据全程互通与信息共享。依托信息系统实现了某个或某几个业务场景的线上操作与管理，未实现采购与供应链全流程、全场景的数字化应用。

2. 供应链初级数智化要求

（1）供应链体系设计要求。企业在战略规划中设置供应链相关战略任务和考核目标，并匹配相应的人、财、物等支持资源，能对供应链战略任务执行情况进行跟踪、评测；设立供应链管理的独立运营团队，配备具备供应链管理、信息技术应用等技能的相关人员，可开展供应链核心业务单元的数字化管理；确立科学的供应商、制造商、服务商、经销商选择标准和合作规则，并与核心合作伙伴建立稳定的合作关系；规划形成多源单链状的供应链结构，并能明确并调整供应、生产、物流、销售等供应链关键节点地址；根据企业业务需求，结合供应链网络结构，合理配置并及时调整供应链关键节点的物料、人力、设备等资源和生产、仓储、物流等能力。

（2）供应链平台赋能要求。按需部署 ERP、SRM❶、CRM❷、WMS 等数字化工具，并应用自动化产线、自动化仓库等自动化设备，支撑计划、采购、生产、交付和

---

❶ SRM，即 Supplier Relationship Management，供应商关系管理。

❷ CRM，即 Customer Relationship Management，客户关系管理。

服务等供应链关键业务单元的自动化执行；应对需求、订单、计划、采购、生产、物流、库存、服务、资金等主要供应链数据进行定期采集，并以数字化方式对其进行规范化存储和管理；对需求、订单、计划、采购、生产、物流、库存、服务、资金等主要供应链数据进行统计分析，并以可视化形式展示供应链主要业务单元的运行情况；对产品、物料、设备等实体对象，以及订单、业务等非实体对象进行唯一标识。

（3）供应链业务运营要求。利用数字化工具制定企业的采购计划、生产计划、物流计划等，并可对供应链计划执行情况进行跟踪和反馈；利用数字化工具开展供应商寻源、评价与管理，并实现采购流程的在线执行与跟踪；应根据生产计划和订单信息，利用数字化工具，科学编制排产计划、高效执行生产任务，并对生产运行过程进行实时跟踪和可视化展示；利用数字化工具对订单基本信息进行记录、跟踪与维护，开展产品入库、出库、盘点和物流配送的高效执行和可视化管理，基本实现订单准时交付。

（三）供应链进阶数智化

1. 供应链进阶数智化概述

在供应链进阶数智化阶段，企业按照战略规划有组织、有计划、有目标地推进采购与供应链数字化。企业具备完善的采购与供应链一体化数字平台或紧密集成的采购与供应链信息系统，并与供应链上下游、内外部深度、无断点集成，实现数据资源全面共享与供应链相关主体的协同操作；实现了采购与供应链所有业务场景和全流程、全组织、全业务品类的数字化应用和自动化操作；基于采购与供应链数据建立模型进行智能分析预测，驱动采购与供应链效率提升和运营绩效优化，形成了数据驱动的协同智能体系。

2. 供应链进阶数智化要求

（1）供应链体系设计要求。以供应链整体运营最优为目标，制定并调整数字化供应链战略及其实施方案，并与上下游企业开展数字化供应链战略的协同制定、执行和优化；在设立企业数字化供应链管理的一级职能部门和专职岗位的基础上，与供应链上下游供应商、制造商、服务商、经销商以及客户（消费者）建设供应链协同机制，能基于平台协同开展供应链上下游业务的全流程管理与优化；能选择、管理、考核并调整供应商、制造商、服务商、经销商等供应链上下游合作伙伴，并与合作伙伴建立共享信息、共担风险、共同获利的合作关系；规划形成以客户（消费者）为中心，合作伙伴业务流、物流、数据流、资金流多源并行的网状供应链结构，能根据供应链柔性和韧性需求，基于模型动态优化供应链网络整体结构和供应、生产、物流、销售等供应链关键节点布局；构建供应链能力分配模型，根据企业业务需求、市场需求变化、资源结构调整等因素，基于模型科学配置并动态优化供应链关键节点的物料、人力、设备等资源和生产、仓储、物流等能力。

（2）供应链平台赋能要求。部署应用具备供应链体系设计、业务运营、风险管控、绩效管理等功能的一体化数字化平台，并集成供应链合作伙伴相关业务系统以及生产、仓储、配送等自动化设备，支持跨企业的供应链全链条业务的一体化管控和协同运营；与供应链合作伙伴建立统一的供应链数据资源标准体系和数据安全防护机制，基于平台实现跨企业供应链全链条数据动态感知、实时交互和分级分类管理；基于数字化平台将自身及供应链合作伙伴的专业知识、业务规则和工业机理按需封装形成供应链知识库和模型库，形成供应链全链条数据实时分析和模型应用能力；与供应链合作伙伴建立统一的供应链追溯体系，基于平台开展从原料采购、生产制造、仓储物流到终端销售的供应链全程信息正向追踪和反向溯源。

（3）供应链业务运营要求。基于数字化平台与供应链合作伙伴开展市场需求预测，并协同制定生产计划、物流计划和采购计划，统一协调供应链上下游的采购进度、排产计划、生产节拍、物流调度和销售进度，基于数据实现跨企业供应链计划协同联动和动态优化；基于数字化平台精准识别潜在供应商，建立适宜的供应商资源池和供应资源网络，按需备份关键供应节点，能基于数据开展供应商全寿命周期动态管理，以及采购执行全过程跟踪、管控与优化；根据生产计划、订单信息和需求预测情况，与供应链合作伙伴利用数字化平台，协同制定、执行并优化排产计划，基于数据对供应链上下游生产进程进行精准模拟、分析和预判，实现供应链上下游生产任务和制造资源的动态配置和柔性调整；供应链合作伙伴基于数字化平台管理、跟踪并维护订单全寿命周期信息，部署应用仓储模型和配送模型，能基于模型开展库存状态、物流网络、配送路线、运输方式的监控、管理和优化，实现订单高效交付；与供应链合作伙伴打造覆盖线上线下渠道的数字化服务体系，基于数据开展客户画像与差异性分析、并挖掘潜在客户，协同提供定制化、透明化的售前、售中和售后全流程服务。

（四）供应链成熟数智化

1. 供应链成熟数智化概述

在供应链成熟数智化阶段，企业按照战略、行动、成效的实施路径有计划地实施采购与供应链数字化。具有完善的采购与供应链一体化数字平台，并在所有业务场景、全流程、全组织、全品类上得到充分应用；通过与供应链上下游、内外部所有资源实施集成协同，形成了以企业为核心的供应链网络生态；采购与供应链数据作为生产要素驱动业务运行，实现规划、计划、运营、操作的建模、仿真、自动及智能预测、决策和优化。具有支持价值共创的生态智慧能力，全面实现与供应链弹性、适应性调整相关的生态合作伙伴连接赋能、数字业态创新、绿色可持续发展等价值目标。

2. 供应链成熟数智化要求

（1）供应链体系设计要求。立足数字化供应链生态体系定位，与供应链生态合作伙伴协同制定以价值共创为导向的统一的数字化供应链生态战略，并能在业务部门、节点企业、供应链等层面进行战略一致匹配和动态调整；突破企业有形界限，与供应链生态合作伙伴和外部利益相关方之间建立跨企业、跨业务的数字化供应链生态运营组织，能基于平台开展供应链生态业务、资金、物料、数据的统筹调度和动态管理；根据数字化供应链生态发展需求，识别、引入、管理并动态调整供应链生态合作伙伴，并与合作伙伴及外部利益相关方共同建立数据共享、业务协作、资源协同、模式创新的合作关系；构建形成以客户（消费者）为中心，与供应链合作伙伴和外部利益相关方建立全面业务连接、数据连接、价值连接的供应链生态体系，并在供应链柔性、韧性等关键性能评估预测的基础上，利用智能建模、模拟仿真、数据挖掘等手段自适应匹配并动态优化供应链生态整体结构和供应、生产、物流、销售等供应链关键节点布局；通过综合分析供应链生态合作伙伴数据及外部市场信息，利用模拟仿真、智能建模等手段，模拟、配置、预测并优化供应链生态不同节点的物料、人力、设备等资源和生产、仓储、物流等能力。

（2）供应链平台赋能要求。联合供应链生态合作伙伴构建统一的数字化供应链技术架构和一体化数字化平台，集成供应链生态合作伙伴相关业务系统和自动化设备，并与相关电子商务平台、工业互联网平台、工业品超市等外部系统互联互通，支持供应链生态业务智能运营、资源动态调配和模式协同创新；与供应链生态合作伙伴和外部利益相关方建立统一的数字化供应链生态数据架构，以及数据资产管理与保护机制，基于平台实现供应链生态数据的动态感知、实时交互和安全防护，形成内容完整、安全可信、可计算、可分析、可决策的供应链生态数据链；基于数字化平台构建供应链生态体系的数字孪生体，开展供应链生态业务活动全场景数字化，将供应链生态合作伙伴及外部利益相关方的资源、能力、知识进行数字化映射和模块化组合，实现供应链生态活动的实时分析、精准描述、协同优化和联动预测；与供应链合作伙伴及外部利益相关方建立统一的供应链生态追溯体系，利用标识解析、物联网、区块链等信息技术，实现供应链全链路和产品全寿命周期信息的实时追踪、快速溯源和精准预判。

（3）供应链业务运营要求。基于数字化平台部署采购模型和供应商评价模型，基于模型自主识别并匹配潜在供应商，构建并动态调整多元化的供应商资源池和供应资源网络，自动备份关键供应节点，并与供应链生态合作伙伴开展采购全过程动态跟踪、协同执行和自主优化；依托数字化平台部署智能排产算法和模型，能根据生产计划、订单信息和需求预测情况，自动生成并自主调优供应链生态整体的排产计划，并模拟、分析、预测供应链生态制造资源配置情况、生产执行过程以及运行波动情况，能在供应链生态合作伙伴间开展跨区域、跨企业的产能共享和协同生产；与供应链生态合作伙伴及外部利益相关方基于数字化平台开展订单全寿命周期信息的协同管理、动态跟踪和统一维护，打造数字化仓储物流体系，开展涵盖产品、仓库、车辆、路线等最优订单交付方案的自主匹配和自适应优化，实现订单高效、精准交付；应与供应链合作伙伴及外部利益相关方打造精准送达终端客户的全渠道数字化服务体系，基于数字化平台部署客户资源库、产品故障知识库、维护方法库，基于模型预测客户需求、动态配置服务资源，并协同开展在线监测、故障诊断、远程运维、数据增值、供应链金融等创新服务。

二、供应链数智化发展未来展望

未来供应链数智化的发展将向着"无人自主""安全强韧""智能自愈"的方向持续推进。

（一）自主供应链

1. 背景

无人车、无人机、无人仓、无人站、配送机器人等"无人科技"正成为电商、外卖、物流的新宠儿，在人工智能及其他新技术的重构下，"无人自主"的生活方式正在成为可能。自主交付产品的概念正逐渐成为现实。虽然在到达无人为或近乎无人为干预的供应链之前要克服许多障碍，但有许多工业实例表明这是可行和实用的。人们似乎从自主交付看到了自主和近乎自主的供应链，即无人干预或近乎无人干预的供应链未来可期。

2. 内涵

真正意义的全自主供应链只适应于某些供应链场景，对于整个供应链来说，近乎自主学习和人机智能组合的供应链是未来理想的自主学习供应链。因此，近乎自主学习是指一切可由人工智能主导的自主学习技术代替人在供应链中的工作时采用自主学习技术。当然如果供应链中的所有工作都能被自主学习技术所代替，那就是理想中的自主学习供应链。在自主供应链发展过程中，将经历可视化供应链、前瞻性供应链、智荐式供应链和自主学习供应链四个阶段。自主供应链模型如图9-2所示。

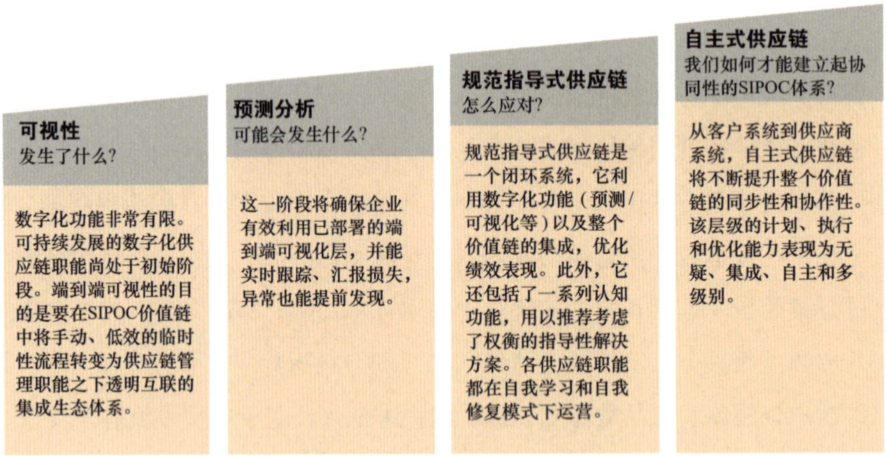

自主式供应链
我们如何才能建立起协同性的SIPOC体系？

从客户系统到供应商系统，自主式供应链将不断提升整个价值链的同步性和协作性。该层级的计划、执行和优化能力表现为无疑、集成、自主和多级别。

规范指导式供应链
怎么应对？

规范指导式供应链是一个闭环系统，它利用数字化功能（预测/可视化等）以及整个价值链的集成，优化绩效表现。此外，它还包括了一系列认知功能，用以推荐考虑了权衡的指导性解决方案。各供应链职能都在自我学习和自我修复模式下运营。

预测分析
可能会发生什么？

这一阶段将确保企业有效利用已部署的端到端可视化层，并能实时跟踪、汇报损失，异常也能提前发现。

可视性
发生了什么？

数字化功能非常有限。可持续发展的数字化供应链职能尚处于初始阶段。端到端可视性的目的是要在SIPOC价值链中将手动、低效的临时性流程转变为供应链管理职能之下透明互联的集成生态体系。

图9-2 自主供应链模型

人工智能优势和价值：可视化供应链和前瞻性供应链基本上还在描述性和传统预测性分析供应链阶段，无人工智能优势。智荐式供应链是智能供应链的初级阶段，已开始采用人工智能机器学习算法做预测和规定性分析决策。自主学习供应链是以人工智能驱动的供应链，具有自学习、自修复和自适应的功能。人工智能优势的价值在于使供应链达到计划精准、运营高效、成本最低、库存最优、风险最小的要求。

差异化和自动化：从左到右，自动化程度由低到高，自主学习供应链将达到从计划，生产，交付端到端的全或近乎全自动化。

自主性和人工干预性：每个阶段，由低到高，自主性从低到高，人工干预性由高到低。自主学习供应链有最高的自主性和最低的人工干预。

3. 典型趋势

智能自主供应链将供应链知识和 AI 技术相结合，充分利用可用的大量信息，极大增强了人类用户的能力，特别是应对供应链不确定性，如新冠肺炎疫情造成的供应链中断风险。

（二）韧性供应链

1. 背景

随着社会经济新发展格局的形成，各个国家逐渐将供应链从企业微观层面上升到国家战略和全球治理的宏观层面，将供应链韧性作为提升产业竞争力和经济实力的重要手段，以及推进多边合作的战略工具。2020年8月，日本、印度和澳大利亚三方启动"供应链弹性计划"（SCRI），拟建立替代方案来减少关键领域对中国供应链的依赖；2021年1月，美国提出《美国供应链安全规则》；2021年3月，欧盟通过欧版《供应链法》草案；2022年10月16日，习近平总书记在党的二十大报告中提出要"着力提升产业链供应链韧性和安全水平"。2024年7月15日，中国共产党第二十届三中全会召开，审议通过的《中共中央关于进一步全面深化改革、推进中国式现代化的决定》对健全提升产业链供应链韧性和安全水平制度，抓紧打造自主可控的产业链供应链，建立产业链供应链安全风险评估和应对机制，推动产业链供应链国际合作等作出重要部署。

2. 内涵

"韧性供应链"是指供应链在部分失效时，仍能保持连续供应且快速恢复到正常供应状态的能力。由此可以看出，供应链韧性是供应链稳健性和可恢复性的综合体现，即面对中断时的抵御能力和快速恢复能力。这其中包含了两个因素：①抵御能力。在发生重大灾害和中断时，供应链系统能够完全规避风险或者以最小的损失平稳度过，最小化中断造成的破坏；②恢复能力。当供应链发生中断时，能够快速反应并找到有效恢复路径，恢复稳定状态的能力。从上述供应链韧性的定义可以看出，供应链韧性是要在控制力和脆弱性之间寻求匹配，也就是需要根据供应链的状况通过相应手段实现风险可控。过于强调可控而不顾供应链实际运行的状况，会增加保障实施的成本，侵蚀企业利润。

3. 典型趋势

在实现供应链韧性过程中，数字技术发挥着至关重要的作用，这不仅是因为数字技术增强了供应链可视化，而且描述型和预见型的数字分析，能够更好地预测供应链运营状况，及时有效地采取各种措施，以应对可能产生的风险。由IOT、智能设备、机器人、增强与虚拟现实等构成的工业4.0能够实现低成本的定制化生产、个性化的产品和更高的市场灵活性、缩短交货时间、更高效率的产能利用，从而能够有效组织供应链生产和流程、削减供应链层级、有效缩短供应链运营时间、降低需求风险。数字供应链韧性体系的构建过程是伴随着数字化技术发展而重塑供应链韧性的过程，是数字技术与供应链韧性建设的结合过程，其宗旨在于打造能够抵御风险、具备强劲、柔性和冗余特征的综合供应链韧性体系。图 9-3 为塑造强劲的数字供应链韧性体系需要关注的方面。

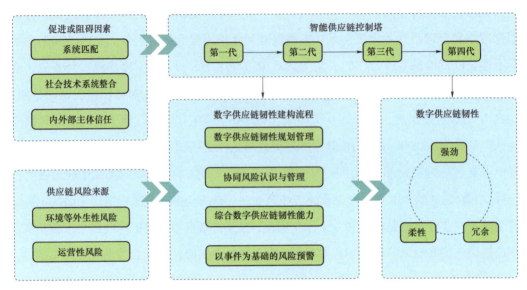

图 9-3　数字供应链韧性体系

（三）自愈供应链

1. 背景

数据质量问题一直困扰着供应链计划和执行：当供应链计划系统接收到低质量的数据时，垃圾输入和垃圾输出是一个恰当的描述。为了解决数据质量问题，自愈供应链将是一个关键趋势。通过使用自愈供应链的人工智能和机器学习功能来解决数据质量问题，可以解决通过人工智能和机器学习半自主运营供应链的更广泛问题。

2. 内涵

自愈供应链是自主供应链的重要部分。利用人工智能和机器学习的进步，自愈供应链（SHSC）可以监控系统的不同"组件"，看看它们的真实世界性能是否与计划中的预期性能匹配，即"按设计"状态。这样做的话，制定计划者和其他人将有能力帮助他们的供应链自我修复。一旦能够根据实际供应链能力制定计划，自我修复的供应链最终将能够补救特定的问题，例如需求意外激增、供应商的特定订单延迟交付，甚至包括飓风和海啸等宏观事件。

3. 典型趋势

自愈供应链依托于各类高度非结构化的数据，这些数据既存在于公司内部，也存在于公司外部，比如物联网设备数据、天气数据和客户情绪数据等。将所有这些数据从其无数的来源中收集起来，本身就需要一些重大的技术突破，而这样做是人工智能所需的一个重要的基础要素。自愈供应链必须通过数据管理和治理来不断完善自我，让人工智能发挥其关键作用。

第三节　国家电网公司供应链数智化发展趋势及未来展望

一、区块链技术加密下的电力通信网络建设

（一）区块链技术在电力企业中的运用

1. 区块链技术在电力企业的适用性

隐私与控制。区块链用户可以选择将哪些数据设为永久透明及将哪些数据保持加密，电网企业将对应密钥只授权给需要的节点，便可实现对数据的控制，保护重要信息不外流。

冗余性。"冗余性"即通过建立多重备份增加系统可靠性。由于区块链的去中心化，电网信息系统类似于一张交互的电子表格，每份数据有多份备份，因此系统运行没有中心故障点，部分数据受损不影响整体系统的运行提高了系统的可靠性。

外包计算。加密技术的应用提高了数据传输的安全性，电网企业可将加密的数据发送至第三方处理，只有授权的对应密钥才能解密，保证数据在传输全过程中不会泄露。

非居间化。区块链技术的应用形成了扁平化开放性的电力网络，节点间可直接传输信息，不需要中间人维护关键数据，省略了第三方托管的环节，大幅降低了交易成本。

2. 区块链技术加密下的电力通信网络建设

为了保证信息传输的安全性，当前的电网建设往往采用内网传播和交换重要信息，需要较高的建设成本。同时缺乏主动性防御策略，主要依靠数据挖掘技术对特定攻击问题构建对应模型，无法实现提前自动防御。区块链的加密系统有助于改善电网建设的安全状况，其原理是采用非对称加密算法解决网络间用户的信任问题，即每个参与用户都有一对专属密钥，包括公布给全网用户的公钥和只有用户本人掌握的私钥，其中公钥采用相同的加密或解密算法。若用户用私钥加密信息，则其他用户只能用对应的公钥解密；若用公钥加密，则要用对应的私钥解密。用户可用私在数据尾部进行数字签名，其他用户通过公钥解密可验证数据来源的真实性。

将区块链技术应用于电网的信息系统底层，为物理系统的每个传感器设定固定私钥，并在每次向全网广播数据时，在数据包末尾添加用私钥加密的数字签名，可以有效避免网络用户被伪装成传感器数据的病毒攻击。同时给需要的节点授权对应的公钥，可以有效防止攻击者解密网络中的数据。由于区块链的去中心化，即使攻击者阻断了网络拓扑中的部分数据通路，信息仍可过其他数据通路进行传输，大大提高了电网系统的稳定性与安全性。

（二）未来成效展望

将区块链技术应用于电力通信网络建设，可以显著增强系统对外部攻击的抵御能力，当攻击者试图篡改通信网中某一节点或通路的数据时，网络中的备份数据将会通过其他通路进行修正与重构，篡改数据的难度增加，由于区链技术的去中心化，攻击者只有控制电力信息系统51%以上的节点才能实现数据篡改，显著增强了系统的安全性。同时非对称密钥加密技术，使电力信息系统中的特定节点只能访问其权限允许内的信息，增强了保密程度。应用区块链技术的电力通信网络可以避免目前高昂的内网建设成本和高风险的内外网数据交互，实现经济效益与安全性能的双向提升。

二、虚拟现实技术在电力企业中的运用

（一）虚拟现实技术在电力企业中的运用

1. 虚拟现实技术在电力企业的适用性

虚拟现实技术把多种数据进行整合，可将复杂、专业的数据信息通过非常立体、直观和可交互的方式呈现出来，辅助电力系统运行维护阶段的沟通协调，有利于及时发现可能存在的问题，并在此基础上形成可行的改进和优化方案、处置措施。

2. 虚拟现实技术在生产运维中的应用

在虚拟现实技术的基础上建立数字化变电站,并将电力系统的分布拓扑图和一次系统结构图存储在变电站中。变电站分布拓扑图中包含系统内全部的变电站及设备信息，选定后可以获得其地理环境、内外部结构、调度信息、设备状态信息和检修维护信息等，这些信息与所有主要的物理设备、建筑结构的图像等，经过计算机的处理生成三维的虚拟环境，即一个集成统一的虚拟现实操作平台，将地图操作、设备管理、运行维护有效结合。工作人员在现场操作时可通过 Web 服务器等查询设备、建筑的空间数据，多维度、多层次地获取包含建筑物和变压器、输配变设备等全部主要设备资产在内的信息。

数字化变电站的使用人员可以选择上述信息链中任一对象进入其虚拟现实环境，

查看建筑物和变压器、输配变设备等的外观结构、内部结构及其运行维护信息，做出改进决策，维护变电站的正常运行。

（二）未来成效展望

虚拟现实技术将现场监控和数据采集系统获取的信息融合，将人、计算机和环境3个要素虚拟化地结合在一起，使系统状态运行行为和实际物理系统更为接近，使操作人员能够通过虚拟环境模拟逼真的运行过程，具有身临其境的直观感受，为检修、维护作业提供直观、形象的指导，提高电力系统运行和维护的安全性和可靠性。在虚拟现实技术辅助下，工作人员可以避免受现场环境中的噪声、变化显著的温度场、较高的电压和电磁辐射等因素的影响，提高操作的精度和准确性。

三、人工智能技术在设备故障判断上的应用

（一）人工智能技术在电力企业中的运用

1. 人工智能技术在电力企业的适用性

输配电网络的故障诊断主要通过分析各级各类保护装置产生的报警信息、断路器的状态变化信息及电压电流等电气量测量的特征，依据保护动作的逻辑和工作人员的经验，判断可能的故障位置和故障类型。目前消费者对供电的安全性与可靠性要求越来越高，一旦发生故障，需要负责人迅速判别故障元件及故障性质并进行正确处理，对电网公司解决故障能力提出更高的要求。同时电网系统规模大，复杂程度高，且包含较多不确定因素，难以用数学模型描述与推断。而人工智能技术善于模拟人类分析和处理问题的过程，具有较强的学习能力，适用于难以用数学模型分析和求解的问题，将人工智能技术应用于电网系统障碍诊断，有助于提高故障诊断与处理效率。目前基于推理型理论的专家系统、神经网络，结合不确定性理论的模糊理论、粗糙集、概率理论等人工智能技术都可以用于障碍诊断，但鉴于人工神经网络技术具备推理更精确、处理速度更快等特点，因此选取其作为电力设备故障诊断的方法。

2. 神经网络技术对电力设备故障的诊断

人工神经网络是一种模拟人类神经系统传输、处理信息过程及人脑组织结构的人工智能技术，采用神经元及它们间的有向权重连接隐含处理数据，泛化能力强大，具有并行处理、非线性映射、联想记忆、自适应学习能力、分布式信息存储、鲁棒性、容错性和推广能力强等特点。基于神经网络的电网故障诊断是将故障信息进行数字量化并作为神经网络的输入量，故障诊断的结果为输出量。首先，大量采集电

网公司以往的历史故障信息，以特定故障对应的警报模式作为样本，建立样本库；其次用所有样本对神经网络进行训练，从而将样本库的知识以网络的形式存储在神经元及连接权值中；最后通过对神经网络输入量的计算就可以得到相应的输出值从而完成故障诊断。

（二）未来成效展望

神经网络技术未来在电网故障诊断中将发挥更大的作用。应用神经网络技术联想记忆模型，使用基于投影原理的伪逆学习算法，可提高系统在部分扰动信息下的系统容错性能。应用径向基神经网络可以实现高压输电线路的故障诊断，并显著提高训练速度。将人工神经网络用于暂态保护，能迅速而准确地根据继电器的反应判断故障位置，避免系统运行方式和故障类型等因素的影响。未来随着计算机和语言技术、智能技术的发展，利用人工智能善于模拟人类分析和处理问题的智能行为特性，改变知识的表达形式和结构，能够大幅提高故障诊断的推理效率，保证供电的连续性、可靠性以及电能质量的稳定性。

四、浸透式数智化资产全寿命周期管理

（一）浸透式数智化模式介绍

未来，数字化技术将无所不在，渗透进入电力企业资产管理的方方面面，进一步实现资产全寿命精益化、智能化管理，用"比特"管理"瓦特"。浸透式数智化管理是以数智化技术为"形"渗透并推进资产全寿命周期管理业务之"神"的转型，在数字化技术与业务融合的基础上达到"形神合一"的境界。

1. 浸透式之"形"——数智技术的深度应用

数字化技术将广泛渗入资产全寿命周期体系的各个层面，覆盖业务使用前端、数据管理后端以及前后端交互工具，成为资产管理转型的载体之"形"。

在全寿命周期业务使用前端，数字化智能终端将被大量使用，引入移动定位、虚拟现实、语音操作等技术，一线业务将转变为实景化线上操作，人机交互体验将得到质的提升；此外，智能可穿戴设备、无人机、机器人将大量替代人力劳动，尤其是在危险作业环境下，一线业务操作的效率将大幅提升。

在数据管理后端采用分布式"雾计算"架构，调动企业全量信息化终端计算资源，作为"雾节点"分散"云"端的数据处理压力。本地"雾"与中心"云"协同配合，大幅提升后台数字化服务性能，为前端复杂数字化场景应用提供支撑。

在资产管理前后端全面数字化的基础上，将区块链技术与电力资产实物 ID 应用相结合，以区块链技术高度隐私、无需中介、安全可靠的特点为支撑，保证实物 ID 及其承载信息端与端的安全传输和使用，真正实现全寿命资产管理的去中心化，为实物 ID 的安全交互提供可靠保障。

2. 浸透式之"神"——业务与管理模式的数字化转变

通过数字技术的深度应用，现有资产全寿命业务与管理模式将得到全面提升。在多种类数字化终端、后台数据处理技术的辅助下，业务操作的线上化率将大幅上升，大量的简单重复性操作、危险低效率作业可转移给机器来完成。所释放出的巨大人力资源，不仅满足业务与管理模式大规模变革的需求，更是保障模式转型成功的重要资源支撑。更加简洁、高效、精确、灵活的业务流程与管理方法是全面实现资产全寿命量化管理的核心，将成为未来浸透式数智化企业的神经中枢。

3. 浸透式的"神形合一"——人工智能智慧决策

在数字化技术与全新数字化业务管理模式的共同支撑下，AI 技术可被深度嵌入企业运营的全过程，通过机器学习、量子计算等关键能力的融合，可由 AI 主导部分资产全寿命周期管理业务的决策与执行，洞察电力资产安全、效能、成本之间的深层联系，持续训练进化出整体价值更优解，最终实现基于人工智能的企业运营智慧决策，达到浸透式数智化的"神形合一"。

（二）实现思路

企业践行浸透式数智化转变离不开"比特"管理"瓦特"这一理念，即以数字式工具、量化式思维作为浸透式的"形"与"神"，从实现手段与运行模式两个方面全面深度改造资产管理业务，并最终在高度成熟的数字化基础上，加入基于 AI 的决策智能化，实现"形神合一"。从总体上看，其实现思路可分为两步推进：一是通过"形"的应用，实现"神"的转变；二是"形"与"神"的共同发展，实现"形神合一"的全面融合。

1. "形"的应用与"神"的转变

"形"的应用，指的是将数字化技术深度应用于资产全寿命各阶段基层作业；"神"的转变，指的是当新技术的不同表现形态真正全方位融入所在业务的具体执行环节后，整体的业务组织与管理才能以此为依托，完成模式转变，实现结构优化与效率提升。

具体来说，资产管理的浸透式数智化，应首先打好技术应用的基础。要站在企业运行的整体高度，在资产管理业务前端与数据后端深度整合必要的数字化技术手段。要面向未来，大力推动可穿戴设备、机器人、物物通信、自动化业务处理等数字化手段在资产业务中的使用，逐步完成数据架构的去中心化与轻量化、人工操作的全程线上化和可监视化、新兴技术手段的使用友好化与便捷化等一系列自我变革。只有当支撑业务操作的数字技术承载能力、响应速度、计算能力、安全性都达到足够高度时，业务与管理的数字化转变才拥有了坚实的基础。

而接下来所需要做的，就是围绕这些数字化的能力从业务管理角度进行适配，完成转型。应先在全业务范围内统一认识，接受并了解数字化思维的应用规律，再逐一寻找阻碍数字化发展的各类组织、制度、管理因素，以实现资产价值的整体最大化为目标，更新与数字化思维相冲突的管理机制取消不必要的线下流程、精简可被替换的组织机构，最终完成管理模式的升级换代，突破传统思维限制下的资产业务效益与效率天花板。

2.“形神合一”的实现

在完成了“神”的转变后，“神形合一”就是需要达到的下一个目标。该阶段任务需要超越资产管理的范畴，站在整个企业未来发展战略的高度，统筹协调、稳健推进。以人工智能技术作为核心驱动，模式转型与治理结构变革同步开展，实现企业决策由主观向量化、局部向全景的宏伟蜕变。

具体来看，依托数字化的企业执行层与管理层，推动决策层工作语言与 AI 数字化语言的适配，通过机器的自主学习和场景训练，将 AI 作为企业决策者们完成制定战略、完成规划、做出判断、处理事务、意志贯彻、人员考察、沟通交流等工作的可靠辅助手段。要找到人的智慧与机器智慧相结合的平衡点，形成人机相辅相成的企业综合治理架构，实现包括资产管理在内的企业整体运营决策成效最优化，推动电力行业的智慧化发展，达到浸透式数智化“形神合一”的理想状态。

（三）未来重点工作

2024 年，国家电网公司发布《关于推进供应链全环节“一码贯通，双流驱动”的实施意见》。未来国家电网公司浸透式数智化管理的总体思路，一是“一码贯通”，通过实物 ID 实现一物一码，贯通公司各专业系统，将各专业基于设备的业务操作数据关联起来。二是“双流驱动”，就是站在企业级行业级贯通的高度，统筹公司各环节业务工单设计，将关键业务环节全面标准化、结构化，并与实物 ID 强关联，满足跨专业应用需求。

1. 实物 ID 赋码全覆盖

在目前一次设备基本全覆盖的基础上，加快推进二次设备等资产类设备增量赋码，构建材料类的“批次赋码”规则，主设备与关键组部件的“主子赋码”规则，对原材料、组部件也开展增量赋码，如图 9-4 所示。

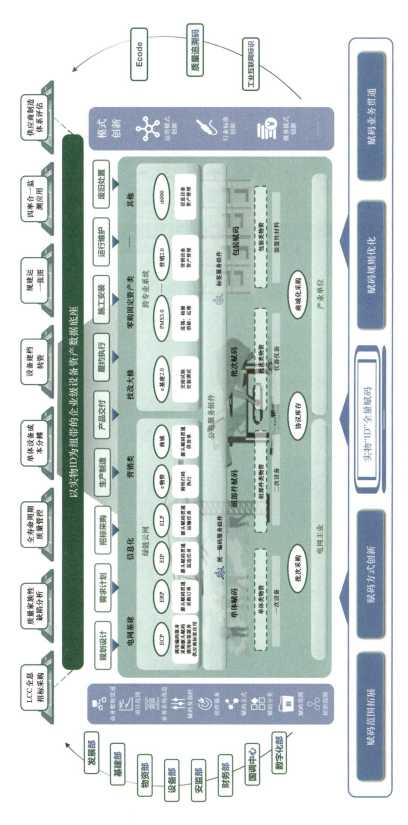

图 9-4 实物 ID 赋码全覆盖

2. 细化"九大环节"

进一步细化"九大环节"流程详细设计方案，如图9-5所示。以实物ID为唯一业务入口，对各环节业务流程进行实物ID嵌入式改造，通过系统校验等管控手段实现实物ID与业务强关联。提升实物ID在各环节应用质效。

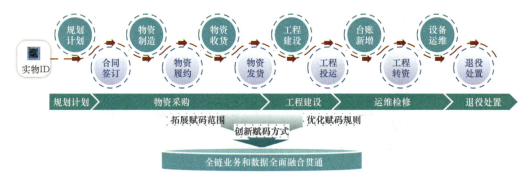

图9-5 细化全流程

3. 建设供应链工单中心

将供应链所有工单进行统一管理，提供工单接入、流转、监控等业务功能与业务数据自动归集、工单过程评价、工单报表统计分析等服务。基于流程事务引擎，实现全业务流程灵活配置，支撑跨专业工单流转，实现全链业务流一站式管理，如图9-6所示。

4. 建立标准化数据模型

围绕设备成本、质量等核心数据，建立统一的成本分摊规则和质量标准，切入全流程工单中，保证工单数据自动分摊到单体的颗粒度，实现数据的无感伴生，跨专业互识互通，如图9-7所示。

5. 跨专业场景建设

坚持需求引领和应用驱动，以实物ID为纽带、企业级工单为抓手能够构建坚强、可运营的资产数据底座，以企业级视角，开展需求分析整合，开展高阶场景设计，包括资产墙预测模型、设备预测性检修、物资LCC采购等。

（四）价值探索

浸透式数智化转变的期望价值，以"形""神"两者合一为三层次，可体现为以下几个方面。

1. 增强信息交互，换档业务效率

浸透式数智化转变通过深度应用数字化技术，将深刻改变资产管理业务前端、数据管理后端以及前后端交互工具的性能和运行效率，推进资产管理之"形"的变革。

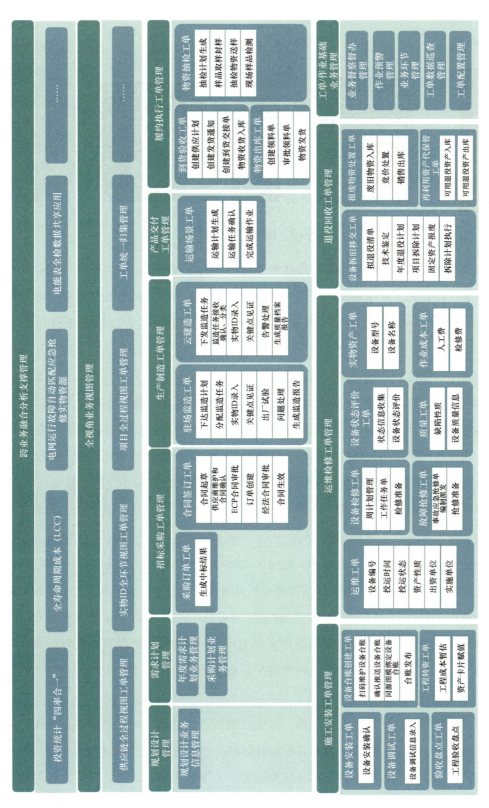

图 9-6　建设供应链工单中心

图 9-7 标准化数据模型

在资产管理业务前端，通过高科技智能化终端的深度应用，大大提升一线业务操作的效率，减轻人工操作负担，节约人力成本，提升业务操作的速度和质量。虚拟现实（Virtual Reality）、增强现实（Augmented Reality）、混合现实（Mixed Reality）技术加入将实现业务的实景化交互，大大提升用户交互体验，加强系统的易用性和便捷性，增强用户粘性。数据管理后端由"云计算"向"雾计算"升级。相比"云计算"，"雾计算"是由性能较弱、更为分散的各种功能计算机组成。电力企业业务部门、变电站的智能终端组成的分布广泛的"雾节点"，过滤用户消息，只将必要消息发送给云，减轻核心网络压力，减少终端与数据中心间的信号传输，将数据存储、处理本地化，大大提升了系统响应速度；此外，相同的服务会被部署在各个区的"雾节点"上，当一个变电站的服务出现异常，该变电站的业务请求可以快速转向其他临近区域，使得"雾计算"具备很强的可靠性。

在分布式系统架构下，实物 ID 将与区块链技术相结合，作为数据交互"载体"。区块链技术的使用使资产全寿命周期管理系统具备高度的安全性和可靠性，实现系统去中心化、去信任化以及数据加密。实物 ID 的应用将是延伸到企业以外，在保证公司信息安全的条件下，客户、供应商也可以使用实物 ID，使用实物 ID 可以贯通电力行业全产业链的价值信息，最终实现电力资产管理生态圈整体价值的提升。

2. 升级管理模式，实现卓越运营

浸透式数智化转变引入量化思维，深度应用数字化技术，使资产管理业务流程进一步向自动化、精益化转变，业务流程的升级将促进企业组织管理架构的转变。业务操作线上化后，线上数字化管控也将成为现实，上下级之间、部门之间的信息沟通更加到位，资产管理中问题发现与处理过程所需要的时间将大大缩短，组织的整体反应速度将大大提高。资产管理组织结构将逐渐向扁平化演进，管理层级减少，体系更加灵活；人才团队将更加专业化，对计算机、通信、AI等领域的高级知识人才的需求将不断增加。资产管理业务、组织架构、人才素质的整体升级将使管理质量得到巨大提升，保障了资产管理的安全性、稳定性，企业的抗风险能力也将得到进一步加强，企业的运营将更加平稳、健壮。

3. 整合AI决策，催化智慧电网

人工智能将使企业全面的量化管理、智能管理成为现实。机器学习挖掘管理决策与全寿命周期成本间的内在关联，通过不断地训练归纳出优化解，辅助人做出优化决策。在资产管理中加入人工智能将制约人在决策中的随意性、主观性，发掘价值提升点，有效地提升决策效率。将来，人工智能不仅能够实现资产全寿命周期的决策优化，还将被应用到电力企业经营管理方方面面，为增加企业价值提供强有力的帮助。

参 考 文 献

[1] 国家标准化管理委员会.《国家标准化发展纲要》解读［M］. 北京：中国标准出版社，2022.

[2] 宁杰. 全球供应链重构下的我国矿业对外直接投资转型［D］. 北京：中国地质大学（北京），2021.

[3] 王晓晓，韩蕊. ISO/TC 315 国际标准制定进展情况介绍与分析［J］. 物流技术与应用，2023，28（07）：150－151.

[4] 首项数字化供应链国际标准正式发布［OL］. 央广网. ［2023－04－10］.

[5] 国家电网公司供应链领域首个国标委工作组成立［OL］. 国家电网报. ［2023－02－14］.

[6] 中国绿色供应链联盟. 中国绿色供应链发展报告 2019［R］.

[7] 李天民. 绿色供应链标准化发展对策研究［J］. 中国质量与标准导报，2022（6）：47－52，57.

[8] 周京. 电力企业绿色供应链管理标准体系研究［J］. 华北电业，2022（10）：18－19.

[9] 毛涛. 碳达峰碳中和背景下绿色供应链管理的新趋势［J］. 中国国情国力，2021（11）：12－15.

[10] 黄敦高，吴雨婷. 浅谈智慧供应链的构建［J］. 中国市场，2014（10）：20－21.

[11] 刘伟华，李佳佳，林佳欣. 面向智慧供应链创新与应用的政策体系［J］. 物流研究，2021（04）：18－32.

[12] 金卓，何晨. 国家电网有限公司现代智慧供应链管理标准化体系研究［J］. 电脑采购，2020（41）：148－150.

[13] 标准对话：标准价值在企业中的具象表现——来自华为、中兴、腾讯、海尔、联想的分享［J］. 中国标准化，2023（19）：6－27.

[14] 杨月. 分享数字化转型智慧和成果——华为积极参与智能电网标准制定促进行业发展［J］. 中国电业，2021（10）：66.

[15] 黄成成，叶春森，王雪轩，等. 智慧供应链体系构建研究［J］. 价值工程，2018，37（23）：121－123.

[16] 邵伟，黄祖庆. 基于云服务的供应链标准化建设研究［J］. 标准科学，2020（12）：91－95.

[17] 陈夕. 大数据驱动全渠道供应链服务模式创新探讨［J］. 商业经济研究，2017（11）：61－63.

[18] 潘皓青. 基于财务视角的供应链服务企业风险分析——以怡亚通为例［J］. 国际商务财会，2019（09）：36－41.

[19] 陈夫华，赵先德. 产业供应链服务平台是如何帮助中小企业获得融资的？——以创捷供应链为例［J］. 管理案例研究与评论，2018，11（06）：577－591.

[20] 徐琪. 新型供应链服务平台在产业场景中发挥重要作用［J］. 数字经济，2022（08）：74－77.

[21] 覃雪莲，刘志学. 供应链物流服务质量研究述评与展望［J］. 管理学报，2018，15（11）：8.

[22] 赵璐，李振国. 从数字化到数智化：经济社会发展范式的新跃进［N］. 科技日报，2021－11－29（008）.

[23] 徐明枝. 大数据背景下快递物流企业成本控制研究［D］. 江西财经大学，2022.

[24] 李博，林森，单术婷. 供应链云服务与供应链安全［J］. 供应链管理，2023，4（01）：7－19.

[25] 王国弘，宋彦锟. 物联网商业生态系统演化路径与策略——小米物联网生态案例分析［J］. 创新科技，2020，20（10）：24－33.

[26] 金融仓储践行者. 奔驰 FleetBoard 远程管理系统：让运输更高效的解决方案［EB/OL］.（2018－09－10）.

[27] 王静. 我国制造业全球供应链重构和数字化转型的路径研究［J］. 中国软科学，2022（04）：23－34.

[28] 中国物流与采购联合会. 国有企业采购供应链数字化成熟度评价模型［R］. 2022.

[29] 中关村信息技术和实体经济融合发展联盟. T/AIITRE 11005—2022，数字化供应链成熟度模型［S］. 2022.

[30] 唐隆基，潘永刚，余少雯. 人工智能重塑数字化供应链［J］. 供应链管理，2021，2（08）：32－50. DOI：10.19868/j.cnki.gylgl.2021.08.003.

[31] 贺绍鹏，戎袁杰，宋志伟. 智慧能源背景下的供应链数据管理体系建设［J］. 招标采购管理，2023（4）：58－61.

[32] 贺绍鹏，宋志伟，刘明巍. 国家电网公司现代智慧供应链数据管理体系研究与探索［J］. 招标采购管理，2021（2）：28－30.

[33] 唐隆基. 数字化供应链控制塔的理论和实践［J］. 供应链管理，2020，1（02）：60－72.

[34] 宋华. 建立数字化的供应链韧性管理体系——一个整合性的管理框架［J］. 供应链管理，2022，3（10）：9－20. DOI：10.19868/j.cnki.gylgl.2022.10.002.

[35] 国家发展和改革委员会经济贸易司，中国物流与采购联合会. 物流业制造业深度融合创新发展典型案例 2021［M］. 北京：中国财富出版社，2021.

[36] 华为公司企业架构与变革管理部. 华为数字化转型之道［M］. 北京：机械工业出版社，2022.

[37] 付晓岩. 企业级业务架构设计方法论与实践［M］. 北京：机械工业出版社，2022.